AUSGEWÄHLTE QUELLEN
ZUR DEUTSCHEN GESCHICHTE
DER NEUZEIT

FREIHERR VOM STEIN-GEDÄCHTNISAUSGABE

Begründet von Rudolf Buchner
und fortgeführt von Winfried Baumgart

Band XXIIIa

QUELLEN
ZUR ÄRA METTERNICH

Herausgegeben von
ELISABETH DROSS

WISSENSCHAFTLICHE BUCHGESELLSCHAFT
DARMSTADT

Die Deutsche Bibliothek – CIP-Einheitsaufnahme

Quellen zur Ära Metternich / hrsg. von Elisabeth Droß. – Darmstadt : Wiss. Buchges., 1999
(Ausgewählte Quellen zur deutschen Geschichte der Neuzeit ; Bd. 23 a)
ISBN 3-534-09502-2

Bestellnummer 09502-2

Gedruckt auf säurefreiem und alterungsbeständigem Offsetpapier
Satz: Fotosatz Janß, Pfungstadt
Druck und Einband: Strauss Offsetdruck, Mörlenbach
Printed in Germany
Schrift: Linotype Garamond, 9.5/11

ISSN 0571-9178
ISBN 3-534-09502-2

INHALT

SYSTEMATISCHES QUELLENVERZEICHNIS

I. Politische Überzeugungen Metternichs und Grundlinien seiner Politik
23, 35, 36, 52, 85

II. Grundgesetze und Geschäftsbedingungen des Deutschen Bundes
1, 4, 11, 16, 17

III. Verhandlungen, Beschlüsse und Geheimabsprachen des Deutschen Bundes
12, 13, 14, 17, 22, 27, 31, 32, 38, 40, 48, 49, 54, 55, 59, 63, 65, 66, 67, 74, 82, 84, 87, 93, 94, 99

IV. Unterdrückung der Opposition im Deutschen Bund
5, 6, 7, 10, 12, 13, 14, 19, 20, 22, 27, 38, 40, 41, 44, 45, 46, 47, 48, 49, 51, 53, 54, 57, 59, 63, 64, 66, 67, 71, 76, 81, 82, 83, 90, 91, 93, 94

V. Literatur, Presse und Zensur
13, 24, 39, 40, 50, 67, 82, 83, 90, 91, 99

VI. Feste und Vereine
5, 6, 10, 41, 42, 43, 44, 45, 46, 47, 85, 93

VII. Der Frankfurter Wachensturm und die Folgen
58, 60, 61, 62, 65

VIII. Politik der deutschen Einzelstaaten
5, 6, 15, 19, 20, 26, 28, 29, 30, 34, 37, 39, 41, 42, 43, 50, 53, 64, 68, 69, 70, 71, 72, 77, 79, 80, 83, 86, 90, 91

IX. Internationale Konferenzen, Politik, Verträge und Allianzen
2, 3, 7, 8, 9, 18, 21, 25, 31, 32, 33, 56, 57, 73, 74, 75, 78, 79, 80, 92, 95, 96, 97, 98

X. Nationale Bewegungen außerhalb des Deutschen Bundes
21, 31, 32, 57, 88, 89, 92, 95, 96, 97, 98

QUELLEN- UND LITERATURVERZEICHNIS

[Abt, Christian:] Deutsche Zeitung ohne Censur. Mannheim 1846.

Amts- und Intelligenzblatt des Königlich Bayerischen Rheinkreises, Nr. 28, Nr. 30, Nr. 31/1832.

Arndt, Ernst Moritz: Nothgedrungener Bericht aus seinem Leben und aus und mit Urkunden der demagogischen und antidemagogischen Umtriebe. Erster Theil. Leipzig 1847.

Auernheimer, Raoul: Metternich. Staatsmann und Kavalier. München 1977.

Barclay, David E.: Anarchie und guter Wille. Friedrich Wilhelm IV. und die preußische Monarchie. Berlin 1995.

Baumgart, Winfried: Vom Europäischen Konzert zum Völkerbund. Friedensschlüsse und Friedenssicherung von Wien bis Versailles. Darmstadt ^{2}1987 (Erträge der Forschung. Band 25).

Bernath, Mathias: Das Osmanische Reich und Südosteuropa 1789–1878. Von den Reformversuchen Selims III. bis zum Berliner Kongreß. In: Bußmann (Hg.): Handbuch, S. 987–1022.

Bertier de Sauvigny, Guillaume de: Metternich. ND München 1996.

Bibl, Viktor: Metternich in neuer Beleuchtung. Sein geheimer Briefwechsel mit dem bayerischen Staatsminister Wrede. Nach unveröffentlichten Dokumenten aus den Archiven in Wien und München. Wien 1928.

Blasius, Dirk: Friedrich Wilhelm IV. Göttingen 1992.

Bock, Helmut/Renate Plöse (Hg.): Aufbruch in die Bürgerwelt. Lebensbilder aus Vormärz und Biedermeier. Münster 1994 (Theorie und Geschichte der bürgerlichen Gesellschaft. Band 9).

Börne, Ludwig: Sämtliche Schriften. Neu bearbeitet und herausgegeben von Inge und Peter Rippmann. Bd. 1. Düsseldorf 1964.

Böse, Otto: Karl II. Herzog zu Braunschweig und Lüneburg. Ein Beitrag zur Metternichforschung. Braunschweig 1956.

Brandt, Hartwig (Hg.): Restauration und Frühliberalismus 1814–1840. Darmstadt 1979.

Breil, Michaela: Die Augsburger „Allgemeine Zeitung“ und die Pressepolitik Bayerns. Ein Verlagsunternehmen zwischen 1815 und 1848. Tübingen 1996 (Studien und Texte zur Sozialgeschichte der Literatur. Band 54).

Büssem, Eberhard: Die Karlsbader Beschlüsse von 1819. Die endgültige Stabilisierung der restaurativen Politik im Deutschen Bund nach dem Wiener Kongreß 1814/15. Hildesheim 1974.

Bußmann, Walter (Hg.): Handbuch der europäischen Geschichte. Band 5: Europa von der Französischen Revolution zu den nationalstaatlichen Bewegungen des 19. Jahrhunderts. Stuttgart 1981.

Bußmann, Walter: Zwischen Preußen und Deutschland. Friedrich Wilhelm IV. Eine Biographie. Berlin 1990.

Chancellor Metternich and his time. The State Central Archives Prague. The Familiy Archives of the Metternichs. Acta Clementina 8, so-called memoranda. Edited by Jarolslava Hoffmannova. CD-Rom-Edition. Prag 1994.

Denkwürdigkeiten des Herzogs Carl von Braunschweig. Mit authentischen Aktenstücken. 2 Bände. Kassel 1844.

Doering-Manteuffel, Anselm: Die deutsche Frage und das europäische Staatensystem 1815–1871. München 1993 (Enzyklopädie deutscher Geschichte. Band 15).

Ders.: Vom Wiener Kongreß zur Pariser Konferenz. England, die deutsche Frage und das Mächtesystem 1815–1856. Göttingen und Zürich 1991 (Veröffentlichungen des Deutschen Historischen Instituts London. Band 28).

von der Dunk, Hermann: Der deutsche Vormärz und Belgien 1830/48. Wiesbaden 1966 (Veröffentlichungen des Instituts für europäische Geschichte Mainz. Abteilung Universalgeschichte. Band 41).

Echternkamp, Jörg: Der Aufstieg des deutschen Nationalismus (1770–1840). Frankfurt am Main/New York 1998.

Elrod, Richard B.: The concert of Europe: A Fresh Look at an International System. In: World Politics 28 (1975/76), S. 159–174.

Fenske, Hans (Hg.): Quellen zur deutschen Revolution 1848–1849. Darmstadt 1996.

Ders. (Hg.): Vormärz und Revolution 1840–1849. Darmstadt 1991.

Gesetz- und Verordnungsblatt für das Königreich Sachsen vom Jahre 1844. 1stes bis 21stes Stück. Dresden [o. J.].

Gill, Arnon: Die polnische Revolution von 1846. Zwischen nationalem Befreiungskampf des Landadels und antifeudaler Bauernerhebung. München und Wien 1974.

Ders.: Freiheitskämpfe der Polen im 19. Jahrhundert. Erhebungen – Aufstände – Revolutionen. Frankfurt am Main u. a. 1997.

Glossy, Karl (Hg.): Literarische Geheimberichte aus dem Vormärz. Teil 2. Wien 1912. ND Hildesheim 1975 (Jahrbuch der Grillparzer Gesellschaft. Jg. XXI–XXIII).

Görisch, Reinhard/Thomas Michael Mayer (Hg.): Untersuchungsberichte zur republikanischen Bewegung in Hessen. Frankfurt am Main 1982.

Goetzinger, Germaine: Für die Selbstverwirklichung der Frau. Louise Aston. In Selbstzeugnissen und Dokumenten. Frankfurt am Main 1983.

Großherzoglich Badisches Staats- und Regierungsblatt. Carlsruhe, 12. Januar 1832/19. Januar 1832/30. Juli 1832.

Gruner, Erich: Die Schweizerische Eidgenossenschaft von der Französischen Revolution bis zur Reform der Verfassung. In: Bußmann (Hg.): Handbuch, S. 968–986.

Hahn, Hans-Werner: Geschichte des Deutschen Zollvereins. Göttingen 1984.

Hampe, Karl: Das belgische Bollwerk. Eine aktenmäßige Darstellung über Barrierestellung, Neutralität und Festungspolitik Belgiens. Mit einem Anhang ungedruckter Actenstücke. Stuttgart/Berlin 1918.

Der hannoversche Verfassungskonflikt von 1837/1839. Ausgewählt und eingeleitet von Willy Real. Göttingen 1972 (Historische Texte/Neuzeit. Band 12).

Hardtwig, Wolfgang: Vormärz. Der monarchische Staat und das Bürgertum. München 1985.

Hauser, Christoph: Anfänge bürgerlicher Organisation. Philhellenismus und Frühliberalismus in Südwestdeutschland. Göttingen 1990 (Kritische Studien zur Geschichtswissenschaft. Band 87).

Hoefer, Frank Thomas: Pressepolitik und Polizeistaat Metternichs. Die Überwachung von Presse und politischer Öffentlichkeit in Deutschland und den Nachbarstaaten durch das Mainzer Informationsbüro (1833–1848). München 1983.

Hroch, Miroslav: Europa in der Ära Metternichs. In: Chancellor Metternich and his time. Prag 1994.

Huber, Ernst Rudolf: Deutsche Verfassungsgeschichte seit 1789. Band 1: Reform und Restauration 1789 bis 1830. ND der zweiten, verbesserten Auflage. Stuttgart u. a. 1975. (Zit. Huber, I)

Ders.: Deutsche Verfassungsgeschichte seit 1789. Band 2: Der Kampf um Einheit und Freiheit 1830–1850. Dritte, wesentlich überarbeitete Auflage. Stuttgart u. a. 1988. (Zit. Huber, II)

Ilse, Leopold Friedrich: Geschichte der politischen Untersuchungen, welche durch die neben der Bundesversammlung errichteten Commissionen, der Central-Untersuchungscommission zu Mainz und der Bundes-Central-Behörde zu Frankfurt in den Jahren 1819 bis 1827 und 1833 bis 1842 geführt sind. Frankfurt am Main 1860. ND Hildesheim 1975.

Jäger, Oskar/Franz Moldenhauer (Hg.): Auswahl wichtiger Actenstücke zur Geschichte des neunzehnten Jahrhunderts. Berlin 1893.

Kallenberg, Fritz: Das Hambacher Fest und die Bundesbeschlüsse vom Sommer 1832. In: Hambach 1832. Anstöße und Folgen. Wiesbaden 1984 (Geschichtliche Landeskunde. Band 24), S. 190–201.

Klüber, Johann Ludwig (Hg.): Quellen-Sammlung zu dem Oeffentlichen Recht des Teutschen Bundes. Enthaltend die Schluß-Acte des Wiener Congresses, den Frankfurter TerritorialReceß, die Grundverträge des Teutschen Bundes, und Beschlüsse der Bundesversammlung von allgemeinerem Interesse. Mit historisch-literärischen Einleitungen, Uebersichten des Inhaltes, und Anmerkungen. Dritte, sehr vermehrte Auflage. Erlangen 1830. ND Leipzig 1970.

Kolb, Eberhard: Polenbild und Polenfreundschaft der deutschen Frühliberalen. Zu Motivation und Funktion außenpolitischer Parteinahme im Vormärz. In: Saeculum 25 (1975), S. 111–127.

Langewiesche, Dieter: Europa zwischen Restauration und Revolution 1815–1849. 3., überarbeitete und erweiterte Auflage. München 1993 (Oldenbourg Grundriß der Geschichte. Band 13).

Lill, Rudolf: Italien im Zeitalter des Risorgimento (1815–1870). In: Bußmann (Hg.): Handbuch, S. 827–885.

Lutz, Heinrich: Zwischen Habsburg und Preußen. Deutschland 1815–1866. Berlin 1985 (Die Deutschen und ihre Nation. Band 2).

Machinek, Angelika (Hg.): Dann wird Gehorsam zum Verbrechen. Die Göttinger Sieben: ein Konflikt um Obrigkeitswillkür und Zivilcourage. Göttingen 1987.

Marcowitz, Reiner: Kongreßdiplomatie 1815–1823: Frankreichs Rückkehr in das europäische Konzert. In: Francia 24/3 (1997), S. 1–22.

Metternich-Winneburg, Clemens Fürst von: Aus Metternich's nachgelassenen Papieren. Bände III, IV, V und VII. Hg. von Fürst Richard Metternich-Winneburg. Wien 1881.

Müller, Thomas Christian: Die Schweiz 1847–49. Das vorläufige, erfolgreiche Ende der „demokratischen Revolution"? In: Dieter Dowe/Heinz-Gerhard Haupt/Dieter Langewiesche (Hg.): Europa 1848. Revolution und Reform. Bonn 1998 (Forschungsinstitut der Friedrich-Ebert-Stiftung, Reihe Politik- und Gesellschaftsgeschichte. Band 48), S. 283–326.

Näf, Werner: Abrüstungsverhandlungen im Jahre 1831. Bern/Leipzig 1931 (Berner Untersuchungen zur Allgemeinen Geschichte. Heft 2).

Ders.: Europapolitik zu Beginn des 19. Jahrhunderts. 3., durchgesehene Auflage. Bern 1968 (Quellen zur Neueren Geschichte. Heft 2).

Ders.: Zur Geschichte der Heiligen Allianz. Bern 1928 (Berner Untersuchungen zur Allgemeinen Geschichte. Heft 1).

Naujoks, Eberhard: Der badische Liberalismus im Vormärz im Kampf für Pressefreiheit und gegen Zensur (1832/47). In: Zeitschrift für die Geschichte des Oberrheins 131 (1983), S. 347–381.

Oncken, Hermann/Friedrich Ernst Moritz Saemisch (Hg.): Vorgeschichte und Begründung des deutschen Zollvereins 1815–1834. Akten des deutschen Bundes und der europäischen Mächte. Bearb. v. Wilfried von Eisenhart Rothe und Anton Ritthaler. 3 Bde. Berlin 1934.

Paulmann, Johannes: Europäische Monarchien in der Revolution von 1848/49: „Die erste wahrhafte Internationale"? In: Dieter Langewiesche (Hg.): Demokratiebewegung und Revolution 1847 bis 1849. Internationale Aspekte und europäische Verbindungen. Offenburg 1998, S. 109–139.

Ders.: Monarchenbegegnungen und Staatsbesuche. Symbolisches und sprachliches Handeln im europäischen Staatensystem des 19. Jahrhunderts. Habil. Ms., München 1999.

Pelger, Hans: Das Schlußprotokoll der Wiener Ministerialkonferenzen von 1834 und seine Veröffentlichungen 1843–1848. In: Archiv für Sozialgeschichte 23 (1983), S. 439–472.

Petri, Franz: Belgien, Niederlande, Luxemburg von der Französischen Zeit bis zum Beginn der Deutschen Einigung 1794–1865. In: Bußmann (Hg.): Handbuch, S. 930–967.

Pöls, Werner (Hg.): Deutsche Sozialgeschichte 1815–1870. Ein historisches Lesebuch. München 1988.

Protokolle der deutschen Bundesversammlung nebst den loco dictaturae gedruckten Beilagen [ab 1822: nebst den loco dictaturae gedruckten Separat-Protokollen und Beilagen; ab 1828: mit den Beilagen; 1830: ohne Zusatz; ab 1831: Locodictaturae; 1848: ohne Zusatz] 1816–1848. (Zählung nach Jahrgangsbänden; ggf. 2 Jahrgangsbände a+b; zit. PDB)

Pyta, Wolfram: Idee und Wirklichkeit der „Heiligen Allianz". In: Frank-Lothar Kroll (Hg.): Neue Wege der Ideengeschichte. Festschrift für Kurt Kluxen zum 85. Geburtstag. Paderborn 1996, S. 315–345.

Ders.: Konzert der Mächte und kollektives Sicherheitssystem: Neue Wege zwischenstaatlicher Friedenswahrung in Europa nach dem Wiener Kongreß 1815. In: Jahrbuch des historischen Kollegs 1996, S. 133–173.

Quack-Eusthathiades, Regine: Der deutsche Philhellenismus während des griechischen Freiheitskampfes 1821–1827. München 1984.

Radowitz, Joseph Maria von: Gesammelte Schriften. Dritter Band. Berlin 1853.

Rhode, Gotthold: Geschichte Polens. Ein Überblick. Darmstadt ³1980.
Ders.: Polen und die polnische Frage von den Teilungen bis zur Gründung des Deutschen Reiches. In: Bußmann (Hg.): Handbuch, S. 677–745.
Rumpler, Helmut: Österreichische Geschichte 1804–1914. Eine Chance für Mitteleuropa. Bürgerliche Emanzipation und Staatsverfall in der Habsburgermonarchie. Wien 1997 (Österreichische Geschichte. Band 8).
Sahrmann, Adam: Beiträge zur Geschichte des Hambacher Festes 1832. ND Vaduz/Liechtenstein 1978.
Sala, Moriz Freiherr von: Geschichte des polnischen Aufstandes vom Jahre 1846. Nach authentischen Quellen dargestellt. Wien 1867.
Schäfer, Karl Heinz: Ernst Moritz Arndt als politischer Publizist. Studien zu Publizistik, Pressepolitik und kollektivem Bewußtsein im frühen 19. Jahrhundert. Bonn 1974.
Schönbrunn, Günter (Bearb.): Das bürgerliche Zeitalter 1815–1914. München 1980 (Geschichte in Quellen).
Schoeps, Hans-Joachim (Hg.): Neue Quellen zur Geschichte Preußens im 19. Jahrhundert. Berlin 1968.
Schroeder, Paul W.: Did the Vienna Settlement Rest on a Balance of Power? In: American Historical Review 97 (1992), S. 683–706. [Mit Diskussionsbeiträgen von Enno E. Kraehe (S. 707–715); Robert Jervis (S. 716–724) und Wolf D. Gruner (S. 725–732) sowie einer Antwort Schroeders (S. 733–735) im gleichen Band.]
Ders.: The 19th-Century international System: Changes in the Structure. In: World Politics 39 (1986/87), S. 1–26.
Ders.: The transformation of European politics 1763–1848. Oxford 1994.
Schulze, Hagen: Der Weg zum Nationalstaat. Die deutsche Nationalbewegung vom 18. Jahrhundert bis zur Reichsgründung. München ⁴1994.
Siemann, Wolfram: „Deutschlands Ruhe, Sicherheit und Ordnung". Die Anfänge der politischen Polizei 1806–1866. Tübingen 1985 (Studien und Texte zur Sozialgeschichte der Literatur. Band 14).
Ders. (Bearb.): Restauration, Liberalismus und nationale Bewegung (1815–1870). Akten, Urkunden und persönliche Quellen. Darmstadt 1982 (Quellenkunde zur Deutschen Geschichte der Neuzeit von 1500 bis zur Gegenwart. Band 4).
Ders.: Vom Staatenbund zum Nationalstaat. Deutschland 1806–1871. München 1995 (Neue Deutsche Geschichte. Band 7).
Skovmand, Roar: Die Geburt der Demokratie 1830–1870. In: Ders./Vagn Dybdahl/Erik Rasmussen: Geschichte Dänemarks 1830–1939. Die Auseinandersetzungen um nationale Einheit, demokratische Freiheit und soziale Gleichheit. Neumünster 1973, S. 11–208.
Srbik, Heinrich Ritter von: Der Ideengehalt des „Metternichschen Systems". In: Historische Zeitschrift 131 (1925), S. 240–262.
Ders.: Metternich. Der Staatsmann und Mensch. 2 Bände. München ³1957.
Steiger, Günter: Urburschenschaft und Wartburgfest. Aufbruch nach Deutschland. Leipzig ²1991.
Steitz, Walter (Hg.): Quellen zur deutschen Wirtschafts- und Sozialgeschichte im 19. Jahrhundert bis zur Reichsgründung. Darmstadt 1980.
[Stourdza, Alexander Graf:] Denkschrift über Teutschlands jetzigen Zustand, Stuttgart/Tübingen 1819.

Thadden, Rudolf von: Die Göttinger Sieben, ihre Universität und der Verfassungskonflikt von 1837. Hannover 1987.

Ders.: Die Göttinger Sieben zwischen Universität und Öffentlichkeit. In: Machinek (Hg.): Gehorsam, S. 13–31.

Tilly, Richard H.: Vom Zollverein zum Industriestaat. Die wirtschaftlich-soziale Entwicklung Deutschlands 1834 bis 1914. München 1990.

Tümmler, Hans (Hg.): Politischer Briefwechsel des Herzogs und Großherzogs Carl August von Weimar. Bd. 3: Von der Rheinbundzeit bis zum Ende der Regierung 1808–1828. Göttingen 1973 (Deutsche Geschichtsquellen des 19. und 20. Jahrhunderts. Band 39).

Ullmann, Hans-Peter: Der Staat, die Spieler, das Glück: Lotterien im Deutschland des 18. und 19. Jahrhunderts. Vortrag gehalten im Hause der Historischen Kommission zu Berlin am 14. Februar 1990. Berlin 1991 (Historische Kommission zu Berlin. Informationen. Beiheft 14).

Valentin, Veit: Das Hambacher Nationalfest. Berlin 1932.

Veit-Brause, Irmline: Die deutsch-französische Krise von 1840. Studien zur deutschen Einheitsbewegung. Köln 1967.

Verhandlungen der Achten General-Konferenz in Zollvereins-Angelegenheiten. Berlin 1846.

Weber, Eduard: Die Mainzer Zentraluntersuchungskommission. Karlsruhe 1970 (Studien und Quellen zur Geschichte des deutschen Verfassungsrechts. Reihe A: Studien. Band 8).

Weech, Friedrich von (Hg.): Correspondenzen und Actenstücke zur Geschichte der Ministerconferenzen von Carlsbad und Wien in den Jahren 1819, 1820 und 1834. Leipzig 1865.

Wolf, Hubert u. a.: Die Macht der Zensur. Heinrich Heine auf dem Index. Düsseldorf 1998.

(Die Quellen 51 und 76 stammen aus dem Wiener Haus-, Hof- und Staatsarchiv [HHStA Wien]; im Staatsarchiv Nürnberg ist Quelle 53 überliefert; die Quellen 97 und 98 schließlich finden sich im Hauptstaatsarchiv Wiesbaden.)

VORWORT

Hiermit möchte ich all denen danken, die mich bei der Entstehung dieser Quellensammlung unterstützt haben. Das Haus-, Hof- und Staatsarchiv Wien, das Staatsarchiv Nürnberg sowie das Hauptstaatsarchiv Wiesbaden haben freundlicherweise bislang unveröffentlichte Akten zum Druck freigegeben. Zahlreiche Mitarbeiter der Staatsbibliothek München halfen bei der Beschaffung der Texte. Besonders danke ich meinen Münchner Kollegen und Freunden Johannes Paulmann, Margit Szöllösi-Janze und Ulrike Lindner, die mit kritischem Blick Teile des Bandes durchgesehen haben. Professor Wolfram Siemann stand mir stets unterstützend zur Seite und wies mich auf interessante Quellen hin. Für gründliche Korrekturen sowie die Erstellung großer Teile des Registers sei außerdem Alexander Schunka (München) gedankt. Die ausdauernde Ermunterung, Geduld und umfangreiche praktische Hilfe von Rainer Hüls (Bielefeld) und meiner Familie haben wesentlich zum Entstehen dieses Bandes beigetragen.

München, 2. Februar 1999 Elisabeth Droß

EINLEITUNG

I.

Ära Metternich – so lautet eine der zahlreichen Bezeichnungen, die die Geschichtswissenschaft für den Zeitraum zwischen 1815 und 1848 geprägt hat. Sie verweist auf *die* Symbolfigur jener Jahre, auf den österreichischen Diplomaten und Staatsmann Klemens Wenzel Fürst von Metternich. Wie kein zweiter wird er mit dem politischen Geschehen zwischen dem Wiener Kongreß und der Revolution von 1848/49 identifiziert. Diese Benennung des hier behandelten Zeitraums konkurriert jedoch mit anderen.[1] So ist es zum Beispiel üblich, die Zeitspanne als „Vormärz" zu bezeichnen. „Vormärzforschungen" konzentrieren sich auf die Ereignisse und Entwicklungen, die zur Märzrevolution 1848 geführt haben. Die Historiker sind sich allerdings nicht einig, ob sie den Begriff für die gesamten gut dreißig Jahre benutzen sollten, oder ob er lediglich für die Zeitspanne ab der französischen Julirevolution verwendet werden kann. Spricht man hingegen von „Restauration", stehen in der Regel die Jahre von 1815 bis 1830 im Mittelpunkt. Betrachtet werden die Maßnahmen, die dazu dienten, die „alten Zustände" wiederherzustellen bzw. den Status quo aufrechtzuerhalten, der auf dem Wiener Kongreß erreicht worden war. Die Bezeichnung „Biedermeier" schließlich, die für eine beschauliche und spießbürgerliche Welt und den Rückzug in die Behaglichkeit der eigenen vier Wände steht, ist in der Geschichtswissenschaft mittlerweile unüblich geworden.[2] Wie die genannten Epochenbezeichnungen umfaßt auch der Begriff „Ära Metternich" bereits eine Interpretation der Ereignisse und betont bestimmte Aspekte.[3] Zum einen ist mit dieser Epochenbezeichnung das sogenannte „Metternichsche System" verbunden. Dieses diente der Abwehr oppositioneller, liberal-demokratischer Strömungen in den deutschen Staaten. Es bezeichnet den Kampf gegen einen revolutionären Umbruch und gegen die Gründung eines deutschen Nationalstaats sowie

[1] Ein knapper Überblick bei Hardtwig, S. 7f.; anregend zum Epochenproblem auch Langewiesche, S. 1–5.

[2] Sie wird allerdings von einigen Forschern weiter verwendet, so z. B. bei Bock/Plöse.

[3] Die zeitliche Eingrenzung einer „Ära Metternich" ist ebenfalls nicht eindeutig. Bei Rumpler, S. 105, umfaßt sie die Jahre 1809–1848; bei Hroch 1789–1848. Gängig ist jedoch die Verknüpfung des Begriffs mit dem hier behandelten Zeitraum.

die Unterdrückung von freiheitlichen Erhebungen. Doering-Manteuffel hat darauf hingewiesen, daß das „Metternichsche System" strenggenommen lediglich auf die repressive, antikonstitutionelle und antiliberale Politik und Gesetzgebung in den deutschen Staaten zu beziehen ist.[4] Die „Ära Metternich" umfaßt aber eine weitere Dimension, und zwar die internationale Politik im europäischen Staatensystem, in der Metternich als Vertreter der Großmacht Österreich eine wichtige Rolle spielte. Als steter Verfechter von Legitimität, Solidarität, Stabilität und herrscherlicher Autorität und mit dem Ziel, ein Interventionsrecht gegen revolutionäre Bestrebungen in den europäischen Staaten fest zu verankern, hat er das politische Handeln im europäischen Staatensystem maßgeblich beeinflußt. Er stellte eine personelle Konstante in der europäischen Politik dar, auch wenn sein Einfluß und Erfolg sich im Laufe der Jahre verminderten. Es ist zweifellos überzogen, ausschließlich Metternich als den ‚Architekten' des herrschenden Unterdrückungssystems zu beschreiben und ihm allein die Verantwortung für die am Status quo orientierte, antirevolutionäre Politik zu übertragen. Seine Klassifizierung als „Diktator Europas"[5] überschätzt die Bedeutung einer einzelnen Person. „Ära Metternich" im hier verstandenen Sinn meint gerade nicht diese vereinfachende Sicht. Sie bestimmt vielmehr die zeitliche Spanne zwischen 1815 und 1848. Außerdem weist sie bereits auf die beiden Pole hin, zwischen denen sich das politische Handeln dieser Jahre bewegte: Von Repression und Erhaltung des Status quo sind die gegenläufigen Bestrebungen, die auf Verfassungen, Freiheitsrechte und Nationalstaat gerichtet waren, nicht zu trennen – sie sind zwei Seiten einer Medaille. Schließlich macht diese Epochenbezeichnung deutlich, daß Quellen zum politischen Handeln der Deutschen im Zeitraum zwischen 1815 und 1848 verschiedene politische Ebenen beleuchten müssen. Zunächst ist die internationale Politik der Konferenzen und Kongresse zu nennen, die Metternich maßgeblich beeinflußte und an der Österreich und Preußen als Großmächte beteiligt waren. Daneben – und gewissermaßen darunter – liegt das politische Handeln in der Bundesversammlung des Deutschen Bundes. Die Gesandten der 41 deutschen Staaten, die seit 1815 im Staatenbund vereint waren, tauschten in der Bundesversammlung nicht nur Gedanken aus, sondern faßten auch Beschlüsse, die nach der Publikation in den Einzelstaaten dem jeweiligen Landesrecht übergeordnet waren. Eng mit dieser Bundespolitik verbunden ist die einzelstaatliche Politik – bis in die unteren Verwaltungs- und Rechtsinstanzen der Länder. Gerade auf diesen Ebenen wird die konkrete Wirkung politischen Handelns – auch auf einzelne Individuen – erkennbar.

[4] Doering-Manteuffel: Wiener Kongreß, S. 12 mit Anm. 3; vgl. allgemeiner Srbik, I, S. 350–414, und ders.: Ideengehalt.

[5] Auernheimer, S. 161.

Eine scharfe Trennung der Ebenen, wie sie hier vorgenommen wurde, ist allerdings nicht in jedem Fall möglich. Internationale Großmachtinteressen, Bundespolitik und das politische Handeln in einem Einzelstaat überschnitten sich zum Beispiel bei der belgischen Nationalstaatsgründung. Hier waren nicht nur Fragen des internationalen Mächtesystems, der europäischen Sicherheitspolitik und des Interventionsrechts von Bedeutung. Vielmehr berührte die Eingliederung eines Landesteiles des Bundesmitglieds Luxemburg in den neuen Staat zentrale Bundesinteressen; die Unruhen im Großherzogtum führten sogar zu Planungen einer Bundesintervention (31–32).[6] Obwohl sich die Handlungsebenen also verschiedentlich verbinden, sollen sie in der folgenden knappen Einführung nach bundespolitischen bzw. einzelstaatlichen und außenpolitischen Aktivitäten getrennt behandelt werden.

Wendet man den Blick auf das politische Handeln innerhalb des Deutschen Bundes, stellt sich zuerst die Frage nach dessen vertraglichen Fundamenten, dem Bundeszweck und den konkreten Arbeitsbedingungen innerhalb des Zusammenschlusses. Die sogenannten Grundgesetze des Staatenbundes, die Deutsche Bundesakte (1) und die Wiener Schlußakte von 1820 (16), gaben den vertraglichen Rahmen und den Zweck vor. Der Staatenbund vereinigte 37 souveräne Fürsten und vier freie Städte mit dem Ziel, die äußere und innere Sicherheit Deutschlands sowie die Unabhängigkeit und Unverletzbarkeit der einzelnen deutschen Staaten zu erhalten. Zwei Artikel der Bundesakte seien ausdrücklich erwähnt, weil sie in der hier behandelten Epoche und darüber hinaus immer wieder für Konflikte sorgten: Artikel 13, der eine landständische Verfassung für alle Bundesstaaten forderte, und Artikel 18d, der bundeseinheitliche Bestimmungen hinsichtlich der Pressefreiheit versprach. Daß diese einheitlichen Pressebestimmungen nicht – wie von den Liberalen erhofft – die Freiheit der Presse brachten, zeigte sich bereits 1819, als das Pressegesetz der Karlsbader Beschlüsse eine konsequente Vorzensur für alle Schriften unter 20 Bogen einführte (13). Auch Artikel 13 wurde sehr unterschiedlich befolgt; in Österreich, Preußen, Oldenburg und Hessen-Homburg gab es sogar bis 1848 keine Verfassung.

Während also die Bundesgrundgesetze Ziel und Zweck des Bundes festschrieben, wurde die konkrete Arbeit im Bund vor allem durch die Geschäftsordnung der Bundesversammlung und die ihrer Kommissionen bestimmt, die 1816 bzw. 1819 beschlossen wurden (4,11). Die Gesandten der einzelstaatlichen Regierungen gaben sich damit relativ rasch eine verbindliche Form für ihre tägliche Arbeit. Auch die Deutsche Bundesakte enthielt allgemeine Richtlinien für die politische Tätigkeit; nach Artikel 3 hatten alle Bundesmitglieder gleiche Rechte und Pflichten. Allerdings besaßen sie nach

[6] Die in Klammern angegebenen Zahlen verweisen auf die abgedruckten Quellen des Bandes.

ihrer Größe gestaffelt eine unterschiedliche Stimmenzahl in den beiden Beschlußgremien, dem Engeren Rat und dem Plenum. Angesichts der gängigen Annahme, Österreich und Preußen hätten die Geschicke des Bundes allein bestimmt, muß besonders darauf hingewiesen werden, daß in diesen Gremien die beiden Großmächte nicht die Mehrzahl der Stimmen innehatten. Selbst mit den vier Königreichen Bayern, Sachsen, Hannover und Württemberg zusammen bildeten sie dort nicht die Mehrheit. Wollten Österreich und Preußen eine Abstimmung in ihrem Sinne erreichen, mußten sie einige der anderen Staaten also bereits im Vorfeld auf ihre Seite ziehen.

Ein nicht unbeträchtlicher Teil des politischen Handelns im Deutschen Bund und in den Einzelstaaten wurde durch die oppositionellen Bewegungen und ihre spektakulären Aktionen bestimmt. Der Bund reagierte mit Bundesbeschlüssen, Regenten gerieten in die Kritik, die Einzelstaaten ergriffen präventive und repressive Maßnahmen. Ein besonders folgenreiches Ereignis in der Frühphase des Deutschen Bundes war das Wartburgfest im Großherzogtum Sachsen-Weimar-Eisenach. 1817, nur ein Jahr, nachdem die Bundesversammlung in Frankfurt ihre Tätigkeit aufgenommen hatte, wurde eine Feier zum Politikum, die an die Leipziger Völkerschlacht und die Reformation erinnern sollte. Dabei hatten die über 300 Versammelten, überwiegend evangelische Studenten, sich während der eigentlichen Veranstaltung ruhig und besonnen verhalten. Auslöser der harschen Kritik am Wartburgfest war eine symbolische Bücherverbrennung, die einige Festteilnehmer am Rande der Feierlichkeiten durchführten. Sie zündeten Papierballen an, auf denen die Titel mißliebiger, überwiegend repressiver Bücher und Gesetze vermerkt waren. Österreich trug sich in Folge dieser Vorgänge sogar mit Interventionsplänen. Metternich interpretierte die Vorkommnisse als Teil einer gesamteuropäischen Revolutionsbewegung. Als besonders scharfer Kritiker erwies sich auch der Direktor im preußischen Polizeiministerium von Kamptz. In einem Schreiben an den Großherzog griff er ihn geschickt argumentierend und in fast unverschämtem Ton an und kritisierte die Bücherverbrennung und das Fehlverhalten von Studenten und Professoren auf einem obrigkeitlich genehmigten Fest (5). Die großherzogliche Regierung verteidigte nach außen die eigene Haltung und die Genehmigung des Festes, wie ein Bericht des Staatsministers Fritsch deutlich zeigt (6). Allerdings setzte eine Pressekampagne, in der das Wartburgfest negativ beurteilt wurde, den Großherzog unter Druck. Nach innen griff er in der Folgezeit strenger durch. So wurden zum Beispiel die Professoren, die am Fest teilgenommen hatten, zu den Vorgängen befragt und Prozesse gegen sie eröffnet; eine neue Burschenzeitung genehmigte der Landesherr nicht.[7]

[7] Zum Wartburgfest stellvertretend für die umfangreiche Literatur Tümmler, Steiger und (auch zum Folgenden) Huber, I, S. 717–732.

Spätestens seit dem Wartburgfest galten die Universitäten als Hort der oppositionellen Bewegung. Bereits auf dem Aachener Kongreß 1818 versuchte der russische Staatsrat Stourdza mit seiner „Denkschrift über Teutschlands jetzigen Zustand", die deutschen Regierungen gegen die akademische Freiheit der Universitäten und gegen die Presse einzunehmen (7). Stourdza, den Metternich unterstützte, forderte repressive Maßnahmen. Die meisten deutschen Regierungen, vor allem Preußen, wehrten sich jedoch gegen eine Begrenzung der wissenschaftlichen Freiheit. Die Veröffentlichung der geheimen Denkschrift, eventuell von Hardenberg eingeleitet, rief in der (gebildeten) Öffentlichkeit Proteste hervor. Zunächst wurden Stourdzas Pläne nicht umgesetzt. Metternich wirkte jedoch in der Folgezeit beständig auf die preußische Regierung ein, um sie zum Eingreifen gegen Turnvereine, Universitäten und die Presse zu bewegen. Den tödlichen Anschlag des Studenten Sand auf den damals berühmten Schriftsteller August von Kotzebue, einen russischen Staatsrat, konnte Metternich 1819 schließlich für seine Ziele ausnutzen. Es gelang ihm, Beschlüsse gegen die Universitäten und die Presse im Deutschen Bund durchzusetzen und die Verfolgung politisch Verdächtiger zu erleichtern (10, 12–14). Außerdem verabschiedete die Bundesversammlung eine provisorische Exekutionsordnung, die den Vollzug der Bundesbeschlüsse in den Einzelstaaten gewährleistete. Schon im folgenden Jahr ersetzten die Gesandten sie durch eine definitive Regelung (17). Der Eingriff des Staatenbundes in die inneren Angelegenheiten der Mitgliedsstaaten wurde möglich, weil die innere Sicherheit und damit ein in der Bundesakte festgelegter Bundeszweck in Gefahr schien. Nachdem sich Österreich und Preußen im August 1819 vorab verständigt hatten, berieten Vertreter ausgewählter Regierungen in Ministerkonferenzen, die in Karlsbad stattfanden, das weitere Vorgehen. Das zuständige Beratungsgremium, die Frankfurter Bundesversammlung, wurde dadurch umgangen. In Karlsbad diskutierten die beteiligten Einzelstaaten Artikel 13 der Bundesakte; vor allem aber arbeiteten sie den Entwurf der sogenannten Karlsbader Beschlüsse aus. Damit diese zum gültigen Recht der Einzelstaaten werden konnten, mußte die Bundesversammlung sie offiziell annehmen, und die Regierungen mußten sie publizieren. Da der Bund als Gesandtenversammlung konzipiert war, in der die Ländervertreter nur nach den Anweisungen ihrer Regierungen stimmen durften, benötigte man für einen ordnungsgemäßen Beschluß eine gewisse Zeit. Die Gesandten mußten die Möglichkeit haben, sich instruieren zu lassen. Im Falle der Karlsbader Beschlüsse wurde gegen diese Regelung verstoßen: Vom Vortrag der Entwürfe am 16. September 1819 bis zur Abstimmung über sie war lediglich eine Frist von vier Tagen vorgesehen. Tatsächlich sanktionierte die Bundesversammlung die vier Gesetze am 20. September 1819. Obwohl einige Ländervertreter Bedenken formulierten und mehrere Gesandte ihre Stimme ohne Instruktion und zum

Teil mit Vorbehalt abgaben, wies das offizielle Protokoll ein einstimmiges Abstimmungsergebnis aus. Lediglich ein geheimes, zweites Protokoll hielt die abweichenden Stimmen fest. Gegen dieses unrechtmäßige Beschlußverfahren und die Beschneidung von Souveränitätsrechten der Einzelstaaten regte sich Widerstand (15), der allerdings letztlich ohne großen Erfolg blieb. Der Verfassungsvorbehalt, mit dem Bayern die Beschlüsse veröffentlichte, war rechtlich nicht haltbar. Bis zur Verlängerung der zum Teil befristeten Gesetze im Jahr 1824 (22) gab auch Bayern seine ablehnende Haltung auf.[8] Die Karlsbader Beschlüsse stärkten deutlich die bundesstaatlichen Elemente im Bund. Sie führten nun aber nicht mehr langsam zum Nationalstaat, wie noch auf dem Wiener Kongreß argumentiert worden war, sondern dienten der Unterdrückung jener Opposition, die sich für die deutsche Einheit einsetzte. Ernst Rudolf Huber hat dies in der Formulierung zugespitzt: „Der Staatenbund verteidigte sich paradoxer Weise gegenüber der nationalstaatlichen Bewegung mit unitarisierenden Mitteln, wie sie von Rechts wegen allenfalls einem Bundesstaat zur Verfügung gestanden hätten."[9]

Aufgrund der Karlsbader Beschlüsse setzte der Bund in Mainz eine Zentral-Untersuchungskommission ein, die den Auftrag hatte, revolutionäre Aktivitäten und Verbindungen in den deutschen Staaten zu untersuchen. Diese zentrale Bundeseinrichtung, die bis 1828 bestand, war nicht ausschließlich eine Metternichsche Schöpfung. Vielmehr hatten preußische Initiativen mit dem Ziel, die politisch-polizeilichen Untersuchungen überstaatlich zu koordinieren, maßgeblichen Einfluß auf die Gründung der Kommission. Sie legte ihre Ergebnisse im Winter 1827 in einem ausführlichen Bericht vor, in dem sie die „geheimen politischen Verbindungen" genauestens erfaßte. Die Behörde erstellte zudem eine Kartei von mehr als 10000 verdächtigen Personen. Wolfram Siemann hat herausgestrichen, daß die Kommission ihre Tätigkeit im Laufe der Jahre grundsätzlich wandelte: „Von einer Institution, die zurückliegende ‚Umtriebe' nachträglich ermitteln sollte, [wurde sie] zu einer Behörde, die präventivpolizeilich und in neuauftretenden Fällen tätig wurde."[10] Konkrete Folge der neuen Einrichtung waren die Demagogenverfolgungen, die auch in Preußen einsetzten. Sie trafen dort unter anderem bekannte Bonner Professoren, wie den in den Freiheitskriegen berühmt gewordenen Ernst Moritz Arndt. Der für sein Engagement im Krieg gegen Napoleon Hochgelobte erschien nun als Staatsfeind. Arndts Schicksal und seine Versuche, sich u. a. mit Hilfe Hardenbergs gegen die Verfolgung zur Wehr zu setzen, zeigen deutlich, wie sehr die repressiven

[8] Büssem und Huber, I, S. 732–739.

[9] Huber, I, S. 736.

[10] Siemann: Deutschlands Ruhe, S. 85; ebd., S. 76–86 auch zum Vorhergehenden; außerdem Ilse und Weber.

Gesetze in das Leben einzelner eingriffen und in welcher Weise auch bekannte Persönlichkeiten den Nachforschungen ausgesetzt waren (19–20). Arndt verlor sein Professorenamt, seine Schriften wurden beschlagnahmt. Obwohl man das Verfahren einstellte, wurde Arndt lange nicht rehabilitiert.[11]

Die Karlsbader Beschlüsse gelten als Anfangspunkt der 'halkyonischen Tage'. Diese Bezeichnung, die das Bild einer ruhigen, windstillen Phase beschwört, ist jedoch irreführend. Sicher, die bürgerliche Öffentlichkeit wurde überwacht, jede politische Agitation in den deutschen Staaten war erschwert. Ludwig Börne brachte die Verhältnisse ironisierend auf den Punkt, als er 1826 schrieb:

„Wer von uns den Jüngsten Tag erlebt, wird viel zu lachen bekommen. Was Gott unter zwanzig Bogen spricht, wird zensiert werden, und wenn die Welt brennt und das Fett schmilzt von den Sündern herab, wird die Polizei bekanntmachen: ‚Unruhestifter haben das Gerücht verbreitet, es sei heiß in der Welt; aber das ist eine hämische Lüge, das Wetter war nie kühler und schöner gewesen. Man warnt jedermann vor unvorsichtigen Reden und müßigem Umherschweifen auf der Straße. Eltern sollen ihre Kinder, Lehrer ihre Schüler, Meister ihre Gesellen im Hause behalten! Man bleibe ruhig! Ruhe ist die erste Bürgerpflicht.' Und dann wird die Welt untergehen und ruhig werden, und dann wird die Welt deutsch sein."[12]

Allerdings waren unter der Oberfläche politische Forderungen und eine weitergehende Nationalisierung erkennbar. Die sympathisierende Teilnahme Deutscher an den nationalen Befreiungsbewegungen vor allem im Süden und Südosten Europas ersetzte gleichsam die politische Tätigkeit im eigenen Land. Zur Bezeichnung dieses Zusammenhangs ist der Begriff des „funktionalen Nationalismus" geprägt worden. Von ihm ist immer dann zu sprechen, wenn ein fremdländischer Nationalismus „Stellvertreterfunktion für den unterdrückten heimischen Nationalismus bekam".[13] Besonders der griechische Befreiungskampf wirkte mobilisierend – bis hin zum Aufbruch freiwilliger Kämpfer nach Griechenland. Darüber hinaus wurden Vereine gegründet, um Hilfeleistungen zu organisieren. Griechenlieder und -gedichte waren im Umlauf, zahlreiche Flugblätter und Schriften warben für die Griechen. In diesem Philhellenismus organisierte sich die bürgerliche Öffentlichkeit, die politisierenden Wirkungen dieser Bewegung sind offenkundig.[14]

[11] Obwohl sich 1834 sogar der preußische Kronprinz für ihn einsetzte, konnte Ernst Moritz Arndt erst wieder an die Universität zurückkehren, nachdem Friedrich Wilhelm IV. den Thron bestiegen hatte. Vgl. zu Arndt mit weiterer Literatur: Schäfer.

[12] Börne, S. 364.

[13] Zitat Siemann: Staatenbund, S. 336; vgl. Kolb.

[14] Mit weiterführender Literatur zum Philhellenismus Hauser, Quack-Eusthathia-

In jenen scheinbar 'halkyonischen Tagen' zwischen 1819 und 1830 begann zudem das intensive Ringen um die gemeinsame Zollpolitik der deutschen Staaten, das hier nur knapp skizziert werden kann. Die Ausgangslage 1815 war schwierig, denn alle am Bund beteiligten Regierungen regelten ihre Zollangelegenheiten selbständig, und zahlreiche Zollgrenzen und Durchgangszölle belasteten den Handel zwischen den Ländern. Preußen stieß eine neue Entwicklung an, als es mit dem Zollgesetz vom 26. Mai 1818 die Zollerhebung an die Landesgrenzen verlegte und alle Zollinien im Landesinneren aufhob. Die hohen Durchgangszölle behielt der preußische Staat jedoch bei. Das setzte vor allem die Enklaven im preußischen Gebiet unter Druck, forderte aber auch Reaktionen der angrenzenden Staaten heraus. Eine süddeutsche Gegengründung zum Zollverein kam zunächst nicht zustande. Erst als 1828 das Großherzogtum Hessen-Darmstadt einen Zollvertrag mit Preußen abschloß, bildeten auch die nord- und mitteldeutschen Staaten sowie Württemberg und Bayern eigene Handelszusammenschlüsse. Noch im Juni desselben Jahres einigten sich der preußisch-hessische und der bayerisch-württembergische Zollverband auf eine zollfreie Verbindung der getrennten preußischen Landesteile. Attraktive preußische Angebote führten schließlich zum Scheitern des Mitteldeutschen Handelsvereins. Am 1. Januar 1834 fielen die Zollschranken zwischen etwa der Hälfte aller deutschen Staaten; der Deutsche Zollverein nahm seine Tätigkeit auf.[15]

Bei der Bewertung des Zollvereins wird seit geraumer Zeit herausgestrichen, daß bei seiner Gründung „für Preußen nicht das national-politische Fernziel einer ‚kleindeutschen Lösung' […] Pate [stand], sondern eher kurzfristige, partikularistische, insbesondere finanzpolitische Interessen". Letztere teilten auch die deutschen Klein- und Mittelstaaten, konnten sie die Zollvereinseinnahmen doch ohne den Einfluß der Kammern verwenden. Insofern bedeuteten diese Gelder eine „Stärkung der Fürsten gegen demokratische Kräfte".[16] Österreich wird in diesem Zusammenhang meist als Verlierer gesehen, denn es war nicht am Zollverein beteiligt. Auch wenn das Fernziel einer kleindeutschen, nationalen Einigung nicht oder nur teilweise den Intentionen der Gründer entsprach, prägte der Zollverein diese Entwicklung doch langfristig mit. Die vereinheitlichenden Maßnahmen im Zollverein, die im Rahmen des Deutschen Bundes eben nicht zustande gekommen waren, bereiteten einer staatlichen Einigung den Boden. So vereinbar-

des. Quellen zu diesem Komplex gehören zum „Politischen Denken der Deutschen" und können deshalb hier keine Aufnahme finden.

[15] Abgeschlossen wurde die deutsche Zolleinigung erst, als in den 1880er Jahren auch Hamburg und Bremen in das deutsche Zollgebiet integriert wurden. Vgl. Hahn und Tilly.

[16] Beide Zitate Tilly, S. 41.

ten die Zollvereinsstaaten zum Beispiel ein verbindliches Zollgewicht, das statt der unterschiedlichen Landessysteme angewendet werden sollte. Zudem einigten sich die süddeutschen Staaten auf einen einheitlichen Guldenfuß (1837); 1838 setzte man einen festen Wechselkurs für Gulden und Taler fest. In den folgenden Jahren arbeiteten die Zollvereinsstaaten weiter daran, das Handelsrecht und das Währungssystem zu vereinheitlichen.[17] Die Wirkungen dieser Maßnahmen erkannte der preußische Finanzminister von Motz frühzeitig. Er war mit Blick auf den Zollverein der Überzeugung: „In dieser auf gleichem Interesse und natürlicher Grundlage beruhenden und sich notwendig noch in der Mitte von Deutschland erweiternden Verbindung wird erst wieder ein realverbündetes, von innen und außen wahrhaft freies Deutschland unter dem Schutz und Schirm von Preußen entstehen und glücklich sein.“[18] Metternich prognostizierte ebenfalls langfristige Konsequenzen der Zolleinigung. Bereits 1833 sagte er seinem Kaiser voraus, daß der Zollverein eine preußische Vormachtstellung im Deutschen Bund bewirken und die österreichische Position schwächen werde. Der Staatskanzler versuchte mehrfach, Einfluß auf die wirtschaftliche Entwicklung im Deutschen Bund zu nehmen. Auf den Wiener Konferenzen von 1820 scheiterten seine Vorschläge jedoch am Veto des Kaisers, auch seine wirtschaftspolitischen Initiativen der 1840er Jahre blieben ohne Erfolg.[19] Der negative Ausgang der handels- und zollpolitischen Bemühungen Metternichs im Deutschen Bund verdeckt leicht seine handelspolitischen Initiativen im Ganzen. Zu nennen ist etwa das österreichische Interesse am Suezkanal mit dem langfristigen Ziel, Handelsverbindungen mit Indien aufzubauen und zur Welthandelsmacht aufzusteigen. Zu diesem Zweck wurden sogar in der *Bombay Times* Artikel lanciert, die solche österreichischen Produkte vorstellten, die für Indien von Interesse sein könnten (79–80). Allerdings geschah dies nicht im Jahrzehnt nach den Karlsbader Beschlüssen, sondern erst in den 1840er Jahren.[20]

Die 'Phase der Windstille' endete jedoch 1830, als zahlreiche Unruhen Europa erschütterten. Auch in mehreren deutschen Staaten gab es in den frühen dreißiger Jahren Aufstände, bei denen sich meist bürgerliche Partizipationsforderungen und sozialer Protest mischten. Sie leiteten eine Welle von Verfassungsgebungen ein; Sachsen, Kurhessen, Hannover und Braun-

[17] Dies zeigt z. B. ein diesbezüglicher Vorstoß Württembergs aus dem Jahre 1846. In: Verhandlungen der Achten Generalkonferenz, § 24., S. 63–67.

[18] Zit. nach Siemann: Staatenbund, S. 339.

[19] Dazu Lutz, S. 76, S. 208 f.

[20] Quellen zur Wirtschaftspolitik dieser Epoche sind in einem gesonderten Band abgedruckt, vgl. Steitz (Hg.): Quellen; zur Entstehung des Zollvereins: Onken/Sämisch (Hg.): Vorgeschichte.

schweig setzten moderne Repräsentativverfassungen in Kraft. In Braunschweig übernahm sogar ein neuer Regent die Herrschaft. Nachdem Herzog Karl es 1830 abgelehnt hatte, die Stände einzuberufen, wurde sein Schloß angezündet. Der Herzog mußte flüchten. Daraufhin übernahm Prinz Wilhelm die Regierung, was zu Spannungen zwischen ihm und seinem älteren Bruder führte, als sich abzeichnete, daß Wilhelm die Regentschaft auf Dauer behalten würde (26, 28–30). Der englische König und auch der Deutsche Bund stimmten dem Regentenwechsel zu.[21] Allerdings übte der österreichische Präsidialgesandte Kritik daran, daß man in Braunschweig die Anerkennung Wilhelms durch den Deutschen Bundes nicht abgewartet, sondern das Patent zur Regierungsübernahme ohne Bundesentscheid publiziert hatte. Er sah dadurch das Ansehen des Bundes verletzt.[22] An dem Regentenwechsel selbst änderte sich deswegen freilich nichts mehr.

In Göttingen entließ der König 1831 infolge von Unruhen den Grafen Münster aus seinen Diensten, dessen reaktionäres Ministerium verhaßt war. Mit Unterstützung des nun eingesetzten Vizekönigs wurde im September 1833 ein neues Staatsgrundgesetz erlassen. Als jedoch vier Jahre darauf König Ernst August die Regierung in Hannover übernahm, machte er das Errungene nach und nach rückgängig. Mit seinem Patent vom 5. Juli 1837 kündigte er eine Verfassungsrevision an; außerdem vertagte er die Ständeversammlung. Mit einem weiteren Patent vom 1. November 1837 erklärte er die Verfassung von 1833 für ungültig und entband die Staatsdiener von ihrem Verfassungseid (68). Daraufhin verfaßten die sogenannten 'Göttinger Sieben' ein Protestschreiben, das sie am 18. November 1837 an das Universitätskuratorium sandten. Die Göttinger Professoren Friedrich Christoph Dahlmann, Jacob Grimm, Wilhelm Eduard Albrecht, Wilhelm Grimm, Georg Gottfried Gervinus, Heinrich Ewald und Wilhelm Eduard Weber lehnten darin die Aufhebung der Verfassung ab. Sie erklärten zudem, daß sie weiterhin an ihren Verfassungseid gebunden seien (69). Der König reagierte prompt: alle sieben Professoren wurden entlassen (70–71). Dahlmann, Jacob Grimm und Gervinus, denen zusätzlich die Verbreitung der Protestation zur Last gelegt wurde, mußten das Land verlassen. In der Tat spielte die Publikation des Schreibens eine besondere Rolle, die alle Beteiligten erkannten. Das Schriftstück wurde innerhalb weniger Tage, bis zum 20. November 1837, vermutlich etwa 2000mal von Göttinger Studenten kopiert und in Umlauf gebracht. Bereits am 18. November erschien im *Courier français* und in *Galigniani's Messenger* eine Notiz, die den Inhalt der Protesta-

[21] Der englische König war betroffen, weil die Braunschweiger Regenten wie er zum Welfenhaus gehörten.

[22] Die Kritik findet sich in den Protokollen der Bundesversammlung vom 11. Mai 1831, 18. Sitzung, § 120, S. 484–486. Vgl. zum Regentenwechsel auch ebd., S. 496.

tion zusammenfaßte. Daß die Nachricht so ungeheuer rasch verbreitet wurde, deutete in den Augen des Königs auf die geplante Aktion einer international operierenden revolutionären Bewegung hin. Darum handelte es sich in Wahrheit jedoch nicht; auch bildeten die sieben Professoren keine einheitliche, bewußt agierende, demokratische Gruppe. „Aber das ändert nichts daran, daß die Protestation und die mit ihr verbundene Diskussion einen politischen Effekt gehabt haben. Sie haben dazu beigetragen, daß im vormärzlichen Deutschland der Sinn für verfassungsstaatliches Denken geschärft wurde und daß sich Strukturen einer politischen Öffentlichkeit herausbildeten.“[23] Der Verfassungskonflikt in Hannover war mit der Entlassung der Professoren nicht beendet. Dies wird aus einer Proklamation Ernst Augusts vom 10. September 1839 deutlich, in der er ausdrücklich betonte, daß das Staatsgrundgesetz von 1833 ungültig sei, und dafür warb, weiter an einer Verfassung zu arbeiten (72). Auch nachdem die neue hannoveranische Verfassung 1840 in Kraft getreten war, bezweifelte die Zweite Kammer noch, daß das Vorgehen des König „rechtsbeständig“ sei.[24]

Die besondere Bedeutung der Öffentlichkeit wurde im hier behandelten Zeitraum von allen politischen Akteuren mehr und mehr erkannt. Metternich versuchte deshalb, nicht nur durch Gesetze, sondern auch auf anderen Wegen unerwünschte Presseerzeugnisse zu unterdrücken. So machte er sich zunutze, daß die Habsburgermonarchie ein bedeutendes Absatzgebiet für überregionale Blätter war. Seine Drohung mit einem Absatzverbot in Österreich, wenn weiterhin unerwünschte Artikel erschienen, hatte deshalb für betroffene Verleger tatsächlich Gewicht (24).[25] Auch der Deutsche Bund verfolgte weiter seine restriktive Pressepolitik und bemühte sich, ein Ausscheren einzelner Staaten zu verhindern, wie der badische Fall zeigt. Dort trat im Dezember 1831 ein neues Pressegesetz in Kraft. Es verkündete in seinem § 1: „Alle Zensur der Druckschriften, welche im Großherzogthum herauskommen, oder verbreitet werden, ist aufgehoben.“ Nur sieben Monate später mußte der Großherzog aufgrund vehementer Kritik der Bundesversammlung das Pressegesetz aufheben. Entsprechend den Karlsbader Beschlüssen wurde die Vorzensur für Periodika und Schriften unter 20 Bogen wieder eingeführt (39,50). Die kurze Phase 'badischer Pressefreiheit' war damit beendet.[26] Zur strengen Durchführung der Zensur zählte auch das Verbot mehrerer liberal-oppositioneller Zeitungen im März 1832 per Bundesbeschluß, das zugleich ein fünfjähriges Berufsverbot für die Redakteure umfaßte (40). Eines der verbotenen Blätter war die *Deutsche Tribüne*, die

[23] Thadden, in: Machinek S. 27; vgl. die weiteren Beiträge ebd. sowie Thadden.
[24] Thadden, Quellenabdruck S. 53–56.
[25] Vgl. Breil.
[26] Dazu Naujoks.

schon im persönlichen Briefwechsel zwischen Metternich und dem bayerischen Fürsten Wrede 1831 ein Thema gewesen war. In diesen Briefen, in denen Metternich seine Position sehr deutlich formulierte, erörterten die beiden Staatsmänner die politische Lage und Maßnahmen gegen weitere revolutionäre Akte. Baden und Bayern gegenüber zeigte sich der österreichische Staatskanzler äußerst mißtrauisch. Die Gefahren der Zeit entstanden ihm zufolge nicht durch die Untertanen, sondern durch die „schwachen oder schief sehende[n] Fürsten" und durch die ganz „verdorbene Beamten- und Mittel-Classe". Er war überzeugt, daß die bestehenden Gesetze nur konsequent umgesetzt werden müßten. Einmal mehr favorisierte Metternich geheime Vorabsprachen der großen Staaten vor weiteren Schritten. Publizität, die durch offizielle Ministerkonferenzen entstehen würde, wollte er dagegen vermeiden (34–36).

Das Ziel, jede Form politischer Öffentlichkeit zu unterdrücken, läßt sich auch an weiteren Bundesmaßnahmen der 1830er Jahre erkennen. So untersagte die Bundesversammlung 1831 Adressen über öffentliche Bundesangelegenheiten.[27] Das politische Engagement, das sich in solchen Schreiben zeigte, war in den Augen der Gesandten nicht „mit der Stellung der Unterthanen" zu vereinbaren. Derartige Versuche mittels schriftlicher Stellungnahmen, auf die Politik Einfluß zu nehmen, beurteilten sie generell als „unstatthaft" (37–38).

In den Zusammenhang der politischen Mobilisierung, Meinungsäußerung und Öffentlichkeit gehört auch das Hambacher Fest vom Mai 1832. Zu dieser größten politischen Massendemonstration des frühen 19. Jahrhunderts versammelten sich 20000–30000 Menschen an der Hambacher Schloßruine bei Neustadt an der Weinstraße in der bayerischen Pfalz. Da zahlreiche Zensurvorschriften die politischen Publikationen mehr und mehr einschränkten, machte sich die liberale und demokratische Opposition zunehmend andere Formen der „Öffentlichkeitsarbeit" zu eigen. Feste und Empfänge sollten die Bevölkerung politisch mobilisieren. Während auf etlichen solcher Feiern das gehobene Bürgertum unter sich blieb, versammelte sich auf der Schloßruine bei Neustadt eine regional wie sozial breitgestreute Teilnehmerschar. Obwohl die politischen Forderungen, die die Redner formulierten, nicht einheitlich republikanisch-revolutionär waren, interpretierten die deutschen Regierungen die Vorkommnisse als Zeichen für das Bestehen einer revolutionären Umsturzpartei. Bayern wurde scharf kritisiert – vor allem von seiten Preußens und Österreichs, die sich abstimmten und strenge Strafmaßnahmen gegen die Organisatoren und Teilnehmer des Festes forderten (44–47). Die Kritik schien auch deshalb berechtigt, weil die

[27] Adressen sind Schreiben an die Bundesversammlung oder allgemeiner an eine Institution oder Persönlichkeit des öffentlichen Lebens.

bayerische Regierung sich im Vorfeld der Feier nicht eindeutig verhalten hatte. Nachdem der Regierungspräsident des Rheinkreises das Fest untersagt hatte, genehmigte er zunächst eine Feier der bayerischen Konstitution und hob nach massiven Protesten der Bevölkerung schließlich das Verbot gänzlich wieder auf (41–43). Dadurch errangen die Liberalen schon vor der eigentlichen Feier einen Sieg. Nach dem Hambacher Fest griff der bayerische König Ludwig I. jedoch hart durch: Er ließ etwa 8500 bayerische Soldaten in der Pfalz zusammenziehen und ordnete Feldmarschall von Wrede als außerordentlichen Hofkommissär mit weitgehenden Vollmachten in den unruhigen Landesteil ab; außerdem mußte der vor der Feier unglücklich agierende Regierungspräsident Freiherr von Andrian-Werburg seinen Posten räumen.

Metternich nutzte ähnlich wie 1818/19 die Gunst der Stunde und instrumentalisierte die Angst der deutschen Monarchen vor einem Umsturz für ein strengeres Vorgehen gegen die Verdächtigen. Die Bundesversammlung beschloß in der Folgezeit neue repressive Regelungen. Nicht alle können jedoch allein als Ergebnis des Hambacher Festes betrachtet werden. So hatten Preußen und Österreich die im Juni 1832 verabschiedeten Sechs Artikel (48) schon länger vorbereitet. Nachdem mit dem Bundesbeschluß vom Oktober 1830 bereits militärische Eingriffe bei Unruhen in einem Mitgliedsstaat erleichtert worden waren (27), berieten die beiden Großmächte im Winter 1831/32, wie darüber hinaus der Einfluß der oppositionellen Kammern in den konstitutionellen Staaten einzudämmen sei. Sie arbeiteten entsprechende Artikel aus und versuchten, bevor die Bundesversammlung darüber abstimmte, die Unterstützung anderer Höfe für ihre Pläne zu gewinnen. Die Haltung einiger Staaten ließ die beiden Großmächte jedoch an einer Mehrheit für ihre Maßnahmen in der Bundesversammlung zweifeln. Erst die veränderte Lage nach dem Hambacher Fest machte einen Bundesbeschluß im Sinne Österreichs und Preußens möglich: Die fürstliche Solidarität gegen die Opposition konnte nun eingefordert werden. Die Bundesversammlung stimmte den Sechs Artikeln zu, die die politischen Möglichkeiten der Kammern erheblich beschnitten.

Daß „das Hambacher Fest […] den Gegensatz zwischen Metternich und der Mehrheit der Bundesversammlung temporär aufgehoben“ hat, daß nicht allein Österreich stets die treibende Kraft hinter den repressiven Gesetzen war, wurde noch im gleichen Jahr beim Zustandekommen der Zehn Artikel deutlich.[28] Dieser Bundesbeschluß ging auf eine Initiative der süddeutschen Staaten zurück. Der badische Innenminister setzte sich direkt nach dem Hambacher Fest mit seinem bayerischen, württembergischen und hessendarmstädtischen Kollegen in Verbindung, um „gemeinschaftliche Maasre-

[28] Siemann: Deutschlands Ruhe, S. 87–93; Zitat: Kallenberg, S. 201.

geln" zu vereinbaren. Beabsichtigt wurde eine zwischenstaatliche polizeiliche Koordination. Die Bundestagsgesandten Hessen-Darmstadts, Badens und Württembergs erarbeiteten schließlich eine in 18 (teilweise geheime) Artikel gegliederte Punktation. Diese ging – erweitert um Bestimmungen gegen das Vereinswesen – fast wörtlich in die Zehn Artikel des Deutschen Bundes ein. Der Bundesbeschluß richtete sich gegen die oppositionelle Volksbewegung, wie sie sich auf dem Hambacher Fest gezeigt hatte. Die Kontrolle der Presse wurde verschärft, politische Vereine und Symbole wurden verboten, ungenehmigte Feste bestraft, politische Reden auf Versammlungen untersagt, die strenge polizeiliche Überwachung (politisch) Verdächtiger sowie die Anwendung der älteren Gesetze angemahnt. Schließlich vereinbarten die deutschen Regierungen mit den Zehn Artikeln einen zwischenstaatlichen Informationsaustausch und die Auslieferung von politisch Straffälligen, und sie bekräftigten die gegenseitige Verpflichtung zu militärischer Hilfe (49). Wie die Kontrolle politisch Verdächtiger in die Praxis umgesetzt werden sollte, zeigt eindrücklich eine diesbezügliche Anweisung an Wirte und Ortsvorsteher im Obermainkreis (53).

Anfang April 1833 kam es erneut zu einem die Regierungen beunruhigenden Vorfall – dieses Mal in der Freien Stadt Frankfurt am Main. Bei dem sogenannten Frankfurter Wachensturm versuchten einige Verschwörer, sich der Haupt- und der Konstablerwache zu bemächtigen, den Bundestag zu stürmen und mit diesem Fanal eine Revolution in ganz Deutschland auszulösen. Der Plan wurde vorzeitig verraten und scheiterte kläglich, nicht zuletzt, weil sich die Frankfurter Bürgerschaft nicht an dem revolutionären Umsturz beteiligte. Eine im Anschluß eingesetzte, zentral ermittelnde Untersuchungsbehörde, die als Nachfolgeorganisation der Mainzer Zentral-Untersuchungskommission zu betrachten ist, rekonstruierte den Ablauf der Geschehnisse (54,58).[29] Die neue, in Frankfurt angesiedelte Behörde ging mit bemerkenswerter Professionalität zu Werke. Im 'Schwarzen Buch', dem bekanntesten Ergebnis ihrer Arbeit, sind gut 2000 Personen erfaßt. Die Behörde arbeitete bis zum September 1842, obwohl sich Friedrich Wilhelm IV. seit 1840 für ihre Auflösung einsetzte. Von einem gemeinsamen preußisch-österreichischen Vorgehen war nun keine Rede mehr, denn Metternich sprach sich in einem Votum von 1842 deutlich gegen diese Pläne des preußischen Königs aus. Er verurteilte den Vorschlag Friedrich Wilhelms scharf und meinte, dieser sei vor allem an seinem liberalen Ruf interessiert, ohne sich um die Folgen zu kümmern (76). Metternichs Idee, die Behörde nicht formell aufzulösen, sondern sie 'nur' zu vertagen, setzte sich 1842 durch. Noch 1845 dachte er daran, sie wieder zu aktivieren. Dies geschah jedoch nicht. Statt dessen vollzog sich in den 1840er Jahren ein entscheidender

[29] Zur Frankfurter Behörde u. a. ebd., S. 93–108, und Ilse.

Wandel, durch den sich „bei geminderten politisch-polizeilichen Aktivitäten ein neuer Handlungsspielraum für die deutschen politischen Bewegungen und Organisationsbestrebungen“ ergab.[30] Frei und unbeobachtet agieren konnte die Opposition jedoch nicht. Metternich verfügte bis zum April 1848 über eine geheime Ermittlungsbehörde, das Mainzer Informationsbüro. Es war unter ausschließlich österreichischer Führung entstanden, nachdem sich im Frühjahr 1833 Pläne Metternichs zerschlagen hatten, die politische Opposition in Zusammenarbeit mit Preußen, Bayern und Württemberg zu überwachen. Das Mainzer Informationsbüro war „auf deutschem Boden der erste institutionell selbständige, als Behörde organisierte, zentralisierte politisch-polizeiliche geheime Nachrichtendienst mit einem Operationsfeld innerhalb der deutschen Bundesstaaten und in das benachbarte Ausland“. Das Ziel der Einrichtung ist deutlich Metternichs Instruktion für den ersten Leiter des Büros zu entnehmen (51). Es sollte den bestehenden revolutionären Plan der Opposition aufdecken, die Verschwörer entlarven und die Ergebnisse an die Frankfurter Zentraluntersuchungsbehörde und die Regierungen weiterleiten. Es entstand ein weites Netz an Korrespondenten und Spitzeln, die zum Teil in den Kreisen der politischen und literarischen Opposition selbst angeworben wurden. Metternich war nicht zuletzt dank des Mainzer Informationsbüros stets genauestens über die politische Opposition und ihre Publizistik in den deutschen Staaten und im benachbarten Ausland unterrichtet.[31] Für die Gründung dieses Spitzelsystems hatte der Frankfurter Wachensturm den letzten Ausschlag gegeben. Darüber hinaus wurden nach diesem Revolutionsversuch in der Stadt Frankfurt und per Bundesgesetz in allen Staaten weitere repressive Maßnahmen eingeleitet, die die Aktivitäten der oppositionellen Bewegung weiter einschränkten.[32] Im Zuge einer Intervention zogen 2500 Mann des Bundesheeres aus der Festung Mainz in die Freie Stadt ein. Da der Frankfurter Senat weder um Hilfe des Bundes gebeten hatte noch außerstande gewesen war, solche Hilfe anzufordern, war dieses Vorgehen nicht mit dem Bundesrecht zu vereinbaren. Der Senat zweifelte jedoch – zumindest offiziell – die Rechtmäßigkeit dieser Bundesintervention nicht an. Den Einspruch der französischen Regierung gegen dieses Vorgehen, die sich wegen der Eingliederung der Deutschen Bundesakte in die Akte des Wiener Kongresses als Schutz- und Garantiemacht der zugesicherten Rechte der Einzelstaaten verstand, wies der Deutsche Bund zurück. Der internationale Protest verschärfte sich noch, als die Bundesintervention zu einer Exekution zu werden drohte, weil der Frankfurter Senat sich weigerte, seine Truppen dem Kommandanten der Bundestruppen zu

[30] Siemann: Deutschlands Ruhe, S. 108.
[31] Hoefer; Siemann: Deutschlands Ruhe, S. 139–174, Zitat S. 139.
[32] Zum Folgenden Huber, II, S. 167–172.

unterstellen, wie es ein Bundesbeschluß vom 3. April 1834 forderte. Der Einspruch der Stadt wurde von der Gesandtenversammlung abgelehnt und ein Exekutionsverfahren zur Durchsetzung des Beschlusses eingeleitet. Noch im Mai übersandten daraufhin der englische und der französische Gesandte Noten an den Bund, die dessen Vorgehen kritisierten. Am 30. Juni und am 18. Juli 1834 trafen erneut Noten der beiden Mächte ein. In ihrer Antwort vom 18. September bezeichnete die Bundesversammlung jede Einmischung der Westmächte als „Anmaßung". Sie hätten durch die Aufnahme der Bundesakte in die Akte des Wiener Kongresses keinerlei Eingriffsrechte in die inneren Bundesangelegenheiten (60–62). Noch einmal reagierten die beiden Staaten mit Noten, die der Bund aber nicht mehr beantwortete. Die Versuche Frankfurts, sich der Bundestruppen zu entledigen, und die Beteuerungen, man könne selbst für Ruhe und Ordnung sorgen (65), blieben lange ohne den gewünschten Erfolg. Erst 1842 wurden die Bundestruppen endgültig abgezogen, allerdings unter dem Vorbehalt, jederzeit wieder einmarschieren zu können, wenn die Ordnung gefährdet sei und die polizeilichen Maßnahmen der Stadt nicht hinreichend seien.

Als eine weitere Folge des Wachensturms müssen auf Bundesebene die 'Geheimen Sechzig Artikel' gesehen werden. Sie ergänzten die repressiven Bundesgesetze der 1830er Jahre (55, 59). Mit ihnen wurden nicht nur das monarchische Prinzip bekräftigt und die Schiedsgerichtsbarkeit geregelt, sondern auch die bereits seit den Karlsbader Beschlüssen im Mittelpunkt der Aufmerksamkeit stehenden Artikulationsfelder der Opposition erneut beschnitten: Die Presse, die Universitäten und auch die Ständeversammlungen waren vor allem betroffen. Obwohl der größte Teil des Gesetzes nicht veröffentlicht wurde, sollte er formal die gleiche Wirksamkeit wie ein Bundesgesetz besitzen. Im November 1834 verabschiedete die Bundesversammlung einen Teil der Geheimen Sechzig Artikel als Bundesbeschluß, der die in Karlsbad festgelegte Kontrolle der Studenten noch einmal verschärfte. Weitere repressive Gesetze folgten. Nur wenige Monate später schränkte der Bund konsequent das Wandern der Handwerker ein. Orte und Länder, in denen 'gefährliche' Vereinigungen existierten, sollten nicht mehr aufgesucht, Handwerker, die sich bereits an solchen Orten aufhielten, sollten zurückgerufen und überwacht werden. Der badische Großherzog forderte daher Mitte Februar 1835 die Handwerksgesellen auf, aus der Schweiz in ihre Heimat zurückzukehren (63–64). Es entstand darüber hinaus ein aktuelles Verzeichnis aller im Ausland befindlichen deutschen politischen Flüchtlinge. Es umfaßte nicht nur diejenigen, die bereits verurteilt, angeklagt oder per Steckbrief gesucht waren, sondern auch alle, die politischer Aktivitäten verdächtigt wurden. Diese Zusammenstellung sollte das weitere Vorgehen gegen die Oppositionellen erleichtern und vereinheitlichen, falls sie in den deutschen Staaten aufgegriffen würden (66). Ebenfalls noch im Jahr 1835 schritten die deutschen Staaten nach einem entsprechenden Bundesbeschluß, der auf Österreich zurückging, gegen sämtliche Schriften des *Jungen Deutschland* ein. Betroffen waren alle Werke Heinrich Heines, Karl Gutzkows, Heinrich Laubes, Ludolf Wienbargs und Theodor Mundts, weil sie die „gesetzliche Ordnung" gefährdeten. Ausdrücklich wurde im Beschluß vermerkt, daß diese Publikationen allen Schichten zugänglich seien, was sie in den Augen der Regierungen besonders gefährlich erscheinen ließ (67). Hier wird eine soziale Komponente der Zensurmaßnahmen sichtbar. Daß man einige Werke ‚lediglich' einem breiteren Publikum vorenthalten wollte, zeigte sich auch in der österreichischen Zensurpraxis allgemein. Denn das dortige Zensurverfahren sah vor, daß Geschäftsleute und Wissenschaftler an sich verbotene Bücher nach einer besonderen Genehmigung der Polizeihofstelle doch lesen konnten.[33] Im Fall des *Jungen Deutschland* ist neuerdings betont worden, daß Metternich sich bemühte, das Verbot dieser Schriften auch auf nichtdeutsche Gebiete auszudehnen. Da ihm selbst die Mittel dazu fehlten, wandte er sich zu diesem Zweck an den Kirchenstaat. Er informierte die Kurie über den Bundesbeschluß und den Inhalt der Veröffentlichungen. Schon vorher hatte er über den Nuntius in Rom den Kardinalstaatssekretär über verschiedene „gottlose" Werke unterrichtet. Metternichs Vorgehen war schließlich erfolgreich: auch der Kirchenstaat unterdrückte alle Publikationen der betroffenen Literaten. Im Herbst 1836 erschienen zudem drei Schriften Heines auf dem Index der verbotenen Bücher. Zwar ist nicht mit Sicherheit festzustellen, ob auch das Indexverfahren auf Metternich zurückzuführen ist, doch konnte trotzdem in diesem Zusammenhang „die enge Verflechtung von staatlichen und kirchlichen Interessen eruiert und damit einmal mehr der Einfluß Metternichs auf die Politik Gregors XVI. belegt werden".[34] Der Kirchenstaat verfolgte die Schriften jedoch gewissermaßen verspätet, denn nicht nur Hannover wich bald vom strengen Vorgehen gegen die Literaten ab, auch Preußen lockerte bereits im Februar 1836 sein „totales" Verbot der jungdeutschen Schriften. Selbst Österreich behielt das umfassende Verbot nicht bei und machte die Werke ausgewählten Kreisen wieder zugänglich.[35]

Die hier beispielhaft genannten Maßnahmen machen die repressive Politik der 1830er Jahre deutlich. Sie wurde auch in den 1840er Jahren noch fortgesetzt. Metternich forderte in einer Stellungnahme über das Vereinswesen, streng gegen solche Vereinigungen vorzugehen, die der bestehenden Gesellschaftsordnung feindlich seien (85). 1846 verbot die Bundesversammlung explizit die kommunistischen Vereine (93). Auch mahnten neue Zen-

[33] Zu den unterschiedlichen Zensurgraden Hoefer, S. 62.
[34] Wolf u. a., S. 140.
[35] Ebd., S. 87f.

surverordnungen zur Strenge; das Augenmerk richtete sich erneut auf die im Ausland gedruckten Schriften in deutscher Sprache. Die Produkte der Exilantenverlage in der Schweiz und in Frankreich sollten umfassender kontrolliert werden (82–83). Die Regierungen strebten also auch weiterhin die Überwachung der öffentlichen Meinung an. Allerdings verbanden sich mit dem Regierungsantritt des preußischen Königs Friedrich Wilhelm IV. zu Beginn des Jahrzehnts Hoffnungen auf eine politische Wende. Dessen Regierungshandlungen zu Beginn seiner Regentschaft – darunter eine Amnestie für politische Häftlinge, die kurzzeitige Zensurfreiheit für Karikaturen etc. – hatten diese Einschätzung gefördert. Der Weiterbau am Kölner Dom, der weiten Kreisen als Nationaldenkmal galt, wurde freudig begrüßt. In seiner Rede zum Dombaufest bezeichnete Friedrich Wilhelm IV. das Gotteshaus als Zeichen deutscher Einigkeit und Kraft (77). So ist es erklärlich, daß sich die Wünsche nach einem nationalen Einheitsstaat mit der Person des preußischen Königs verbanden. Er erfüllte diese jedoch nicht.[36] Die Ausweisung Louise Astons aus Berlin (90–91) ist nur ein Beispiel für eine repressive Politik, die die literarischen und politischen Zirkel argwöhnisch beobachtete und strikt maßregelte – auch im Preußen der 1840er Jahre.

Insgesamt hatten die politischen Unterdrückungsmaßnahmen in den 40er Jahren weniger Erfolg als in der Zeit zuvor. Es zeigte sich, daß die repressiven Bundesgesetze ab 1840 an Wirksamkeit gegenüber der „bürgerlichen Verfassungsbewegung“ verloren.[37] Deutlich wurde dies zum Beispiel bei der von Oppositionellen betriebenen Veröffentlichung der Geheimen Sechzig Artikel in den frühen 40er Jahren, die Metternichs Agenten genauestens verfolgten (81). Das Gesetz und besonders die Gültigkeit der unveröffentlichten Teile wurden lebhaft diskutiert. In der badischen Kammer brachte der Abgeordnete Welcker 1845 eine Motion ein, in der er die Beschlüsse – sollten sie echt sein – „als der Souverainität von Thron und Staat [...] widersprechend“ bezeichnete (86). Hier meldete sich eine liberale Opposition lautstark zu Wort.

Politisches Handeln in jenen Jahren umfaßte aber neben der Kontrolle der oppositionellen Bewegung auch andere Bereiche. Die Palette der im Bund behandelten Themen war breit: So beschäftigte er sich z. B. mit der Frage des Sklavenhandels und schloß sich den internationalen Vereinbarungen zu dessen Bekämpfung an (75,78,87). Württemberg versuchte ein Verbot aller Spielbanken, Klassenlotterien und Lottos durchzusetzen, weil sie den Nationalwohlstand und die Sittlichkeit gefährdeten (84). Dieser Vorstoß gehört in die größere Debatte um das Glücksspiel, die im 19. Jahrhundert geführt wurde. In ihr waren politische, aufklärerische und moralische Ar-

[36] Mit weiterer Literatur Barclay, Blasius, Bußmann: Friedrich Wilhelm.
[37] Huber, II, S. 180.

gumente aufs engste verknüpft. Die in der Regel bürgerlichen Gegner des Glücksspiels prangerten den „Teufelskreis von Spiel, Verarmung, Aberglauben und Kriminalität" an, in den das Glücksspiel führe. Es vertrug sich nicht mit ihrem Staatsideal einer „klassenlosen Bürgergesellschaft mittlerer Existenzen" (Lothar Gall), zu dem die unteren Schichten langsam geführt werden sollten. Da die Einnahmen aus dem Lotto zudem nicht der Kontrolle der Kammern unterworfen waren, hatten sie auch eine immense politische Bedeutung. Der Deutsche Bund erwies sich in dieser Frage allerdings nicht als reformfähig. Obwohl die Bundesversammlung darüber beriet, hob sie das Glücksspiel nicht generell auf.[38] Insgesamt aber erkannten die politisch Aktiven aller politischen Gruppierungen in den 1840er Jahren immer deutlicher, daß Bundesreformen in unterschiedlichen Bereichen notwendig waren, um den Staatenbund neu zu legitimieren. Zum Beispiel formulierte Josef von Radowitz 1847 in einer Denkschrift umfassende Änderungsvorschläge.[39] Das neue Bundes-Pressegesetz, das die Bundesversammlung noch im März 1848 verabschiedete, kam allerdings bereits zu spät (99). Mit Reformen war die politische Unruhe nicht mehr zu stoppen. Die Revolution unterbrach die Tätigkeit des Deutschen Bundes und bestimmte zunächst die Politik.

Betrachtet man das politische Handeln der Deutschen in der „Ära Metternich", gerät neben den Entscheidungen auf der Bundesebene und der Innenpolitik der Einzelstaaten die europäische Politik der Großmächte in den Blick. Vor allem Österreich und Preußen spielten auch in der internationalen Politik des europäischen Staatensystems eine beträchtliche Rolle. Historische Untersuchungen der internationalen Politik, vor allem im ersten Jahrzehnt nach dem Wiener Kongreß, haben zum Teil zu einer Neubewertung des Zeitraums geführt. Nicht die beharrenden und rückwärtsgewandten Tendenzen stehen nunmehr im Mittelpunkt, sondern die „transformation of European politics". Paul W. Schroeder hat einen Systemwandel der internationalen Politik ab 1813/1815 festgestellt.[40] Seine zentrale These lautet, daß sich die Beziehungen zwischen den europäischen Mächten grundlegend veränderten. Die führenden Staaten seien mit dem Wiener Kongreß eben gerade nicht zum Gleichgewichtsdenken des 18. Jahrhunderts zurück-

[38] Zum Glücksspiel insgesamt Ullmann; Zitat S. 21. Weitere Diskussion beim Bund: PDB, 5. Sitzung, § 61, 6. Februar 1845; PDB, 21. Sitzung, § 232, 19. Juni 1845 mit Beilage; PDB, 32. Sitzung, § 343, 4. September 1845; PDB, 1. Sitzung, § 9, 8. Januar 1846; PDB, 2. Sitzung, § 22, 15. Januar 1846; PDB, 4. Sitzung, § 43, 29. Januar 1846.

[39] Abgedruckt in: Radowitz, III, S. 314–337.

[40] Schroeder: Transformation; Ders.: International System; Ders.: Vienna Settlement.

gekehrt, nach dem die kleineren Länder ihnen immer wieder neu zugeteilt wurden, je nachdem, wie es das Gleichgewicht zwischen den (Groß-)Mächten erforderte. Entstanden sei hingegen ein „europäisches Mächtekonzert".[41] Großbritannien, Rußland, Frankreich, Österreich und Preußen versuchten, die strittigen europäischen Fragen zu lösen, indem sie zusammenarbeiteten. Sie einigten sich tatsächlich meist auf diplomatischem Wege und konnten dadurch große Kriege verhindern. Dieses Kooperationssystem wurde auf dem Aachener Kongreß des Jahres 1818 verfestigt, indem die Großmächte die Quadrupelallianz vom November 1815 erweiterten und Frankreich einbezogen (3,8).[42] Der Aachener Kongreß wird sogar als „Höhepunkt der diplomatischen Zusammenarbeit aller Großmächte" bezeichnet. Obwohl in Aachen noch Bedenken gegenüber Frankreich bestanden (9), sei dort allerdings letztlich durch den Verlust des gemeinsamen Gegners auch der Zusammenhalt der anderen Großmächte geschwächt worden.[43]

Verschiedene Forscher, die die Strukturen der zwischenstaatlichen Politik untersuchen, bewerten seit geraumer Zeit auch die Heilige Allianz differenzierter. Häufig wurde angenommen, die im September 1815 zunächst vom österreichischen Kaiser, dem russischen Zaren und dem preußischen König unterzeichnete Vereinbarung (2) sei für die praktische Politik wirkungslos geblieben. Auch Metternich bezeichnete die Heilige Allianz, der fast alle Staaten beitraten,[44] rückblickend als „lauttönendes Nichts". Dabei hatte der österreichische Staatskanzler selbst den Vertragstext abgeändert, um ihn in sein politisches Konzept einzubinden. Näf wies bereits 1928 darauf hin, daß durch diese Korrekturen der Vertrag einen neuen Charakter bekam. Das ursprünglich vom Zaren vage formulierte Ziel, die Politik zukünftig nach christlichen Grundsätzen neu zu gestalten, wurde ersetzt. In der Akte der Heiligen Allianz knüpften die Unterzeichner sogar ausdrücklich an die bislang geübte Politik an; das enthaltene gegenseitige Hilfeversprechen richtete sich darauf, den konservativen Status quo zu erhalten; die zentrale Führungsrolle der Fürsten wurde fixiert.[45]

[41] Zum europäischen Konzert vor allem Elrod; er weist auch auf die z. T. übliche Trennung in die Kongreßära (bis 1822) und „das europäische Konzert" (ab 1823) hin. Eine ähnliche Unterscheidung in Wiener System (bis 1822) und Wiener Ordnung (ab 1823) auch bei Doering-Manteuffel: Deutsche Frage, S. 81; vgl. auch Baumgart.

[42] Zur Wiedereinbeziehung Frankreichs vgl. Marcowitz.

[43] Langewiesche, S. 11; dort auch das Zitat.

[44] Der Papst, der ausschließlich die römisch-katholische Religion anerkannte, und der Sultan konnten aus religiösen Gründen nicht beitreten; auch England schloß sich nicht offiziell an. Die kleinen wie die größeren Staaten versprachen sich durch den Beitritt politische Vorteile. Weiterführend dazu Johannes Paulmann: Monarchenbegegnungen.

[45] Näf: Heilige Allianz.

Die Heilige Allianz war darüber hinaus politisch wirksam, weil diese Bezeichnung in der erwachten bürgerlich-liberalen Öffentlichkeit zum negativen Sinnbild der restaurativen Politik avancierte. Liberale und Demokraten benutzten den Begriff als politisches Feindbild, und er verlor mehr und mehr die Funktion einer positiven Selbstbeschreibung der Unterzeichner.[46] Eine genauere Analyse der Absichten, Wirkungen und Instrumentalisierungen der Heiligen Allianz steht leider bislang aus. Zu erwähnen ist hier aber noch eine weitere Deutung, die als Grundthese festhält: Abrückend vom alten Gleichgewichtsdenken wie auch vom Konzept des „European concert of powers" habe die Allianz ein System kollektiver Sicherheit installieren wollen. Der russische Zar habe beabsichtigt, „sämtlichen europäischen Staaten einen Kanon verpflichtender sicherheitspolitischer Verhaltensmaximen aufzuerlegen und damit die Sicherheitspolitik in einem bis dato nicht gekannten Ausmaße zu vergemeinschaften".[47] Deshalb sei die Heilige Allianz als „sicherheitspolitisches Grundgesetz" zu bewerten. Letztlich habe sich die vom Zaren angestrebte Form der internationalen Politik nicht oder doch nur in Teilen und zeitweise durchsetzen können, weil bereits auf dem Troppauer Kongreß 1820 nicht alle Großmächte für ein Interventionsrecht zu gewinnen waren. Die Idee der kollektiven Konfliktregulierung der fünf Großmächte sei gescheitert, gleichwohl sollte sie als eine neue Art des Denkens in den Mächtebeziehungen beachtet werden. Die skizzierten Positionen machen deutlich, daß die politische Wirksamkeit der Heiligen Allianz sehr unterschiedlich eingeschätzt wird. Ob sie tragen, wird die weitere wissenschaftliche Auseinandersetzung zeigen.

Jedenfalls begann 1815 eine Phase regelmäßiger Konferenzen, die die europäischen Mächtebeziehungen strukturierten. Die in der Quadrupelallianz festgelegten regelmäßigen Treffen der Großmächte, auf denen sie sich über politische Fragen verständigen wollten, fanden in den darauffolgenden Jahren tatsächlich statt, und zwar in Aachen (1818), in Troppau (1820), in Laibach (1821) und in Verona (1822). In Troppau, Laibach und Verona beschäftigten sich die Großmächte vor allem mit den revolutionären Erhebungen in Spanien, Portugal, Italien sowie in Griechenland. In Troppau gelang es jedoch nicht, alle fünf Staaten auf ein Interventionsrecht festzulegen. Nur Österreich, Rußland und Preußen unterzeichneten das Troppauer Protokoll (18). Österreich war es auch, das auf dem Laibacher Kongreß den Auftrag erhielt, in Neapel und Piemont militärisch zu intervenieren, um den dortigen Unruhen zu begegnen. Im Zuge des Kongresses von Verona, mit dem die durch die regelmäßigen Treffen institutionalisierte Zusammenarbeit der Großmächte endete, beteuerten Österreich, Preußen und Rußland ausdrücklich, daß die

[46] Auf diesen Aspekt verweist Paulmann: Monarchien.

[47] Pyta: Konzert der Mächte, S. 163; auch ders.: Idee.

Intervention in Italien nicht eigenen Interessen, sondern nur dem Frieden und dem Schutz der rechtmäßigen Herrscher gedient habe (21).

Obwohl Frankreich dem Troppauer Protokoll und damit dem Interventionsrecht nicht zugestimmt hatte, griff französisches Militär nach dem Kongreß von 1822 in Spanien ein, wo zwei Jahre zuvor eine liberale Revolution stattgefunden hatte. Mit Hilfe der Franzosen wurde die absolute Monarchie in Spanien 1823 wiederhergestellt. Die außenpolitischen Interessen eines Staates hatten also großen Einfluß darauf, wie er sich zu einer Intervention stellte. Zwar vertraten England und Frankreich auf der einen und Rußland, Österreich und Preußen auf der anderen Seite durchaus unterschiedliche Grundprinzipien; es hatten sich aber noch nicht zwei starre Machtblöcke gebildet, die nicht mehr miteinander kooperierten.

Dies zeigte sich auch deutlich beim griechischen Befreiungskampf, der bereits in Verona die Aufmerksamkeit der Großmächte auf sich zog. Der Kampf der Griechen dauerte fast ein Jahrzehnt und war in mehrere Phasen geteilt, in denen sich auch die Politik der führenden Staaten änderte.[48] Zunächst fanden die Griechen bei diesen kaum Unterstützung. Der russische Zar Alexander I. lehnte die revolutionäre Bewegung ab. Großbritannien war an einem starken Osmanischen Reich interessiert, das die russischen Expansionsbemühungen eindämmen konnte. Auch Metternich stand der griechischen Bewegung ablehnend gegenüber. In ihrem Befreiungskampf sah er einen Bruch des Legitimismus, den es zu verhindern galt. Die Franzosen wiederum verfolgten eigene Interessen in Ägypten, das unter osmanischer Oberherrschaft stand. Unter diesen Umständen war keine Hilfe durch diese Regierungen zu erwarten. Die Großmächte faßten in Verona aber auch keine Interventionsbeschlüsse gegen die Griechen. Die Lage änderte sich im Laufe der Zeit sogar zu deren Gunsten. Nach dem englischen Regierungswechsel von Robert Stewart Castlereagh zu George Canning stellte sich Großbritannien rasch auf die Seite der Aufständischen: Im März 1823 wurden die Griechen als kriegführende Macht anerkannt, sie wurden auch finanziell unterstützt. Unter Nikolaus I., dem Nachfolger Zar Alexanders, änderte sich die Orientpolitik in Rußland ebenfalls. Am 6. Juli 1827 schlossen sich Großbritannien, Rußland und Frankreich in der Londoner Tripelallianz zusammen und sprachen sich für einen griechischen Staat unter der Souveränität des Sultans aus. In einem Schreiben Metternichs an seinen Kaiser aus dem Jahr 1829 wird deutlich, wie Metternich diese Entwicklungen einschätzte. England hatte in seinen Augen 1823 das „Erhaltungs-System" der Allianz geleugnet, das aber dennoch bis zum Tode Alexanders wirksam ge-

[48] Der Kampf dauerte von 1821–1829 bzw. 1830/33, wenn man die Zeit bis zum Königtum Ottos I. einschließt. Hier werden nur die grundlegenden internationalen Konstellationen angesprochen. Einen Überblick bietet Bernath.

wesen sei. Die Dreierallianz vom Juli 1827 habe dann einen dem alten System gegensätzlichen Bund begründet (25).

Als Metternich den Bericht an Franz I. verfaßte, war der griechische Aufstand bereits in ein neues Stadium getreten. Der Sultan hatte die Aufforderung der Tripelallianz, einen Waffenstillstand zu schließen, abgelehnt. Die verbündeten Großmächte entsandten daraufhin Schiffe ins Mittelmeer. Als diese im Oktober 1827 überraschend die gegnerische Flotte angriffen, wurde der größte Teil der türkischen und ägyptischen Schiffe vernichtet und damit ein wichtiger Sieg für die Griechen errungen. Die Franzosen konnten sich zudem erfolgreich auf der Peloponnes behaupten; der russische Zar erklärte 1828 darüber hinaus dem Osmanischen Reich den Krieg, der mit dem Frieden von Adrianopel am 14. September 1829 endete. Der unterlegene Sultan erkannte darin ein selbständiges Griechenland im Osmanischen Reich an. Im Zweiten Londoner Protokoll vom 3. Februar 1830 stimmte der Sultan, der einen zu großen russischen Machtgewinn verhindern wollte und sich deshalb den Westmächten näherte, der vollen Souveränität Griechenlands zu. Nach dem gemeinsamen Vorgehen Rußlands, Englands und Frankreichs machten sich rasch die unterschiedlichen Interessen der Staaten wieder bemerkbar. Metternich prophezeite bereits mit dem Frieden von Adrianopel das Ende der Tripelallianz. Da er einen gemeinschaftlichen Kampf der Mächte gegen weitere revolutionäre Bewegungen für notwendig hielt, sah er nun den Augenblick gekommen, Österreich aus seiner Randstellung in der internationalen Politik zu lösen. Deshalb setzte er sich bei seinem Kaiser für eine Wiederbelebung des alten Systems ein, in dem Österreich die Führungsrolle zufallen sollte (25). Mit der von Metternich gewünschten Rückkehr zu den alten Prinzipien stellte sich erneut die Frage nach einem antirevolutionären Interventionsrecht. Im Zuge der französischen Julirevolution von 1830 und der Aufstände in zahlreichen europäischen Gebieten mußte sie praktisch beantwortet werden. Es zeigte sich, daß das System der internationalen Kooperation flexibel genug war, um auf die Ereignisse unterschiedlich zu reagieren und dabei einen großen Krieg zu vermeiden. Die Großmächte handelten keineswegs stets nach dem gleichen Muster. In den deutschen Staaten wurden, wie bereits dargelegt, einerseits Verfassungen verabschiedet, andererseits repressive Maßnahmen auf Bundesebene zur Unterdrückung der Unruhen eingeleitet. In Frankreich gelangte eine neue Dynastie an die Macht; der Kampf um den belgischen Nationalstaat endete erfolgreich; die Aufstände in Polen und Italien dagegen schlugen Rußland und Österreich militärisch nieder.

Parallel zu diesen internationalen Konflikten – und immer wieder durch sie gestört – fand während des Jahres 1831 eine Abrüstungsverhandlung statt, die hauptsächlich von Österreich und Frankreich getragen wurde.[49] Sie

[49] Zum Folgenden Näf: Abrüstungsverhandlungen.

war zu Jahresbeginn vor allem vom französischen Minister Sebastiani und dem Botschafter Frankreichs in Wien Marschall Maison ins Gespräch gebracht worden und ist vor dem Hintergrund der französischen Julirevolution und ihrer Folgen zu sehen. Der Wechsel des Herrscherhauses in Frankreich hatte das europäische Staatengefüge erschüttert. Kriegsgerüchte kursierten. Da die Großmächte in der vorangegangenen Zeit aufgerüstet hatten, war die Lage gespannt. Würde Frankreich an die Tradition der Revolution von 1789 anknüpfen oder verstand sich Louis Philippe als direkter Nachfolger der Bourbonen? Im ersten Fall war ein Krieg wahrscheinlich. In Frankreich selbst fanden beide Richtungen Anhänger. Die Position des neuen Königs war zudem unsicher, da ihn sowohl die Legitimisten, die die alte Bourbonendynastie favorisierten, als auch die Republikaner anfeindeten. Abrüstungsverhandlungen konnten in dieser Situation die revolutionäre Partei im Lande schwächen, deshalb waren sie für die innenpolitische Entwicklung von immenser Bedeutung. Daß der König im März 1831 Casimir Périer mit der Bildung eines neuen Ministeriums beauftragte, bedeutete bereits einen Sieg des *juste milieu*. Indem Périer die Abrüstungsinitiative aufgriff, versuchte er die innerfranzösischen Zustände nach der Julirevolution weiter zu konsolidieren, einen europäischen Krieg zu verhindern und die eigene Vormachtstellung zu festigen. Auch Metternich befürwortete die Pläne, allerdings verfolgte er ein anderes Ziel als seine französischen Partner. Während diese die materielle Abrüstung, das heißt eine deutliche Truppenreduzierung auch bei den anderen europäischen Großmächten anstrebten, stellte Metternich den Aspekt der „moralischen Abrüstung“ ins Zentrum seiner Bemühungen. Ihm war an einem gemeinsamen Auftreten der Großmächte gelegen, deren Solidarität demonstriert werden sollte. Die materielle Abrüstung konnte seiner Ansicht nach nur auf der Basis eines vorherigen Bekenntnisses zu den bestehenden Verträgen zustande kommen. Rüstungen über den Friedensstand hinaus sollten nur erfolgen, wenn ein Staat die gemeinsame politische Basis verlasse und ein militärisches Eingreifen unausweichlich sei. Zudem wollte Metternich Frankreich wenigstens indirekt an das Interventionsprinzip binden: Die Souveränität der Staaten im Innern, die anerkannt werden sollte, umfaßte auch das Recht, um Intervention und Hilfe der europäischen Staaten zu bitten.

Da sich die europäischen Konflikte im Sommer 1831 zuspitzten, verzögerte sich der Verhandlungsbeginn. Die unterschiedlichen Positionen traten nur allzu deutlich hervor. Während Österreich in Italien intervenierte, um die bestehenden Verhältnisse zu erhalten, engagierte sich Frankreich für Belgien. Zudem wurde im Staat Louis Philippes eine Intervention zugunsten der Polen gefordert. Erst als sich im Herbst die Lage beruhigte, wurden die Verhandlungen aufgenommen. Frankreich kam Österreich weit entgegen, indem es sich zu den von Metternich formulierten Grundlagen einer Abrüstung bekannte. Am 1. Oktober 1831 legte Sebastiani den Vertretern Preußens, Österreichs, Englands und Rußlands einen Beschlußentwurf zur Abrüstung vor (33), den die Großmächte allerdings nicht ratifizierten. Bis die Gesandten die Ermächtigung zur Unterschrift erhielten, veränderte sich die politische Lage erneut und ein militärisches Abrüsten rückte in weite Ferne: Erstens vereinbarten Rußland, Österreich, England und Preußen mit Belgien, welche Festungen, die in dem neuen Staat lagen, geschleift werden müßten. Sie zogen Frankreich nicht zu den Beratungen hinzu und behielten einige der militärischen Anlagen bei, auf deren Beseitigung die Franzosen gedrängt hatten. Zweitens lehnte der Zar es ab, die Artikel zu unterzeichnen, mit denen Belgien als Königreich anerkannt werden sollte. Beides verminderte das französische Interesse am Abrüstungsvertrag deutlich.[50] Zunächst verschoben die beteiligten Mächte die Vereinbarung, mit dem Tod Périers im Mai 1832 gaben sie die Abrüstungspläne ganz auf. Obwohl die Verhandlungen scheiterten, lassen sich an diesen Vorgängen die Grundlinien von Metternichs internationaler Politik ablesen – sein Festhalten an den Verträgen, die Demonstration der Großmächtesolidarität gegen die revolutionären Bewegungen, die Verteidigung des Interventionsprinzips. Die drei Ostmächte, Rußland, Österreich und Preußen, konnten 1833 das Interventionsprinzip tatsächlich noch einmal vertraglich festigen. Allerdings fixierten sie kein Interventionsrecht im engeren Sinne. Den Monarchen wurde lediglich das Recht zugestanden, um militärische Intervention zu bitten (56).

Die zwischenstaatlichen Konflikte in den folgenden Jahren waren häufig geprägt durch nationale Zielsetzungen oder Argumentationen. Diese nationale Aufladung der internationalen Politik trat besonders während der Rheinkrise 1840 zutage. Der Nationalismus erwies sich in dieser Auseinandersetzung „endgültig als Massenphänomen“.[51] Der eigentliche Auslöser der Streitigkeiten war die Politik im Osmanischen Reich. Dies wurde bereits in den 1820er Jahren durch das Streben nach einem griechischen Nationalstaat erschüttert. Der siegreiche Kampf der Griechen beseitigte zwar einen Konfliktherd, stabilisierte die Lage im Orient jedoch nicht auf Dauer. Vor allem der ägyptische Vizekönig Mehmed Ali gefährdete die Herrschaft des Sultans.[52] Mehmed Ali baute seine Position am Nil stetig aus und erweiterte seine Machtbasis, indem er den Sultan im Kampf gegen die Wahhabiten (1818) wie gegen die Griechen unterstützte. 1831 griff er den Sultan an. Zwar konnte sich dieser dank russischer Hilfe behaupten, doch verlor er Syrien, den Libanon, Palästina und Jordanien an den ägyptischen Vizekönig. Ein erneuter Vorstoß Mehmed Alis gegen den Sultan im Jahr 1839 führte zu einer Krise

[50] Zu Belgien vgl. Hampe, von der Dunk, Petri.
[51] Schulze, S. 80; vgl. zum deutschen Nationalismus Echternkamp.
[52] Zu den historischen Abläufen vgl. Bernath und Veit-Brause.

im Osmanischen Reich. Frankreich stellte sich auf die Seite Ägyptens. Die anderen Großmächte waren hingegen nicht an einer Änderung der Machtverhältnisse in diesem Gebiet interessiert. Am 15. Juli 1840 vereinbarten England, Rußland, Österreich und Preußen deshalb vertraglich, den Sultan zu unterstützen (73). Dadurch wurde Frankreich isoliert, was der französische Außenminister Thiers nicht für möglich gehalten hatte. Es kam zu Protesten in der französischen Öffentlichkeit, die sich an die Quadrupelallianz erinnert fühlte. Die nationale Stimmung in Frankreich wurde auf die alte Forderung umgelenkt, den Rhein als natürliche Grenze zu betrachten und die linksrheinischen deutschen Gebiete für Frankreich wiederzugewinnen. Ein Krieg auf dem Kontinent war nicht auszuschließen. Militärische Rüstungen auf beiden Seiten verschärften die Lage (74). Vor allem Preußen plädierte für eine Reform der Bundesmilitärverfassung, um gegen die französische Bedrohung besser gewappnet zu sein. Österreich und Preußen fixierten noch im November 1840 in einer Punktation Aufmarschpläne für den Kriegsfall. Der ursprüngliche Konflikt endete schließlich – nach einer teilweisen Kapitulation Mehmed Alis und der Demission Thiers – im Juli 1841 mit der zweiten Londoner Konvention. Auch Frankreich unterzeichnete diesen Vertrag und löste sich damit aus der außenpolitischen Isolation. Die deutsch-französischen Auseinandersetzungen dauerten dagegen noch bis in den Herbst 1841 an, obwohl Frankreich bereits Anfang Dezember 1840 versichert hatte, daß es keine kriegerischen Absichten hege. Die Rheinforderungen hatten die Deutschen empört und zugleich eine (kultur)nationale Begeisterung ausgelöst. Das bekannteste Produkt dieser Zeit dürfte Nikolaus Beckers Rheinlied sein, in dem er kämpferisch forderte: „Sie sollen ihn nicht haben, den freien deutschen Rhein, ob sie wie gier'ge Raben sich heiser darnach schrei'n." Die Regenten der deutschen Staaten beachteten in diesem Fall vor allem die außenpolitische Stoßrichtung der nationalen Bekenntnisse und unterdrückten diese daher nicht. Die Krise des Osmanischen Reiches gewann dadurch nicht nur für die Kooperation der Großmächte an Bedeutung, sondern bewirkte mittelbar auch den Durchbruch eines deutschen Nationalgefühls in breiteren Bevölkerungskreisen als je zuvor.

Das Osmanische Reich war nicht das einzige Konfliktgebiet, das zwischen 1815 und 1848 mehrfach zum Gegenstand der internationalen Politik wurde. Mit der Wahl von Papst Pius IX. im Jahr 1846, von dem sich ein Teil der Italiener die nationale Einigung versprach, beanspruchte auch die Halbinsel wieder verstärkt die Aufmerksamkeit der Großmächte und vor allem Österreichs. Denn eine nationale Einigung war nur zu erreichen, wenn die habsburgische Vormacht in Italien beseitigt wurde.[53] Wenn Metternich 1847

[53] Zu Italien und verschiedenen Einigungskonzepten mit weiterer Literatur vgl. Lill.

davon sprach, daß Italien ein rein geographischer Begriff sei, wies er damit alle nationalstaatlichen Bestrebungen zurück. Er betonte die Unabhängigkeit der italienischen Staaten, die es zu verteidigen gelte, und versuchte, sich mit Frankreich auf eine gemeinsame politische Linie zu einigen (96).

Auch ein weiterer europäischer Konfliktherd entzündete sich erneut – die Polen wollten 1846 durch einen Aufstand ihren Nationalstaat erringen.[54] Zentren der Auseinandersetzungen waren das österreichische Galizien und die Republik Krakau.[55] In Galizien warnte der österreichische Generalgouverneur Erzherzog Ferdinand am 18. Februar vor Unruhen und drohte mit strengen Strafen. Er rief die Untertanen auf, sich ruhig zu verhalten und versprach ihnen für diesen Fall den Schutz der Regierung (88). Als der Aufstand in der darauffolgenden Nacht im Kreis Tarnow dennoch losbrach, schlossen sich vor allem die polnischen Adeligen und Gutsbesitzer an. Diesen stellten sich die Bauern entgegen. Sie plünderten Höfe und brachten zahlreiche Grundherren um. 500 bis 1000 Personen sollen zu Tode gekommen sein. Noch immer ist ungeklärt, ob bzw. auf wessen Veranlassung die österreichischen Beamten die Bauern durch Prämienzahlungen für gefangene oder getötete Gutsherren in ihrem rabiaten Vorgehen ermutigten. Offenbar muß zwischen einzelnen Gebieten genauer unterschieden werden; pauschale Urteile werden den Ereignissen von 1846 nicht gerecht. In jedem Fall verhinderte die Spaltung der galizischen Gesellschaft, die vor allem auf die schwelenden Konflikte zwischen ruthenischen Bauern und polnischen Gutsherren zurückzuführen ist, einen gemeinsamen Kampf gegen die österreichische Teilungsmacht. So konnte der Erzherzog Mitte März 1846 den „treuen Galiziern“ den Dank des Kaisers übermitteln, der das brutale Vorgehen gegen die Aufständischen als Engagement „für Ordnung und Recht“ lobte (89).

Auch der Aufruhr in Krakau, der zur gleichen Zeit wie die galizische Erhebung stattfand, endete letztlich erfolglos. Bereits am 18. Februar besetzten österreichische Truppen die Stadt aufgrund eines Hilfeersuchens des Senats. Die Aufständischen zwangen diese zwar zum Rückzug, und Jan Tyssowski errichtete für kurze Zeit eine Diktatur. Am 3. März 1846 rückten aber erneut österreichische Truppen in die Stadt ein; russische und preußische Streitkräfte kamen zu Hilfe. Die drei Mächte beschlossen schließlich, die Republik Krakau aufzulösen und sie Österreich einzuverleiben. Die Proteste Englands und Frankreichs gegen dieses Vorgehen hatten keinen Erfolg. Ihre Argumentation, die Republik Krakau stehe auch unter ihrem Schutz, da deren Gründung Bestandteil der Wiener Kongreßakte sei, die sie unterzeichnet hätten, konnte

[54] Zum Folgenden Gill: Polnische Revolution, Ders.: Freiheitskämpfe sowie die Beiträge von Rhode.

[55] Im preußischen Posen blieb es ruhig, weil die Rädelsführer frühzeitig erkannt und verhaftet worden waren.

sich abermals nicht durchsetzen. Waren die drei Teilungsmächte vertragsbrüchig geworden? Sie hoben mit ihrem Vorgehen zweifellos einen Teil des Wiener Vertragswerkes von 1815 auf. Allerdings hatten Österreich, Preußen und Rußland bereits 1835 vereinbart, die Republik aufzulösen, wenn die nationalpolnischen Bestrebungen dort nicht wirksam zu unterdrücken seien. Während 1842 ein Versuch Metternichs, diese Übereinkunft umzusetzen, noch gescheitert war, handelten die Ostmächte vier Jahre später diesem Geheimvertrag gemäß. Die offizielle Rechtfertigung der drei Mächte folgte freilich einer anderen Argumentation. Österreich, Preußen und Rußland betonten, daß die Republik sich durch Anarchie selbst aufgelöst und ihre Sonderstellung verspielt habe. Deshalb müßten die alten Zustände, entsprechend der Lage vor 1809, wiederhergestellt werden. Dies sei kein Vertragsbruch, sondern sowohl das Recht als auch die Pflicht der Teilungsmächte (95). Damit war 1846 auch der letzte Teil des polnischen Staates aufgelöst und der Kampf um einen Nationalstaat zunächst gescheitert.

Nationale Interessen beherrschten auch die Spannungen zwischen Dänemark, Holstein, Schleswig und den deutschen Staaten, die sich ab 1839 zuspitzten. Kernpunkt der Auseinandersetzungen war die Frage nach der Zusammengehörigkeit der Herzogtümer Schleswig und Holstein sowie nach ihrer Stellung zum Gesamtstaat Dänemark, wobei die Thronfolgeregelung eine zentrale Rolle spielte.[56] Verschiedene Rechtsauffassungen prallten aufeinander, denen jedoch nicht zuletzt nationale Überzeugungen zugrunde lagen. Bereits die Ausgangslage war schwierig, denn erstens bestimmte der Ripener Vertrag von 1460, daß Schleswig und Holstein auf ewig ungeteilt sein sollten. Zweitens gehörte seit 1815 das vom dänischen König regierte Herzogtum Holstein zum Deutschen Bund, während Schleswig nicht in den deutschen Staatenbund integriert war. Nach der Julirevolution wurden drittens sowohl national-deutsche wie national-dänische Töne in den Herzogtümern laut. Wollten die einen die Trennung Schleswigs von Holstein und eine Eingliederung des ersteren in den dänischen Staat, forderten die anderen eine feste Verbindung der beiden Herzogtümer, wobei sich die dänische Herrschaft auf eine reine Personalunion beschränken sollte. Diese brisante Situation wurde durch die Thronfolgefrage verschärft, deren Lösung im Grunde noch gar nicht notwendig war. Es ging darum, was nach dem Tod des kinderlosen Sohnes des regierenden Königs Christian VIII. geschehen würde. In Dänemark träte dann nach dem Königsgesetz aus dem 17. Jahrhundert die weibliche Erbfolge ein, in Holstein dagegen würde ein männlicher Nachkomme die Regentschaft übernehmen. Galt das Königsgesetz auch für Schleswig, wäre eine Trennung von Holstein unumgänglich. War hingegen der Ripener Vertrag entscheidend, müßte in beiden Herzogtümern

[56] Vgl. Huber, II, S. 660–666, und aus dänischer Perspektive Skovmand.

das gleiche Erbrecht gelten. Dann würden sie von Dänemark getrennt und fortan vom erbberechtigten Haus der Augustenburger regiert. Auf die Diskussionen, die deutlich von nationalen Forderungen bestimmt waren, reagierte der dänische König mit einem „Offenen Brief“ (92). In diesem erklärte er das Königsgesetz auch in Schleswig und Lauenburg für gültig. Alle Proteste dagegen ließ er im Königreich unterdrücken. Eine Verfassungsbeschwerde der holsteinischen Stände beim Deutschen Bund und demonstrative Amtsniederlegungen holsteinischer Beamter und Ständevertreter konnte er jedoch nicht verhindern. Auch die erbberechtigten Augustenburger und Sonderburg-Glücksburger wandten sich an den Deutschen Bund, um ihre Rechte zu sichern. Dessen Reaktion war allerdings sehr zurückhaltend. Er legte dem dänischen König lediglich nahe, die Rechte der Deutschen zu beachten (94). Die Vertreter der national-deutschen Interessen fühlten sich durch das vorsichtige Schreiben des Deutschen Bundes nicht angemessen vertreten. Das Problem bekam erhebliche innenpolitische Bedeutung, da etliche Liberale und Demokraten fortan forderten, Schleswig, Holstein und Lauenburg in den zukünftigen deutschen Nationalstaat aufzunehmen. Bundesinteressen, liberale und demokratische Forderungen, nationalstaatliches Denken und Außenpolitik vermischten sich. Der Konfliktstoff, den diese Frage barg, war bereits 1846 deutlich zu erkennen; in späterer Zeit sollte er zu militärischen Auseinandersetzungen führen.

Auch beim Schweizer Sonderbundskrieg von 1847 waren verschiedene politische Felder verknüpft – österreichische Außenpolitik, schweizerische Innenpolitik, die Politik des Deutschen Bundes und die unterschiedlichen Interessen der europäischen Großmächte kreuzten sich hier.[57] Um die besondere Aufmerksamkeit der deutschen Staaten gegenüber dem Schweizer Nachbarn zu verstehen, muß man auch die Zeit vor 1847 in den Blick nehmen. Seit 1815 war die Schweiz, wie der Deutsche Bund, als föderativer Staatenbund organisiert, in dem die weitgehend souveränen Kantone unter der schwachen Zentralgewalt von Tagsatzung und Vorort vereinigt waren.[58] Diese innere Struktur galt den Zeitgenossen als Sicherheit für die europäische Lage, zumal sie das neutrale Land auch als eine Pufferzone zwischen den Großmächten betrachteten (98). Die Garantie der „immerwährenden Neutralität“ durch den Wiener Kongreß bedeutete jedoch nicht den Verzicht auf

[57] Im folgenden nach der pointierten Zusammenfassung bei Thomas Müller; vgl. auch Gruner.

[58] Als Vorort bezeichnet man bis 1848 den leitenden Kanton, in dem die Tagsatzung beriet. Unter Tagsatzung versteht man die Zusammenkunft der Bevollmächtigten von Orten oder Ständen. Sie beriet z. B. über Außenpolitik und die Verwaltung gemeinsamer Herrschaften. Sie trat auch als Verhandlungspartner der Eidgenossenschaft mit fremden Mächten zusammen.

diplomatische Interventionen, sollten sich auf Schweizer Boden liberal-oppositionelle Kräfte organisieren. In einer Instruktion an den österreichischen Gesandten in der Schweiz machte Metternich im Juni 1826 unmißverständlich deutlich, daß nur der gemeinsame Kampf aller europäischen Regierungen den international tätigen „revolutionäre[n] Geist" besiegen könne (23). Die – wenn auch nicht ausdrücklich ausgesprochene – Aufgabe des österreichischen Gesandten sollte es also sein, die Schweiz in den restaurativen Block einzubinden. In jedem Fall durften nach Metternichs Überzeugung die revolutionären Kräfte in diesem Staatenbund keine Agitationsplattform errichten. Seiner Ansicht nach entwickelten sich die Kantone aber genau in diese Richtung. Anfang der 1830er Jahre hatten sich elf der insgesamt 22 Kantone eine freiheitliche Verfassung gegeben. Der liberale Reformprozeß in der Eidgenossenschaft hatte damit einen bedeutenden Fortschritt gemacht. Als Metternich 1833 die europäischen Staaten gemessen an den Erfolgen der revolutionären Bewegung in verschiedene Gruppen einteilte, zählte er folgerichtig die Schweiz bereits neben Belgien und Frankreich in die 'gefährlichste' Kategorie (52). Mehrfach griff der österreichische Staatskanzler auf diplomatischem Wege in die schweizerischen Verhältnisse ein. Als sich zum Beispiel 1834 Hinweise darauf häuften, daß tatsächlich Aufstandsbewegungen in der Schweiz ihren Anfang nahmen, wandte er sich an seinen Gesandten. Er machte unmißverständlich klar, daß er von der Schweiz erwarte, daß sie in Zukunft die Reisenden im Lande besser kontrolliere, um deren propagandistische Tätigkeiten zu unterbinden. Zugleich wurden die Grenz- und Paßkontrollen zur Schweiz mit dem Ziel verschärft (57), den revolutionären Ideen im wahren Sinne des Wortes den Weg in die deutschen Staaten abzuschneiden. Immer wieder fielen jedoch schweizerische Kantone den deutschen Regierungen als Ausgangs- und Sammelpunkt liberal-oppositioneller und revolutionärer Bestrebungen auf. Dort produzierten Exilantenverlage politische Schriften, die über die Grenze geschmuggelt wurden; politische Flüchtlinge fanden in der Schweiz Asyl; in Handwerkervereinen versuchte man, die wandernden deutschen Gesellen politisch zu bilden. Die deutsche Bundesversammlung versuchte deshalb durch etliche Maßnahmen, den Einfluß der in der Schweiz verbreiteten liberalen Ideen auf die deutschen Untertanen einzudämmen (63,64,82).

In den 1840er Jahren änderte sich die Lage innerhalb der Schweiz insofern, als die Spannungen zwischen fortschrittlichen Kantonen und solchen, die die alten Traditionen und Verhältnisse zu erhalten suchten, stetig zunahmen.[59] Vor allem die Aufhebung von Klöstern durch die Aargauer Regierung verschärfte den Konflikt, zumal sie diese gegen den Bundesvertrag

[59] Neuere Forschungen betonen, daß sich die Konflikte nicht auf den Gegensatz zwischen Protestanten und Katholiken reduzieren lassen, wenn auch die konkreten

verstoßende Maßnahme (zunächst) nicht rückgängig machte und einen entsprechenden Tagsatzungsbeschluß nicht sofort befolgte. In dieser Situation trafen sich 1843 sieben katholisch-konservative Kantone, um ihr weiteres politisches Verhalten abzustimmen. Der österreichische Gesandte stellte sich auf ihre Seite, verkörperten sie doch die bewahrenden, konservativen Prinzipien. Durch die Berufung von Jesuiten in das Luzerner Priesterseminar und die daran anschließenden, gegen diese gerichteten Freischarenzüge, die Ermordung eines konservativen Politikers wie die gewaltsame Regierungsübernahme von Radikalen in einigen Kantonen entstand eine äußerst brisante Lage. Als im Juni 1846 bekannt wurde, daß sich jene sieben katholisch-konservativen Kantone in einem Schutzbündnis zusammengeschlossen hatten, verurteilte die politische Gegenseite dies als bundesvertragswidrigen „Sonderbund". Sie konnte gegen diesen aber erst im Sommer 1847 vorgehen, als sich die Mehrheitsverhältnisse in der Tagsatzung zugunsten der Liberalen und Radikalen verschoben. Da sich der Sonderbund trotz eines entsprechenden Tagsatzungsbeschlusses nicht getrennt hatte, sprach sich die Tagsatzung im Oktober 1847 für seine militärische Auflösung aus. Der nun folgende Bürgerkrieg endete nach nicht einmal vier Wochen mit der Niederlage des Sonderbundes. In der Kürze der Zeit konnten die Großmächte nicht intervenieren. Allerdings war für Metternich das Problem mit dem Ende der Auseinandersetzungen nicht gelöst. Er sah die Souveränität der Kantone und damit die Regelungen von 1815 vernichtet. Der Deutsche Bund müsse deshalb nun Maßregeln ergreifen, um seine eigene Existenz zu sichern (97). Auch der preußische Außenminister Canitz war der Ansicht, daß das Ergebnis des Sonderbundskrieges für die deutschen Staaten und die gesamteuropäische Lage gefährlich sei. Er forderte deshalb einen internationalen Kongreß, an dem auch der Deutsche Bund beteiligt werden müsse (98). Die deutschen und auch die europäischen Regierungen konnten die Entwicklung in der Schweiz allerdings nicht mehr aufhalten oder gar umkehren. Innerhalb eines halben Jahres wurde dort eine neue Verfassung ausgearbeitet und verabschiedet, mit der die Schweiz die Gründung eines Bundesstaats erfolgreich abschloß. Anders als in den deutschen Staaten glückte damit die Umformung vom Staatenbund zum Bundesstaat im Jahr 1848.

II.

Das Vorstehende ist nicht als Zusammenfassung der wichtigsten politischen Ereignisse der „Ära Metternich" zu verstehen, sondern soll in diese

Streitfälle meist religiösen Anlaß hatten und sich später sieben katholische Kantone im Sonderbund vereinten.

Quellensammlung einführen. Für den vorliegenden Band wurden Quellen zum politischen Handeln der Deutschen in der Zeit zwischen dem Wiener Kongreß 1815 und der deutschen Revolution von 1848/49 ausgewählt. Zur Revolution selbst liegt in dieser Reihe ein separater Band von Hans Fenske vor.[60] Deshalb schließt dieses Buch mit Reformversuchen und -vorschlägen innerhalb des Deutschen Bundes im Frühjahr 1848, die schließlich jedoch von der Revolution überholt wurden. Äußerungen und Stellungnahmen der liberalen und demokratischen Opposition, aber auch der konservativen Verteidiger des bestehenden Systems sind bereits in den Quellenbänden zum politischen Denken zusammengestellt, so daß sie hier keine weitere Berücksichtigung fanden.[61] Dagegen werden im vorliegenden Band die verschiedenen Ebenen des staatlichen Handelns dokumentiert: die der internationalen Politik der Großmächte, das Handeln innerhalb des Deutschen Bundes, der einen nationalen wie internationalen Handlungsrahmen vorgab, und schließlich die Maßnahmen in den einzelnen Bundesstaaten – zum Teil hinunter bis in die unteren Instanzen. Bei 41 deutschen Staaten und in einer politisch regen Zeit mit zahlreichen außenpolitischen Verwicklungen und mehreren europäischen Revolutionen und Revolutionsversuchen können nicht alle Ereignisse und Regionen gleichermaßen berücksichtigt werden. Die Quellenauswahl folgt verschiedenen Gesichtspunkten: Erstens wird der Ausrichtung des Bandes gemäß ein besonderes Gewicht auf Texte gelegt, die die Haltung Metternichs bzw. der österreichischen Politik zu verschiedenen Ereignissen und Entwicklungen beleuchten. Es würde aber die Dimensionen einer „Ära Metternich" – verstanden als restaurative Status-quo-Politik in den deutschen Staaten, die einen Gegenpol zu den freiheitlichen Bestrebungen bildete, sowie als Konferenz- und Kongreßpolitik der Großmächte – verzerren, wollte man ausschließlich österreichische Texte berücksichtigen. Bei den ausgewählten Quellen zu den deutschen Einzelstaaten wird deshalb zweitens eine regionale Streuung beachtet. Dabei werden jedoch vor allem die südwestdeutschen Staaten, die Metternich als besonders liberal und gefährlich galten, herangezogen. Ein gewisser zeitlicher Schwerpunkt liegt drittens auf den 30er Jahren des 19. Jahrhunderts, denn für jede der drei angesprochenen Ebenen staatlichen Handelns brachte diese Dekade eine Vielzahl wichtiger Ereignisse. Etliche der in diesen Jahren verabschiedeten Bundesbeschlüsse wurden im folgenden Jahrzehnt nur noch modifiziert, ausgeweitet oder ausdrücklich verlängert und in Erinnerung gerufen. Bei der Auswahl der Quellen ist viertens eine Mischung von Bekanntem und bislang weniger Beachtetem beabsichtigt. Die wichtigsten Repressionsgesetze dieser Jahre dürfen in einem Band wie diesem nicht fehlen. Vergessen werden soll-

[60] Fenske: Quellen.
[61] Brandt: Restauration; Fenske: Vormärz.

ten aber ebenfalls nicht, wie dies angesichts der preußischen Handelspolitik im Zollverein leicht geschieht, die Versuche Metternichs, Österreich über den aktiven Einsatz für den Suezkanal zu einer Welthandelsmacht zu machen. Internationale Vereinbarungen wie die auf dem Aachener Kongreß beschlossene Wiedereingliederung Frankreichs in die europäischen Großmächte und das in Troppau von den Ostmächten beschlossene Interventionsprinzip werden ergänzt durch die weniger beachteten internationalen Beschlüsse zum Sklavenhandel oder die letztlich gescheiterten europäischen Abrüstungsversuche in den 1830er Jahren. All das ist politisches Handeln der Deutschen in dieser Zeit.

Zur Textedition ist anzumerken: Rechtschreibung und Zeichensetzung folgen der jeweils angegebenen Vorlage. Dadurch ist vor allem bei den handschriftlichen Quellen zum Teil eine heute ungewöhnliche Interpunktion und Rechtschreibung zu finden. Sie wird nicht jeweils ausdrücklich mit [!] markiert. Dies geschieht nur bei Quellen, die überwiegend der heute gebräuchlichen Rechtschreibung folgen. Die angesichts der umfangreichen Quellen leider unumgänglichen Kürzungen in den Texten sind stets mit [...] gekennzeichnet. Sind die gekürzten Stellen für das Verständnis der Quelle wichtig, werden sie in runden Klammern mit kursiv gesetztem Text zusammengefaßt. Einfügungen der Bearbeiterin stehen in [ ]. Textstellen in Handschriften, die nicht eindeutig zu lesen waren, sind in < > gedruckt. Eine Wortauslassung, die wegen Unleserlichkeit erfolgt, wird durch <. . .> angemerkt. Aus Platzgründen können die Formatierungen der Originale nicht vollständig übernommen werden. Alle inhaltlichen Hervorhebungen werden kursiv wiedergegeben. Sonderformatierungen der Originale, die lediglich der klareren Gliederung dienen, mußten zum Teil ebenso wie die Hervorhebungen von Namen entfallen. Sofern die Quellen eigene Fußnoten enthalten, werden diese mit *, **, *** bzw. †, ††, ††† etc. gekennzeichnet. Die Angabe der Quelle erfolgt stets nur mit dem Autorennamen und gegebenenfalls zusätzlichem Stichwort. Über das Quellen- und Literaturverzeichnis können die vollständigen Angaben erschlossen werden. Wenn von einem Werk einzelne Bände herangezogen werden, ist die Bandnummer in römischen Ziffern angegeben. Bei den häufig zitierten Protokollen der Deutschen Bundesversammlung (PDB) wird zur eindeutigen Angabe jeweils das Datum, der Paragraph und die Seitenzahl im Protokoll genannt. Zu beachten ist, daß die amtliche Ausgabe und nicht die für die Öffentlichkeit bestimmte zitiert wird, sofern erstere der Herausgeberin zugänglich war. Die Anmerkungen beschränken sich, wie in dieser Reihe üblich, auf ein Minimum.

QUELLEN

1. Die deutsche Bundesakte

Gründung des Deutschen Bundes und Festlegung von dessen Zweck und Ziel sowie der Arbeitsweise der Bundesversammlung; „Bundesgrundgesetz".

PDB, Zum Protokoll der ersten Sitzung, S. 17–27.

Wien, 8. Juni 1815

Deutsche Bundes-Akte.

Im Nahmen der allerheiligsten und untheilbaren Dreyeinigkeit.

Die souverainen Fürsten und freyen Städte Deutschlands, den gemeinsamen Wunsch hegend, den 6ten Artikel des Pariser Friedens vom 30. May 1814. in Erfüllung zu setzen, und von den Vortheilen überzeugt, welche aus ihrer festen und dauerhaften Verbindung für die Sicherheit und Unabhängigkeit Deutschlands, und die Ruhe und das Gleichgewicht Europa's hervorgehen würden, sind übereingekommen, sich zu einem beständigen Bunde zu vereinigen, und haben zu diesem Behuf ihre Gesandten und Abgeordneten am Congresse in Wien mit Vollmachten versehen, [...].[1]

In Gemäßheit dieser Beschlüsse haben die vorstehenden Bevollmächtigten, nach geschehener Auswechslung ihrer richtig befundenen Vollmachten, folgende Artikel verabredet:

I. Allgemeine Bestimmungen.

Artikel 1. Die souverainen Fürsten und freyen Städte Deutschlands, mit Einschluß II. MM. des Kaisers von Oesterreich und der Könige von Preußen, von Dänemark und der Niederlande; und zwar der Kaiser von Oesterreich, der König von Preußen, beyde für ihre gesammten vormahls zum deutschen Reich gehörigen Besitzungen; der König von Dänemark für Holstein, der König der Niederlande für das Großherzogthum Luxemburg, vereinigen sich zu einem beständigen Bunde, welcher der *Deutsche Bund* heißen soll.

Artikel 2. Der Zweck desselben ist Erhaltung der äußern und innern Sicherheit Deutschlands, und der Unabhängigkeit und Unverletzbarkeit der einzelnen deutschen Staaten.

Artikel 3. Alle Bundesglieder haben als solche, gleiche Rechte. Sie verpflichten sich alle gleichmäßig, die Bundes-Akte unverbrüchlich zu halten.

Artikel 4. Die Angelegenheiten des Bundes werden durch eine Bundesversammlung besorgt, in welcher alle Glieder desselben durch ihre Bevollmächtigten theils einzelne, theils Gesammtstimmen folgendermaßen, jedoch unbeschadet ihres Ranges, führen:

[1] Es folgen die Bevollmächtigten der einzelnen Staaten.

1.	Oesterreich	1. Stimme.
2.	Preußen	1. –
3.	Baiern	1. –
4.	Sachsen	1. –
5.	Hannover	1. –
6.	Würtemberg	1. –
7.	Baden	1. –
8.	Churhessen	1. –
9.	Großherzogthum Hessen	1. –
10.	Dänemark, wegen Holstein	1. –
11.	Niederlande, wegen des Großherzogthums Luxemburg	1. –
12.	Die Großherzoglich und Herzoglich Sächsischen Häuser	1. –
13.	Braunschweig und Nassau	1. –
14.	Mecklenburg-Schwerin und Mecklenburg-Strelitz	1. –
15.	Holstein-Oldenburg, Anhalt und Schwarzburg	1. –
16.	Hohenzollern, Lichtenstein, Reuß, Schaumburg-Lippe, Lippe und Waldeck	1. –
17.	Die freyen Städte; Lübeck, Frankfurt, Bremen und Hamburg	1. –
Zusammen		17. Stimmen.

Artikel 5. Oesterreich hat bey der Bundesversammlung den Vorsitz. Jedes Bundesglied ist befugt, Vorschläge zu machen und in Vortrag zu bringen, und der Vorsitzende ist verpflichtet, solche in einer zu bestimmenden Zeitfrist der Berathung zu übergeben.

Artikel 6. Wo es auf Abfassung und Abänderung von Grundgesetzen des Bundes, auf Beschlüsse, welche die Bundes-Akte selbst betreffen, auf organische Bundeseinrichtungen und auf gemeinnützige Anordnungen sonstiger Art ankommt, bildet sich die Versammlung zu einem Plenum, wobey jedoch mit Rücksicht auf die Verschiedenheit der Größe der einzelnen Bundesstaaten, folgende Berechnung und Vertheilung der Stimmen verabredet ist:

1.	Oesterreich erhält	4. Stimmen.
2.	Preußen	4. –
3.	Sachsen	4. –
4.	Baiern	4. –
5.	Hannover	4. –
6.	Würtemberg	3. –
7.	Baden	3. –
8.	Churhessen	3. –
9.	Großherzogthum Hessen	3. –
10.	Holstein	3. –
11.	Luxemburg	3. –
12.	Braunschweig	2. –
13.	Mecklenburg-Schwerin	2. –
14.	Nassau	2. –

15.	Sachsen-Weimar	1. Stimme.
16.	„ Gotha	1. –
17.	„ Koburg	1. –
18.	„ Meinungen	1. –
19.	„ Hildburghausen	1. –
20.	Mecklenburg-Strelitz	1. –
21.	Holstein-Oldenburg	1. –
22.	Anhalt-Dessau	1. –
23.	„ Bernburg	1. –
24.	„ Köthen	1. –
25.	Schwarzburg-Sondershausen	1. –
26.	Schwarzburg-Rudolstadt	1. –
27.	Hohenzollern-Hechingen	1. –
28.	Lichtenstein	1. –
29.	Hohenzollern-Siegmaringen	1. –
30.	Waldeck	1. –
31.	Reuß, ältere Linie	1. –
32.	„ jüngere Linie	1. –
33.	Schaumburg-Lippe	1. –
34.	Lippe	1. –
35.	Die freye Stadt Lübeck	1. –
36.	„ „ „ Frankfurt	1. –
37.	„ „ „ Bremen	1. –
38.	„ „ „ Hamburg	1. –
Zusammen		69. Stimmen.

Ob den mediatisirten vormahligen Reichsständen auch einige Curiat-Stimmen in Pleno zugestanden werden sollen, wird die Bundesversammlung bey der Berathung der organischen Bundesgesetze in Erwägung nehmen.

Artikel 7. In wiefern ein Gegenstand nach obiger Bestimmung für das Plenum geeignet sey, wird in der engern Versammlung durch Stimmenmehrheit entschieden.

Die der Entscheidung des Pleni zu unterziehenden Beschluß-Entwürfe werden in der engern Versammlung vorbereitet, und bis zur Annahme oder Verwerfung zur Reife gebracht. Sowohl in der engern Versammlung als in Pleno, werden die Beschlüsse nach der Mehrheit der Stimmen gefaßt, jedoch in der Art, daß in der erstern die absolute, in letzterer aber nur eine auf zwey Drittheilen der Abstimmung beruhende Mehrheit entscheidet.

Bey Stimmengleichheit in der engern Versammlung stehet dem Vorsitzenden die Entscheidung zu.

Wo es aber auf Annahme oder Abänderung der Grundgesetze, auf organische Bundeseinrichtungen, auf jura singulorum oder Religionsangelegenheiten ankommt, kann weder in der engeren Versammlung noch in Pleno ein Beschluß durch Stimmenmehrheit gefaßt werden.

Die Bundesversammlung ist beständig, hat aber die Befugniß, wenn die ihrer Berathung unterzogenen Gegenstände erledigt sind, auf eine bestimmte Zeit, jedoch nicht auf länger als vier Monathe, sich zu vertagen. [...]

Artikel 8. Die Abstimmuugsordnung[!] der Bundesglieder betreffend, wird festgesetzt; daß, so lange die Bundesversammlung mit Abfassung der organischen Gesetze beschäftiget ist, hierüber keinerley Bestimmung gelte, und die zufällig sich fügende Ordnung keinem der Mitglieder zum Nachtheil gereichen, noch eine Regel begründen soll.

Nach Abfassung der organischen Gesetze wird die Bundesversammlung die künftige, als beständige Folge einzuführende Stimmenordnung in Berathung nehmen, und sich darin so wenig als möglich von der ehemahls auf dem Reichstage und namentlich in Gemäßheit des Reichsdeputations-Hauptschlusses beobachteten Ordnung entfernen. Auch diese Ordnung kann aber auf den Rang der Bundesglieder überhaupt und ihren Vortritt außer den Verhältnissen der Bundesversammlung, keinen Einfluß ausüben.

Artikel 9. Die Bundesversammlung hat ihren Sitz zu Frankfurt am Mayn. Die Eröffnung derselben ist auf den 1ten September 1815. festgesetzt.

Artikel 10. Das erste Geschäft der Bundesversammlung, nach ihrer Eröffnung, wird die Abfassung der Grundgesetze des Bundes und dessen organische Einrichtung in Rücksicht auf seine auswärtigen, militärischen und innern Verhältnisse seyn.

Artikel 11. Alle Mitglieder des Bundes versprechen, sowohl ganz Deutschland, als jeden einzelnen Bundesstaat gegen jeden Angriff in Schutz zu nehmen, und garantiren sich gegenseitig ihre sämmtlichen, unter dem Bunde begriffenen Besitzungen.

Bey einmahl erklärtem Bundeskrieg darf kein Mitglied einseitige Unterhandlungen mit dem Feinde eingehen, noch einseitig Waffenstillstand oder Frieden schließen.

Die Bundesglieder behalten zwar das Recht der Bündnisse aller Art, verpflichten sich jedoch, in keine Verbindungen einzugehen, welche gegen die Sicherheit des Bundes oder einzelner Bundesstaaten gerichtet wären.

Die Bundesglieder machen sich ebenfalls verbindlich, einander unter keinerley Vorwand zu bekriegen, noch ihre Streitigkeiten mit Gewalt zu verfolgen, sondern sie bey der Bundesversammlung anzubringen.

Dieser liegt alsdann ob, die Vermittlung durch einen Ausschuß zu versuchen, und falls dieser Versuch fehlschlagen sollte, und demnach eine richterliche Entscheidung nothwendig würde, solche durch eine wohlgeordnete Austrägal-Instanz zu bewirken, deren Ausspruch die streitenden Theile sich sofort zu unterwerfen haben.

II. Besondere Bestimmungen.

[...]

Artikel 12. Diejenigen Bundesglieder, deren Besitzungen nicht eine Volkszahl von 300,000 Seelen erreichen, werden sich mit den ihnen verwandten Häusern oder andern Bundesgliedern, mit welchen sie wenigstens eine solche Volkszahl ausmachen, zur Bildung eines gemeinschaftlichen obersten Gerichts vereinigen.

In den Staaten von solcher Volksmenge, wo schon jetzt dergleichen Gerichte dritter Instanz vorhanden sind, werden jedoch diese in ihrer bisherigen Eigenschaft erhalten, wofern nur die Volkszahl, über welche sie sich erstrecken, nicht unter 150,000 Seelen ist.

Den vier freyen Städten steht das Recht zu, sich untereinander über die Errichtung eines gemeinsamen obersten Gerichts zu vereinigen.

Bey den solchergestalt errichteten gemeinschaftlichen obersten Gerichten soll jeder der Partheyen gestattet seyn, auf die Verschickung der Akten auf eine deutsche Facultät oder an einen Schöppenstuhl zur Abfassung des Endurtheils anzutragen.

Artikel 13. In allen Bundesstaaten wird eine landesständische Verfassung Statt finden.

Artikel 14. Um den im Jahr 1806. und seitdem mittelbar gewordenen ehemahligen Reichsständen und Reichsangehörigen, in Gemäßheit der gegenwärtigen Verhältnisse, in allen Bundesstaaten einen gleichförmig bleibenden Rechtszustand zu verschaffen, so vereinigen die Bundesstaaten sich dahin:

a) Daß diese fürstlichen und gräflichen Häuser fortan nichts desto weniger zu dem hohen Adel in Deutschland gerechnet werden, und ihnen das Recht der Ebenbürtigkeit in dem bisher damit verbundenen Begriff verbleibt.

b) Sind die Häupter dieser Häuser die ersten Standesherrn in dem Staate, zu dem sie gehören. Sie und ihre Familien bilden die privilegirteste Klasse in demselben, insbesondere in Ansehung der Besteuerung.

c) Es sollen ihnen überhaupt in Rücksicht ihrer Personen, Familien und Besitzungen alle diejenigen Rechte und Vorzüge zugesichert werden oder bleiben, welche aus ihrem Eigenthum und dessen ungestörtem Genusse herrühren, und nicht zu der Staatsgewalt und den höhern Regierungsrechten gehören.

Unter vorerwähnten Rechten sind insbesondere und nahmentlich begriffen:

1. Die unbeschränkte Freyheit, ihren Aufenthalt in jedem zu dem Bunde gehörenden oder mit demselben im Frieden lebenden Staate zu nehmen.
2. Werden nach den Grundsätzen der früheren deutschen Verfassung die noch bestehenden Familienverträge aufrecht erhalten, und ihnen die Be-

fugniß zugesichert, über ihre Güter und Familienverhältnisse verbindliche Verfügungen zu treffen, welche jedoch dem Souverain vorgelegt, und bey den höchsten Landesstellen zur allgemeinen Kenntniß und Nachachtung gebracht werden müssen. Alle bisher dagegen erlassenen Verordnungen sollen für künftige Fälle nicht weiter anwendbar seyn.

3. Privilegirter Gerichtsstand und Befreyung von aller Militärpflichtigkeit für sich und ihre Familien.
4. Die Ausübung der bürgerlichen und peinlichen Gerichtspflege in erster, und wo die Besitzung groß genug ist, in zweyter Instanz, der Forstgerichtsbarkeit, Ortspolizey und Aufsicht in Kirchen- und Schulsachen, auch über milde Stiftungen, jedoch nach Vorschrift der Landesgesetze, welchen sie, so wie der Militärverfassung und der Oberaufsicht der Regierungen über jene Zuständigkeiten unterworfen bleiben.

Bey der nähern Bestimmung der angeführten Befugnisse sowohl, wie überhaupt und in allen übrigen Punkten wird zur weitern Begründung und Feststellung eines in allen deutschen Bundesstaaten übereinstimmenden Rechtszustandes der mittelbar gewordenen Fürsten, Grafen und Herren die in dem Betreff erlassene Königlich Baierische Verordnung vom Jahr 1807. als Basis und Norm unterlegt werden.

Dem ehemaligen Reichsadel werden die sub Nro. 1) und 2) angeführten Rechte; Antheil der Begüterten an Landstandschaft, Patrimonial- und Forstgerichtsbarkeit, Ortspolizey, Kirchenpatronat, und der privilegirte Gerichtsstand zugesichert. Diese Rechte werden jedoch nur nach Vorschrift der Landesgesetze ausgeübt.

In den durch den Frieden von Lüneville vom 9. Februar 1801. von Deutschland abgetretenen und jetzt wieder damit vereinigten Provinzen werden bey Anwendung der obigen Grundsätze auf den ehemahligen unmittelbaren Reichsadel diejenigen Beschränkungen Statt finden, welche die dort bestehenden besondern Verhältnisse nothwendig machen.

Artikel 15. Die Fortdauer der auf die Rheinschiffahrts-Oktroi angewiesenen directen und subsidiarischen Renten, die durch den Reichsdeputationsschluß vom 25. Februar 1803. getroffenen Verfügungen in Betreff des Schuldenwesens, und festgesetzter Pensionen an geistliche und weltliche Individuen, werden von dem Bunde garantirt.

Die Mitglieder der ehemahligen Dom- und freyen Reichs-Stifter haben die Befugniß, ihre durch den erwähnten Reichsdeputationsschluß festgesetzten Pensionen ohne Abzug in jedem mit dem deutschen Bunde im Frieden stehenden Staate verzehren zu dürfen.

Die Mitglieder des deutscheu[!] Ordens werden ebenfalls, nach den in dem Reichsdeputations-Hauptschluß von 1803. für die Domstifter festgesetzten Grundsätzen, Pensionen erhalten [...] und diejenigen Fürsten, welche eingezogene Besitzungen des deutschen Ordens erhalten haben, werden diese Pensionen nach Verhältniß ihres Antheils an den ehemahligen Besitzungen bezahlen.

Die Berathung über die Regulirung der Sustentationskasse und der Pensionen für die überrheinischen Bischöfe und Geistlichen, welche Pensionen auf die Besitzer des linken Rheinufers übertragen werden, ist der Bundesversammlung vorbehalten. Diese Regulirung ist binnen Jahresfrist zu beendigen; bis dahin wird die Bezahlung der erwähnten Pensionen auf die bisherige Art fortgesetzt.

Artikel 16. Die Verschiedenheit der christlichen Religionspartheyen kann in den Ländern und Gebieten des deutschen Bundes keinen Unterschied in dem Genuß der bürgerlichen und politischen Rechte begründen.

Die Bundesversammlung wird in Berathung ziehen, wie auf eine möglichst übereinstimmende Weise die bürgerliche Verbesserung der Bekenner des jüdischen Glaubens in Deutschland zu bewirken sey, und wie insonderheit denselben der Genuß der bürgerlichen Rechte, gegen die Uebernahme aller Bürgerpflichten, in den Bundesstaaten verschafft und gesichert werden könne. Jedoch werden den Bekennern dieses Glaubens, bis dahin, die denselben von den einzelnen Bundesstaaten bereits eingeräumten Rechte erhalten.

Artikel 17. Das fürstliche Haus Thurn und Taxis bleibt in dem durch den Reichsdeputationsschluß vom 25. Februar 1803. oder in späteren Verträgen bestätigten Besitz und Genuß der Posten in den verschiedenen Bundesstaaten, so lange als nicht etwa durch freye Uebereinkunft anderweitige Verträge abgeschlossen werden sollten.

In jedem Falle werden demselben in Folge des Artikels 13. des erwähnten Reichsdeputations-Hauptschlusses, seine auf Belassung der Posten, oder auf eine angemessene Entschädigung gegründeten Rechte und Ansprüche versichert.

Dieses soll auch da Statt finden, wo die Aufhebung der Posten seit 1803. gegen den Inhalt des Reichtsdeputations-Hauptschlusses bereits geschehen wäre, in sofern diese Entschädigung durch Verträge nicht schon definitiv festgesetzt ist.

Artikel 18. Die verbündeten Fürsten und freyen Städte kommen überein, den Unterthanen der deutschen Bundesstaaten folgende Rechte zuzusichern.

a) Grundeigenthum außerhalb des Staates, den sie bewohnen, zu erwerben und zu besitzen, ohne deßhalb in dem fremden Staate mehreren Abgaben und Lasten unterworfen zu seyn, als dessen eigene Unterthanen.

b) Die Befugniß:

   1) des freyen Wegziehens aus einem deutschen Bundesstaate in den andern, der erweislich sie zu Unterthanen annehmen will, auch

   2) in Civil- und Militärdienste desselben zu treten; beydes jedoch nur, in sofern keine Verbindlichkeit zu Militärdiensten gegen das bisherige Va-

terland im Wege stehe; und damit wegen der dermahlen vorwaltenden Verschiedenheit der gesetzlichen Vorschriften über Militärpflichtigkeit, hierunter nicht ein ungleichartiges, für einzelne Bundesstaaten nachtheiliges Verhältniß entstehen möge, so wird bey der Bundesversammlung die Einführung möglichst gleichförmiger Grundsätze über diesen Gegenstand, in Berathung genommen werden.

c) Die Freyheit von aller Nachsteuer (jus detractus, gabella emigrationis), insofern das Vermögen in einen andern deutschen Bundesstaat übergeht, und mit diesem nicht besondere Verhältnisse durch Freyzügigkeits-Verträge bestehen.

d) Die Bundesversammlung wird sich bey ihrer ersten Zusammenkunft mit Abfassung gleichförmiger Verfügungen über die Preßfreyheit und die Sicherstellung der Rechte der Schriftsteller und Verleger gegen den Nachdruck beschäftigen.

Artikel 19. Die Bundesglieder behalten sich vor, bey der ersten Zusammenkunft der Bundesversammlung in Frankfurt wegen des Handels und Verkehrs zwischen den verschiedenen Bundesstaaten, so wie wegen der Schiffahrt, nach Anleitung der auf dem Congreß zu Wien angenommenen Grundsätze, in Berathung zu treten.

Artikel 20. Der gegenwärtige Vertrag wird von allen contrahirenden Theilen ratificirt werden, und die Ratificationen sollen binnen der Zeit von sechs Wochen, oder wo möglich noch früher, nach Wien an die Kaiserlich-Oesterreichische Hof- und Staatskanzley eingesandt, und bey Eröffnung des Bundes in das Archiv desselben niedergelegt werden.

Zur Urkunde dessen haben sämmtliche Bevollmächtigte den gegenwärtigen Vertrag unterzeichnet, und mit ihren Wappen besiegelt. [...][2]

2. Allianzvertrag zwischen Österreich, Preußen und Rußland

„Heilige Allianz"; Bündnis der Monarchien zu gegenseitigem Beistand auf christlicher Grundlage.

Jäger/Moldenhauer, S. 38–39.[1]

Paris, 14./26. September 1815[2]

Im Namen der heiligen und unteilbaren Dreieinigkeit. Ihre Maj. der Kaiser von Östreich, der König von Preußen und der Kaiser von Rußland

[2] Es folgen Datum und die Unterschriften der Bevollmächtigten.

[1] Der französische Text ist unter anderem abgedruckt bei Näf: Europapolitik, S. 5–6 sowie Ders.: Geschichte, S. 31–33.

[2] Das unterschiedliche Datum ergibt sich aus den differierenden Kalendern; nach russischer Datierung handelte es sich um den 14. September.

haben infolge der großen Ereignisse der letzten Jahre und insbesondere der Wohltaten, welche die göttliche Vorsehung den Staaten erwiesen hat, die ihr Vertrauen und ihre Hoffnung allein auf sie setzten, die innige Überzeugung von der Notwendigkeit gewonnen ihre gegenseitigen Beziehungen auf die erhabenen Wahrheiten zu gründen, welche uns die Religion des göttlichen Heilandes lehrt. Sie erklären feierlich, daß der gegenwärtige Akt nur den Zweck hat, im Angesicht der ganzen Welt ihren unerschütterlichen Entschluß zu bekunden zur Richtschnur ihres Verhaltens im Innern ihrer Staaten wie nach außen nur die Vorschriften dieser heiligen Religion, die Vorschriften der Gerechtigkeit, Liebe und Friedseligkeit zu nehmen, welche weit entfernt nur für das Privatleben bestimmt zu sein, im Gegenteil besonders die Entschlüsse der Fürsten beeinflussen und alle ihre Pläne bewahren müssen, nur ein Mittel zu sein zur Befestigung der menschlichen Einrichtung und zur Heilung ihrer Unvollkommenheiten. Infolgedessen haben Ihre Majestäten sich über folgende Artikel geeinigt:

Art. I. In Gemäßheit der Worte der Heiligen Schrift, welche allen Menschen befiehlt, sich als Brüder zu betrachten, werden die drei Monarchen vereinigt bleiben durch die Bande einer wahren und unauflöslichen Brüderlichkeit, sich als Landsleute ansehen, und sich bei jeder Gelegenheit Hilfe und Beistand leisten; sie werden sich ihren Unterthanen und Armeen gegenüber als Familienväter betrachten und dieselben im Geiste der Brüderlichkeit lenken, um Religion, Frieden und Gerechtigkeit zu schützen.

Art. II. Infolgedessen soll als der einzige Grundsatz, sei es zwischen den genannten Regierungen, sei es zwischen ihren Unterthanen, gelten, sich gegenseitige Dienste zu erweisen, durch ein unveränderliches Wohlwollen die Zuneigung zu bezeugen, zu der sie sich verpflichtet haben, sich nur als Glieder der einen christlichen Nation zu betrachten. Die drei verbündeten Fürsten sehen sich nur an als die Bevollmächtigten der Vorsehung um drei Zweige einer und derselben Familie zu regieren: Östreich, Preußen und Rußland, damit bekennend, daß die christliche Nation, zu der sie und ihre Völker gehören, in Wahrheit keinen andern Souverän hat als den, dem allein die Macht gehört, weil in ihm allein alle Schätze der Liebe, der Erkenntnis und der unbegrenzten Weisheit liegen, d. h. Gott, unsern göttlichen Erlöser Jesus Christus, das Wort des Höchsten, das Wort des Lebens. Ihre Majestäten empfehlen daher ihren Völkern mit der pünktlichsten Sorgfalt als das einzige Mittel dieses Friedens teilhaftig zu werden, welcher aus dem guten Gewissen entspringt und allein von Dauer ist, sich täglich mehr zu befestigen in den Grundsätzen und der Erfüllung der Pflichten, welche der göttliche Heiland die Menschen gelehrt hat.

Art. III. Alle Mächte, welche sich feierlich zu diesen heiligen Grundsätzen bekennen wollen und erkennen, von welchem Einfluß es auf das Glück der so lange beunruhigten Nationen ist, daß diese Wahrheiten fortan ihren

ganzen gebührenden Einfluß auf die menschlichen Geschicke ausüben, werden mit großer Freude in diese Heilige Allianz aufgenommen werden.
Paris im Jahre der Gnade 1815, den 14./26. September

Franz. – Friedrich Wilhelm. – Alexander.

3. Vertrag der Quadrupelallianz zwischen Österreich, England, Preußen und Rußland

Erneuerung der Defensivallianz gegen Frankreich. Das Bestreben, feste Institutionen zur Friedenserhaltung zu schaffen, führte in der Praxis „nur" zum Konferenzsystem.

Näf, Europapolitik, S. 19–22.

Paris, 20. November 1815

Au nom de la très-sainte et indivisible Trinité.

Le but de l'alliance conclue à Vienne le 25 mars 1815, ayant été heureusement atteint par le rétablissement en France de l'ordre des choses que le dernier attentat de Napoléon Buonaparte avait momentanément subverti, LL.MM. l'empereur d'Autriche, le roi du royaume-uni de la Grande-Bretagne et d'Irlande, le roi de Prusse et l'empereur de toutes les Russies, considérant que le repos de l'Europe est essentiellement lié à l'affermissement de cet ordre de chose, fondé sur le maintien de l'autorité royale et de la charte constitutionnelle, et voulant employer tous leurs moyens pour que la tranquillité générale, objet des vœux de l'humanité et but constant de leurs efforts, ne soit pas troublée de nouveau; désirant, en outre, resserrer les liens qui les unissent pour l'intérêt commun de leurs peuples, ont résolu de donner aux principes consacrés par les traités de Chaumont du 1er mars 1814 et de Vienne du 25 mars 1815 l'application la plus analogue à l'état actuel des affaires et de fixer d'avance, par un traité solennel, les principes qu'elles se proposent de suivre pour garantir l'Europe des dangers qui pourraient encore la menacer.

A cette fin, les hautes parties contractantes ont nommé, pour discuter, arrêter et signer les conditions de ce traité, savoir: S. M. l'empereur d'Autriche le prince de Metternich et le baron de Wessenberg; S. M. le roi du royaume-uni de la Grande-Bretagne et d'Irlande le duc de Wellington et milord Castlereagh; [S. M. le roi de Prusse le prince de Hardenberg et le baron de Humboldt; et S. M. l'empereur de toutes les Russies le prince Rasoumoffsky et le comte de Capo d'Istria].[1]

Lesquels, après avoir échangé leurs pleins pouvoirs, trouvés en bonne et due forme, se sont réunis sur les articles suivants:

[1] Der Allianzvertrag wurde durch fünf zweiseitige Verträge geschlossen. Die Namen aller vier Bevollmächtigten finden sich entsprechend nicht in einem einzelnen Dokument und wurden hier der Vollständigkeit halber ergänzt.

Art. 1. Les hautes parties contractantes se promettent réciproquement de maintenir dans sa force et vigueur le traité signé aujourd'hui avec S. M. Très-chrétienne et de veiller à ce que les stipulations de ce traité, ainsi que celles des conventions particulières qui s'y rapportent, soient strictement et fidèlement exécutées dans toute leur étendue.

Art. 2. S'étant engagés dans la guerre qui vient de finir, pour maintenir inviolables les arrangements arrêtés à Paris l'année dernière pour la sûreté et l'intérêt de l'Europe, les hautes parties contractantes ont jugé convenable de renouveler, par le présent acte, et de confirmer comme mutuellement obligatoires lesdits arrangements, sauf les modifications que le traité signé aujourd'hui avec les plénipotentiaires de S. M. Très-chrétienne y a apportées, et particulièrement ceux par lesquels Napoléon Buonaparte et sa famille, en suite du traité du 11 avril 1814, ont été exclus à perpétuité du pouvoir suprême en France, laquelle exclusion les puissances contractantes s'engagent, par le présent acte, à maintenir en pleine vigueur et, s'il était nécessaire, avec toutes leurs forces.

Et comme les mêmes principes révolutionnaires qui ont soutenu la dernière usurpation criminelle pourraient encore, sous d'autres formes, déchirer la France et menacer ainsi le repos des autres états, les hautes parties contractantes, reconnaissant solennellement le devoir de redoubler leurs soins pour veiller, dans des circonstances pareilles, à la tranquillité et aux intérêts de leurs peuples, s'engagent, dans le cas qu'un aussi malheureux événement vînt à éclater de nouveau, à concerter entre elles, et avec S. M. Très-chrétienne, les mesures qu'elles jugeront nécessaires pour la sûreté de leurs états respectifs et pour la tranquillité générale de l'Europe.

Art. 3. En convenant avec S. M. Très-chrétienne de faire occuper pendant un certain nombre d'années, par un corps de troupes alliées, une ligne de positions militaires en France, les hautes parties contractantes ont eu en vue d'assurer, autant qu'il est en leur pouvoir, l'effet des stipulations des articles 1 et 2 du présent traité et, constamment disposées à adopter toute mesure salutaire propre à assurer la tranquillité en Europe par le maintien de l'ordre établi en France, elles s'engagent, dans le cas où ledit corps d'armée fût attaqué ou menacé d'une attaque de la part de la France, comme dans celui que les puissances fussent obligées de se remettre en état de guerre contre elle, pour maintenir l'une ou l'autre des susdites stipulations, ou pour assurer et soutenir les grands intérêts auxquels elles se rapportent, à fournir sans délai, d'après les stipulations du traité de Chaumont, et notamment d'après les articles 7 et 8 de ce traité, en sus des forces qu'elles laissent en France, chacune son plein contingent de soixante mille hommes ou telle partie de ce contingent que l'on voudra mettre en activité, selon l'exigence du cas.

Art. 4. Si les forces stipulées par l'article précédent se trouvaient malheureusement insuffisantes, les hautes parties contractantes se concerteront sans perte de temps sur le nombre additionnel de troupes que chacune fournira pour le soutien de la cause commune, et elles s'engagent à employer, en cas de besoin, la totalité de leurs forces pour conduire la guerre à une issue prompte et heureuse, se réservant d'arrêter entre elles, relativement à la paix qu'elles signeraient d'un commun accord, des arrangements propres à offrir à l'Europe une garantie suffisante contre le retour d'une calamité semblable.

Art. 5. Les hautes parties contractantes, s'étant réunies sur les dispositions consignées dans les articles précédents, pour assurer l'effet de leurs engagements pendant la durée de l'occupation temporaire, déclarent en outre que, après l'expiration même de cette mesure, lesdits engagements n'en resteront pas moins dans toute leur force et vigueur à l'exécution de celles qui sont reconnues nécessaires au maintien des stipulations contenues dans les articles 1 et 2 du présent acte.

Art. 6. Pour assurer et faciliter l'exécution du présent traité et consolider les rapports intimes qui unissent aujourd'hui les quatre souverains pour le bonheur du monde, les hautes parties contractantes sont convenues de renouveler, à des époques déterminées, soit sous les auspices immédiats des souverains, soit par leurs ministres respectifs, des réunions consacrées aux grands intérêts communs et à l'examen de mesures qui, dans chacune de ces époques, seront jugées les plus salutaires pour le repos et la prospérité des peuples et pour le maintien de la paix de l'Europe.

Art. 7. Le présent traité sera ratifié, et les ratifications en seront échangées dans deux mois, ou plus tôt si faire se peut.

En foi de quoi, les plénipotentiaires respectifs l'ont signé et y ont apposé le cachet de leurs armes.

(Es folgen Ort, Datum und Unterschriften.)

4. Vorläufige Geschäftsordnung der deutschen Bundesversammlung

Vereinbarungen über den Ablauf und die Ordnung der Sitzungen, über Beratungsgegenstände und Abstimmungsmodi sowie über Protokollführung und Archivierung der Beschlüsse.

PDB, 1816, Beylagen zu den Registraturen über die vertraulichen Besprechungen der Herren Bundestags-Gesandten, Nr. 7, S. 12–15.

[Oktober/November][1] 1816

I. Ordnung der Sitzungen.

Die Sitzungen der Bundesversammlung werden vorläufig im Taxischen Pallaste, mindestens wöchentlich zweymal, und zwar regelmäßig Montags und Donnerstags, Vormittags von 10–1 Uhr gehalten.

[1] Die Geschäftsordnung wurde bereits im Oktober vereinbart und im November 1816 vorläufig angenommen.

Bey gehäuften Geschäften, oder in besonderen Fällen, finden außerordentliche Sitzungen [...] statt.

Aus der Beschaffenheit der jedesmaligen Gegenstände der Verhandlung geht hervor, ob sich nach Maßgabe der Bundesakte, bloß die engere Bundesversammlung oder auch das Plenum mit denselben zu beschäftigen habe.

Die Sitzungen sind theils förmlich, theils vertraulich.

Die vertraulichen Sitzungen dienen zum Zweck vorläufiger Erörterung und Austauschung der Ansichten. Sie sind ohne amtliche Form und Wirkung. Es wird während derselben deshalb kein Protokoll von dem gewöhnlichen Protokollführer aufgenommen. Jeder Gesandte bemerkt nach seinem Belieben das Vorgekommene, oder alle vereinigen sich freywillig zu gleichlautenden Bemerkungen, an welche jedoch bey der künftigen ordentlichen Abstimmung keiner gebunden ist.

Mit förmlichen und vertraulichen Berathungen kann den Umständen nach, auch in der nämlichen Sitzung abgewechselt werden.

Die Ansage und, bey eintretender Verhinderung, die Absage der Sitzung steht dem Präsidio zu, durch welches solche in der Regel am Tage vor der Sitzung mittelst Umsendung von Zetteln verfügt wird. [...]

Der Gegenstand der Berathschlagung wird auf denselben nur dann angegeben, wenn ohne deshalb in einer früheren Sitzung getroffene Verabredung, eine Beschlußnahme beabsichtigt wird, wozu die Bundesakte Einstimmigkeit vorschreibt. [...]

Jeder Gesandte, der einer Sitzung beyzuwohnen verhindert wird, ist verpflichtet, dem Vorsitzenden solches, so wie auch den Namen desjenigen Gesandten, welcher etwa seine Stellvertretung übernommen hat, wo möglich Tags zuvor, schriftlich anzuzeigen.

Zu einer gültigen Beschlußnahme gewöhnlicher Art wird in der engern Bundesversammlung die Abgabe von wenigstens *neun*, so wie in einer Plenarversammlung von wenigstens *sechs und vierzig* einverstandenen Stimmen erfordert.

Wo es indeß auf Annahme oder Abänderung der Grundgesetze, auf organische Bundes-Einrichtungen, auf jura singulorum, oder Religionsangelegenheiten ankommt, muß sowohl in der engern Bundesversammlung, als im Pleno die Abgabe sämmtlicher Stimmen einverstanden erfolgt seyn, um eine gültige Beschlußnahme zu bewirken.

Jedoch soll in dem einen, wie in dem andern dieser Fälle, wenn bey nicht vollzähliger Versammlung abgestimmt worden, den Abwesenden, welche keine Vertreter bestellt, zwar das Protokoll zur Nachbringung ihrer Stimmen in der nächsten Versammlung offen gehalten werden, indessen, wenn auch diese Frist von ihnen versäumt, und nicht etwa ein weiterer Aufschub aus erheblichen Gründen bey der Versammlung nachgesucht und bewirkt worden, die Zuzählung ihrer Stimmen zur Vervollständigung der Mehrheit oder Einstimmigkeit ohne weiteres, statt finden.

Bey etwanigem Todesfalle eines Gesandten, in welchem, in Ermangelung einer sonstigen gesandtschaftlichen Person, oder ihr geschehenen Substitution, die Obsignation von dem Präsidio zu besorgen ist, wird von der Bundesversammlung die Frist bestimmt, in welcher sie von der Regierung des Verstorbenen die Ernennung seines Nachfolgers oder Vertreters erwarten will, und diesem bis zum Ablauf solcher Frist für alle Gegenstände, worüber seit dem Todesfalle abgestimmt worden, das Protokoll offen behalten.

Bey vertraulichen Berathungen bedarf es keiner bestimmten Anzahl abzugebender Stimmen.

Der Präsidirende ist befugt, die Sitzung zu eröffnen, sobald die bestimmte Stunde geschlagen hat.

Die vorläufige Ordnung der Sitze und der Abstimmungen richtet sich in der engern Bundesversammlung nach der Reihenfolge, in welcher die Bundesstaaten im vierten Artikel der Bundesakte aufgeführt sind, so wie bey den Plenarsitzungen nach derjenigen, welche der sechste Artikel derselben angiebt.

Jeder Gesandte, welcher die Plenarstimmen mehrerer Bundesstaaten führt, hat solche einzeln und in der gedachten Ordnung abzugeben.

Die Gesandten derjenigen Bundesstaaten, welche in der engern Bundesversammlung zu einer Gesammtstimme vereinigt sind, und unter denen gegenwärtig ein Turnus in der Stimmführung statt findet, dürfen in den Sitzungen der engern Bundesversammlung gegenwärtig seyn, obgleich daselbst jede Gesammtstimme nur von Einem solcher Gesandten geführt werden darf; wobey sich jedoch die Bundesversammlung für künftige ähnliche Fälle die Entscheidung lediglich vorbehält.

II. Ordnung der Gegenstände der Verhandlung, des Antrags und der Berathung derselben.

Die Gegenstände der Verhandlungen der Bundesversammlung sind entweder

A. bereits durch die Bundesakte vorgeschrieben; oder
B. der Antrag und Vorschlag derselben geschieht durch einzelne Bundesstaaten; oder
C. sie werden durch sonstige Anträge an die Versammlung veranlaßt.

Die Gegenstände, über deren Berathung und Beschlußnahme die Bundesakte bereits Vorschriften ertheilt, sind bey Eröffnung der Bundesversammlung als an dieselbe gelangt zu betrachten. Sie beschäftigt sich mit ihrer Erledigung nach der Reihenfolge, welche im Allgemeinen durch die Bundesakte vorgeschrieben ist, und im Besonderen auf den Antrag des Präsidii durch desfallsige weitere Beschlüsse der Versammlung näher bestimmt werden wird.

Die Anträge und Vorschläge der einzelnen Bundesstaaten werden durch deren Stimmführer selbst an die Versammlung gebracht und derselben schriftlich übergeben, nachdem solche wenigstens Tags vor der Sitzung, in welcher solches statt finden soll, dem Präsidio schriftlich mitgetheilt worden.

Von diesem geschieht der Antrag zur Berathung derselben, sodann innerhalb vierzehn Tagen von der Anbringung an gerechnet; falls die Bundesversammlung eine frühere oder spätere Vornahme solches Gegenstandes nicht bereits bey der ersten Anzeige beschlossen haben sollte.

Sonstige Anträge, so wie überhaupt alle an die Bundesversammlung eingehenden Schreiben, gelangen zunächst in die Hände des Präsidirenden. Dieser wird dieselben mit der Bemerkung der Empfangszeit versehen, sie nach Nummern mit kurzer Anführung der Personen und des Gegenstandes in ein Register eintragen lassen, und davon in der nächsten ordentlichen Sitzung die Anzeige und Verzeichnung ins Protokoll verfügen. Sollten jedoch Form oder Gegenstand gänzlich unstatthaft gefunden werden, so geschieht solche Anzeige blos in der nächsten vertraulichen Sitzung.

Die Berathung solcher Anträge oder Schreiben wird, wenn nicht deshalb schon bey der ersten Anzeige von der Versammlung eine andere Bestimmung getroffen worden, innerhalb drey Wochen nach derselben von dem Präsidio in Vorschlag gebracht.

Sobald ein zur Berathung gekommener Gegenstand hinreichend erörtert worden, wird von der Versammlung der Beschluß gefaßt, daß derselbe zur Abstimmung reif sey, und die Zeit festgesetzt, wo solche Abstimmung vorzunehmen ist. Bedarf es zum Zwecke derselben der Einholung einer Instruktion, so wird dafür zugleich die Frist bestimmt, welche in der Regel einen Zeitraum von sechs bis acht Wochen nicht übersteigen darf.

III. Allgemeine Ordnung des Geschäftsganges in den Sitzungen der Bundesversammlung.

1. Den Anfang jeder Sitzung macht die Verlesung, etwanige Berichtigung und Unterschrift des Protokolls der letzten Versammlung.

2. Hierauf folgen die Anzeigen der bey dem Präsidio von einzelnen Bundesstaaten oder sonst gemachten Eingaben.

3. Sodann die Umfrage und vorläufige Abstimmung über jede einzelne derselben, wobey zugleich bestimmt wird:

a) ob der Gegenstand sich Ausnahmsweise sofort, oder vor der gewöhnlichen Frist, zur Berathung oder Beschlußnahme eigne?

b) ob eine ausführliche Erörterung desselben nöthig sey?

c) ob diese in einer förmlichen oder vertraulichen Berathung vorzunehmen?

d) ob im ersten Falle deshalb eine vorgängige Prüfung und Berichtserstattung erforderlich geachtet werde?

e) wer solchenfalls deshalb zu ersuchen sey?

Die Bestimmung der Anzahl, so wie die Wahl des oder der Berichterstatter erfolgt durch Vereinbarung, oder in Ermanglung derselben, durch desfallsige Abstimmung.

4. Anzeige der Gegenstände, welche in der jedesmaligen Versammlung, dem Antrage des Präsidii gemäß, weiter zu verhandeln sind.

5. Vornahme solcher Gegenstände, eines nach dem andern, sey es zur Berichtserstattung, vorläufigen Abstimmung, Erörterung, Beschlußnahme daß der Gegenstand zur Abstimmung reif sey, Vorbereitung desselben für etwanige Behandlung im Pleno, Fristbestimmung zur Abgabe der Stimmen und Instruktionseinholung, endlichen Abstimmung oder zur Schlußziehung und deren Genehmigung, auch Bestimmung über etwanige Bekanntmachung derselben.

6. Verabredung der nächsten Zusammenkunft, über die Form derselben, und vorläufige Anzeige der Gegenstände, welche darin vorkommen dürften.

7. Kurze Wiederaufnahme des Vorgenommenen und Rückerinnerung an die, in der jedesmaligen Sitzung getroffenen Vereinbarungen, durch den Vorsitzenden, damit der Protokollführer nichts auslassen möge.

Als allgemeine Bestimmungen über den Geschäftsgang gelten noch folgende Regeln:

a) Die drei Hauptstufen, welche für die Behandlung eines jeden Gegenstandes anzunehmen sind, nämlich

der erste Antrag,
die Erörterung, und
die endliche Abstimmung darüber

werden allemal in zwey, und wenn der Vorschlag nicht bey der ersten Umfrage einstimmig angenommen oder verworfen wird, in drey Sitzungen vertheilt, wozu denn, den Umständen nach, eine vierte zur Schlußziehung kommt.

b) Das Präsidium kann, um Zweifel über die einzelnen Abstimmungen zu heben, wie auch um die Zahl der Abstimmenden für die eine oder andere Meynung zu berichtigen, eine wiederholte Umfrage anstellen.

c) Desgleichen kann ein Mitglied, welches bereits gestimmt hat, sey es, daß etwa in spätern Abstimmungen neue Gründe vorgebracht worden, die bey der Erörterung nicht vorgekommen, und von denen es sich überzeugt fühlt, ober wenn es solches sonst zur Aufklärung von Mißverständnissen rathsam glaubt, nach beendigter Umfrage um Aufschub der Schlußziehung ersuchen, nach dessen Bewilligung sodann die weitere Erörterung vorgenommen wird.

d) Die endlichen Abstimmungen über einen Gegenstand werden, sobald zu solchen eine Frist festgesetzt worden, schriftlich eingegeben oder zum Protokoll diktirt.

e) Die Bundesversammlung bestimmt in jedem besondern Falle, wie die Protokolle bekannt zu machen, und besonders, ob sie dem Druck fürs Publikum zu übergeben seyen.

f) Auf Eingaben und Schreiben, welche der Bundesversammlung, ausser den Anträgen ihrer Mitglieder, zukommen, wird durch Zusendung von Auszügen aus dem Protokolle geantwortet, welche den desfallsigen Beschluß, den Umständen nach, mit oder ohne Hinzufügung der Gründe enthalten.

g) Die Form solcher Beschlüsse ist vorläufig folgende:
Auszug des Protokolls der deutschen Bundesversammlung vom * * *
Die deutsche Bundesversammlung hat beschlossen u. s. w.
Frankfurt den * * *

(L. S.) Die Bundes-Präsidialkanzley.

h) Das Siegel, dessen sich die Bundesversammlung vorläufig bedienen wird, ist das der Kaiserlich Oesterreichischen Gesandtschaft mit der Umschrift:

Kaiserlich Oesterreichische Bundes-Präsidialkanzley.

Die Adresse der Bundesversammlung ist:

An die hohe deutsche Bundesversammlung.

IV. Ordnung der Protokollführung, Diktatur, Kanzley und des Archivs.

Das Präsidium schlägt der Bundesversammlung den *Protokollführer* vor, welche solchen, wenn gegen dessen Person nichts zu erinnern ist, annimmt, worauf der Vorsitzende ihn dem Bunde verpflichtet.

Das *Protokoll* enthält die Anzeige der bey einer Sitzung anwesenden Gesandten, die Gegenstände der Erörterung, mit Bemerkung der vorgetragenen Hauptgründe, ohne namentliche Anführung desjenigen, welcher dieselben vorgebracht, die Abstimmung jedes Einzelnen, die Beschlüsse.

Schriftlich übergebene oder diktirte Abstimmungen werden wörtlich zum Protokoll genommen, die Anträge einzelner Bundesglieder, einen Gegenstand in Berathung zu nehmen, so wie die an die Bundesversammlung sonst gelangten Schreiben und Eingaben werden dem Protokolle derjenigen ordentlichen Versammlung, in welcher solche zur Anzeige gebracht, angeheftet. Sobald das Protokoll gehörig geordnet ist, und spätestens am Tage vor der nächsten Sitzung, wird dasselbe zur Einsicht der verschiedenen Gesandtschaften in der Kanzley niedergelegt.

Die *Diktatur* oder Vertheilung abgedruckter Protokolle findet spätestens am Tage nach der Sitzung, wo das Protokoll genehmigt und unterzeichnet worden, in der Kanzley statt, woselbst auch die der Versammlung etwa in hinreichender Anzahl zugesandten gedruckten Eingaben, sobald sie in einer Sitzung zur Anzeige gebracht, ausgetheilt werden.

Die *Kanzley* und das *Archiv* erhalten vorläufig ebenfalls durch das Präsidium mit Vorwissen der Bundesgesandtschaften ihre Anordnung dergestalt, daß die Präsidialkanzley einstweilen die Funktionen der Bundeskanzley zugleich übernimmt, und das Personale, nach einem der Versammlung mitzutheilenden Gutachten des Präsidii, von solchem angestellt, demselben auch die Befugniß übertragen wird, die Individuen, im Fall nicht gehörig erfüllter Amtspflicht, wieder zu entlassen, und nicht minder die der Bundesversammlung zustehende Jurisdiktion über die gemeinschaftlichen Beamten auszuüben.

Ein sicheres Lokal zur Aufbewahrung der Urkunden und Akten, wird vom Präsidio vor[-]läufig angewiesen, und ordentliche und sorgfältige Aufbewahrung verfügt.

Die Aufsicht über beyde steht jederzeit dem Vorsitzenden zu, jedem Bundesgesandten aber auch der Zutritt und die Verabfolgung begehrter Abschriften. Urkunden und Originalakten werden jedoch Keinem, ohne desfallsige Verfügung der Versammlung, überliefert.

5. Schreiben des Direktors im Berliner Polizeiministerium von Kamptz an Großherzog Carl August von Weimar

Heftige Kritik am Wartburgfest und der erfolgten Bücherverbrennung durch Studenten.

Tümmler, III, S. 425–427.

Berlin, 9. November 1817

E. K. H. ist es ohne Zweifel bereits bekannt, daß ein Haufen verwilderter Professoren und verführter Studenten am 18ten v. M. auf der *Wartburg* mehrere Schriften öffentlich verbrannt und dadurch das Geständnis abgelegt haben, daß sie zu ihrer Widerlegung unfähig.

Wenn in E. K. H. Staaten wahre Denk- und Preßfreiheit wirklich blüht, so ist mit derselben eine durch Feuer und Mistgabeln, von Schwärmern und Unmündigen geübte Zensur und ein terroristisches Verfahren gegen die Denk- und Preßfreiheit in anderen Staaten gewiß nicht vereinbarlich, und immer wird es für die Geschichte ein Rätsel bleiben, wie unter E. K. H. Regierung jene klassische Burg, von welcher unter Höchstihren Ahnherren deutsche Denkfreiheit und Toleranz ausging, wie der Tag der Feier wiedererlangter deutscher Freiheit und wie das Andenken an jenen großen und toleranten Mann, ja wie überhaupt unser Jahrhundert und ein deutscher Boden durch einen solchen recht eigentlichen Vandalismus demagogischer Intoleranz so stark entwürdigt und so tief entheiligt werden konnte. Es ziemt mir nicht, gnädigster Herr, über die notwendigen Folgen solcher Frevel mich zu verbreiten; E. K. H. Weisheit liegen sie von selbst klar, auch wenn die Geschichte Frankreichs uns nicht lehrte, daß das Feuer, was zuletzt den Thron ergriff, von dem Scheiterhaufen ausging, welchen ausgelassene Demagogen den für den Thron erschienenen Schriften früher bereitet hatten.

Nur die auch einer meiner Schriften erzeigte Ehre der Teilnahme an diesem in Deutschland zuerst, und bis jetzt allein in E. K. H. Lande gefeierten literarischen Autodafé ist und darf allein der Gegenstand sein, auf welchen ich mich, wenigstens hier, zu beschränken habe.

Unter den Büchern, durch deren Verbrennung die Helden von der Wartburg darüber, welche Preßfreiheit sie und ihr Anhang eigentlich haben wollen, sich nunmehr so trefflich und unumwunden ausgesprochen haben, befindet sich auch der von mir vor einigen Jahren herausgegebene Codex der Gendarmerie, von welchem ich E. K. H. hierbei ein Exemplar untertänigst überreiche.

Höchstdieselben geruhen, daraus zu ersehen, daß derselbe weiter nichts als eine bloße Sammlung der von den verschiedenen Fürsten, unter denselben auch von E. K. H. Höchstselbst, über die Gendarmerie erlassenen Gesetze ist; E. K. H. geruhen, darinne Seite 359 bis 369 die von Höchstdenenselben sowie Seite 277 bis 403 die von Ihren allerhöchsten und höchsten Agnaten über diesen Gegenstand publizierten Gesetze in extenso abgedruckt zu lesen.

Dieser Codex enthält mithin überall nicht meine Gedanken, nicht meine Grundsätze, ihnen ist also, zu meinem lebhaften Bedauern, die Ehre der Mißbilligung der auf der Wartburg versammelten unreifen Solonen nicht zuteil geworden.

Vielmehr sind es die Gesetze und die Unterschriften der Könige und übrigen Fürsten, E. K. H. eigne Gesetze sind es also, die in Höchstihrem eigenen Lande, von Höchstihren eigenen Dienern, von Höchstihren eigenen Untertanen öffentlich verbrannt oder, nach der Absicht jener Feuer-Zensoren, öffentlich verhöhnt und beschimpft sind.

Wäre ich nicht Untertan und Diener eines deutschen Fürsten, wäre ich nicht deutscher Bürger, müßte mir daher nicht die Ehre und Ruhe Deutschlands wichtig sein, so könnte ein solcher demagogischer Frevel mir persönlich völlig gleichgültig, ja als bloßem Herausgeber des Gendarmerie-Codex selbst nur angenehm sein, da er die dringende Notwendigkeit des Instituts, dessen Gesetze ich sammelte, beweiset und bestätiget.

Meine Vermutung, daß im Zensor-Standrecht auf der Wartburg so manche waren, welchen die öffentliche Ruhe und Ordnung in unseren Staaten ein wahrer Greuel ist und welchen es vorteilhafter wäre, wenn, wie in Italien, so auch in Deutschland der rechtliche Bürger die Sicherheit vor Räubern erst von diesen selbst erkaufen müsse, ist dadurch völlig gerechtfertiget, daß dem auf der Wartburg geschriebenen Brandbriefe, dem in allen deutschen Staaten zuerst in E. K. H. Lande gestifteten Polizei-Kollegium zu

Hohn, der Entscheidungsgrund angehängt ist, daß es in Deutschland keiner Polizei bedürfe.

Ob aber ein solches Verfahren der von E. K. H. noch in diesem Jahre öffentlich gebotenen Achtung für fremde Regenten und mithin auch für ihre Gesetze angemessen?, ob es ein Merkmal wahrer Denkfreiheit, wahrer Toleranz und wahrer Publizität sei?, mit welchen Buchstaben die Geschichte, besonders die Geschichte der deutschen Aufklärung, diesen Frevel in ihren Annalen verzeichnen wird und dieser Szene der rohesten Barbarei einst gedenken wird, welcher Gewinn daraus für Kultur, Wissenschaften und gesellschaftliche Ordnung entstehen wird? Diese und so manche andere Fragen hier zu beantworten, verbietet mir die E. K. H. schuldige und gewidmete tiefste Verehrung. […]

6. Stellungnahme des Staatsministers Freiherr von Fritsch an den Großherzog von Weimar

Bericht zum Wartburgfest, positive Äußerungen zur Intention des Festes und Versicherung, daß die allgemeinen Befürchtungen und negativen Beurteilungen übertrieben sind.

Tümmler, III, S. 427–430.

Weimar, 10. November 1817

Die am 18. Okt. zur Feier dieses Tages sowohl als zur Jubelfeier des Reformationsfestes veranstaltete Zusammenkunft unsrer Studierenden von verschiedenen deutschen Akademien auf der Wartburg ist der Gegenstand so mancher Beunruhigung und so verschiedenartiger Deutung geworden, daß die gründliche Kenntnis des Vorganges, der Anlässe desselben und des Geistes und Sinnes dieser Vereinigung unstreitig wünschenswert und notwendig ist. Der Unterzeichnete mußte es als eine ihm obliegende Pflicht betrachten, über dieses Ereignis die genauesten Daten zu sammeln und E. K. H. in einer gedrängten Übersicht darzustellen. E. K. H. werden sich daraus überzeugen können, daß, so wie diese Feier aus einer an sich lobenswerten Idee hervorgegangen und frei ist von jeder politischen Beziehung, sie zwar mit jugendlicher Begeisterung ergriffen und ausgeführt worden, daß aber dasjenige, was dabei tadelnswürdig erscheint, nur zufällig hinzugekommen und nur einzelnen Teilnehmern zur Last fällt. Kein Zeitpunkt mahnt mit so lebendiger Erinnerung die verschiedenen deutschen Stämme, wie notwendig zu ihrem gemeinsamen Heil die Eintracht sei, als der 18. Oktober. Aus der Trennung ging die beklagenswerte Oberherrschaft Napoleons hervor, deren schmerzliche Folgen in dem zerrütteten Wohlstand jedes Landes, fast jeder Familie empfunden werden; die wiederhergestellte Eintracht verherrlichte den Sieg, dessen Andenken in jedes Deutschen Brust unverlöschlich ist. Alle deutschen Universitäten zählen jetzt Jünglinge unter den Studierenden, welche tätigen Teil genommen an jenem herrlichen Sieg. Einige derselben glaubten das Fest des 18. Okt. als den schicklichen Augenblick wahrnehmen zu sollen, um auch auf den Akademien die Spaltungen aufzuheben, welche seit Jahrhunderten durch landsmannschaftliche, durch Ordens- und ähnliche Verbindungen, mannigfacher Landes- und Reichsverbote ungeachtet, noch immer genährt und unterhalten wurden [...]. In dieser Absicht und Sinn wurde die Feier des Andenkens des großen Reformators, und zugleich das Fest der Verherrlichung der Fürsten- und Völkereintracht, am 18. Okt. auf der Wartburg als ein allgemeines Burschenfest von einigen in Antrag gebracht und auf allen hohen Schulen von Jena aus die Einladung vorbereitet. Kurz vor E. K. H. Rückkunft von einer Reise, und wenig Wochen vor der Ausführung dieses bis dahin unbekannten Vorhabens, ging die erste Nachricht davon hier ein. Zu verhindern war es nicht mehr, das erkannte man deutlich, und es kam daher nur darauf an, wie möglichen Unordnungen und Exzessen vorzubeugen sei. Auch war kein hinreichender Grund vorhanden, dem löblichen Beginnen der Aufhebung längst verpönter landsmannschaftlichen und Ordensverbindungen entgegenzutreten. Mit E. K. H. eingeholten Genehmigung wurde daher die Polizeibehörde zu Eisenach von der bevorstehenden Ankunft mehrerer Studierenden in Kenntnis gesetzt und angewiesen, für deren Unterkommen Sorge zu tragen. Wegen Einhaltung der Ordnung und Ruhe glaubte man am sichersten zu gehen, wenn man, zu dem eigenen Ehrgefühl und der ausgesprochenen Gesinnung der jungen Leute Vertrauen zeigend, ihnen die Sorge dafür selbst überließ. Dieses auf sie gesetzte Vertrauen haben die Jünglinge nicht getäuscht. Alle Augenzeugen, unter ihnen die oberen Behörden des Eisenachischen Kreises, bewahrheiten den religiösen Ernst, die würdige Haltung, die Rührung, womit das Fest des 18. Okt. auf der Wartburg im ganzen gefeiert wurde. Ein gewiß nicht tadelnswürdiger Sinn spricht sich aus in der ganzen Anordnung der Feierlichkeiten [...]. Die Jünglinge geloben sich Brudersinn und Eintracht, Aufhebung aller Spaltungen und Ordensverbindungen unter ihnen, und als unmittelbare Folge dieser Eintracht zeigt sich unter den Studierenden in Jena eine große Sittlichkeit und strenge Beobachtung landesherrlicher Gesetze, deren Aufrechterhaltung vorher ein vergebliches Bestreben der Behörde war. Wenn dieser lobenswerte Zweck und die begeisternde Idee schöner ungetrennter Eintracht die Versammlung belebte, so konnte es doch nicht fehlen, daß einzelne darunter erschienen, die, den wahren Sinn des Festes nicht fassend, der von den Gebildeten unter ihnen ausgegangen, Mutwillen zu üben aufgelegt waren; und so geschah es denn, daß in der späten Abendzeit, als mit dem Lodern der Freudenfeuer die jungen Gemüter lebhafter geworden, einige Fremdlinge, die wahrscheinlich nicht alle zu dem

Stand der Akademiker gehören, den Mutwillen begingen, unter manchen unziemlichen Äußerungen einige Schriften zu verbrennen. Gewiß ist es, daß die wenigsten Studierenden von diesem sogenannten Autodafé voraus Kenntnis hatten; daß den meisten die verbrannten Schriften unbekannt waren, woraus manche Verwechslung sich erklärt, die schnell verbreitet und wie gewöhnlich noch vergrößert worden ist. Unwahr und falsch ist das Gerücht, daß man die Akte des Wiener Kongresses und der heiligen Allianz mit zu den verbrannten Schriften gezählt. Mit Bedauern muß man gestehen, daß der Professor Hofrat Fries eine Anrede an die Studierenden in Druck gegeben, welche, wenn auch die persönlichen Eigenschaften des Professors eine böse Absicht nicht vermuten lassen, durch den gänzlichen Mangel an Geschmack sowohl als durch den ungeschickt angebrachten mystischen Doppelsinn verwerflich wird und die Mißbilligung E. K. H. verdient hat; und daß derselbe, hingerissen von der Liebe zu seinen Zöglingen, in der Meinung, eine nachteilige Verleumdung zu widerlegen, über den Vorgang nicht mit der geziemenden Ruhe und Würde sich in den öffentlichen Blättern erklärte. Er hat die Voreiligkeit dieser unklugen Handlung empfindlich gebüßt, da E. K. H. ihm Höchstihr Mißfallen haben zu erkennen geben lassen, und da die Geißel der Satire vielfach gegen ihn geschwungen worden ist. Ihm sowohl als den übrigen in Eisenach anwesenden Lehrern gebührt jedoch das Zeugnis, daß sie bei den Feuern auf den Bergen nicht zugegen waren, leider! darf man hinzufügen, da ihre Gegenwart vielleicht den Mutwillen der jungen Leute zu zügeln vermocht hätte. Dies ist der einfache Hergang der Sache, welche durch Mißverständnisse und Mangel an offiziellen Nachrichten, die erst jetzt mit Zuverlässigkeit zu erhalten gewesen sind, sehr entstellt und als bedenklich in öffentlichen Blättern dargestellt worden ist. E. K. H. werden hieraus entnehmen, daß die erregten Besorgnisse ohne Grund sind, und Höchstihrer weisen Beurteilung bleibt es anheimgegeben, ob außer der von E. K. H. bereits verfügten Untersuchung gegen die Urheber und Teilnehmer der Verbrennung der v. Kamptzischen Sammlung landesherrlicher Polizeigesetze, außer dem bereits beschlossenen Verbot der angekündigten Burschenzeitung und der erneuerten scharfen Verwarnungen der Herausgeber des Oppositionsblattes und des Volksfreundes, noch andere Maßregeln zur Vorbeugung besorgter Nachteile zu ergreifen seien. Da mehrere Teilnehmer an dem Fest auf der Wartburg aus Berlin und den königl. preußischen Staaten zugegen waren, auch solche, die nicht zu der Zahl der Studierenden gehören, so dürfte es wohl nicht unangemessen sein, „den Maßnahmen der königl. preußischen Regierung insoweit beizutreten, als solche mit unter die Garantie des deutschen Bundes gestellten und garantierten Grundverfassung des Herzogtums irgend vereinbarlich sind“.

7. Stourdzas „Denkschrift über Teutschlands jetzigen Zustand" – vorgetragen auf dem Aachener Kongreß

In Deutschland ist ein unruhiges Treiben bemerkbar, das zu einer Revolution führen könnte. Besonders gravierend sind die Mängel im Erziehungswesen; die Universitäten müssen gründlich reformiert werden. Die Pressefreiheit muß durch ein Bundesgesetz eingeschränkt werden.

[Stourdza].

[November 1818]

[...][1] Ein aufmerksamer Blick auf Teutschlands geographische Lage, und ein Rückblick auf die großen Epochen seiner Geschichte, wird genügen, um sich die Ueberzeugung zu verschaffen, daß dieses schöne Land das Herz von Europa ist, der ursprüngliche und centrale Heerd aller Revolutionen, die seit zehn Jahrhunderten die Gestalt dieses Festlandes verändert haben, der Berührungs- und Sammelpunct, in welchem alle Beziehungen des Norden mit dem Süden, alle wechselseitigen Einflüsse zwischen dem Orient und dem Occident der civilisirten Welt zusammen treffen. [...] *(Abriß der historischen Entwicklung, nach dem Deutschland als Zentralpunkt aller Ereignisse erscheint).*

Das Gemählde, welches vor unsern Augen sich entfaltet, wird unermeßlich. Es drückt den Verstand zu Boden; es lähmt die Hand, die wagen möchte es zu entwerfen. Auch hat man hier auf diese imposanten Erscheinungen der Weltgeschichte einen Blick nur darum geworfen, damit *Teutschlands Wichtigkeit*, in religiöser, politischer und sittlicher Hinsicht, desto mehr hervorstrahle. Diese, so zu sagen *nothwendige*, Wichtigkeit bestand von jeher. Sie ist daher heut zu Tage nicht minder nothwendig. Und gerade sie ist der Punct, von welchem die Wahrnehmungen ausgehen, welche der Gegenstand dieser Arbeit seyn sollen. [...] *(Es folgt ein historischer Abriß bis zum Ende der napoleonischen Ära).*

Teutschlands jetziger Zustand; Uebel, die es heimsuchen;
Mittel, die zu deren Heilung beytragen können.

Auf so viele Stürme folgt Stille. Aber diese Stille, hervorgebracht durch die Uebereinstimmung des Willens, durch die Vereinigung der großen Souveraine, welche ein allmächtiger Wille beschützt, diese Stille ist noch keine Ruhe. Die Anerkennung des Rechtes, die Festsetzung der verschiedenen Besitzungen, das Vergessen des Vergangenen, die Zusicherung einer glücklicheren Zukunft, alle diese erhaltenden Principien, gewährleistet durch die feierlichsten Stipulationen, bilden die Grundlagen des neuen politischen Systems von Europa. Unter den Auspicien dieses *Tutelar-Systems*, hat Teutschland seine neue *Bundes-Acte* empfangen.

[1] Das einleitende Vorwort wird hier nicht wiedergegeben.

Mit diesem Grundgesetz verhält es sich wie mit allen menschlichen Gesetzen. Es verbindet vorhin schon da gewesene Elemente, aber es vermag ihre Natur nicht zu ändern. Es stellt im Kleinen den großen politischen Vertrag dar, welcher die verschiedenen Mitglieder der europäischen Familie unter einander verbindet. Dieses Gesetz, dessen Unvollkommenheiten handgreiflich sind, ist blos der Ausdruck einer *föderativen Form*, an die man sich hat binden müssen, um der Unabhängigkeit der teutschen Staaten nicht zu nahe zu treten. Ihre Beziehungen, Dimensionen und Analogien so festsetzen, so modificiren, wie es für das Föderativ-Band am passendsten ist, war kein Auskunftmittel, das in der Macht dieses Gesetzes stand.

Die kaiserliche Gewalt, eine leitende (force modératrice), konnte nicht mehr nach ihrem gehörigen Werth geschätzt werden, weil die allgemeine Crisis, durch welche die Gestalt von Europa war verändert worden, eine plötzliche Verrückung der Einzelnen, der Classen und der menschlichen Behörden veranlasst hatte, in deren Folge jeder Mensch, jede Corporation, jede Staatsregierung, zur Vergütung für die erlittenen Unfälle, in eine höhere Stelle auf der Stufenleiter der Gesellschaft gesetzt seyn wollte.* In Ermangelung dieser leitenden, einem Einzigen anvertrauten Gewalt, musste eine collective Behörde errichtet werden, die lange Zeit auf Teutschlands Boden verweilen wird, ehe sie daselbst wird Wurzel fassen können, so lang nicht *große Maaßregeln zu einer National-Erziehung* diese Föderativ-Form werden lebendig gemacht, und alle Bestandtheile des Staates zu *einem* regulirenden Mittelpunct werden vereinigt haben.

„Aber", wird man sagen, „warte man doch, bis Alles zur Ordnung zurückgekehrt seyn wird. Die politischen Körper, wie die natürlichen, bewegen sich früher oder später gegen den Ruhepunct hin. Europa ist in den Friedensstand gebracht, und Teutschland hat seinen Antheil an diesem System von Ruhe."

Auf diese Aeusserungen eines blinden Optimismus, dient zur Antwort: wie zeither der Schauplatz aller großen Bewegungen, so muß Teutschland fortan der *Schlüssel zu dem System des europäischen Ruhestandes* seyn. [...] Befindet Teutschland, im Schooße des Friedens, sich in einem Zustand der *Ruhe*? ...

[...] Thatsachen sollen unsere Richter seyn: sie mögen sprechen, sie sollen uns die Stelle aller Theorien vertreten. Ihr Zeugniß allein ist unverwerflich.

* Diese Verrückung hat den Glauben veranlasst an eine unerklärbare Vermehrung der Bevölkerung in mehreren Theilen von Europa. Aber, wenn eine Flüssigkeit, durch die Hitze des Feuers kochend geworden, über das Gefäß hinausfließt, folgt denn hieraus, daß diese Flüssigkeit eine Vermehrung erhalten habe? Um Etwas als Thatsache anzunehmen, bedarf es wenigstens eines Zusammentreffens unverwerflicher Beweisgründe.

Nur wenige Thatsachen wollen wir hier anführen, eingeschlossen in den kurzen Zeitraum der drei letztverflossenen Jahre. Die Pöschelianer, ihre Geistesverwirrung, ihre fanatischen Zusammenrottungen; der Aufstand zu Breslau, das Geschrey auf der Wartburg, der blutige Abfall der Göttinger Studenten, die letzten Religionsunruhen in Sachsen, das Aufbrausen der Gemüther und die Verweigerung der öffentlichen Abgaben in Schwaben, und mehr als alles dieses, das auffallende Phänomen der Auswanderungen, wozu der Hang bis jetzt noch wenig nachgelassen hat. Alle diese Thatsachen, welche die Stelle einer Menge anderer Umstände von zweitem Range vertreten, wirken unglücklicherweise zusammen, um die Behauptungen aller derjenigen zu widerlegen, welche, anstatt das Uebel in seinem wahren Zustand ins Auge zu fassen, nur desto hartnäckiger dessen Daseyn abläugnen.

Um die Natur eines Uebels zu erforschen, ist es nicht genug, daß man seine Wirkungen betrachte. Vor Allem muß man bis auf seine Ursachen zurückgehen. Die Erkennung dieser ist der sicherste Schritt zu einer Radical-Cur.

Die *Ursachen* des in Teutschland bemerkbaren unruhigen Treibens, welches über kurz oder lang eine Explosion werden könnte, sind:

I. Die durchgängige Verrückung der Behörden, der Einzelnen, und der Classen, eine unmittelbare Frucht der Revolution.

II. Das Schwanken und die Desorganisation der religiösen Ideen, die das erste Bedürfniß der leidenden Menschheit, mithin die erste Waffe der Leidenschaft und des Irrthums geworden sind.

III. Die stets wachsenden Mängel der öffentlichen Erziehung, die ungeheuer und von solcher Art geworden sind, daß hier das vollkommenste System der Gesetzgebung und Staatsverwaltung nicht als Besserungsmittel dienen könnte.

Aus diesen drey Hauptquellen fließen, in *zusammengesetztem Verhältniß*, alle Uebel, von denen Teutschland in diesem Augenblick heimgesucht wird, und welche daselbst eines Tages die Rechte, die Stände, die Gewalten über den Haufen werfen könnten.**

Zu I. Verrückung der Behörden, der Einzelnen und der Classen.

Aus dieser allgemeinen Erschütterung, die so ungeheuer gewesen ist, daß man daraus, der Verheerungen und Kriege ungeachtet, auf einen übermäßigen Anwachs von Bevölkerung hat schließen wollen, sind entstanden:

** Diese traurige Muthmaßung erlangt einen höheren Grad von Wahrscheinlichkeit, wie wenig man auch in Betrachtung ziehen mag, daß eine äussere Gefahr, deren unmittelbare Wirkung darin besteht, jeden bürgerlichen Zwiespalt in einem Lande, das einer Einheit von Staatsgewalt unterworfen ist, aufzuschieben, sehr verschieden auf einen *Staatenbund* wirkt, wo der Kampf der anerkannten und gesetzmäßigen partiellen Interessen die Kräfte verdoppelt, und alle Absichten eines geschickten Angreifers begünstigt.

1) Ein unbestimmtes Verlangen nach Thätigkeit, das man im Innern befriedigen muß, damit dasselbe nicht nach Aussen wende [!].
2) Ein Streben der aufgeklärten Stände nach politischer Einheit Teutschlands.
3) Ein laut geäussertes Mißvergnügen der niedern Stände, die des Wechsels ihrer Herren müde und niedergedrückt sind von der Last einer verwikkelten Staatsverwaltung, welche lästiger für die Völker, als fruchtbar an wohlthätigen Resultaten ist. Diese Gerüste, so wenig in Verhältniß zu der Kleinheit der Gebäude, sind das Vermächtniß, welches das französische Regiment für Teutschland gemacht hat. [...]

Zu II. Schwanken und Desorganisation der religiösen Ideen.

Dieses Uebel, zerstörend die Ruhe der Gewissen, ist den politischen Erschütterungen vorausgegangen. Der Mißbrauch der geistlichen Gewalt hat Widerstand erregt. Dieser, ursprünglich gerechtfertigt durch das Uebermaas des Mißbrauchs, hat sich in Abweichungen von der rechten Bahn verwandelt, welche Entsetzen erregen. Die Richtung, welche diese letzten nahmen, konnten nicht immer von speculativer Art seyn. Man machte Anwendung davon. Diese griff die Staatsgewalt an. Daher die tausendfach wiederholten Bewegungen des revolutionären Sturms, der, nachdem er alle Grundlagen aller gesellschaftlichen Existenz umgeworfen hatte, als er sich zu legen begann, den *Leuchtthurm der Religion* erblicken ließ, der mitten unter dem Schiffbruch menschlicher Anstalten unbeweglich geblieben war. Die Völker, die Regierungen, die Einzelnen, alle entweder Werkleute oder Opfer des vorübergegangenen Ungemachs, wenden ihre Augen nach diesem Licht, *das in der Finsterniß leuchtet, welches die Finsterniß nicht hat verdunkeln können.**** Doch, es ist nicht genug, daß man es erblickt; suchen und finden muß man die Spur zu dem Rückweg. [...]

Allenthalben fordern die an ihrer Quelle angegriffenen öffentlichen Sitten, die zerrütteten bürgerlichen Anstalten, laut die Religion zurück; sie seufzen nach Wiederbefestigung ihres heilsamen Einflusses.

Zu III. Gebrechen der öffentlichen Erziehung, die so ungeheuer geworden sind, daß das vollkommenste System der Gesetzgebung und Staatsverwaltung dawider nicht als Besserungsmittel dienen kann.

Ist dieser letzte Satz einmal entwickelt, wer könnte dann noch erstaunen über die Größe der in den beyden vorhergehenden Abschnitten angezeigten Uebel, da das einzige wiederherstellende Princip, welches dem Umsturz der gesellschaftlichen und religiösen Ideen abhelfen zu können scheint, selbst von allen das am meisten eingewurzelte Uebel ist.

*** Evang. Johannis I. 5.

Um über den Grad von Vollkommenheit irgend einer Regierung ein Urtheil zu fällen, genügt es, den Einfluß zu beobachten, welchen dieselbe auf die öffentliche Erziehung ausübt. [...]

Nun laßt uns *Teutschland* aus diesem wichtigen Gesichtspunct betrachten.

Die vorbereitende Erziehung, obgleich desorganisirt durch das Unglück der Zeiten, ist daselbst nicht ganz fehlerhaft. Aber sie wirkt nur auf die sich immer leidend verhaltende Mehrheit, welche nie noch Revolutionen angestiftet hat. Uebrigens möchte in Teutschland Jedermann studiren. Arme Handwerker entziehen sich oft das Nothwendigste, damit es ihnen gelinge, ihre Kinder auf Universitäten zu verderben. In der That, was sind denn jetzt diese Universitäten? Gothische Trümmer des Mittelalters, unverträglich mit den Anstalten und Bedürfnissen des Zeitalters, in welchem wir leben; Corporationen ohne Zweck, die einen Staat im Staate bilden, sind sie besessen von einem Corporationsgeist und von einem forterbenden Eigendünkel, die nur dazu dienen, die Jugend auf Irrwege zu führen, und den Gemeingeist zu verderben. Aufbewahrungsörter aller Irrthümer des Jahrhunderts, wärmen die Universitäten alle falschen Theorien, alle lügenhaften Lehren, über welche eine fehlerhafte Erfahrung die Meisten ihrer Zeitgenossen schon aufgeklärt hatte, wieder auf und pflanzen solche fort. Unumschränkt beherrschen sie die Zukunft einer ganzen Nation; und keine Regierung zieht sie zur Rechenschaft über das Wesen und die Methode ihres Unterrichtes. Literatur, Wissenschaften, Gerichtshöfe, der Altar selbst, Alles ist ihnen anvertraut, und Nichts leistet Gewähr für ihre Treue bei Verwaltung dieses Erbguts der Staaten. Gänzlicher Zuchtlosigkeit preisgegeben, sind die Universitäten jeden Tag ihrer Auflösung nahe, und wenn Etwas sie noch erhält, so ist es auf der einen Seite der verführerische Reiz einer *sogenannten akademischen Freiheit*, und auf der andern das seltsame System verschiedener teutschen Staatsregierungen, die hartnäckig darauf beharren, eine Universität wie eine Finanz-Speculation zu betrachten, durch welche Geld in das Land könne gezogen werden.

Um diesen Preis ist auf den Universitäten Alles erlaubt. Die Jugend, der Herrschaft der Gesetze entzogen, überlässt sich allen Excessen, welche aus der Empörung des Geistes und aus der Verkehr[t]heit der Sitten hervorgehen. Sie beginnt nicht die Laufbahn des Lebens mit Uebung des Gehorsams, durch die allein man einst befehlen lernt. In dem Alter des Gehorsams, lernt sie Alles zu unternehmen, sich Alles zu erlauben, um – in dem reifern Alter Nichts zu achten, Alles umzustürzen. Unglaublich! [...]

Die Lehrer, aufgewachsen in denselben Grundsätzen und Schulen, nehmen ihrerseits bei dem Unterricht nichts zu Herzen, als nur ihren Geldvortheil und ihre Popularität.

In solchen Händen, ist die Theologie Antagonist der Religion geworden;

[…] die Arzneikunde glaubt mit ihrem anatomischen Messer bis in das Heiligthum der Seele eindringen zu können; und die Rechtswissenschaft verkündigt das Recht des Stärkern. Die Ausnahmen sind selten, und der Beifall der Professoren hängt großentheils von der Biegsamkeit ab, wodurch sie mit dem Strom schwimmen. […]

Demnach kann nur eine, bis an die Wurzel gehende, Reform der Erziehung die Quelle des Uebels austrocknen und Hoffnung zu einer bessern Zeit für Teutschland geben. […] Die Wünsche des bessern Theils der Nation laufen, was die Reformation der Universitäten betrifft, auf Folgendes hinaus:

1) Aufhebung aller akademischen Privilegien, die nur für das Mittelalter tauglich waren, und die unverträglich sind mit der jetzigen Lage der Staaten.
2) Diesem gemäß, ist die Stadtpolizei an die Stelle der akademischen zu setzen; in den Augen des Gesetzes ist der Student mehr nicht als ein *minderjähriger Staatsbürger*, der auf einige Nachsicht Anspruch hat, aber nicht auf Straflosigkeit. Die Wachsamkeit der Civil-Behörden wird mit jedem Tage weniger nothwendig werden, wenn sie wird aufgehört haben eine Ausnahme zu seyn.[†]
3) Für jedes erwählte Fach der Wissenschaften setze man unwiderruflich einen Studienplan fest, von welchem der Einzelne, ohne besondere Einwilligung des akademischen Senats, nicht abweichen darf. Solcher ist, ohne irgend eine Weglassung oder Erweiterung, zu befolgen, jedoch mit Vorbehalt besonderer Erlaubniß des akademischen Senats, der zu dem Besuchen accessorischer Vorlesungen diejenigen ermächtigen kann, deren Fähigkeiten sie zu Umfassung einer größeren Sphäre von Kenntnissen tüchtig machen.
4) Man unterscheide jedoch den für Inländer vorgeschriebenen Studienplan von demjenigen für Ausländer.
5) Die Zeugnisse, welche die Lehrer an Theologen geben, betrachte man als nichtig, wenn nicht zugleich ein Wohlverhaltens-Zeugniß des akademischen Senats und der Ortsobrigkeit beigebracht wird.
6) Das Corps der Professoren, als berathschlagende Versammlung betrachtet, darf nicht das ausschließende Recht haben, sich durch seine eigene Stimmen zu erneuern. Denn Professoren in corpore wählen nur selten ihresgleichen, und nie den Mann, der höher steht als sie. Ihre Stimmen müssen stets der entscheidenden Stimme der Staatsregierung unterworfen seyn, deren Interesse nicht dasjenige der Einzelnen ist.

Man müsste sich sehr irren, oder es würde, nach solchen Grundverfügungen, auf den teutschen Universitäten Alles eine andere Gestalt annehmen;

[†] Diese Wachsamkeit muß vor Allem auf die aufrührerische Verbrüderung gerichtet seyn, von welcher Jena der Mittelpunct ist, bekannt unter dem Namen der *Burschenschaft*.

vorzüglich, wenn die Regierungen, erleuchtet durch eine schmerzhafte Erfahrung, endlich dem gefährlichen System entsagten, welches in einer Universität sie nur ein Beförderungsmittel ihrer Finanzen erblicken lässt [...].

Ein Nebenmittel, den Geist so vieler auf den Boden Teutschlands zerstreuter Universitäten zu reinigen, würde vielleicht darin bestehen: daß man ein *teutsches National-Institut* in einer freyen Stadt errichtete. Die Bundesgewalt müsste der Beschützer dieser wissenschaftlichen und literärischen Anstalt seyn, welches am Ende mächtigen Einfluß auf die übrigen Akademien haben würde.

[...] *(Im Folgenden soll das „desorganisirende Princip" des Bundes „in seinen unmittelbaren Folgen" betrachtet werden).*

Die Bundesform, eine Quelle der Nacheiferung, welche die Harmonie nicht ausschließt; der Mangel eines Central-Heerdes für das Licht, der gesetzgebend zu seyn vermöchte; endlich der Einfluß des revolutionären Geistes auf den Geist der Forschung und Betrachtung; alle diese Ursachen haben dem geistigen Teutschland, in den Regionen der Ideen eine außerordentliche Richtung gegeben, die jedoch ohne die eben geschilderte abscheuliche Unordnung in der öffentlichen Erziehung, nie umstürzend würde geworden seyn.

Wird diese Erziehung minder fehlerhaft eingerichtet seyn, so wird die teutsche Literatur ihren Charakter von Unabhängigkeit darum nicht weniger behaupten [...]. Aber die Unabhängigkeit der Meinungen ist nicht immer gleichbedeutend mit der Verkehrtheit des Herzens. Die Preßfreiheit, die in diesem Augenblick das verhaßteste Scandal geworden ist, würde, unter den Auspicien einer bessern Erziehung, nicht in zügellose Freiheit ausgeartet seyn. [...]

Es ist also, um von den Grundsätzen auf deren Anwendung zu kommen, nur allein die Erziehung, welche den Mißbrauch der Preßfreiheit allmählig auszurotten vermag. Nun hat aber dieser Mißbrauch, diese Zügellosigkeit ihren höchsten Grad erreicht. Laut fordert sie etliche allgemeine Beschränkungen, die, in Verbindung mit klugen Maaßregeln der öffentlichen Erziehung, das Uebermaaß des jetzigen Uebels mindern, und die Gewißheit eines noch wirksamern Mittels für die Zukunft darbieten werden. [...]

Der Ursprung der Preßfrechheit, ist eine schwere Schuld der Regierungen des achtzehnten Jahrhunderts.

Weil sie über die erste ihrer Pflichten, die Jugenderziehung, nicht genug nachgedacht, weil sie ihre väterliche Gewalt aufgegeben haben, darum müssen diese Regierungen jetzt die Erfahrung machen, daß man ihnen Rechte bestreitet, deren Ausübung stets mit Beschützung der aufwachsenden Geschlechter beginnen muß. Weil sie die Sache der Religion und der guten Sitten schwach vertheidigt haben, in einem Augenblick wo die Preßfrechheit sich nur erst in den Regionen des Herzens und des Gewissens Luft machte, eben darum ist dieser Mißbrauch des geschriebenen Wortes eine Quelle der Zerstörung geworden, nachdem solches eine Waffe der Wahrheit gewesen war.

[...] Die Werke von *Crebillon*, von *Toussaint*, von *La Mettrie*, waren das Vorspiel von *Voltaire's* Gottlosigkeiten; und diese haben allen Lehren, welche die gesellige Ordnung umkehren, den Weg gebahnt. Wenn die schlimmen Bücher und die schlimmen Zeitungen der Kenntniß der Jugend könnten entzogen werden, so würde das Uebel, wie die Verantwortung, weniger groß seyn [...]. Aber so ist es die Jugend, die aus dieser vergifteten Quelle am häufigsten schöpft; und dann betrifft es die Sache des Herrn, des Wohls der Gesellschaften, die er errichtet hat, und der Wohlfahrt so vieler zarten Wesen, von denen schon ein einziges demjenigen so theuer ist, der uns das Leben, den Gedanken und die Hoffnung eines künftigen Lebens giebt.

Aus diesen Betrachtungen folgt, daß die Beschränkungen der Preßfreiheit, wenn sie wirksam seyn sollen, gleichen Schritt halten müssen mit der Jugenderziehung. Diese beiden Reformen lassen sich von einander nicht trennen. Sie würden ein Ganzes von imposanten und weisen Maaßregeln darbieten, welche den bösen Willen entkräften, und alle guten Teutschen, alle Freunde der Menschheit, um denselben Mittelpunct versammeln würden.

Um die Preßfreiheit gesetzmäßig zu beschränken, müßte die Erziehung als Stützpunct der Wahrheit dienen; und um dieser freien Zutritt zu dem Geiste der teutschen Nation zu verschaffen, müßten die Zeitschriften und öffentlichen Blätter zu allererst heilsamen Beschränkungen unterworfen werden. Werke von größerem Umfang erfordern Zeit, Arbeit und beträchtliche Kosten. Zudem beschränkt ihre Wirkung sich auf eine geringere Anzahl von Lesern.

Nicht so verhält es sich mit den öffentlichen Blättern. Ihrer Natur nach taglöhnerartig, anmaßend und eilfertig, verursachen sie denen, welche solche zusammentragen, wenig Aufwand von Talent, dem Leser wenig Aufwand von Geld. Sie cirkuliren mit so fester und schneller Regelmäßigkeit, daß man mit Recht dieselben wie Wassertropfen betrachten kann, die, indem sie ohne Unterlaß nach einander fallen, damit enden, daß sie den Eckstein des Gebäudes der bürgerlichen Gesellschaft aushöhlen. Leuten ohne festes Verhältniß und ohne Vermögen gestatten, daß sie periodisch und ungestraft Alles schreiben, was Laune, Parteygeist oder Lohn ihnen darbieten, heißt die unsittlichste Art der Existenz unter den Schutz der Gesetze stellen, heißt, dem Gemeingeist eine falsche Richtung geben, und ihn ohne Rückkehr auf Abwege führen. [...] Ein so fortwährendes Scandal, eine so mißbräuchliche Freiheit, sind übrigens unvereinbar mit der Natur eines Staatenbundes. Die Keime der Zwietracht sind auf dem teutschen Boden schon allzusehr vervielfältigt, als daß man daselbst den immerwährenden Umlauf der aufrührerischsten Schriften dulden dürfte.

Das Gesetz muß ihnen Stillschweigen auflegen, sie unter beständige Vormundschaft setzen, und die billigen Grundsätze feststellen, nach welchen die Verantwortlichkeit bei Bekanntmachung der Werke von größerem Umfang zu beurtheilen ist. Damit aber dieses Gesetz nicht könne der Parteilichkeit beschuldigt werden, damit es eben so leidenschaftslos als wirksam sey, muß es das Werk der Bundesgewalt seyn. So lang es dieses nicht ist, werden alle partiellen Versuche fruchtlos seyn. Bis dahin werden die Geister schwanken zwischen dem Uebermaaß der Freiheit und dem Uebermaaß der Unterdrückung. Das Föderativ-Band wird allen Eingriffen bloßgestellt seyn. Wer in seinem Lande gebrandmarkt ist, wird sehen, wie man ihm andenswo[!] Ehrensäulen errichtet. Die Gesetze werden ohne Kraft, die öffentliche Meinung wird ohne Leuchtthurm seyn, der ihr vorleuchtet; und dann könnte der teutsche Bund, zusammengesetzt aus Theilen, die einander zurückstossen und zerstören, eine Beute des ersten Angreifers werden.

Wir wiederholen uns:

Teutschlands Wichtigkeit in sittlicher, geistiger und politischer Hinsicht, hat nicht aufgehört sich auf die beharrlichste Weise zu beurkunden, seit dem achten Jahrhundert bis auf diesen Tag. Man kann also in unserer Zeit Teutschlands Zustand, in Absicht auf Ruhe, Zusammenhang und Nationalglück, mit *Gleichgültigkeit nicht betrachten*, ohne die Existenz des politischen Systems von Europa offenbar zu gefährden. Sonst würde man hartnäckig die Grundlage des Gebäudes untergraben, welches man zu errichten behauptet.

Teutschlands gegenwärtige Lage, selbst abgesehen von den Unvollkommenheiten seiner Bundes-Acte, ist *beunruhigend* in dem Schooße des Friedens. Thatsachen und Vernunftgründe vereinigen sich, den Beweis dieser Wahrheit zu führen. [...]

Nachdem wir die Uebel in ihrer ganzen Größe geschildert, haben wir uns bemüht, die Mittel anzuzeigen, deren man sich zu Heilung derselben bedienen könnte.

Diese Mittel würden folgende seyn:

1) Das Räderwerk der Staatsverwaltung muß in allen teutschen Ländern vereinfacht, die öffentlichen Lasten müssen verhältnißmäßig vermindert werden. Die Regierungen würden darum nicht verarmen, die Völker würden erleichtert werden.
2) Der unruhigen Thätigkeit der aufgeklärten Stände Teutschlands muß Nahrung dargeboten werden. Bei dem Mangel politischer Einheit, welche nie dauerhaft ist, wenn sie die bestehenden Rechte vernichtet, sollte man wenigstens den geistigen Kräften einen Sammelpunct bereiten, mittelst Errichtung eines *teutschen National-Instituts* in einer freien Stadt. Diese Anstalt würde eine Menge mehr geschäftloser als bösartiger Köpfe beschäftigen. Sie würde die Sprache reinigen; sie würde die Fortschritte der Künste und Wissenschaften befördern. Sie würde die Bundesmacht erhöhen und ihr unmerklich gesetzmäßigen Einfluß auf den Gemeingeist verschaffen.

3) Das Aufbrausen der religiösen Ideen muß allmählig niedergeschlagen, sie müssen gereinigt werden.

Um dazu zu gelangen, ohne von den Grundsätzen der christlichen Duldung abzuweichen, giebt es nur *ein* Mittel: *die Reform der Erziehung.* [...]

4) Die Preßfrechheit muß in ganz Teutschland beschränkt werden, hauptsächlich in Hinsicht auf die Journale. Dieses Grundgesetz muß von der Bundesversammlung ausgehen. Damit aber dasselbe die Gewähr seiner Wirksamkeit in sich selbst trage, damit ein großes Uebergewicht von Stimmen dasselbe feststelle und beschütze, muß dieses Gesetz nur ein Folgesatz der Verbesserungs-Maaßregeln für die öffentliche Erziehung seyn.[††]

Gott, die Religion, die Wahrheit, die Erfahrung, die Stimme des Gewissens und der Pflicht, der Angstruf der leidenden Menschheit, das rührende Schauspiel des jetzigen Menschengeschlechtes, welches der Abgrund der Revolution noch zu verschlingen droht, die Wohlfahrt Teutschlands und Europa's, die Zukunft dieses Weltalls (Erdballs), welches das Schwert des Allmächtigen reinigt wenn das Scepter der Könige es zu regieren nicht vermag, Alles ruft, Alles fordert gebietend auf zu der Rückkehr einer bessern Ordnung der Dinge in Teutschland, wo alles Unheil sich vereinigt, in Teutschland, wo man jetzt über die großen Interessen der menschlichen Gesellschaften berathschlagt, wie man da unlängst für die Sache Europa's und des Menschengeschlechtes kämpfte.

8. Aachener Protokoll

Frankreich wird wieder unter die Großmächte aufgenommen.

Näf, Europapolitik, S. 34–35.[1]

Aachen, 15. November 1818

Les ministres d'Autriche, de France, de la Grande-Bretagne, de Prusse et de Russie, à la suite de l'échange des ratifications de la convention signée le 9 octobre, relativement à l'évacuation du territoire français par les troupes

[††] Der Geist dieses beschränkenden Gesetzes müsste, nach unserem Ermessen, darin bestehen, daß in den *öffentlichen Vorlesungen auf Universitäten*, wie in den *der Presse übergebenen Schriften*, Alles *strenger* verboten würde, was die guten Sitten und die christliche Religion angreift, so auch die gegen die Regierungen gerichteten Vorwürfe. Die Feinde der Obrigkeit würden zu Schanden gemacht werden, und der Herr würde eine so großmüthige Maaßregel mit seinem Segen krönen.

[1] Der Text ist ebenfalls im Nouveau Recueil, S. 554–555 abgedruckt; allerdings vor allem in der Interpunktion und z. T. in der Rechtschreibung abweichend.

étrangères, et après s'être adressé de part et d'autre les notes ci-jointes en copie, se sont réunis en conférence pour prendre en considération les rapports qui, dans l'état actuel des choses, doivent s'établir entre la France et les puissances co-signataires du traité de paix du 20 novembre 1815, rapports qui, en assurant à la France la place qui lui appartient dans le système de l'Europe, la lieront étroitement aux vues pacifiques et bienveillantes que partagent tous les souverains et consolideront ainsi la tranquillité générale.

Après avoir mûrement approfondi les principes conservateurs des grands intérêts qui constituent l'ordre de choses rétabli en Europe, sous les auspices de la providence divine, moyennant le traité de Paris du 30 mai 1814, le recès de Vienne et le traité de paix de l'année 1815, les cours signataires du présent acte ont unanimement reconnu et déclarent en conséquence:

1° Qu'elles sont fermement décidées à ne s'écarter ni dans leurs relations mutuelles, ni dans celles qui les lient aux autres états, du principe d'union intime qui a présidé jusqu'ici à leurs rapports et intérêts communs, union devenue plus forte et indissoluble par les liens de fraternité chrétienne que les souverains ont formés entre eux;

2° Que cette union, d'autant plus réelle et durable qu'elle ne tient à aucun intérêt isolé, à aucune combinaison momentanée, ne peut avoir pour objet que le maintien de la paix générale, fondé sur le respect religieux pour les engagements consignés dans les traités et pour la totalité des droits qui en dérivent;

3° Que la France, associée aux autres puissances par la restauration du pouvoir monarchique, légitime et constitutionnel, s'engage à concourir désormais au maintien et à l'affermissement d'un système qui a donné la paix à l'Europe et qui seul peut en assurer la durée;

4° Que si, pour mieux atteindre ce but ci-dessus énoncé, les puissances qui ont concouru au présent acte jugeaient nécessaire d'établir des réunions particulières, soit entre les augustes souverains eux-mêmes, soit entre leurs ministres et plénipotentiaires respectifs, pour y traiter en commun de leurs propres intérêts, en tant qu'ils se rapportent à l'objet de leurs délibérations actuelles, l'époque et l'endroit de ces réunions seront, chaque fois, préalablement arrêtés au moyen de communications diplomatiques, et que, dans le cas où ces réunions auraient pour objet des affaires spécialement liées aux intérêts des autres états de l'Europe, elles n'auront lieu qu'à la suite d'une invitation formelle de la part de ceux de ces états que lesdites affaires concerneraient et sous la réserve expresse de leur droit d'y participer directement ou par leurs plénipotentiaires.

5° Que les résolutions consignées au présent acte seront portées à la connaissance de toutes les cours européennes, par la déclaration ci-jointe, laquelle sera considérée comme sanctionnée par le protocole et en faisant partie.

Fait quintuple et réciproquement échangé en original entre les cabinets signataires.

Aix-la-Chapelle, le 15 Novembre 1818.

Signé: Richelieu; Metternich; Castlereagh; Wellington; Bernstorff; Hardenberg; Nesselrode; Capo d'Istria.

9. Zusatzprotokoll zum Aachener Kongreß

Einbeziehung Frankreichs in das System der Großmächte; zugleich Bekräftigung der Quadrupelallianz und Vereinbarung gemeinsamer Maßnahmen gegen erneute revolutionäre Umwälzung in Frankreich.

Näf, Europapolitik, S. 37–40.

Aachen, 15. November 1818

Conformément à la réserve insérée dans le protocole du 1er octobre, les ministres et plénipotentiaires des cours d'Autriche, de la Grande-Bretagne, de Prusse et de Russie se sont réunis en conférence pour discuter les grands intérêts que les hautes parties contractantes ont eus en vue en stipulant les articles 4 et 6 du traité de quadruple alliance du 8 (20) novembre 1815 et pour délibérer sur les moyens d'appliquer les principes et les dispositions dudit traité à la situation dans laquelle, après l'évacuation du territoire de France, le gouvernement français se trouvera placé envers les quatre puissances comme envers tous les autres états;

Et ayant examiné et approfondi, dans tous ses rapports, cette vaste et importante question, au moyen d'un échange de communications confidentielles, les quatre cours ont unanimement reconnu:

1. Que les engagements sanctionnés par les articles 1, 2, 3, 4 du traité de quadruple alliance ne sont applicables dans l'état actuel des choses qu'au seul cas d'une guerre contre la France, tel qu'il est prévu et défini par ledit traité;

2. Qu'il est du devoir et de la religion des cours alliées de maintenir dans toute leur force et vigueur les dispositions par lesquelles le traité de quadruple alliance a pourvu au cas, qu'un événement aussi désastreux vînt à se réaliser, et de les rendre même, ce cas échéant, plus efficaces et plus promptement applicables, moyennant une combinaison de mesures militaires arrêtée dès à présent et d'un commun accord;

3. Que lesdits engagements, ainsi que les dispositions éventuelles ci-dessus rappelées, ne peuvent point servir de bases aux relations pacifiques et permanentes qu'il s'agit d'établir à l'époque actuelle entre les quatre puissances et la France, considérée comme partie essentielle du système européen;

4. Que l'union intime entre les quatre cabinets, consacrée par l'article 6 du traité de quadruple alliance du 20 novembre 1815 et renforcée par les liens de fraternité chrétienne qui unissent aujourd'hui tous les états, offre le principe d'après lequel doivent être déterminées les relations pacifiques et permanentes avec la France; relations inséparables de l'ordre heureusement rétabli dans ce royaume par une suite de la restauration de la souveraineté légitime et constitutionnelle et considéré comme l'unique moyen de cimenter sa réconciliation avec l'Europe et de lui assurer la place qui convient à sa dignité et à sa puissance;

5. Que les résolutions dérivant de cet aperçu de la question seront consignées au présent protocole, pour autant qu'elles se rapportent au *casus foederis et belli*, prévu dans le traité du 20 novembre 1815 et dans un protocole séparé, pour autant qu'elles ont pour but d'associer la France à l'union des quatre puissances et au système général de l'Europe; cette forme ayant été jugée préférable à toute autre, en ce qu'elle conserve dans toute leur intégrité les transactions existantes et fournit en même temps le moyen le plus convenable de constater les intentions éminemment bienveillantes et amicales des quatre souverains à l'égard de la France;

6. Que les engagements renfermés dans les articles 1, 2, 3, 4 du traité de quadruple alliance du 20 novembre 1815 étant éventuels, et portant sur un cas, que les puissances voudraient placer aussi loin que possible de leurs calculs, les quatre cours regardent le présent protocole comme strictement réservé à la connaissance des parties signataires et s'engagent à empêcher par tous les moyens en leur pouvoir que le maintien de la quadruple alliance soit envisagé sous un point de vue hostile à la France ou alarmant pour les autres états;

7. Que, quant au protocole séparé, qui doit constater les relations futures de la France avec les quatre puissances signataires du traité de quadruple alliance, les quatre cours sont unanimement d'avis d'inviter le plénipotentiaire de S. M. Très-chrétienne à prendre part à la rédaction et à la sanction de cet acte; lequel exposera les motifs qui ont porté les puissances alliées à associer la France au système général, désignera le but de cette grande union, en tracera les principes et en déterminera les formes.

Cette pièce devant être portée à la connaissance de tous les états qui ont accédé au traité de Paris du 30 mai 1814, au recès de Vienne et aux actes de Paris de l'année 1815, déclarera en outre en termes positifs que l'union des cinq puissances n'a pour objet que de contribuer au maintien de la tranquillité générale fondée sur l'inviolabilité des droits que les transactions existantes assurent à chaque état européen et consolidée par cet esprit de bienveillance mutuelle qui réunit aujourd'hui tous les membres de la famille européenne dans un seul et même système de paix.

En conséquence de ces considérations les ministres des cours d'Autriche, de la Grande-Bretagne, de Prusse et de Russie déclarent:

1. Que tous les engagements de solidarité stipulés par le traité de quadruple alliance du 20 novembre 1815 sont conservés dans leur pleine force et valeur pour le *casus foederis et belli*, tel qu'il est prévu et défini par ledit traité;

2. Que pour le *casus foederis*, spécialement admis dans le § 2 de l'art. 3 du traité du 20 novembre 1815, les hautes parties, signataires du présent protocole, ensuite de leurs engagements actuels se concerteront le cas échéant dans des réunions particulières, soit entre les monarques alliés en personne, soit entre les quatre cabinets, sur les mesures les plus propres à prévenir les funestes effets d'un nouveau bouleversement révolutionnaire dont la France serait menacée; se rappelant toujours que le progrès des maux, qui ont si longtemps désolé l'Europe, n'a été arrêté que par l'intimité des rapports et la pureté des sentiments qui unissent les quatre souverains pour le bonheur du monde. [...]

(Es folgen Datum und Unterschriften.)

10. Schreiben Gentz' an Metternich

Nachricht und Bemerkungen über die Ermordung Kotzebues.

Metternich, III, S. 220–224.

Wien, 1. April 1819

Euer Durchlaucht werden allem Vermuthen nach auf directem Wege die zu Mannheim vorgefallene schreckliche Begebenheit früher erfahren haben, als es durch Briefe von hier geschehen konnte. Wir vernahmen sie gestern Früh [...].

Die Sache ist zwar an und für sich schauderhaft genug, ihr Ursprung aber und ihr wahrscheinlicher, schon jetzt beinahe evidenter Zusammenhang mit den größten Krankheiten und Gefahren der Zeit, erhebt sie für Den, der die Dinge im Großen zu betrachten gewohnt ist, noch auf eine viel höhere Stufe von Abscheulichkeit und Furchtbarkeit. Dahin haben jene „unschuldigen, tugendhaften Bestrebungen der deutschen Jugend“ und „ihrer verdienstvollen Lehrer“, mit denen man uns den Mund stopfen wollte, als wir über die Excesse auf der Wartburg die erste warnende Stimme erhoben, geführt!

[...] Die gewaltsamsten Katastrophen in der moralischen wie in der physischen Welt können, wenn auch nicht mehr für Die, welche darunter erlagen, doch für die Uebrigen *nützlich* und sogar *wohlthätig* werden, wenn sie Entschlüsse wecken und Maßregeln befördern, die sonst vielleicht nur viel später, vielleicht nie zur Wirklichkeit gekommen wären.

Die *praktischen* Reflexionen, welche die neueste Gewaltthat in mir erzeugt hat, sind ungefähr folgende:

1. Der Haß der revolutionären Rotte gegen Kotzebue war alt, mannigfaltig motivirt, und mit teuflischer Kunst genährt. Ich bin aber vollkommen überzeugt, daß das Attentat gegen sein Leben vorzüglich, ja wohl ausschließend, dem Wahn, daß Er eigentlich den Kaiser Alexander gegen die deutschen Volksschriftsteller und Universitäten aufgewiegelt und den liberalen Ideen abhold gemacht habe, seinen Ursprung verdankt. Wie sehr die ganze Partei früher auf den Beistand dieses Monarchen gerechnet hatte, ist bekannt; und daß seine Apostasie in ihren Augen ein fürchterlicher Schlag war, haben sie hinlänglich verrathen. Der Erfolg der unsinnigen Herausforderung an Stourdza, der aller Ungewißheit ein Ende zu machen schien, hat sie vollends zur Verzweiflung gebracht; wechselsweise von Furcht und Wuth getrieben, sind sie in den Zustand von Phrenesie versunken, aus welchem sich das Ungeheuerste erzeugt. Kotzebue ist also, weil diese Rasenden in ihrer Bethörung geglaubt haben, er sei der Urheber des Abfalles eines Beschützers, von dem sie Alles erwarteten, hingerichtet worden. Diese Ansicht wird dem Kaiser von Rußland schwerlich entgehen. Er ist überdies durch das an einem russischen Staatsrath begangene Verbrechen, sowie durch die früheren Unternehmungen gegen einen andern, persönlich gekränkt. Sein Benehmen zur Zeit der Wartburg-Excesse, die Sprache, die er seitdem bei jeder Gelegenheit geführt, die Grundsätze und Dispositionen, die er vor, in und nach Aachen an den Tag gelegt hat, Alles läßt erwarten, daß er diese Sache in einem sehr ernsthaften Styl behandeln wird. Ich wünsche nicht gerade, daß die Explosion zu stark und zu laut sei, weil sie uns sonst auf mancherlei Weise in Verlegenheit setzen könnte. Aber ich werde es als ein Glück betrachten, wenn er bei dieser Veranlassung zuerst seine eigene Art zu denken, zu sehen und zu fühlen (welches Niemand ihm verargen kann) ohne allen Rückhalt kundgibt und dann – nicht gerade auf uns, denn wir sind in Zweck und Ansicht ohnehin mit dem Stärksten, was er sagen oder vorschlagen kann, einig, – aber auf *Preußen*, auf *Baiern*, auf *Deutschland* überhaupt, mit Klugheit und Maß, doch in einem sehr bestimmten Sinne, in einem Sinne, der aller Unentschlossenheit und Halbheit ein Ziel setzen möge, zu wirken sucht.

2. Ich hoffe, daß wir durch diese entsetzliche Begebenheit, wie durch die Folgen, die sie unausbleiblich nach sich ziehen muß, den Debatten über Preßfreiheit in Deutschland auf eine Reihe von Jahren entgehen werden. Denn ich sollte kaum glauben, daß irgend ein Bundesstaat unverschämt genug wäre, jetzt noch die Einführung der Preßfreiheit denjenigen Regierungen zuzumuthen, welche sie bisher nicht geduldet haben. Und es ist meine feste Ueberzeugung, daß Oesterreich die erste Gelegenheit, wo dieses Wort auf dem Bundestage articulirt wird, ergreifen muß, um mit Nachdruck zu erklären,

daß es den (ewig unverzeihlichen) Artikel der Bundesacte, der von *gleichförmigen Verfügungen* über diesen, die innere Landeshoheit und Souverainität in ihren allerwesentlichsten Rechten und Verpflichtungen berührenden Gegenstand spricht oder träumt, ein- für allemal als *unausführbar* und *abgethan* betrachtet, und *an keiner Discussion darüber je wieder theilnehmen wird.*

3. Die Nothwendigkeit, sich mit dem Zustande der deutschen Universitäten zu beschäftigen, wird nun einleuchtender und dringender als je zuvor. Wir sind darum freilich – das fühle ich nur zu lebhaft – der Auflösung dieser schwierigen Aufgabe noch um keinen Schritt näher; aber so viel ist doch gewonnen, daß man Verhandlungen darüber nicht mehr geradezu als Hochverrath an der Deutschheit wird verschwärzen dürfen. Mein sehnlichster Wunsch ist aber, daß über diese wichtige Sache nichts an den Bundestag gebracht, nichts öffentlich gesagt und geschrieben, von Seiten der Autorität (die Libellisten mögen auch schreiben was sie wollen) überhaupt kein Laut vernommen werde, bevor nicht die ersten deutschen Höfe (die ich aber durchaus nur auf *Oesterreich, Preußen, Baiern, Sachsen* und *Hannover*, mit Ausschluß aller übrigen, beschränke) zu einem vollkommen festen, in allen seinen Theilen ausgearbeiteten und gleichsam wechselseitig beschworenen Einverständniß über die zu ergreifenden Maßregeln gelangt sind. Dies wird viel Zeit und Mühe kosten, aber der Effect des letzten Schlages wird wohl in sechs Monaten nicht verrauchen und das Blut von Kotzebue etwas länger als heute und morgen um Rache schreien. Leicht ist das Resultat nicht, und in einer oder zwei Conferenzen wird es sich nicht ergeben. Das größte Uebel von allen wären aber übereilte, unverdaute, halbe und schwache Maßregeln, die uns diesmal unausbleiblich ins Verderben stürzen müßten. Ein Unglück ist, daß wir in dieser Sache, aus Gründen, die Euer Durchlaucht bekannt sind, nicht füglich die erste und leitende Rolle reclamiren können; dies kann aber nicht hindern, sehr wirksam und sehr nützlich zu sein. […]

11. Geschäftsordnung für die Kommissionen der Bundesversammlung

Festlegung der Arbeitsweise und Zusammensetzung der Kommissionen der Bundesversammlung.

Klüber, S. 272–278.

Frankfurt am Main, 22./29. April 1819[1]

§. 1. Die Wahl aller Commissionen geschieht auf die bisher schon übliche Weise, durch die Mehrheit der Stimmen im engeren Rath, nachdem die Zahl der Mitglieder, welche dieselbe ausmachen sollen, bestimmt worden.

[1] Der Entwurf zu der Geschäftsordnung auch in: Protokolle der Deutschen Bundesversammlung, 14. Sitzung, 22. April 1819, Beilage 11, S. 183–185, Bundesbeschluß,

§. 2. Die Commissionen zu Begutachtung der Privat-Eingaben bestehen, der Regel nach, aus fünf Mitgliedern, und werden diese künftig dreimal im Jahr gewählt werden [...].

Findet sich bei der Zählung der Wahlstimmen eine Stimmengleichheit für zwei oder drei Mitglieder zu Besetzung der fünften Stelle, so werden diese ersucht, falls das Präsidium sich des, in Fällen der Stimmengleichheit, ihm zustehenden voti decisivi nicht bedienen will, sich unter einander zu vereinigen, wie sie unter sich in bestimmten Fristen wechseln wollen.

Der Zweck dieser Reclamations-Commission ist [...] dahin gerichtet, daß die Mitglieder

1) die Eingaben unter sich vertheilen,

2) sich das von jedem über die ihm zu Theil gewordenen Gegenstände zu verfassende Gutachten der Regel nach unter einander mittheilen,

3) ein jeder das seinige, nach vorläufiger Rücksprache mit dem Präsidio, der Versammlung vortrage.

Zu Beförderung der Geschäfte wird jedoch hierbei festgesetzt:

1) daß in Fällen von Verhinderung eines oder zweier der ernannten Mitglieder die übrig bleibenden in ihren Arbeiten und zu verabredenden regelmäsigen Zusammenkünften fortfahren können, sofern nur drei der Mitglieder gegenwärtig sind;

2) daß die Commission befugt ist, offenbar unerhebliche oder unzulässige Eingaben sofort zu beseitigen, und davon nur in der nächsten vertraulichen Sitzung der Bundesversammlung die Anzeige zu machen, damit dieses in den Registern eingetragen werde;

3) daß die Commission sich bei Vertheilung der Acten unter sich vereinigen könne, welche Sachen ihr erheblich genug scheinen, um erst die Mittheilung des Vortrags in der Commission zu begehren, welche Sachen hingegen ihr so wenig erheblich oder so wenig zweifelhaft scheinen, daß der Referent, auch ohne weitere Rücksprache mit ihr, sie in der Bundesversammlung zum Vortrag bringen könne;

4) daß bei Vertheilung der Acten solche Actenstücke, welche mit einem schon früher ausgetheilten oder referirten in genauer Verbindung stehen, dem vorigen Referenten selbst dann zugeschrieben werden können, wenn er für den Augenblick kein Mitglied der Commission wäre, und dermalen in dem engern Rath die Stimmführung für die Curie, zu welcher er gehört, nicht an ihm wäre.

Nach Endigung des für diese Commission bestimmten Zeitraums hat dieselbe der Bundesversammlung in der nächsten vertraulichen Sitzung ein Ver-

der diesen Entwurf genehmigte, in: Protokolle der Deutschen Bundesversammlung, 15. Sitzung, 29. April 1819, § 65, S. 193. So erklärt sich auch die Datierung auf zwei Tage.

zeichniß der in diesem Zeitraum eingekommenen und referirten Actenstükke, mit Bemerkung derer, wovon der Vortrag noch zurück ist, unter Anführung der Gründe dieser Verzögerung, vorzulegen.

§. 3. Bei Commissionen, welche

1) zu Vorbereitung allgemeiner Gesetze des Bundes, oder

2) zu Erörterung und Festsetzung der Verbindlichkeiten, welche dem Bunde aus den, vor Entstehung des Bundes, in Deutschland bestandenen Verhältnissen gemeinsam zur Last fallen können, oder auch

3) zu Begutachtung der Reclamationen derjenigen Individuen, Corporationen und Classen, für welche die Bundes- oder Congreßacte ausdrücklich Bestimmungen und Hinweisungen enthält, ernannt werden, läßt sich zwar weder die Zahl der Mitglieder noch die bestimmte Zeit, für welche sie ernannt werden, allgemein zum voraus festsetzen […]; jedoch wird in Ansehung derselben zum voraus festgesetzt:

1) daß keine derselben in eine permanente Commission zu verwandeln sey;

2) daß zu Beförderung des Geschäfts einzelnen Mitgliedern in Verhinderungsfällen frei stehe, ein anderes Mitglied der Commission an ihrer Stelle zu substituiren, sofern nur bei Commissionen von drei Mitgliedern zwei, bei Commissionen von einer grösseren Zahl aber mindestens die Mehrzahl der Mitglieder gegenwärtig ist;

3) daß die Commission […] mindestens jedesmal nach Ablauf von zwei Monaten, die Bundesversammlung von den von ihr gemachten Fortschritten in Kenntniß zu setzen habe.

§. 4. Bei Commissionen, welche zum Versuch der Güte in Streitigkeiten der Bundesglieder unter einander oder in Fällen ernannt werden, wo es auf die Vollziehung des unter die Garantie des Bundes gestellten Reichsdeputations-Schlusses von 1803 und auf die Regulirung des aus selbigem hervorgehenden Schulden- und Pensionswesens der Bundesglieder ankommt […], wird festgesetzt: daß

1) eine jede Commission dieser Art in der nächsten, auf ihre Ernennung folgenden förmlichen Bundestags-Sitzung ihre erfolgte Constituirung der Versammlung anzuzeigen habe;

2) daß in Fällen, wo sie noch Aufklärungen von dem einen oder anderen Theile zu begehren hat, oder diese von einem der Parteien angeboten oder vorbehalten werden, die Commission zu Beibringung derselben eine den Umständen angemessene, möglichstkurze[!] Frist dazu bestimmen, nach deren erfolglosen Ablauf sie die Bundesversammlung davon in Kenntniß setze, damit diese sich für die Wegräumung dieses Hindernisses verwenden könne.

Ueberhaupt aber

3) die Commission, wo nicht früher, mindestens nach Ablauf von zwei Monaten seit ihrer Ernennung, die Bundesversammlung von der Lage, in

welcher die Sache sich befindet, in Kenntniß setze, damit auch so lange fortfahre, bis sie entweder von der zu Stande gebrachten gütlichen Vereinbarung, oder von der vereitelten Hoffnung, diese zu bewirken, ihren Vortrag bei der Bundesversammlung abstatten könne.

4) Da auch bei Commissionen dieser Art um so mehr dahin zu trachten ist, daß durch Verhinderungen einzelner Mitglieder der Commission das Geschäft nicht in Stockung gerathe, als nach der Natur der Sache hier eine Substitution eines andern Mitgliedes nicht wohl statt findet, so wird festgesetzt, daß bei der Wahl von Commissionen dieser Art, nachdem die vorgeschriebene Zahl der Mitglieder durch Mehrheit der Stimmen ernannt worden, der, oder diejenigen, welche nächst diesen die mehresten Stimmen haben, notirt und als Stellvertreter dieser Commissionen in längeren Verhinderungsfällen eines einzelnen ordentlichen Mitgliedes in der Reihe, welche sich aus der Zahl der Stimmen, die sie gehabt haben, ergiebt, eintreten, unter der Voraussetzung, daß auch sie nicht durch ihre Verhältnisse an einer Theilnahme an diesem Geschäft verhindert werden.

Es sind jedoch bei Commissionen von drei nur ein, bei Commissionen von fünf nur zwei solcher Stellvertreter zulässig [...]. Sollte aber, bei eintretendem Hinderniß dieser Stellvertreter, die ursprünglich beachsichtigte [!] Zahl der Commissions-Mitglieder nicht ergänzt werden können, so ist die Commission dennoch in ihrem Geschäft fortzufahren befugt, so lange nur, ohne Beihülfe dieser Stellvertreter, die Mehrheit der ordentlichen Commissions-Mitglieder anwesend ist.

§. 5. Die Reclamations-Commissionen endigen mit vollendetem Vortrag über sämmtliche, zu ihrer Erörterung verstellten Eingaben.

Alle andern Commissionen endigen mit den von ihnen an die Bundesversammlung abgestatteten Schlußbericht. Sollten alsdann die Umstände noch eine fernere commissarische Bearbeitung dieses Gegenstandes erfordern, so ist eine neue Commission zu ernennen oder die vorige ausdrücklich zu verlängern.

Nach Beendigung einer Commission hat derjenige, der in selbiger den Vorsitz geführt hat, dafür zu sorgen, daß die Acten derselben zur Bundes-Canzlei abgeliefert werden.

Ebenmäsig hat dieser dafür Sorge zu tragen, daß, im Fall ein Mitglied der Commission abgeht, die in dessen Händen befindlichen Actenstücke an die Commission zurückgeliefert werden.

12. Provisorischer Bundesbeschluß über die an den Universitäten zu ergreifenden Maßregeln

Teil der sog. 'Karlsbader Beschlüsse' zur Unterdrückung und Überwachung der oppositionellen Bewegung an den Universitäten.

PDB, 35. Sitzung, 20. September 1819, § 220, S. 665–667.

Frankfurt am Main, 20. September 1819

§. 1. Es soll bei jeder Universität ein, mit zweckmäsigen Instructionen und ausgedehnten Befugnissen versehener, am Orte der Universität residirender, ausserordentlicher landesherrlicher Bevollmächtigter, entweder in der Person des bisherigen Curators, oder eines andern, von der Regierung dazu tüchtig befundenen Mannes, angestellt werden.

Das Amt dieses Bevollmächtigten soll seyn, über die strengste Vollziehung der bestehenden Gesetze und Disciplinar-Vorschriften zu wachen, den Geist, in welchem die akademischen Lehrer bei ihren öffentlichen und Privat-Vorträgen verfahren, sorgfältig zu beobachten, und demselben, jedoch ohne unmittelbare Einmischung in das Wissenschaftliche und die Lehrmethoden, eine heilsame, auf die künftige Bestimmung der studierenden Jugend berechnete Richtung zu geben, endlich Allem, was zur Beförderung der Sittlichkeit, der guten Ordnung und des äussern Anstandes unter den Studierenden dienen kann, seine unausgesetzte Aufmerksamkeit zu widmen.

Das Verhältniß dieser ausserordentlichen Bevollmächtigten zu den akademischen Senaten soll, so wie Alles, was auf die nähere Bestimmung ihres Wirkungskreises und ihrer Geschäftsführung Bezug hat, in den ihnen von ihrer obersten Staatsbehörde zu ertheilenden Instructionen, mit Rücksicht auf die Umstände, durch welche die Ernennung dieser Bevollmächtigten veranlaßt worden ist, so genau als möglich festgesetzt werden.

§. 2. Die Bundesregierungen verpflichten sich gegen einander, Universitäts- und andere öffentliche Lehrer, die durch erweisliche Abweichung von ihrer Pflicht, oder Ueberschreitung der Grenzen ihres Berufes, durch Mißbrauch ihres rechtmäsigen Einflusses auf die Gemüther der Jugend, durch Verbreitung verderblicher, der öffentlichen Ordnung und Ruhe feindseliger, oder die Grundlagen der bestehenden Staatseinrichtungen untergrabender Lehren, ihre Unfähigkeit zu Verwaltung des ihnen anvertrauten wichtigen Amtes unverkennbar an den Tag gelegt haben, von den Universitäten und sonstigen Lehranstalten zu entfernen, ohne daß ihnen hierbei, so lange der gegenwärtige Beschluß in Wirksamkeit bleibt, und bis über diesen Punct definitive Anordnungen ausgesprochen seyn werden, irgend ein Hinderniß im Wege stehen könne. Jedoch soll eine Maasregel dieser Art nie anders, als auf den vollständig motivirten Antrag des der Universität vorgesetzten Regierungs-Bevollmächtigten, oder von demselben vorher eingeforderten Bericht beschlossen werden.

Ein auf solche Weise ausgeschlossener Lehrer darf in keinem andern Bundesstaate bei irgend einem öffentlichen Lehr-Institute wieder angestellt werden.

§. 3. Die seit langer Zeit bestehenden Gesetze gegen geheime oder nicht autorisirte Verbindungen auf den Universitäten, sollen in ihrer ganzen Kraft und Strenge aufrecht erhalten, und insbesondere auf den seit einigen Jahren gestifteten, unter dem Namen der *allgemeinen Burschenschaft* bekannten Verein um so bestimmter ausgedehnt werden, als diesem Verein die schlechterdings unzulässige Voraussetzung einer fortdauernden Gemeinschaft und Correspondenz zwischen den verschiedenen Universitäten zum Grunde liegt. Den Regierungs-Bevollmächtigten soll in Ansehung dieses Punctes eine vorzügliche Wachsamkeit zur Pflicht gemacht werden.

Die Regierungen vereinigen sich darüber, daß Individuen, die nach Bekanntmachung des gegenwärtigen Beschlusses erweislich in geheimen, oder nicht autorisirten Verbindungen geblieben, oder in solche getreten sind, bei keinem öffentlichen Amte zugelassen werden sollen.

§. 4. Kein Studierender, der durch einen von dem Regierungs-Bevollmächtigten bestätigten, oder auf dessen Antrag erfolgten Beschluß eines akademischen Senats von einer Universität verwiesen worden ist, oder der, um einem solchen Beschlusse zu entgehen, sich von der Universität entfernt hat, soll auf einer andern Universität zugelassen, auch überhaupt kein Studierender, ohne ein befriedigendes Zeugniß seines Wohlverhaltens auf der von ihm verlassenen Universität, von irgend einer andern Universität aufgenommen werden.

13. Provisorische Bestimmungen hinsichtlich der Pressefreiheit

Teil der sog. 'Karlsbader Beschlüsse' zur Kontrolle der Presseerzeugnisse; Vorzensur für Schriften unter 20 Bogen.

PDB, 35. Sitzung, 20. September 1819, § 220, S. 667–669.

Frankfurt am Main, 20. September 1819

§. 1. So lange, als der gegenwärtige Beschluß in Kraft bleiben wird, dürfen Schriften, die in der Form täglicher Blätter oder heftweise erscheinen, deßgleichen solche, die nicht über zwanzig Bogen im Druck stark sind, in keinem deutschen Bundesstaate ohne Vorwissen und vorgängige Genehmhaltung der Landesbehörden zum Druck befördert werden.

Schriften, die nicht in eine der hier nahmhaft gemachten Classen gehören, werden fernerhin nach den in den einzelnen Bundesstaaten erlassenen oder noch zu erlassenden Gesetzen behandelt. Wenn dergleichen Schriften aber irgend einem Bundesstaate Anlaß zur Klage geben; so soll diese Klage im Namen der Regierung, an welche sie gerichtet ist, nach den in den einzelnen Bundesstaaten bestehenden Formen gegen die Verfasser oder Verleger der dadurch betroffenen Schrift erledigt werden.

§. 2. Die zur Aufrechthaltung dieses Beschlusses erforderlichen Mittel und Vorkehrungen bleiben der nähern Bestimmung der Regierungen anheimgestellt; sie müssen jedoch von der Art seyn, daß dadurch dem Sinn und Zweck der Hauptbestimmung des §. 1 vollständig Genüge geleistet werde.

§. 3. Da der gegenwärtige Beschluß durch die unter den obwaltenden Umständen von den Bundesregierungen anerkannte Nothwendigkeit vorbeugender Maasregeln gegen den Mißbrauch der Presse veranlaßt worden ist; so können die auf gerichtliche Verfolgung und Bestrafung der im Wege des Drucks bereits verwirklichten Mißbräuche und Vergehungen abzwekkenden Gesetze, in so weit sie auf die im 1. §. bezeichneten Classen von Druckschriften anwendbar seyn sollen, so lange dieser Beschluß in Kraft bleibt, in keinem Bundesstaate als zureichend betrachtet werden.

§. 4. Jeder Bundesstaat ist für die unter seiner Oberaufsicht erscheinenden, mithin für sämmtliche, unter der Hauptbestimmung des §. 1 begriffenen Druckschriften, in so fern dadurch die Würde oder Sicherheit anderer Bundesstaaten verletzt, die Verfassung oder Verwaltung derselben angegriffen wird, nicht nur den unmittelbar Beleidigten, sondern auch der Gesammtheit des Bundes verantwortlich.

§. 5. Damit aber diese, in dem Wesen des deutschen Bundesvereins gegründete, von dessen Fortdauer unzertrennliche, wechselseitige Verantwortlichkeit nicht zu unnützen Störungen des zwischen den Bundesstaaten obwaltenden freundschaftlichen Verhältnisses Anlaß geben möge; so übernehmen sämmtliche Mitglieder des deutschen Bundes die feierliche Verpflichtung gegen einander, bei der Aufsicht über die in ihren Ländern erscheinenden Zeitungen, Zeit- und Flugschriften mit wachsamem Ernste zu verfahren, und diese Aufsicht dergestalt handhaben zu lassen, daß dadurch gegenseitigen Klagen und unangenehmen Erörterungen auf jede Weise möglichst vorgebeugt werde.

§. 6. Damit jedoch auch die, durch gegenwärtigen Beschluß beabsichtigte, allgemeine und wechselseitige Gewährleistung der moralischen und politischen Unverletzlichkeit der Gesammtheit und aller Mitglieder des Bundes nicht auf einzelnen Puncten gefährdet werden könne; so soll in dem Falle, wo die Regierung eines Bundesstaates sich durch die in einem andern Bundesstaate erscheinenden Druckschriften verletzt glaubte, und durch freundschaftliche Rücksprache oder diplomatische Correspondenz zu einer vollständigen Befriedigung und Abhülfe nicht gelangen könnte, derselben ausdrücklich vorbehalten bleiben, über dergleichen Schriften Beschwerde bei der Bundesversammlung zu führen, letztere aber sodann gehalten seyn, die angebrachte Beschwerde commissarisch untersuchen zu lassen, und wenn dieselbe gegründet befunden wird, die unmittelbare Unterdrückung der in Rede stehenden Schrift, auch wenn sie zur Classe der periodischen gehört, aller fernern Fortsetzung derselben, durch einen entscheidenden Ausspruch zu verfügen.

Die Bundesversammlung soll ausserdem befugt seyn, die zu ihrer Kenntniß gelangenden, unter der Hauptbestimmung des §. 1 begriffenen Schriften, in welchem deutschen Staate sie auch erscheinen mögen, wenn solche, nach dem Gutachten einer von ihr ernannten Commission, der Würde des Bundes, der Sicherheit einzelner Bundesstaaten, oder der Erhaltung des Friedens und der Ruhe in Deutschland zuwiderlaufen, ohne vorhergegangene Aufforderung aus eigener Autorität durch einen Ausspruch, von welchem keine Appellation statt findet, zu unterdrücken, und die betreffenden Regierungen sind verpflichtet, diesen Ausspruch zu vollziehen.

§. 7. Wenn eine Zeitung oder Zeitschrift durch einen Ausspruch der Bundesversammlung unterdrückt worden ist; so darf der Redacteur derselben binnen fünf Jahren in keinem Bundesstaate bei der Redaction einer ähnlichen Schrift zugelassen werden.

Die Verfasser, Herausgeber und Verleger der unter der Hauptbestimmung des §. 1 begriffenen Schriften bleiben übrigens, wenn sie den Vorschriften dieses Beschlusses gemäß gehandelt haben, von aller weitern Verantwortung frei, und die im §. 6 erwähnten Aussprüche der Bundesversammlung werden ausschliessend gegen die Schriften, nie gegen die Personen gerichtet.

§. 8. Sämmtliche Bundesglieder verpflichten sich, in einem Zeitraum von zwei Monaten die Bundesversammlung von den Verfügungen und Vorschriften, durch welche sie dem §. 1 dieses Beschlusses Genüge zu leisten gedenken, in Kenntniß zu setzen.

§. 9. Alle in Deutschland erscheinenden Druckschriften, sie mögen unter den Bestimmungen dieses Beschlusses begriffen seyn, oder nicht, müssen mit dem Namen des Verlegers, und, in so fern sie zur Classe der Zeitungen oder Zeitschriften gehören, auch mit dem Namen des Redacteurs versehen seyn. Druckschriften, bei welchen diese Vorschrift nicht beobachtet ist, dürfen in keinem Bundesstaate in Umlauf gesetzt, und müssen, wenn solches heimlicher Weise geschieht, gleich bei ihrer Erscheinung in Beschlag genommen, auch die Verbreiter derselben, nach Beschaffenheit der Umstände, zu angemessener Geld- oder Gefängnißstrafe verurtheilt werden.

§. 10. Der gegenwärtige einstweilige Beschluß soll vom heutigen Tage an fünf Jahre lang in Wirksamkeit bleiben. Vor Ablauf dieser Zeit soll am Bundestage gründlich untersucht werden, auf welche Weise die im 18. Artikel der Bundesacte in Anregung gebrachten gleichförmigen Verfügungen über die Preßfreiheit in Erfüllung zu setzen seyn möchten, und demnächst ein Definitiv-Beschluß über die rechtmäsigen Grenzen der Preßfreiheit in Deutschland erfolgen.

14. Bundesbeschluß zur Errichtung einer zentralen Untersuchungskommission gegen „revolutionäre Umtriebe"

Teil der sog. 'Karlsbader Beschlüsse' zur Unterdrückung und Überwachung der oppositionellen Bewegung; Einrichtung einer zentralen politisch-polizeilichen Ermittlungskommission.

PDB, 35. Sitzung, 20. September 1819, § 220, S. 669–671.

Frankfurt am Main, 20. September 1819

Artikel 1. Innerhalb vierzehn Tagen, von der Fassung gegenwärtigen Beschlusses anzurechnen, versammelt sich in der Stadt und Bundesfestung Mainz eine aus sieben Mitgliedern, mit Einschluß eines Vorsitzenden, zusammengesetzte, ausserordentliche, von dem Bunde ausgehende Central-Untersuchungs-Commission.

Artikel 2. Der Zweck dieser Commission ist, gemeinschaftliche, möglichst gründliche und umfassende Untersuchung und Feststellung des Thatbestandes, des Ursprungs und der mannigfachen Verzweigungen der gegen die bestehende Verfassung und innere Ruhe, sowohl des ganzen Bundes, als einzelner Bundesstaaten, gerichteten revolutionären Umtriebe und demagogischen Verbindungen, von welchen nähere oder entferntere Indicien bereits vorliegen, oder sich in dem Laufe der Untersuchung ergeben möchten.

Artikel 3. Die Bundesversammlung wählt durch Mehrheit der Stimmen der engern Versammlung die sieben Bundesglieder, welche die Central-Untersuchungs-Commissarien zu ernennen haben.

Den Vorsitzenden bestimmen die sieben von den Bundesgliedern ernannten Commissarien, nach ihrer Constituirung als Central-Untersuchungs-Commission, durch Wahl aus ihrer Mitte.

Artikel 4. Zu Mitgliedern der Central-Untersuchungs-Commission können nur Staatsdiener ernannt werden, welche in dem Staate, der sie ernennt, in richterlichen Verhältnissen stehen, oder gestanden, oder wichtige Untersuchungen instruirt haben.

Jedem Commissarius wird ein auf das Protokoll verpflichteter Actuarius oder Secretär von seiner Regierung beigegeben, welche zusammen das Canzlei-Personale bilden.

Der Vorsitzende vertheilt die zu erledigenden Geschäfte unter die einzelnen Mitglieder.

Beschlüsse werden auf vorgängigen Vortrag nach Stimmenmehrheit gefaßt.

Artikel 5. Um ihren Zweck zu erreichen, wird die Central-Untersuchungs-Commission die Oberleitung der in verschiedenen Bundesstaaten theils schon angefangenen, theils vielleicht noch anzufangenden Local-Untersuchungen übernehmen.

Die Behörden, welche dergleichen Untersuchungen bisher geführt haben, oder künftig führen werden, sind von ihren Regierungen anzuweisen, die bei ihnen verhandelten Acten in möglichst kürzester Zeit an die Central-Untersuchungs-Commission entweder in Urschrift oder in Abschrift einzusenden, den von der besagten Bundes-Commission an sie gelangenden Requisitionen schleunigst und vollständigst zu willfahren, in Gemäßheit derselben die erforderlichen Untersuchungen mit möglichster Genauigkeit und Beschleunigung vorzunehmen, oder fortzusetzen, und mit Verhaftung der inculpirten Personen vorzuschreiten.

Neue, zu Entdeckungen führende Spuren sind die Localbehörden auch ohne vorläufige Anfrage bei der Central-Untersuchungs-Commission unverzüglich zu verfolgen, jedoch zugleich der letztern davon Kenntniß zu geben verpflichtet.

Ueberhaupt werden die Localbehörden von ihren obersten Landbehörden angewiesen werden, sowohl mit der Central-Bundes-Commission, als unter sich, in fortgesetzter Communication zu bleiben, und sich gegenseitig in Beziehung auf den Artikel 2 der Bundesacte zu unterstützen.

Artikel 6. Sämmtliche Bundesglieder, in deren Gebiet bereits Untersuchungen eingeleitet sind, verpflichten sich, der Central-Untersuchungs-Commission unmittelbar nach ihrer Constituirung die Localbehörden oder Commissionen, welchen sie die Untersuchung anvertraut haben, anzuzeigen.

Die Bundesglieder, in deren Staaten Untersuchungen dieser Art noch nicht eingeleitet sind, jedoch aber noch nöthig werden sollten, sind verbunden, auf das dieserwegen von der Central-Untersuchungs-Commission an sie gelangende Ansinnen, sogleich die Untersuchung vornehmen zu lassen, und der Central-Commission die Behörde nahmhaft zu machen, welcher sie hierzu den Auftrag ertheilen.

Artikel 7. Die Central-Bundes-Commission ist berechtiget, wenn sie es nöthig findet, ein oder das andere Individuum selbst zu vernehmen. Sie wird sich um Sistirung derselben an die obersten Staatsbehörden der Bundesglieder oder an die ihr, vermöge Artikel 6, bekannt gemachten Behörden wenden. Bei, von der Central-Commission anerkannter, unumgänglicher Nothwendigkeit sind dergleichen Personen auf die, erwähnter Maßen an die obersten Staats- oder bereits designirten Localbehörden gerichtete Requisition der Central-Commission zu verhaften und unter sicherer Bedeckung nach Mainz abzuführen.

Artikel 8. Zu sicherer Verwahrung der an den Sitz der Commission zu transportirenden Individuen sollen die erforderlichen Anstalten getroffen werden.

Die Kosten der Commission, so wie der Untersuchung selbst, sind von dem Bunde zu tragen.

Artikel 9. Auf gegenwärtigen Bundesschluß wird die Central-Untersuchungs-Commission anstatt besonderer Instruction verwiesen.

In allen Fällen, wo sich Anstände ergeben, oder überhaupt die Central-Untersuchungs-Commission weitere Verhaltungsbefehle einzuholen, in den Fall kommen sollte, hat dieselbe an die Bundesversammlung zu berichten, welche zur Einleitung der Beschlußnahme und Vortrag über solche Anfragen eine Commission von drei Mitgliedern aus ihrer Mitte ernennen wird.

Artikel 10. Eben so ist über die Resultate der möglichst zu beschleunigenden Untersuchung von der Central-Untersuchungs-Commission Bericht an die Bundesversammlung von Zeit zu Zeit zu erstatten.

Die Bundesversammlung wird nach Maasgabe der, sowohl im Einzelnen, als nach geschlossener Untersuchung aus den ganzen Verhandlungen sich ergebender Resultate, die weitern Beschlüsse zu Einleitung des gerichtlichen Verfahrens fassen.

15. Schreiben des bayerischen Finanzministers Freiherr von Lerchenfeld an den württembergischen Bundestagsgesandten Freiherr von Wangenheim

Kritik am Zustandekommen der Karlsbader Beschlüsse; Beurteilung derselben als unvereinbar mit der Souveränität des Königs und im Widerspruch zur Verfassung; Abwehrhaltung gegen Ausweitung der Bundeskompetenzen auf die inneren Angelegenheiten der Länder.

Weech, S. 16–18.

München, 21. Oktober 1819

Wohl hat unserem Vaterlande nie eine furchtbarere Krisis gedroht, als durch die geheimen Machinationen der durch gleiche Ansichten verbundenen, durch gemeinschaftliche Besorgnisse aufgeregten und die List und Gewandtheit des Einen unter ihnen verstrickten Diplomaten zu Carlsbad. Nie hat sich die Gefahr der heimlich verbundenen Aristokratie, ihre Kühnheit und ihr crasser Egoismus, der sie die heiligsten Rechte der Souveränetät entschlossen über Bord werfen läßt, um nur ihre Kaste unversehrt in ihren alten Verhältnissen zu bewahren, deutlicher und stärker ausgesprochen. Den Souveräns sprach man nur allein von den revolutionären Umtrieben, den nothwendigen Mitteln gegen dieselben, machte sie auf die Executionsordnung, welche die höchste gesetzgebende und vollziehende Gewalt in den wichtigsten innern Angelegenheiten der deutschen Staaten den Souveräns entzieht und dem Bunde gibt, nicht einmal aufmerksam, sondern gab dieselbe nur als nothwendig zur Vollziehung der Beschlüsse gegen die revolutionären Umtriebe an, und so lockte man sie in die gelegte Falle. Zugleich suchte man den Souveräns alle Männer, die nicht unmittelbar zu der, Gottlob, sehr kleinen Zahl der Ultra-Aristokratie gehören oder ihrem Systeme nicht klärlich huldigen, als gefährliche Demagogen verdächtig zu machen, die nur der Volkssouveränetät huldigen und von dem allgemeinen Schwindel ergriffen seien. Man verhinderte, daß die Monarchen über diese hochwichtige Angelegenheit andere Männer zu Rathe ziehen, man behandelte sie als bloße äußere Angelegenheiten, und wollte durchaus nichts von ordentlichem Vortrage in Conferenzen wissen. Den ersten Widerstand, noch ehe die Frankfurter Beschlüsse bekannt gemacht wurden, fand man hier bei dem der Verfassung unerschütterlich treuen Justiz-Ministerium, in Ansehung des Mainzer Untersuchungs-Tribunals.

Endlich ist es dem vereinten Bestreben redlicher Männer gelungen, dem edlen Könige zu zeigen, wohin die unseligen Frankfurter Beschlüsse führen müssen, wie sehr sie der Souveränetät des Königs, der von ihm seinem treuen Volk gegebenen Verfassung, den Gesetzen des Königreichs widersprechen, und wie daher ihre unbedingte Vollziehung in Baiern nicht möglich, mit dem von allen Staatsdienern geleisteten Eide nicht vereinbar sei.

Dank sei es dem würdigen Benehmen unseres trefflichen Kronprinzen, der gleich, nachdem er die Bundesbeschlüsse erhalten, seinem Vater jene Ansichten mit edler Wärme, Offenheit und gebührender Ehrfurcht vorgetragen, dem thätigen und kraftvollen Benehmen des Marschalls Wrede, der bei den Besorgnissen, die man bei dem Könige zu erregen wußte, diesmal einen sehr harten Stand gehabt und der redlichen treuen Mitwirkung des Justiz-Ministeriums, daß es uns gelungen, die vorgehabte völlige Unterordnung unserer Verfassung unter die sogenannten Bundesgesetze zu verhindern und die Aufrechthaltung derselben zu retten! Hierzu bedurfte es aber eines öffentlichen Schrittes, der vorzüglich eine feste Basis für den drohenden Wiener Congreß geben sollte, um hier nicht abermals zurückschreiten zu können.

Du wirst die in dieser Beziehung verfügte Bekanntmachung in unserem Intelligenzblatte bereits gelesen und ihren ganzen Sinn schon bei dem ersten Anblick aufgefaßt haben. Eine noch bestimmtere Fassung hielt man nicht rathsam, nicht angemessen.

Möchten durch diese unzweideutige Erklärung der Ansichten und des Entschlusses der Baierischen Regierung auch die andern deutschen Bundesstaaten sich veranlaßt sehen, im ähnlichen Sinne zu handeln, sich enger anzuschließen, dem drohenden Ungewitter der November- und Decemberstürme zu begegnen, oder gemeinschaftlich auszuweichen und sich der Knechtschaft zu entziehen, die ihnen unter dem Namen der Erweiterung der Competenz des Bundes bereitet wird.

Denn wahrlich, abgesehen von dem Materiellen der letzten Bundesbeschlüsse – ist die formelle Behandlung derselben so herabwürdigend, allen Willen und alle Freiheit der einzelnen Bundesglieder verachtend und vernichtend, daß es nichts bedürfte, als der Bekanntmachung dieses Verfahrens, um auch in dem ruhigsten deutschen Gemüthe den tiefsten Unwillen zu erregen, und den furchtbaren Despotismus des dominirenden Cabinetes zu zeigen! – Hat je ein deutscher Kaiser auf diese Art mit dem geringsten der Reichsfürsten sich umzugehen erlaubt? [...] Nein, diese Schmach, die der Geschichte überliefert werden muß, spricht deutlicher, als Alles, von *welcher* Seite revolutionäre Umtriebe zu besorgen seien, wer die bestehende Ordnung der Verhältnisse umstürzen wolle! – Fein und gewandt suchte man auf dem Carlsbader Congreß die im Art. 2 der Bundesacte als Zweck des deutschen Bundes aufgeführte innere Sicherheit, nicht auf die Erhaltung der innern Ruhe nach dem Sinn des Art. 11 der Vermeidung eines Friedensbruches der einzelnen Bundesstaaten gegen einander, sondern auf die innere Ruhe in jedem einzelnen Bundesstaate auszulegen, um dadurch auf die innere Gesetzgebung der einzelnen Bundesstaaten, auf die Vollziehung derselben einzuwirken und so die Selbständigkeit der einzelnen Staaten aufzuheben. Man veränderte factisch durch die Bundesbeschlüsse Deutschland aus einem Staatenbunde in einen Bundesstaat.

Die Verfassungen der einzelnen Bundesstaaten dürfen dem Zwecke des Bundesvereins (Art. 2 der Bundesacte), den Pflichten der Bundesglieder (Art. 7 derselben), sie dürfen den einzelnen besonderen Bestimmungen derselben nicht entgegen sein. Weiter hat hierüber die Bundesversammlung nicht zu erkennen, nicht einzuschreiten. – Wohl uns, daß wir unsere Verfassung nicht unter die Garantie des Bundes gestellt haben! Sie auf dem Wiener Congresse zu vertheidigen, wird die Aufgabe eines der thätigsten Mitarbeiter derselben, unsers würdigen *Zentner*, sein, da Rechberg nicht dahin gehen wird. Möchte auch von Eurer Seite ein *verlässiger* Mann dahin gehen, der keinen Zwang zur Abänderung der gegebenen Verfassung – keine douce violence – nachsucht.

Möchte der Charakter Eurer Regierung sich würdig bewähren, und sich von dem bittersten aller Vorwürfe, dem eines eiteln, eines niedrigen Gaukelspiels retten, das man mit dem Volke in dem Momente getrieben, wo man wußte, daß man des gegebenen Wortes im nächstfolgenden Momente förmlich entbunden werden würde.

Bei den in Carlsbad gezeigten Gesinnungen der Cabinete, wenigstens ihrer dirigirenden Minister, bei dem Verhältnisse unseres auswärtigen Ministeriums, muß sich unsere Regierung begnügen, ihre Ansichten und Beschlüsse offen und unzweideutig ausgesprochen zu haben (für das Innere erklären Instruktionen an die Behörden die Bestimmungen näher), sie kann mit andern Cabineten in nähere Aufforderung zu gemeinschaftlichem Benehmen kaum treten, sie ist zu demselben sehr bereit, wenn diese sich nähern. Baiern wird der Bundesacte getreu sein, die Ausbildung des Bundes insoferne es die äußere und innere Sicherheit Deutschlands erfordert, gerne befördern, zu gemeinschaftlichen Maßregeln auch in Ansehung solcher Bestimmungen, die sich nicht zu Bundesgesetzen eignen, gerne die Hand bieten, aber in die Falle nicht eingehen, die unter der angeblichen Erweiterung der Competenz des Bundes von den dominirenden Mächten auf die innern Verhältnisse der einzelnen Bundesstaaten gelegt werden will, und die man jetzt mit frecher Hand zu enthüllen gewagt hat. Ich sage nicht, daß es nicht wünschenswerth wäre, Schritte zur Vereinigung der einzelnen deutschen Staaten zu machen, um der gemeinschaftlichen Gefahr zu entgehen; bei uns sind sie aber dermal nicht ausführbar.

Mit allgemeiner banger Erwartung sieht Alles der Rückkehr Eures Königs von Warschau entgegen, trotz der mancherlei Gerüchte, die über seine Ansichten, die über die Gesinnungen des Kaisers Alexander verbreitet sind und selbst von den Gesandten angegeben werden.

Baden hat durch die unbedingte Bekanntmachung der sämmtlichen vier Beschlüsse wenig Hoffnung belassen, von seiner unglücklichen Verblendung, von seinem Systeme der Bundeshülfe zur Auflösung seiner Verfassung zurückzukommen.

Würtemberg wird sich wahrscheinlich erst nach der Rückkunft des Königs aussprechen – Gott gebe, daß es im guten kräftigen Sinne geschehe; dann erst werden die übrigen kleinen Staaten nachzufolgen den Muth erlangen.

Gib mir Nachricht, wie die Bundesbeschlüsse bei Euch betrachtet, wie sie vollzogen werden, ob und was zu erwarten.

16. Wiener Schlußakte der Ministerialkonferenzen

Schlußakte der Wiener Konferenzen, in der die in der Bundesakte festgelegten Bestimmungen ergänzt und z. T. genauer gefaßt wurden; neben der Bundesakte bildet sie ein Grundgesetz des Deutschen Bundes.

PDB, Anlage zum Protokoll der Plenar-Versammlung,
11. Sitzung, 8. Juni 1820, [S. 13–27].[1]

Wien, 8. Juni 1820

Die souverainen Fürsten und freien Städte Deutschlands, eingedenk ihrer bei Stiftung des deutschen Bundes übernommenen Verpflichtung, den Bestimmungen der Bundesacte durch ergän-

[1] Folgende Anmerkung ist in die Protokolle, ebd. vor S. 29, eingebunden: „Da die '*Schlußacte* über die Ausbildung und Befestigung des deutschen Bundes' früher als

zende und erläuternde Grundgesetze eine zweckgemäße Entwickelung und hiemit dem Bundes-Verein selbst die erforderliche Vollendung zu sichern, überzeugt, daß sie, um das Band, welches das gesammte Deutschland in Friede und Eintracht verbindet, unauflöslich zu befestigen, nicht länger anstehen durften, jener Verpflichtung und einem allgemein gefühlten Bedürfnisse durch gemeinschaftliche Berathungen Genüge zu leisten, haben zu diesem Ende nachstehende Bevollmächtigte ernannt, [...][2] welche zu Wien [...] in Cabinets-Conferenzen zusammengetreten, und, nach sorgfältiger Erwägung und Ausgleichung der wechselseitigen Ansichten, Wünsche und Vorschläge ihrer Regierungen, zu einer definitiven Vereinbarung über folgende Artikel gelangt sind:

Artikel I. Der deutsche Bund ist ein völkerrechtlicher Verein der deutschen souverainen Fürsten und freien Städte, zur Bewahrung der Unabhängigkeit und Unverletzbarkeit ihrer im Bunde begriffenen Staaten, und zur Erhaltung der innern und äussern Sicherheit Deutschlands.

Artikel II. Dieser Verein besteht in seinem Innern als eine Gemeinschaft selbstständiger, unter sich unabhängiger Staaten, mit wechselseitigen gleichen Vertrags-Rechten und Vertrags-Obliegenheiten, in seinen äussern Verhältnissen aber, als eine in politischer Einheit verbundene Gesammt-Macht.

Artikel III. Der Umfang und die Schranken, welche der Bund seiner Wirksamkeit vorgezeichnet hat, sind in der Bundesacte bestimmt, die der Grundvertrag und das erste Grundgesetz dieses Vereins ist. Indem dieselbe die Zwecke des Bundes ausspricht, bedingt und begrenzt sie zugleich dessen Befugnisse und Verpflichtungen.

Artikel IV. Der Gesammtheit der Bundesglieder steht die Befugniß der Entwickelung und Ausbildung der Bundesacte zu, in so fern die Erfüllung der darin aufgestellten Zwecke solche nothwendig macht. Die deßhalb zu fassenden Beschlüsse dürfen aber mit dem Geiste der Bundesacte nicht im Widerspruch stehen, noch von dem Grundcharakter des Bundes abweichen.

Artikel V. Der Bund ist als ein unauflöslicher Verein gegründet, und es kann daher der Austritt aus diesem Verein keinem Mitgliede desselben frei stehen.

Artikel VI. Der Bund ist nach seiner ursprünglichen Bestimmung auf die gegenwärtig daran theilnehmenden Staaten beschränkt. Die Aufnahme eines neuen Mitgliedes kann nur statt haben, wenn die Gesammtheit der Bundesglieder solche mit den bestehenden Verhältnissen vereinbar und dem Vor-

das Protokoll der 11. Sitz. v. 8. Juni 1820 abgedruckt worden ist, und daher die Bogen- und Seitenzahlen nicht beigefügt werden konnten, so ist diese Acte nun den Bogen nach mit 4, 5, 6 und 7 und in der Seitenzahl mit 13–28, als mit der 12. Sitz. fortlaufend, zu bezeichnen. B. P. Buchdruckerei."

[2] Es folgt eine Auflistung der Bevollmächtigten.

theil des Ganzen angemessen findet. Veränderungen in dem gegenwärtigen Besitzstande der Bundesglieder können keine Veränderungen in den Rechten und Verpflichtungen derselben in Bezug auf den Bund, ohne ausdrückliche Zustimmung der Gesammtheit, bewirken. Eine freiwillige Abtretung auf einem Bundesgebiete haftender Souverainetäts-Rechte kann ohne solche Zustimmung nur zu Gunsten eines Mitverbündeten geschehen.

Artikel VII. Die Bundesversammlung, aus den Bevollmächtigten sämmtlicher Bundesglieder gebildet, stellt den Bund in seiner Gesammtheit vor, und ist das beständige verfassungsmäsige Organ seines Willens und Handelns.

Artikel VIII. Die einzelnen Bevollmächtigten am Bundestage sind von ihren Committenten unbedingt abhängig, und diesen allein wegen getreuer Befolgung der ihnen ertheilten Instructionen, so wie wegen ihrer Geschäftsführung überhaupt, verantwortlich.

Artikel IX. Die Bundesversammlung übt ihre Rechte und Obliegenheiten nur innerhalb der ihr vorgezeichneten Schranken aus. Ihre Wirksamkeit ist zunächst durch die Vorschriften der Bundesacte, und durch die in Gemäßheit derselben beschlossenen oder ferner zu beschliessenden Grundgesetze, wo aber diese nicht zureichen, durch die im Grundvertrage bezeichneten Bundeszwecke bestimmt.

Artikel X. Der Gesammtwille des Bundes wird durch verfassungsmäsige Beschlüsse der Bundesversammlung ausgesprochen; verfassungsmäsig aber sind diejenigen Beschlüsse, die innerhalb der Grenzen der Competenz der Bundesversammlung, nach vorgängiger Berathung, durch freie Abstimmung entweder im engern Rathe oder im Plenum, gefaßt werden, je nachdem daß Eine oder das Andere durch die grundgesetzlichen Bestimmungen vorgeschrieben ist.

Artikel XI. In der Regel faßt die Bundesversammlung die zur Besorgung der gemeinsamen Angelegenheiten des Bundes erforderlichen Beschlüsse im engern Rathe, nach absoluter Stimmenmehrheit. Diese Form der Schlußfassung findet in allen Fällen statt, wo bereits feststehende allgemeine Grundsätze in Anwendung, oder beschlossene Gesetze und Einrichtungen zur Ausführung zu bringen sind, überhaupt aber bei allen Berathungs-Gegenständen, welche die Bundesacte oder spätere Beschlüsse nicht bestimmt davon ausgenommen haben.

Artikel XII. Nur in den in der Bundesacte ausdrücklich bezeichneten Fällen, und, wo es auf eine Kriegserklärung, oder Friedensschluß-Bestätigung von Seiten des Bundes ankommt, wie auch, wenn über die Aufnahme eines neuen Mitgliedes in den Bund entschieden werden soll, bildet sich die Versammlung zu einem Plenum. Ist in einzelnen Fällen die Frage, ob ein Gegenstand vor das Plenum gehört, zweifelhaft, so steht die Entscheidung derselben dem engern Rathe zu. Im Plenum findet keine Erörterung noch

Berathung statt, sondern es wird nur darüber abgestimmt, ob ein im engern Rathe vorbereiteter Beschluß angenommen oder verworfen werden soll. Ein gültiger Beschluß im Plenum setzt eine Mehrheit von zwei Dritttheilen der Stimmen voraus.

Artikel XIII. Ueber folgende Gegenstände:

1) Annahme neuer Grundgesetze, oder Abänderung der bestehenden;
2) Organische Einrichtungen, das heißt, bleibende Anstalten, als Mittel zur Erfüllung der ausgesprochenen Bundeszwecke;
3) Aufnahme neuer Mitglieder in den Bund;
4) Religions-Angelegenheiten;

findet kein Beschluß durch Stimmenmehrheit statt; jedoch kann eine definitive Abstimmung über Gegenstände dieser Art nur nach genauer Prüfung und Erörterung der den Widerspruch einzelner Bundesglieder bestimmenden Gründe, deren Darlegung in keinem Falle verweigert werden darf, erfolgen.

Artikel XIV. Was insbesondere die organischen Einrichtungen betrifft, so muß nicht nur über die Vorfrage, ob solche unter den obwaltenden Umständen nothwendig sind, sondern auch über Entwurf und Anlage derselben in ihren allgemeinen Umrissen und wesentlichen Bestimmungen, im Plenum und durch Stimmen-Einhelligkeit entschieden werden. Wenn die Entscheidung zu Gunsten der vorgeschlagenen Einrichtung ausgefallen ist, so bleiben die sämmtlichen weitern Verhandlungen über die Ausführung im Einzelnen der engern Versammlung überlassen, welche alle dabei noch vorkommenden Fragen durch Stimmenmehrheit entscheidet, auch, nach Befinden der Umstände, eine Commission aus ihrer Mitte anordnet, um die verschiedenen Meinungen und Anträge mit möglichster Schonung und Berücksichtigung der Verhältnisse und Wünsche der Einzelnen auszugleichen.

Artikel XV. In Fällen, wo die Bundesglieder nicht in ihrer vertragsmäsigen Einheit, sondern als einzelne, selbstständige und unabhängige Staaten erscheinen, folglich jura singulorum obwalten, oder wo einzelnen Bundesgliedern eine besondere, nicht in den gemeinsamen Verpflichtungen Aller begriffene Leistung oder Verwilligung für den Bund zugemuthet werden sollte, kann ohne freie Zustimmung sämmtlicher Betheiligten kein dieselben verbindender Beschluß gefaßt werden.

Artikel XVI. Wenn die Besitzungen eines souverainen deutschen Hauses durch Erbfolge auf ein anderes übergehen, so hängt es von der Gesammtheit des Bundes ab, ob und in wie fern die auf jenen Besitzungen haftenden Stimmen im Plenum, da im engern Rathe kein Bundesglied mehr als eine Stimme führen kann, dem neuen Besitzer beigelegt werden sollen.

Artikel XVII. Die Bundesversammlung ist berufen, zur Aufrechthaltung des wahren Sinnes der Bundesacte, die darin enthaltenen Bestimmungen, wenn über deren Auslegung Zweifel entstehen sollten, dem Bundeszweck gemäß zu erklären, und in allen vorkommenden Fällen den Vorschriften dieser Urkunde ihre richtige Anwendung zu sichern.

Artikel XVIII. Da Eintracht und Friede unter den Bundesgliedern ungestört aufrecht erhalten werden soll, so hat die Bundesversammlung, wenn die innere Ruhe und Sicherheit des Bundes auf irgend eine Weise bedroht oder gestört ist, über Erhaltung oder Wiederherstellung derselben Rath zu pflegen, und die dazu geeigneten Beschlüsse nach Anleitung der in den folgenden Artikeln enthaltenen Bestimmungen zu fassen.

Artikel XIX. Wenn zwischen Bundesgliedern Thätlichkeiten zu besorgen, oder wirklich ausgeübt worden sind, so ist die Bundesversammlung berufen, vorläufige Maasregeln zu ergreifen, wodurch jeder Selbsthülfe vorgebeugt und der bereits unternommenen Einhalt gethan werde. Zu dem Ende hat sie vor allem für Aufrechthaltung des Besitzstandes Sorge zu tragen.

Artikel XX. Wenn die Bundesversammlung von einem Bundesgliede zum Schutze des Besitzstandes angerufen wird, und der jüngste Besitzstand streitig ist, so soll sie für diesen besondern Fall befugt seyn, ein bei der Sache nicht betheiligtes Bundesglied in der Nähe des zu schützenden Gebietes aufzufordern, die Thatsache des jüngsten Besitzes, und die angezeigte Störung desselben ohne Zeitverlust durch seinen obersten Gerichtshof summarisch untersuchen und darüber einen rechtlichen Bescheid abfassen zu lassen, dessen Vollziehung die Bundesversammlung, wenn der Bundesstaat, gegen welchen er gerichtet ist, sich nicht auf vorgängige Aufforderung freiwillig dazu versteht, durch die ihr zu diesem Ende angewiesenen Mittel zu bewirken hat.

Artikel XXI. Die Bundesversammlung hat in allen, nach Vorschrift der Bundesacte bei ihr anzubringenden Streitigkeiten der Bundesglieder die Vermittelung durch einen Ausschuß zu versuchen. Können die entstandenen Streitigkeiten auf diesem Wege nicht beigelegt werden, so hat sie die Entscheidung derselben durch eine Austrägal-Instanz zu veranlassen, und dabei, so lange nicht wegen der Austrägal-Gerichte überhaupt eine anderweitige Uebereinkunft zwischen den Bundesgliedern statt gefunden hat, die in dem Bundestags-Beschlusse vom sechzehnten Juni achtzehn hundert und siebenzehn enthaltenen Vorschriften, so wie den in Folge gleichzeitig an die Bundestags-Gesandten ergehender Instructionen, zu fassenden besondern Beschluß zu beobachten.

Artikel XXII. Wenn nach Anleitung des obgedachten Bundestags-Beschlusses der oberste Gerichtshof eines Bundesstaats zur Austrägal-Instanz gewählt ist, so steht demselben die Leitung des Processes und die Entscheidung des Streits in allen seinen Haupt- und Nebenpuncten uneingeschränkt und ohne alle weitere Einwirkung der Bundesversammlung oder der Landesregierung zu. Letztere wird jedoch, auf Antrag der Bundesversammlung, oder der streitenden Theile, im Fall einer Zögerung von Seiten des Gerichts, die zur Beförderung der Entscheidung nöthigen Verfügungen erlassen.

Artikel XXIII. Wo keine besondern Entscheidungs-Normen vorhanden sind, hat das Austrägal-Gericht nach den in Rechtsstreitigkeiten derselben Art vormals von den Reichsgerichten subsidiarisch befolgten Rechtsquellen, in so fern solche auf die jetzigen Verhältnisse der Bundesglieder noch anwendbar sind, zu erkennen.

Artikel XXIV. Es steht übrigens den Bundesgliedern frei, sowohl bei einzelnen vorkommenden Streitigkeiten, als für alle künftige Fälle, wegen besonderer Austräge oder Compromisse übereinzukommen, wie denn auch frühere Familien- oder Vertrags-Austräge durch Errichtung der Bundes-Austrägal-Instanz nicht aufgehoben, noch abgeändert werden.

Artikel XXV. Die Aufrechthaltung der innern Ruhe und Ordnung in den Bundesstaaten steht den Regierungen allein zu. Als Ausnahme kann jedoch, in Rücksicht auf die innere Sicherheit des gesammten Bundes, und in Folge der Verpflichtung der Bundesglieder zu gegenseitiger Hülfsleistung, die Mitwirkung der Gesammtheit zur Erhaltung oder Wiederherstellung der Ruhe, im Fall einer Widersetzlichkeit der Unterthanen gegen die Regierung, eines offenen Aufruhrs, oder gefährlicher Bewegungen in mehreren Bundesstaaten, statt finden.

Artikel XXVI. Wenn in einem Bundesstaate durch Widersetzlichkeit der Unterthanen gegen die Obrigkeit die innere Ruhe unmittelbar gefährdet, und eine Verbreitung aufrührerischer Bewegungen zu fürchten, oder ein wirklicher Aufruhr zum Ausbruch gekommen ist, und die Regierung selbst, nach Erschöpfung der verfassungsmäsigen und gesetzlichen Mittel, den Beistand des Bundes anruft, so liegt der Bundesversammlung ob, die schleunigste Hülfe zur Wiederherstellung der Ordnung zu veranlassen. Sollte im letztgedachten Falle die Regierung notorisch ausser Stande seyn, den Aufruhr durch eigene Kräfte zu unterdrücken, zugleich aber durch die Umstände gehindert werden, die Hülfe des Bundes zu begehren, so ist die Bundesversammlung nichts desto weniger verpflichtet, auch unaufgerufen zur Wiederherstellung der Ordnung und Sicherheit einzuschreiten. In jedem Falle aber dürfen die verfügten Maasregeln von keiner längern Dauer seyn, als die Regierung, welcher die bundesmäsige Hülfe geleistet wird, es nothwendig erachtet.

Artikel XXVII. Die Regierung, welcher eine solche Hülfe zu Theil geworden, ist gehalten, die Bundesversammlung von der Veranlassung der eingetretenen Unruhen in Kenntniß zu setzen, und von den zur Befestigung der wiederhergestellten gesetzlichen Ordnung getroffenen Maasregeln eine beruhigende Anzeige an dieselbe gelangen zu lassen.

Artikel XXVIII. Wenn die öffentliche Ruhe und gesetzliche Ordnung in mehreren Bundesstaaten durch gefährliche Verbindungen und Anschläge bedroht sind, und dagegen nur durch Zusammenwirken der Gesammtheit zureichende Maasregeln ergriffen werden können, so ist die Bundesversammlung befugt und berufen, nach vorgängiger Rücksprache mit den zunächst bedrohten Regierungen, solche Maasregeln zu berathen und zu beschliessen.

Artikel XXIX. Wenn in einem Bundesstaate der Fall einer Justiz-Verweigerung eintritt, und auf gesetzlichen Wegen ausreichende Hülfe nicht erlangt werden kann, so liegt der Bundesversammlung ob, erwiesene, nach der Verfassung und den bestehenden Gesetzen jedes Landes zu beurtheilende Beschwerden über verweigerte oder gehemmte Rechtspflege anzunehmen, und darauf die gerichtliche Hülfe bei der Bundesregierung, die zu der Beschwerde Anlaß gegeben hat, zu bewirken.

Artikel XXX. Wenn Forderungen von Privatpersonen deßhalb nicht befriedigt werden können, weil die Verpflichtung, denselben Genüge zu leisten, zwischen mehreren Bundesgliedern zweifelhaft oder bestritten ist, so hat die Bundesversammlung, auf Anrufen der Betheiligten, zuvörderst eine Ausgleichung auf gütlichem Wege zu versuchen, im Fall aber, daß dieser Versuch ohne Erfolg bliebe, und die in Anspruch genommenen Bundesglieder sich nicht in einer zu bestimmenden Frist über ein Compromiß vereinigten, die rechtliche Entscheidung der streitigen Vorfrage durch eine Austrägal-Instanz zu veranlassen.

Artikel XXXI. Die Bundesversammlung hat das Recht und die Verbindlichkeit, für die Vollziehung der Bundesacte und übrigen Grundgesetze des Bundes, der in Gemäßheit ihrer Competenz von ihr gefaßten Beschlüsse, der durch Austräge gefällten schiedsrichterlichen Erkenntnisse, der unter die Gewährleistung des Bundes gestellten compromissarischen Entscheidungen und der am Bundestage vermittelten Vergleiche, so wie für die Aufrechthaltung der von dem Bunde übernommenen besonderen Garantien, zu sorgen, auch zu diesem Ende, nach Erschöpfung aller andern bundesverfassungsmäsigen Mittel, die erforderlichen Executions-Maasregeln, mit genauer Beobachtung der in einer besondern Executions-Ordnung dieserhalb festgesetzten Bestimmungen und Normen, in Anwendung zu bringen.

Artikel XXXII. Da jede Bundesregierung die Obliegenheit hat, auf Vollziehung der Bundesbeschlüsse zu halten, der Bundesversammlung aber eine unmittelbare Einwirkung auf die innere Verwaltung der Bundesstaaten nicht zusteht, so kann in der Regel nur gegen die Regierung selbst ein Executions-Verfahren statt finden. Ausnahmen von dieser Regel treten jedoch ein, wenn eine Bundesregierung, in Ermangelung eigner zureichenden Mittel, selbst die Hülfe des Bundes in Anspruch nimmt, oder wenn die Bundesversammlung unter den im sechs und zwanzigsten Artikel bezeichneten Umständen, zur Wiederherstellung der allgemeinen Ordnung und Sicherheit unaufgerufen einzuschreiten verpflichtet ist. – Im ersten Fall muß jedoch immer in

Uebereinstimmung mit den Anträgen der Regierung, welcher die bundesmäsige Hülfe geleistet wird, verfahren, und im zweiten Fall ein Gleiches, sobald die Regierung wieder in Thätigkeit gesetzt ist, beobachtet werden.

Artikel XXXIII. Die Executions-Maasregeln werden im Namen der Gesammtheit des Bundes beschlossen und ausgeführt. Die Bundesversammlung ertheilt zu dem Ende, mit Berücksichtigung aller Localumstände und sonstigen Verhältnisse, einer oder mehreren, bei der Sache nicht betheiligten Regierungen, den Auftrag zur Vollziehung der beschlossenen Maasregeln, und bestimmt zugleich sowohl die Stärke der dabei zu verwendenden Mannschaft, als die nach dem jedesmaligen Zweck des Executions-Verfahrens zu bemessende Dauer desselben.

Artikel XXXIV. Die Regierung, an welche der Auftrag gerichtet ist, und welche solchen als eine Bundespflicht zu übernehmen hat, ernennt zu diesem Behuf einen Civil-Commissär, der, in Gemäßheit einer, nach den Bestimmungen der Bundesversammlung, von der beauftragten Regierung zu ertheilenden besondern Instruction, das Executions-Verfahren unmittelbar leitet. – Wenn der Auftrag an mehrere Regierungen ergangen ist, so bestimmt die Bundesversammlung, welche derselben den Civil-Commissär zu ernennen hat. Die beauftragte Regierung wird, während der Dauer des Executions-Verfahrens, die Bundesversammlung von dem Erfolge desselben in Kenntniß erhalten, und sie, sobald der Zweck vollständig erfüllt ist, von der Beendigung des Geschäfts unterrichten.

Artikel XXXV. Der Bund hat als Gesammtmacht das Recht, Krieg, Frieden, Bündnisse und andere Verträge zu beschliessen. Nach dem im zweiten Artikel der Bundesacte ausgesprochenen Zwecke des Bundes übt derselbe aber diese Rechte nur zu seiner Selbstvertheidigung, zur Erhaltung der Selbstständigkeit und äussern Sicherheit Deutschlands, und der Unabhängigkeit und Unverletzbarkeit der einzelnen Bundesstaaten aus.

Artikel XXXVI. Da in dem eilften[!] Artikel der Bundesacte alle Mitglieder des Bundes sich verbindlich gemacht haben, sowohl ganz Deutschland, als jeden einzelnen Bundesstaat gegen jeden Angriff in Schutz zu nehmen, und sich gegenseitig ihre sämmtlichen unter dem Bunde begriffenen Besitzungen zu garantiren, so kann kein einzelner Bundesstaat von Auswärtigen verletzt werden, ohne daß die Verletzung zugleich und in demselben Maase die Gesammtheit des Bundes treffe.

Dagegen sind die einzelnen Bundesstaaten verpflichtet, von ihrer Seite weder Anlaß zu dergleichen Verletzungen zu geben, noch auswärtigen Staaten solche zuzufügen. – Sollte von Seiten eines fremden Staates über eine von einem Mitgliede des Bundes ihm widerfahrne Verletzung bei der Bundesversammlung Beschwerde geführt, und diese gegründet befunden werden, so liegt der Bundesversammlung ob, das Bundesglied, welches die Beschwerde veranlaßt hat, zur schleunigen und genügenden Abhülfe aufzufordern, und mit dieser Aufforderung, nach Befinden der Umstände, Maasregeln, wodurch weitern friedestörenden Folgen zur rechten Zeit vorgebeugt werde, zu verbinden.

Artikel XXXVII. Wenn ein Bundesstaat, bei einer zwischen ihm und einer auswärtigen Macht entstandenen Irrung, die Dazwischenkunft des Bundes anruft, so hat die Bundesversammlung den Ursprung solcher Irrung und das wahre Sachverhältniß sorgfältig zu prüfen. – Ergiebt sich aus dieser Prüfung, daß dem Bundesstaate das Recht nicht zur Seite steht, so hat die Bundesversammlung denselben von Fortsetzung des Streites ernstlich abzumahnen, und die begehrte Dazwischenkunft zu verweigern, auch erforderlichen Falls zur Erhaltung des Friedensstandes geeignete Mittel anzuwenden. Ergiebt sich das Gegentheil, so ist die Bundesversammlung verpflichtet, dem verletzten Bundesstaate ihre wirksamste Verwendung und Vertretung angedeihen zu lassen, und solche so weit auszudehnen, als nöthig ist, damit demselben volle Sicherheit und angemessene Genugthuung zu Theil werde.

Artikel XXXVIII. Wenn aus der Anzeige eines Bundesstaats, oder aus andern zuverlässigen Angaben, Grund zu der Besorgniß geschöpft wird, daß ein einzelner Bundesstaat, oder die Gesammtheit des Bundes, von einem feindlichen Angriffe bedroht sey, so muß die Bundesversammlung sofort die Frage, ob die Gefahr eines solchen Angriffes wirklich vorhanden ist, in Berathung nehmen, und darüber in der kürzest-möglichen Zeit einen Ausspruch thun. – Wird die Gefahr anerkannt, so muß, gleichzeitig mit diesem Ausspruche, wegen der in solchem Falle unverzüglich in Wirksamkeit zu setzenden Vertheidigungs-Maasregeln, ein Beschluß gefaßt werden. Beides, jener Ausspruch und dieser Beschluß, ergeht von der engern Versammlung, die dabei nach der in ihr geltenden absoluten Stimmenmehrheit verfährt.

Artikel XXXIX. Wenn das Bundesgebiet von einer auswärtigen Macht feindlich überfallen wird, tritt sofort der Stand des Krieges ein, und es muß in diesem Falle, was auch ferner von der Bundesversammlung beschlossen werden mag, ohne weitern Verzug zu den erforderlichen Vertheidigungs-Maasregeln geschritten werden.

Artikel XL. Sieht sich der Bund zu einer förmlichen Kriegserklärung genöthigt, so kann solche nur in der vollen Versammlung nach der für dieselbe vorgeschriebenen Stimmenmehrheit von zwei Drittheilen beschlossen werden.

Artikel XLI. Der in der engern Versammlung gefaßte Beschluß über die Wirklichkeit der Gefahr eines feindlichen Angriffes verbindet sämmtliche Bundesstaaten zur Theilnahme an den vom Bundestage nothwendig erachteten Vertheidigungs-Maasregeln. Gleicherweise verbindet die in der vollen Versammlung ausgesprochene Kriegserklärung sämmtliche Bundesstaaten zur unmittelbaren Theilnahme an dem gemeinschaftlichen Kriege.

Artikel XLII. Wenn die Vorfrage, ob Gefahr vorhanden ist, durch die

Stimmenmehrheit verneinend entschieden wird, so bleibt nichts desto weniger denjenigen Bundesstaaten, welche von der Wirklichkeit der Gefahr überzeugt sind, unbenommen, gemeinschaftliche Vertheidigungs-Maasregeln unter einander zu verabreden.

Artikel XLIII. Wenn in einem Falle, wo es die Gefahr und Beschützung einzelner Bundesstaaten gilt, einer der streitenden Theile auf die förmliche Vermittelung des Bundes anträgt, so wird derselbe, in so fern er es der Lage der Sachen und seiner Stellung angemessen findet, unter vorausgesetzter Einwilligung des andern Theils, diese Vermittelung übernehmen; jedoch darf dadurch der Beschluß wegen der zur Sicherheit des Bundesgebiets zu ergreifenden Vertheidigungs-Maasregeln nicht aufgehalten werden, noch in der Ausführung der bereits beschlossenen ein Stillstand oder eine Verzögerung eintreten.

Artikel XLIV. Bei ausgebrochenem Kriege steht jedem Bundesstaate frei, zur gemeinsamen Vertheidigung eine grössere Macht zu stellen, als sein Bundes-Contingent beträgt; es kann jedoch in dieser Hinsicht keine Forderung an den Bund statt finden.

Artikel XLV. Wenn in einem Kriege zwischen auswärtigen Mächten oder in andern Fällen Verhältnisse eintreten, welche die Besorgniß einer Verletzung der Neutralität des Bundesgebiets veranlassen, so hat die Bundesversammlung ohne Verzug im engern Rathe die zur Behauptung dieser Neutralität erforderlichen Maasregeln zu beschliessen.

Artikel XLVI. Beginnt ein Bundesstaat, der zugleich ausserhalb des Bundesgebiets Besitzungen hat, in seiner Eigenschaft als Europäische Macht einen Krieg, so bleibt ein solcher, die Verhältnisse und Verpflichtungen des Bundes nicht berührender Krieg dem Bunde ganz fremd.

Artikel XLVII. In den Fällen, wo ein solcher Bundesstaat in seinen ausser dem Bunde belegenen Besitzungen bedroht oder angegriffen wird, tritt für den Bund die Verpflichtung zu gemeinschaftlichen Vertheidigungs-Maasregeln, oder zur Theilnahme und Hülfsleistung nur in so fern ein, als derselbe, nach vorgängiger Berathung durch Stimmenmehrheit in der engern Versammlung, Gefahr für das Bundesgebiet erkennt. […]

Artikel XLVIII. Die Bestimmung der Bundesacte, vermöge welcher, nach einmal erklärtem Bundeskriege, kein Mitglied des Bundes einseitige Unterhandlungen mit dem Feinde eingehen, noch einseitig Waffenstillstand oder Frieden schliessen darf, ist für sämmtliche Bundesstaaten, sie mögen ausserhalb des Bundes Besitzungen haben oder nicht, gleich verbindlich.

Artikel XLIX. Wenn von Seiten des Bundes Unterhandlungen über Abschluß des Friedens oder eines Waffenstillstandes statt finden, so hat die Bundesversammlung zu specieller Leitung derselben einen Ausschuß zu bestellen, zu dem Unterhandlungs-Geschäft selbst aber eigene Bevollmächtigte zu ernennen, und mit gehörigen Instructionen zu versehen. Die Annahme und Bestätigung eines Friedensvertrags kann nur in der vollen Versammlung geschehen.

Artikel L. In Bezug auf die auswärtigen Verhältnisse überhaupt liegt der Bundesversammlung ob:

1) Als Organ der Gesammtheit des Bundes für die Aufrechthaltung friedlicher und freundschaftlicher Verhältnisse mit den auswärtigen Staaten Sorge zu tragen;
2) Die von fremden Mächten bei dem Bunde beglaubigten Gesandten anzunehmen, und, wenn es nöthig befunden werden sollte, im Namen des Bundes Gesandte an fremde Mächte abzuordnen;
3) In eintretenden Fällen Unterhandlungen für die Gesammtheit des Bundes zu führen, und Verträge für denselben abzuschliessen;
4) Auf Verlangen einzelner Bundesregierungen, für dieselben die Verwendung des Bundes bei fremden Regierungen, und, in gleicher Art, auf Verlangen fremder Staaten, die Dazwischenkunft des Bundes bei einzelnen Bundesgliedern eintreten zu lassen.

Artikel LI. Die Bundesversammlung ist ferner verpflichtet, die auf das Militärwesen des Bundes Bezug habenden organischen Einrichtungen, und die zur Sicherstellung seines Gebiets erforderlichen Vertheidigungs-Anstalten zu beschliessen.

Artikel LII. Da zu Erreichung der Zwecke und Besorgung der Angelegenheiten des Bundes, von der Gesammtheit der Mitglieder Geldbeiträge zu leisten sind, so hat die Bundesversammlung

1) den Betrag der gewöhnlichen verfassungsmäsigen Ausgaben, so weit solches im Allgemeinen geschehen kann, festzusetzen;
2) in vorkommenden Fällen die zur Ausführung besonderer, in Hinsicht auf anerkannte Bundeszwecke gefaßten Beschlüsse erforderlichen ausserordentlichen Ausgaben und die zur Bestreitung derselben zu leistenden Beiträge zu bestimmen;
3) das matrikelmäsige Verhältniß, nach welchem von den Mitgliedern des Bundes beizutragen ist, festzusetzen;
4) die Erhebung, Verwendung und Verrechnung der Beiträge anzuordnen und darüber die Aufsicht zu führen.

Artikel LIII. Die durch die Bundesacte den einzelnen Bundesstaaten garantirte Unabhängigkeit schließt zwar im Allgemeinen jede Einwirkung des Bundes in die innere Staatseinrichtung und Staatsverwaltung aus. Da aber die Bundesglieder sich in dem zweiten Abschnitt der Bundesacte über einige besondere Bestimmungen vereinigt haben, welche sich theils auf Gewährleistung zugesicherter Rechte, theils auf bestimmte Verhältnisse der Unterthanen beziehen, so liegt der Bundesversammlung ob, die Erfüllung der durch diese Bestimmungen übernommenen Verbindlichkeiten, wenn sich aus hinreichend begründeten Anzeigen der Betheiligten ergiebt, daß solche nicht statt gefunden habe, zu bewirken. Die Anwendung der in Gemäßheit dieser Verbindlichkeiten getroffenen allgemeinen Anordnungen auf die einzelnen Fälle bleibt jedoch den Regierungen allein überlassen.

Artikel LIV. Da nach dem Sinn des dreizehnten Artikels der Bundesacte, und den darüber erfolgten spätern Erklärungen, in allen Bundesstaaten landständische Verfassungen statt finden sollen, so hat die Bundesversammlung darüber zu wachen, daß diese Bestimmung in keinem Bundesstaat unerfüllt bleibe.

Artikel LV. Den souverainen Fürsten der Bundesstaaten bleibt überlassen, diese innere Landes-Angelegenheit, mit Berücksichtigung sowohl der früherhin gesetzlich bestandenen ständischen Rechte, als der gegenwärtig obwaltenden Verhältnisse zu ordnen.

Artikel LVI. Die in anerkannter Wirksamkeit bestehenden landständischen Verfassungen können nur auf verfassungsmäsigem Wege wieder abgeändert werden.

Artikel LVII. Da der deutsche Bund, mit Ausnahme der freien Städte, aus souverainen Fürsten besteht, so muß, dem hierdurch gegebenen Grundbegriffe zufolge, die gesammte Staatsgewalt in dem Oberhaupte des Staats vereinigt bleiben, und der Souverain kann durch eine landständische Verfassung nur in der Ausübung bestimmter Rechte an die Mitwirkung der Stände gebunden werden.

Artikel LVIII. Die im Bunde vereinten souverainen Fürsten dürfen durch keine landständische Verfassung in der Erfüllung ihrer bundesmäsigen Verpflichtungen gehindert oder beschränkt werden.

Artikel LIX. Wo die Oeffentlichkeit landständischer Verhandlungen durch die Verfassung gestattet ist, muß durch die Geschäftsordnung dafür gesorgt werden, daß die gesetzlichen Grenzen der freien Aeusserung, weder bei den Verhandlungen selbst, noch bei deren Bekanntmachung durch den Druck, auf eine die Ruhe des einzelnen Bundesstaats oder des gesammten Deutschlands gefährdende Weise überschritten werden.

Artikel LX. Wenn von einem Bundesgliede die Garantie des Bundes für die in seinem Lande eingeführte landständische Verfassung nachgesucht wird, so ist die Bundesversammlung berechtigt, solche zu übernehmen. Sie erhält dadurch die Befugniß, auf Anrufung der Betheiligten, die Verfassung aufrecht zu erhalten, und die über Auslegung oder Anwendung derselben entstandenen Irrungen, so fern dafür nicht anderweitig Mittel und Wege gesetzlich vorgeschrieben sind, durch gütliche Vermittelung oder compromissarische Entscheidung beizulegen.

Artikel LXI. Ausser dem Fall der übernommenen besondern Garantie einer landständischen Verfassung, und der Aufrechthaltung der über den dreizehnten Artikel der Bundesacte hier festgesetzten Bestimmungen, ist die Bundesversammlung nicht berechtigt, in landständische Angelegenheiten, oder in Streitigkeiten zwischen den Landesherren und ihren Ständen einzuwirken, so lange solche nicht den im sechs und zwanzigsten Artikel bezeichneten Charakter annehmen, in welchem Falle die Bestimmungen dieses, so wie des sieben und zwanzigsten Artikels auch hiebei ihre Anwendung finden. – Der sechs und vierzigste Artikel der Wiener Congreßacte vom Jahre achtzehn hundert und funfzehn, in Betreff der Verfassung der freien Stadt Frankfurt, erhält jedoch hierdurch keine Abänderung.

Artikel LXII. Die vorstehenden Bestimmungen in Bezug auf den dreizehnten Artikel der Bundesacte sind auf die freien Städte in so weit anwendbar, als die besondern Verfassungen und Verhältnisse derselben es zulassen.

Artikel LXIII. Es liegt der Bundesversammlung ob, auf die genaue und vollständige Erfüllung derjenigen Bestimmungen zu achten, welche der vierzehnte Artikel der Bundesacte in Betreff der mittelbar gewordenen ehemaligen Reichsstände und des ehemaligen unmittelbaren Reichsadels enthält. Diejenigen Bundesglieder, deren Ländern die Besitzungen derselben einverleibt worden, bleiben gegen den Bund zur unverrückten Aufrechthaltung der durch jene Bestimmungen begründeten staatsrechtlichen Verhältnisse verpflichtet. Und wenn gleich die über die Anwendung der in Gemäßheit des vierzehnten Artikels der Bundesacte erlassenen Verordnungen oder abgeschlossenen Verträge entstehenden Streitigkeiten in einzelnen Fällen an die competenten Behörden des Bundesstaats, in welchem die Besitzungen der mittelbar gewordenen Fürsten, Grafen und Herren gelegen sind, zur Entscheidung gebracht werden müssen, so bleibt denselben doch, im Fall der verweigerten gesetzlichen und verfassungsmäsigen Rechtshülfe, oder einer einseitigen zu ihrem Nachtheil erfolgten legislativen Erklärung der durch die Bundesacte ihnen zugesicherten Rechte, der Recurs an die Bundesversammlung vorbehalten; und diese ist in einem solchen Falle verpflichtet, wenn sie die Beschwerde gegründet findet, eine genügende Abhülfe zu bewirken.

Artikel LXIV. Wenn Vorschläge zu gemeinnützigen Anordnungen, deren Zweck nur durch die zusammenwirkende Theilnahme aller Bundesstaaten vollständig erreicht werden kann, von einzelnen Bundesgliedern an die Bundesversammlung gebracht werden, und diese sich von der Zweckmäsigkeit und Ausführbarkeit solcher Vorschläge im Allgemeinen überzeugt, so liegt ihr ob, die Mittel zur Vollführung derselben in sorgfältige Erwägung zu ziehen, und ihr anhaltendes Bestreben dahin zu richten, die zu dem Ende erforderliche freiwillige Vereinbarung unter den sämmtlichen Bundesgliedern zu bewirken.

Artikel LXV. Die in den besondern Bestimmungen der Bundesacte, Artikel 16, 18, 19, zur Berathung der Bundesversammlung gestellten Gegenstände bleiben derselben, um durch gemeinschaftliche Uebereinkunft zu möglichst gleichförmigen Verfügungen darüber zu gelangen, zur fernern Bearbeitung vorbehalten.

Die vorstehende Acte wird als das Resultat einer unabänderlichen Vereinbarung zwischen den Bundesgliedern, mittelst Präsidial-Vortrags an den Bundestag gebracht, und dort, in Folge gleichlautender Erklärungen der Bundesregierungen, durch förmlichen Bundesbeschluß zu einem Grundgesetz erhoben werden, welches die nämliche Kraft und Gültigkeit wie die Bundesacte selbst haben und der Bundesversammlung zur unabweichlichen Richtschnur dienen soll.

Zur Urkunde dessen haben sämmtliche hier versammelte Bevollmächtigte die gegenwärtige Acte unterzeichnet und mit ihren Wappen untersiegelt. […][3]

17. Bundesexekutionsordnung

Vollzug der Bundesbeschlüsse in den Staaten des Bundes wird sichergestellt; Umsetzung der Beschlüsse und anderer Bundesentscheidungen kann mit militärischer Gewalt durchgesetzt werden.

PDB, Plenarversammlung, 3. August 1820, 3., S. 222–225.

Frankfurt am Main, 3. August 1820

[…]

Artikel 1. Die Bundesversammlung hat das Recht und die Verbindlichkeit, für die Vollziehung der Bundesacte und übrigen Grundgesetze des Bundes, der, in Gemäßheit ihrer Competenz, von ihr gefaßten Beschlüsse, der durch Austräge gefällten schiedsrichterlichen Erkenntnisse, der unter die Gewährleistung des Bundes gestellten compromissarischen Entscheidungen und der am Bundestage vermittelten Vergleiche, so wie für die Aufrechthaltung der von dem Bunde übernommenen besondern Garantien, zu sorgen, auch zu diesem Ende, nach Erschöpfung aller andern bundesverfassungsmäsigen Mittel, die erforderlichen Executions-Maasregeln in Anwendung zu bringen.

Artikel 2. Zur Erfüllung dieser Verbindlichkeit wählt die Bundesversammlung jedesmal für den Zeitraum von sechs Monaten, mit Einschluß der

[3] Es folgen das Datum und die Unterschriften von Fürst von Metternich, Graf Bernstorff, Krusemarck, von Küster, Freiherr von Zentner, Freiherr von Stainlein, Graf von der Schulenburg, von Globig, Graf von Hardenberg, Graf Mandelsloh, Freiherr von Berstett, Freiherr von Tettenborn, Münchhausen, du Bos du Thil, Bernstorff, Falck, Freiherr von Fritsch, Marschall v. Bieberstein, Freiherr von Plessen, von Berg, Hach.

Ferien, aus ihrer Mitte eine Commission von fünf Mitgliedern mit zwei Stellvertretern, dergestalt: daß bei deren jedesmaligen Erneuerung wenigstens zwei neue Mitglieder darin aufgenommen werden. An dieselbe werden alle der Bundesversammlung zukommenden Eingaben und Anzeigen abgegeben, welche auf die im 1. Art. bezeichneten Vollziehungsgegenstände Bezug haben.

Artikel 3. Dieser Commission liegt ob, zuvörderst zu prüfen, ob der bundesmäsigen Verpflichtung vollständige oder unzureichende Folge geleistet worden sey, und darüber Vortrag an die Bundesversammlung zu erstatten. Erhält diese dadurch die Ueberzeugung, daß in dem gegebenen Falle die gesetzlichen Vorschriften gar nicht, oder nicht hinlänglich befolgt worden sind, so hat sie, nach Beschaffenheit der Umstände, einen kurzen Termin anzuberaumen, um von den Gesandten der Bundesstaaten, welche solches angeht, entweder die Erklärung der hierauf erfolgten Vollziehung oder die genügende und vollständige Nachweisung der Ursachen, welche der Folgeleistung noch entgegenstehen, zu vernehmen.

Nach erfolgter Erklärung, oder, in Ermangelung dieser, nach Ablauf der bestimmten Frist, hat die Bundesversammlung auf das von der Commission darüber abzugebende Gutachten zu beurtheilen, in wie fern die Sache erledigt, oder der Fall der Nichterfüllung der bundesmäsigen Verpflichtung begründet, und sonach das geeignete Executions-Verfahren zu beschließen ist.

Artikel 4. Ehe die Bundesversammlung die wirkliche Ausführung ihres wegen der Execution und der dabei anzuwendenden Mittel gefaßten Beschlusses verfügt, wird sie denselben der Regierung des betheiligten Bundesstaats durch dessen Bundestagsgesandten mittheilen und zugleich an diese eine angemessene motivirte Aufforderung zur Folgeleistung, unter Bestimmung einer nach Lage der Sache zu bemessenden Zeitfrist, ergehen lassen.

Artikel 5. Wenn hierauf die Befolgung angezeigt wird, so hat die Commission ihr Gutachten darüber abzugeben, und der Bundestag zu beurtheilen, in wie fern solches zur Genüge geschehen ist. – Ergeht keine solche Anzeige, oder wird selbige nicht hinreichend befunden, so wird ohne Verzug der wirkliche Eintritt des angedrohten Executions-Verfahrens beschlossen, und zugleich der Bundesstaat, der zu diesem Beschlusse Anlaß gegeben hat, davon nochmals in Kenntniß gesetzt.

Artikel 6. Da jede Bundesregierung die Obliegenheit hat, auf Vollziehung der Bundesbeschlüsse zu halten, der Bundesversammlung aber eine unmittelbare Einwirkung auf die innere Verwaltung[1] der Bundesstaaten nicht zusteht; so kann in der Regel nur gegen die Regierung selbst ein Executions-Verfahren statt finden. Ausnahmen von dieser Regel treten jedoch ein, wenn

[1] Im Original steht: Verwaldung.

eine Bundesregierung, in Ermangelung eigener zureichender Mittel, selbst die Hülfe des Bundes in Anspruch nimmt, oder wenn die Bundesversammlung unter den (im 26. Artikel der Schlußacte) bezeichneten Umständen, zur Wiederherstellung der allgemeinen Ordnung und Sicherheit unaufgerufen einzuschreiten, verpflichtet ist. – Im ersten Falle muß jedoch immer in Uebereinstimmung mit den Anträgen der Regierung, welcher die bundesmäsige Hülfe geleistet wird, verfahren, und im zweiten Falle ein Gleiches, sobald die Regierung wieder in Thätigkeit gesetzt ist, beobachtet werden.

Artikel 7. Die Executions-Maasregeln werden im Namen der Gesammtheit des Bundes beschlossen und ausgeführt. Die Bundesversammlung ertheilt zu dem Ende, mit Berücksichtigung der Local-Umstände und sonstigen Verhältnisse, einer oder mehreren bei der Sache nicht betheiligten Regierungen den Auftrag zur Vollziehung der beschlossenen Maasregeln, und bestimmt zugleich sowohl die Stärke der dabei zu verwendenden Mannschaft, als die nach dem jedesmaligen Zwecke des Executions-Verfahrens zu bemessende Dauer desselben.

Artikel 8. Die Regierung, an welche der Auftrag gerichtet ist, und welche solchen als eine Bundespflicht zu übernehmen hat, ernennt zu diesem Behuf einen Civil-Commissär, der, nach einer von der Bundesversammlung zu ertheilenden besondern Instruction, das Executions-Verfahren unmittelbar leitet.

Wenn der Auftrag an mehrere Regierungen ergangen ist, so bestimmt die Bundesversammlung, welche derselben den Civil-Commissär zu ernennen hat. Die beauftragte Regierung wird während der Dauer des Executions-Verfahrens die Bundesversammlung von dem Erfolge desselben in Kenntniß erhalten, und sie, sobald der Zweck vollständig erfüllt ist, von der Beendigung des Geschäfts unterrichten.

Artikel 9. Wenn eine Regierung sich weigert, die Ausführung der ihr aufgetragenen Executions-Maasregeln zu übernehmen, so hat die Bundesversammlung über die Erheblichkeit oder Unzulänglichkeit der Weigerungsgründe zu entscheiden. Erkennt sie diese Gründe für erheblich, oder findet sie selbst Anstände, das Executions-Verfahren durch die früher bezeichnete Regierung vornehmen zu lassen; so hat sie solches einer andern Bundesregierung zu übertragen. Dasselbe findet auch statt, wenn die zuerst ernannte Regierung, ohne anerkannte hinlängliche Entschuldigungsgründe, auf Ablehnung des Auftrags beharret, und diesen deßhalb unerfüllt läßt; in solchem Falle bleibt jedoch letztere zum Schadenersatz gehalten und für alle sonst daraus entstehenden nachtheiligen Folgen dem Bunde verantwortlich.

Artikel 10. Wenn nicht, nach einer bestimmten Erklärung der Bundesversammlung, Gefahr auf dem Verzuge haftet, soll die mit dem Executions-Verfahren beauftragte Regierung den betheiligten Bundesstaat von dem ihr ertheilten Auftrag benachrichtigen, mit der Anzeige: daß, wenn binnen drei

Wochen eine genügende Erfüllung der Beschlüsse, auf welche diese Maasregeln Bezug haben, nicht nachgewiesen seyn sollte, die wirkliche bundespflichtmäsige Vollziehung der letztern unfehlbar erfolgen werde.

Artikel 11. Die obere Leitung der angeordneten Vollziehung steht auch in ihrem Fortgange der Bundesversammlung zu; an diese werden alle darauf sich beziehenden Berichte und sonstigen Anzeigen gerichtet. – Die aus ihrer Mitte gewählte Executions-Commission erstattet ihr darüber nähere Anträge, worauf sie ihre Beschlüsse faßt und an die mit der Execution beauftragte Regierung die nöthigen Anweisungen erläßt.

Artikel 12. Die Vollstreckung der compromissarischen und Austrägal-Erkenntnisse kann nur, auf Anrufen der Parteien, von der Bundesversammlung veranlaßt werden. Diese hat, nach gutachtlicher Vernehmung ihrer Commission, das Geeignete hierauf zu verfügen.

Das Erkenntniß selbst, darf in keinem Falle der Gegenstand einer Berathung und eines Beschlusses der Bundesversammlung werden. Wenn indeß gegen die Vollziehung noch zulässige Einreden vorgebracht werden, die ein weiteres rechtliches Verfahren veranlassen können; so sind diese unverzüglich an dasselbe Austrägalgericht zu verweisen, von welchem das Erkenntniß ausgegangen ist. In Gemäßheit des hierauf erfolgten weitern Ausspruchs, ist durch die Bundesversammlung das erforderliche Executions-Verfahren nach den gegebenen Vorschriften zu veranlassen. Ergeben sich ähnliche Anstände bei Compromissen und gütlichen Vergleichen, so ist in gewöhnlicher Art, jedoch mit möglichster Beschleunigung, ein Austrägalgericht zu ernennen, welches über die gegen die Vollstreckung selbst noch vorkommenden Einreden und Zweifel rechtlich zu erkennen hat.

Artikel 13. Sobald der Vollziehungsauftrag vorschriftmäsig erfüllt ist, hört alles weitere Executions-Verfahren auf, und die Truppen müssen ohne Verzug aus dem mit der Execution belegten Staate zurückgezogen werden.

Die mit der Vollziehung beauftragte Regierung hat zu gleicher Zeit der Bundesversammlung davon Nachricht zu geben.

Entstehen wegen eines verlängerten Aufenthalts Beschwerden, so hat die Bundesversammlung über den Grund derselben, und die daraus erwachsenden Entschädigungs-Ansprüche zu entscheiden.

Artikel 14. Die Kosten der Execution sind auf den wirklichen, nach dem Zwecke zu bemessenden Aufwand zu beschränken. Die Bundesregierung, gegen welche die Execution verfügt worden, hat dieselben, so weit sie liquid sind, ohne Aufenthalt zu berichtigen, oder hinreichende Sicherheit dafür zu stellen. Einwendungen oder Beschwerden, welche noch dagegen erhoben werden, sind bei Executionen, die nicht in Folge förmlicher Rechtsstreitigkeiten verhängt worden, durch die Bundesversammlung auf erstatteten Vortrag der Bundestags-Commission auszugleichen; bei Executionen austrägalrichterlicher Erkenntnisse aber sind dieselben durch das Austrägalgericht, welches das Erkenntniß erlassen hat, zu entscheiden. Der Landesregierung bleibt es in den (im Artikel 26 der Schlußacte) bezeichneten Fällen überlassen, die Schuldigen zur Bezahlung der durch ihre Vergehungen veranlaßten Kosten im gesetzlichen Wege anzuhalten.

18. Zwischenstaatliche Vereinbarungen zum Interventionsprinzip – Kongreß von Troppau

Vertrag zwischen Österreich, Preußen und Rußland, der das Interventionsprinzip festschreibt.

Näf, Europapolitik, S. 43–46.

Troppau, 19. November 1820

Les cabinets alliés s'étant réunis à Troppau, à l'effet de prendre en mûre considération les dangers auxquels l'Europe se trouve exposée par suite des révolutions qu'un coupable oubli de tous les devoirs a fait éclater dans plusieurs états,

Voulant recourir dans des circonstances aussi graves à une application légitime et salutaire des principes sur lesquels se fonde leur alliance,

Voulant ainsi maintenir les droits consacrés par les traités et préserver leurs peuples et l'Europe de la contagion du crime et de ses déplorables effets,

Désirant, enfin, assurer le développement heureux et paisible de la civilisation, le règne de la justice et des lois sous les auspices de la morale chrétienne, de l'ordre et d'une sollicitude éclairée, lesdits cabinets, après avoir consigné leur pensée sur les questions relatives à ces grands intérêts, dans les mémoires donnés aux actes de leurs conférences du 23 octobre, du 29 octobre et du 7 novembre, sont convenus d'un commun accord de stipuler par le présent protocole préliminaire les bases de l'acte en vertu duquel ils se reconnaîtront le droit et l'obligation d'arrêter définitivement les mesures qu'il est en leur pouvoir de prendre, afin de prévenir les progrès du mal dont le corps social est menacé, et d'y apporter remède là où il exerce déjà ses ravages et où les puissances alliées peuvent l'atteindre.

En conséquence, les plénipotentiaires d'Autriche, de Prusse et de Russie, vu la présence de leurs souverains respectifs, ont signé les points suivants:

Principes

1. Les états faisant partie de l'alliance européenne, qui auront subi dans la forme de leur régime intérieur une altération opérée par la révolte et dont les suites sont menaçantes pour d'autres états, cessent par là même de faire partie de ladite alliance et en resteront exclus jusqu'à ce que leur situation présente des garanties d'ordre légitime et de stabilité.

2. Les puissances alliées ne se borneront pas à déclarer leur exclusion; mais fidèles aux principes qu'elles ont proclamés, et au respect dû à l'autorité de chaque gouvernement légitime, ainsi qu'à tout acte qui émane de sa volonté libre, elles s'engageront à refuser leur reconnaissance aux changements consommés par des voies illégales.

3. Lorsque les états, où de pareils changements se seront ainsi effectués, feront craindre à d'autres pays un danger imminent par leur proximité, et lorsque les puissances alliées pourront exercer à leur égard une action efficace et bienfaisante, elles emploieront, pour les ramener au sein de l'alliance, premièrement des démarches amicales, en second lieu une force coercitive, si l'emploi de cette force devenait indispensable.

Application

4. Le royaume des Deux-Siciles venant de subir une des altérations ci-dessus caractérisées, et l'adoption des mesures indiquées au paragraphe précédent étant à la fois impérieusement nécessaire et possible envers ledit royaume, les puissances alliées statuent que ces mesures seront mises à exécution avec l'intention invariable

de respecter l'existence politique et l'intégrité dudit royaume et dans le but unique

de rendre la liberté au roi et à la nation,

de mettre le pouvoir royal à même de fonder dans le royaume des Deux-Siciles un ordre de choses qui puisse se maintenir sur ses propres bases et, sans l'appui d'une force étrangère, se garantir de toute nouvelle secousse révolutionnaire et assurer à la nation sa tranquillité et son bonheur.

5. Soit que les puissances alliées parviennent au but ci-dessus signalé par des démarches amicales, soit qu'elles se trouvent obligées de l'atteindre par l'emploi de la force militaire, il est convenu que le fruit de leurs efforts communs pourra être garanti au royaume des Deux-Siciles et à l'Europe par la présence temporaire, dans les États napolitains, d'une armée d'occupation.

Dans le cas d'un arrangement amical ce gage de sûreté serait accordé au roi, s'il le réclamait de la part des puissances.

En tout état de cause l'occupation militaire serait effectuée par l'armée autrichienne, au nom des puissances contractantes et accédantes au présent acte.

6. Pour exécuter l'ensemble de ces dispositions les puissances alliées nommeront des plénipotentiaires spéciaux, lesquels seront munis d'instructions communes et composeront, sous la présidence d'un plénipotentiaire autrichien, une conférence, chargée de toutes les négociations et transactions qui pourront avoir lieu entre lesdites puissances et S. M. sicilienne.

7. Ce sera sur ces bases que se poursuivront les travaux de la réunion de Troppau, jusqu'à ce que les cabinets connaissent d'une part les résultats des

démarches qui seront faites auprès de S. M. sicilienne, et que de l'autre ils reçoivent les réponses par lesquelles les cabinets des Tuileries et de St. James manifesteront leurs déterminations à l'égard du présent protocole préliminaire.

Il sera en conséquence communiqué à ces cabinets avec tous les développements et toutes les explications convenables.

Fait et signé à Troppau, ce 19 novembre 1820.

Metternich. Hardenberg. Bernstorff. Nesselrode. Capodistrias.

Supplément au protocole du 19 novembre 1820

Conformément aux principes établis dans le protocole préliminaire de ce jour et afin de donner suite à l'application de ces principes aux affaires de Naples, les cabinets ayant signé ledit protocole sont convenus:

1° d'adresser à S. M. sicilienne la lettre d'invitation jointe au présent protocole;

2° de l'accompagner de l'instruction également ci-jointe adressée aux ministres des cours d'Autriche, de Prusse et de Russie, résidant à Naples.

En se décidant à cette démarche, les cabinets ont eu en vue:

1° de ne négliger aucun des moyens qui sont en leur pouvoir pour mettre S. M. sicilienne en pleine et entière liberté;

2° d'offrir à la nation dans la personne auguste de son monarque légitime le médiateur qui seul, après les déplorables conséquences des événements du 2 juillet, peut concilier le rétablissement de l'ordre dans le royaume des Deux-Siciles avec la tranquillité du reste de l'Italie et de l'Europe.

C'est d'après les résultats de cette démarche que les puissances se réservent de convenir définitivement des mesures à adopter pour l'exécution du plan, dont les bases sont consignées dans le protocole préliminaire.

MM. les ministres de France et de Grande-Bretagne seront invités à soumettre à leurs gouvernements le contenu du présent protocole et le vœu des cours d'Autriche, de Prusse et de Russie, pour que celles de France et de Grande-Bretagne se joignent à elles par des démarches amicales adressées dans le même sens à S. M. sicilienne.

On est convenu en outre d'informer de la présente démarche les cours de Rome, de Turin et de Toscane, comme étant particulièrement intéressées au développement des affaires de Naples.

Fait et signé à Troppau, le 19 novembre 1820.

Metternich. Hardenberg. Bernstorff. Nesselrode. Capodistrias.

19. Schreiben Arndts an den preußischen Staatskanzler von Hardenberg

Bitte Arndts an Hardenberg, sich für ihn zu verwenden; Darlegung der Maßnahmen gegen ihn und Vorwürfe gegen die mit der Untersuchung befaßten Beamten; Bestrafung wegen Verhaltens, das in den Befreiungskriegen gelobt wurde, ist nicht zu rechtfertigen.

Arndt, I, S. 80–91.

26. Juni 1822

Meine Sache nahet ihrem Schlusse und die Vertheidigungsschrift ist übergeben. Bei diesem Schlusse richte ich an E. Durchl. in aller Ehrerbietigkeit noch einige Worte [...]. Sie haben mir ja voriges Jahr versprochen, für alles zu sorgen und mir alles zu reichen, was zu meiner Vertheidigung und zur Aufdeckung meiner Unschuld dienen könnte. Auf dieses Wort bauend bitte ich E. Durchl. mich nicht unvernommen der Leidenschaft und Gewalt meiner Feinde zu überlassen und die Sache wenigstens zum Schluß einen rechtlichen, den feierlich versprochenen gesetzlichen Gang gehen zu lassen.

Mit dieser gehorsamsten Bitte verbinde ich folgende Bitten, und füge ihnen einige Bemerkungen bei.

E. Durchl. haben unmöglich Muße und Lust gehabt, die durch die Arbeit und Untersuchungen mehrerer Jahre aufgeschwollenen Aktenstöße durchzulesen und im fortwährenden Flusse des Processes zu bleiben. Jetzt aber flehe und hoffe ich von Ihrer Gerechtigkeit, daß Sie Sich die Vertheidigungsschriften werden reichen lassen, um zu sehen:

a) was es denn eigentlich ist, was daran und darin ist, was und welche Personen, und wie und auf welche Weise sie darin gemischt sind;

b) wie darin fast alle Formen aufgehoben oder verletzt sind;

c) welche Inquisition und auf welche unerhörte und außerordentliche Weise mein Herr Untersuchungsrichter sich erlaubt und wie er gegen mich bis ans Ende durch Abschneidung der mir zugestandenen etwanigen Vertheidiger aus der Fremde und durch Verkürzung der bei so ungeheuren Akten nothwendigen Vertheidigungsfrist Willkür geübt hat: ein Mann, der durch seine Beschränktheit recht ausgewählt schien, mit Fragen über Meinungen Ansichten und wissenschaftliche Gegenstände, wovon er auch keine Ahnung hat, einen auf das herbste zugleich zu demüthigen und zu quälen;

d) wie dieser mein Inquisitor auf eine mir unbegreifliche Weise grade das vorzüglich zum Gegenstande seiner Inquisition gemacht hat, weswegen ich von den herrlichsten und edelsten Männern Deutschlands und Preußens und von E. Durchl. selbst geehrt gelobt und endlich als preußischer Beamter angestellt bin, während meiner Wirksamkeit in den Befreiungskriegen von 1813 1814 und 1815, wegen meiner Wirksamkeit in dem Sinn und Geist, der damals Preußens Sinn und Geist hieß und war;

e) wie in meinem Processe nicht bloß alle Rechtsgrundsätze sondern auch das ganze geltende allgemeine europäische Staatsrecht, alle Gesetze der Verjährung, und die Königliche Amnestie, ja das Königliche Wort verletzt und gebrochen sind. [...]

f) wie und mit welchen fürchterlichen Beschuldigungen ich in der Königlich pr. allgem. Staatszeitung amtlich (siehe zum Beweise die pr. Staatszeitung 58. Stück, Berlin den 20. Julii 1819) belastet bin durch die grausamsten Entstellungen Verstümmelungen Verdeutungen und Verfälschungen von Aktenstücken.

Wenn E. Durchl. dies werden ersehen haben, wenn Sie werden ersehen haben, auf wie leichten und leeren Gründen und Zeichen und überhaupt auf wie gesetzlosem Boden die schweren Anklagen und die schweren Leiden und Verfolgungen ruhen, mit welchen ich nun drei Jahre rechtlos und hülflos beladen worden bin, dann werden Sie – das vertraue ich fest – die Pflicht und das Recht meiner letzten drei Bitten und Bemerkungen wohl begründet finden.

Erstens kann ich nimmer glauben, daß nach solchem Kriminalverfahren, als gegen mich geübt worden, nach solchen öffentlichen Beschuldigungen vor dem ganzen Volke und Vaterlande, nach solchen amtlichen unter dem Ansehen einer erhabenen Behörde mitgetheilten Anklagen gegen mich, als die sogenannten *aktenmäßigen Nachrichten* enthalten, man nun das letzte Fürchterliche thun könnte, mir die Rettung und Wiederherstellung meiner Ehre durch den Spruch eines ordentlichen Gerichtshofes abzuschneiden [...] und mit Aufhebung aller im Laufe der Sache mehrmals wiederholten Versprechen einer endlichen richterlichen Entscheidung zuletzt kurz abzumachen. [...] – Diese Unglaublichkeit, ja rechtliche Unmöglichkeit wird dadurch noch vermehrt, daß ich in mehreren Mitgliedern einer Hohen Ministerialkommission zugleich meine Ankläger und Verfolger vermuthen muß, wie ich in ihnen, namentlich in Sr Durchlaucht dem Fürsten von Wittgenstein [...] und dem Herrn Geheimen Oberregierungsrath von Kamptz, meine bittersten Feinde kenne und weiß. Was könnte ich nicht erwarten, wenn also auch zuletzt kurz abgebrochen und durchgebrochen werden dürfte? wenn – was in Preußen bisher unerhört war – die Feinde und Ankläger zugleich die Richter seyn dürften? Wo bliebe dann für Ehre Leben und Daseyn noch irgend eine Sicherheit und Bürgschaft im Staate? wohin sollte der kleine und mittlere Staatsbürger dann fliehen, wenn er so unglücklich wäre wie ich, einen oder mehrere Mächtige und Einflußreiche [...] zu Feinden zu haben? – Hier werden E. Durchl. gewiß drein sehen, daß feindselige leidenschaftlich fortstürzende Gewalt nicht die letzte Spur vom Recht zertrete.

Zweitens komme ich wieder zurück auf etwas eben so Ernstes und Schweres, auf die sogenannten *aktenmäßigen Nachrichten* und auf etwas Anderes ihnen Verwandtes. Diese amtlich mitgetheilten aktenmäßigen Nachrichten [...] bilden die schwarze und schwere Grundlage des ganzen

Handels, sie beschuldigen mich und Andere der Absicht und des Entschlusses von offener Gewalt Mord und Hochverrath und der solchen Gräueln befreundeten Grundsätze. Sie sind bestimmt gewesen, mich meinem Könige und meinen Mitbürgern als einen abscheulichen und verruchten Bösewicht und Anstifter hinzustellen und den Abscheu und Zorn derselben mit ihrer ganzen Schwere auf mich fallen zu lassen. Sie und Einzelnes, was man aus alten längst vergessenen nie mitgetheilten Papieren, die aus den Jahren zwischen 1807 und 1811 stammen, gepflückt und wahrscheinlich eben so entstellt mitgetheilt hat, haben – das weiß ich leider zu gut – ihren Zweck erreicht: *sie haben den Königlichen Zorn entflammt.* [...]

Nun gilt es, jetzt wo der Punkt der Entscheidung meiner Sache und vielleicht meines Schicksals da ist, die Unächtheit und Falschheit dieser Aktenauszüge hinsichtlich meiner im Namen der Hohen Ministerialkommission öffentlich zu erklären, damit der status rei wiederhergestellt und der durch sie nur zu wohlbegründete Zorn meines Königs und Herrn besänftigt werde. [...]

E. Durchl. werden jetzt gewiß die Aktenstücke und die Staatszeitungsauszüge vergleichen, dann ihre Urheber erkunden lassen, und thun, was Pflicht und Ehre in der Sache gebieten. Wahrlich ein Schrei des Entsetzens würde allen redlichen und rechtlichen Menschen entfahren, wenn Solches in einem solchen Processe als der meinige von einer hohen Behörde gleichsam vertuscht werden könnte und wenn sie später endlich die von meinen Feinden auf eine so grausame und unmenschliche Weise gelegte Grundlage meines Verderbens erführen. Und der König, der nur Gerechtigkeit geübt wissen will und von seinen hohen Beamten Gerechtigkeit und Wahrheit verlangt – was würde sein Königliches Herz empfinden, was gebieten, wenn er, nachdem man auf solchem Grunde das Unglück unschuldiger Männer bereitet und vollendet hätte, die frevelhafte Fädelung und Webung des dunkeln Handels hinterher entdeckte?

Drittens berühre ich wieder das Seltsamste in diesem ganzen Verfahren, jenes Wundersame, was mich mehr als einmal in Erstaunen gesetzt hat: nämlich wie mir zur Schuld gedeutet und gedreht ward und wird, was ich in den Jahren 1813 bis 1815 unter öffentlichem Ansehen und in Uebereinstimmung mit den von der Königlich preußischen Regierung und von Ihren Hohen Verbündeten ausgesprochenen Grundsätzen gewirkt und gestrebt habe: wie eben das mir zur Schuld und zum Verderben gedeutet und gemacht wird, was mir von den Besten meines Volks und von E. Durchl. selbst und von so vielen herrlichsten Männern Preußens damals als ein tüchtiges und würdiges Wirken, als eine verdienstvolle und ehrenvolle Mühe und Arbeit gerechnet, so von Ihnen genannt und so belohnt ward. Als ich E. Durchl. zum ersten Mal von Angesicht zu Angesicht sah [...] da beschämten Sie mich in Gegenwart vieler würdigen Männer durch Ihre Gütigkeit und Ihr Lob, und äußerten, daß Sie alles für mich thun und mich künftig gern als Beamten des Staates sehen würden [...]. Nach E. Durchl. Abreise [...] erhielt ich einen Brief von Ihrer Hand, [...] worin Sie sagen, daß Sie *wegen meiner Verdienste um Deutschland*, was Sie mir versprochen [...], künftig guthalten werden. E. Durchl. haben das gethan und haben in meiner Anstellungsurkund[!] dasselbe ehrenvolle Zeugniß aus denselben Gründen für mich niedergelegt. Im Vertrauen hierauf und auf den Sinn und Geist, der damals die preußische Regierung leitete, habe ich in reiner Bewunderung und Liebe, in voller fröhlicher Zuversicht mein Glück und mein Leben diesem Staate hingegeben und [...] ich habe seit 1813 für meinen König und mein Vaterland nur Liebe Treue Hingebung und Bewunderung geathmet. *Und jetzt?* ja *und jetzt?* o ungeheurer Wechsel! jetzt heißt diese öffentlich anerkannte gelobte und belohnte Wirksamkeit verbotenes *politisches Treiben*; jetzt werde ich wegen dessen, was damals alle Münde und Herzen bekannten, was alle Verkündigungen und Aufforderungen Sr. Majestät und Euer Durchl. und der ersten Staatsmänner und Feldherren die Losung und das Feldgeschrei Preußens und Deutschlands nannten, umgetrieben und abgeängstigt und dem scheußlichsten Verbrecher gleich dargestellt und behandelt; jetzt wird mein Streben und Leben, Denken und Empfinden, was ich damals mit den trefflichsten und bedeutendsten Männern des Staats gemeinsam hatte, Schein und Zeichen der Schuld und wickelt nicht bloß viele würdigste Lebendige mit ein sondern ruft auch die Schatten der Abgeschiedenen, die als Opfer für das Vaterland frühe gefallen und heimgegangen sind, [...] an den stillen Grüften herauf, als könnten sie etwas Böses gegen mich zeugen [...].

Wäre es nun wirklich also, liefe der Strom der Zeit so geschwinde oder in so reißenden und ungewissen Strudeln, daß die erhabenen Steuermänner des Staatsschiffes den ganzen Kurs durchaus verändern müßten – um Gotteswillen was kann denn ich dafür oder dazu? Wie kann mir, was ich vor neun oder sechs Jahren ganz in dem damaligen Sinn der Regierung gewirkt und gearbeitet habe, nun zu einem Verbrechen werden, das mich jetzt schon vier bis fünf Jahre in Beschuldigungen und Anschwärzungen und drei Jahre in peinlichen Behandlungen und Untersuchungen umtreibt? Denn ich sage es zum dritten und vierten Male: Dies ist es ja allein, dies Streben und Wirken größtentheils aus meiner gar nicht preußischen Vergangenheit, was man mir zur schweren Schuld deutet; die Beschuldigung von Theilnahme an geheimen politischen Verbindungen Jugendverführung und Dergleichen stäubt ja in den Akten selbst wie leichte Spreu in alle Winde aus einander.

Wenn man glaubt, daß ich für das jetzige System des Staats unbrauchbar bin, warum will man so schrecklich ungerecht gegen mich seyn, weil man in fünf sechs Jahren anders geworden ist oder anders werden mußte? [...] warum arbeitet man mit Specialkommissionen und Hohen Kommissionen meine und der Meinigen Ehre Glück und Daseyn zu verkümmern und den als einen Abscheu der Menschheit und des Vaterlandes auszustoßen, der vor wenigen Jahren für viele Redliche ein Name guten Zeichens war und, ich hoffe, es noch ist?

Ja, ich muß glauben, daß meine Feinde nicht bloß in Berlin sitzen sondern daß mehr noch anderswoher, vielleicht aus jenem zusammengeschlungenen Schlangenknaul, das weiland für die Knechtschaft wälschte und fälschte und jetzt hin und wieder, wie ich gewahre, für eine andre Knechtschaft romanisirt kurialisirt und mystisirt [...]. Ich muß aus vielen Zeichen an eine zusammengekettete Parthei, an eine zusammengeklitterte Verschwörung gegen mich und andre glauben; denn ein paar Einzelne, wie tüchtig sie auch hassen, wären wohl nicht gewaltig genug, gegen unschuldiger und unbescholtener Männer Glück und Ehre solche Vulkane springen zu lassen, als in den letzten Jahren aufgedonnert sind und das friedliche und stille Deutschland erschreckten und erschrecken.

Doch ich glaube noch immer, daß die Gerechtigkeit durch E. Durchl. und durch andre würdige Männer, die in der Hohen Kommission mitsitzen, siegen wird [...]. Sollte es aber dort oben von dem, der alles lenkt, anders bestimmt seyn, sollte der Staat ein reines Opfer bedürfen – denn ich bin durch Liebe und Treue gegen meinen König und mein Vaterland ein solches – wohlan so will ich ruhig in den schwarzen Kessel des sprudelnden Vulkans hinabschauen, wo die mir Unbekannten in der Tiefe wirken; ich will seinen Rauch und sein Feuer empfangen wie einst Karthagos Dido, als sie an ihrem Scheiterhaufen stand und rief:

Vixi et quem dederat cursum fortuna peregi.

Das hatte ich niedergeschrieben am Johannistage, da kam den Abend jenes Tages ein Schreiben [...], das mir den Inhalt der Höchsten Verfügung der Königl. Ministerialkommission vom 10ten d. M. ankündigte und fast die Wahrscheinlichkeit zeigte, daß meine Sache nicht durch einen ordentlichen richterlichen Spruch werde beendigt werden.

Ich habe nun den obigen Worten nichts hinzuzufügen, als daß ich hoffe, daß das nicht möglich ist [...].

20. Schreiben des Staatskanzlers von Hardenberg an Arndt

Versprechen Hardenbergs, sich für Arndt einzusetzen, jedoch scharfe Kritik am Ton der Eingabe Arndts.

Arndt, I, S. 92.

Berlin, 14. Juli 1822

Ich habe E. Wohlgeboren bereits mehrere Male eröffnet, daß ich am Ende Ihrer Untersuchungssache alles für Sie thun werde, was die Verhältnisse gestatten, und kann Ihnen auf Ihre neueste Vorstellung vom 26sten v. M. nur dies wiederholen. Gegenwärtig aber ist Ihre Sache noch nicht zum Ende gediehen, sie schwebt vielmehr jetzt noch bei der Centralkommission in Mainz, deren Geschäfte sich ihrem Ende nähern.

Uebrigens muß ich Ihnen Ihren in der vorliegenden Eingabe angenommenen Ton und die Art, wie Sie sich darin über die höchsten und achtbarsten Staatsbeamten so wie über verschiedene Dinge äußern, ernstlich verweisen, und Sie auffordern, mir in Ihren etwanigen späteren Vorstellungen nicht weiter Veranlassung zu einer ähnlichen Rüge zu geben.[1]

21. Zirkulardepesche über den Kongreß von Verona von Österreich, Rußland und Preußen

Mitteilung der Ergebnisse des Kongresses; Informationen und Stellungnahmen zu den Unruhen auf der italienischen Halbinsel, im Osmanischen Reich und Spanien.

Jäger/Moldenhauer, S. 91–95.

14. Dezember 1822

Sie sind durch die Aktenstücke, die Ihnen beim Schlusse der Laibacher Konferenzen im Mai 1821 zugefertigt worden, unterrichtet worden, daß die verbündeten Monarchen und ihre Kabinette sich im Laufe des Jahres 1822 abermals vereinigen würden, um den auf den Antrag der Höfe von Neapel und Turin und unter Beistimmung sämtlicher italienischen Höfe, zur Befestigung der Ruhe in der Halbinsel, nach den traurigen Vorfällen von 1820 und 1821 beschlossenen Maßregeln ihre Grenzen zu bestimmen. Diese Vereinigung hat nun stattgehabt und es ist unsere gegenwärtige Absicht Sie mit den Resultaten derselben bekannt zu machen. Durch die zu Novara am 24. Febr. 1821 unterzeichnete Konvention war die Besetzung einer militärischen Linie in Piemont durch ein Korps von Hilfstruppen vorläufig auf die Dauer eines Jahres angeordnet, mit dem Vorbehalt, bei der Zusammenkunft im Jahre 1822 zu entscheiden, ob der Zustand des Landes die Aufhebung dieser Maßregel gestatten oder ihre Verlängerung notwendig machen würde. Die Bevollmächtigten der Höfe, welche die Konvention von Novara unterzeichnet hatten, sind gemeinschaftlich mit dem Bevollmächtigten Sr. Maj. des Königs von Sardinien zu dieser Untersuchung geschritten, und es hat sich ergeben, daß die Gegenwart eines Hilfskorps zur Erhaltung der Ruhe in Piemont nicht mehr notwendig war. Der König von Sardinien hat selbst die Termine vorgeschlagen, die er zum allmählichen Rückmarsch der Hilfstruppen geeignet glaubte; die verbündeten Souveräne sind seinen Vorschlägen beigetreten, und

[1] Folgen Unterschrift, Datum und Ort.

es ist durch eine neue Konvention festgesetzt worden, daß der Abzug jener Truppen aus Piemont am 31. Dezember d. J. anfangen, und mit dem 30. September 1823 durch die Räumung der Festung Alessandria beendigt sein soll. Von der anderen Seite hat Se. Maj. der König beider Sizilien den drei Höfen, welche an der zu Neapel am 18. Oktober unterzeichneten Konvention Anteil gehabt, erklären lassen, daß der gegenwärtige Zustand seines Landes Ihm erlaube, eine Verminderung der Anzahl der in verschiedenen Teilen desselben aufgestellten Hilfstruppen vorzuschlagen. Die verbündeten Souveräne haben keinen Anstand genommen, diesem Vorschlage beizutreten, und die im Königreich beider Sizilien aufgestellte Hilfsarmee wird in möglichst kurzer Frist um 7000 Mann[1] vermindert werden. So geht in dem Maße, in welchem die Begebenheiten den Wünschen der Monarchen entsprechen, in Erfüllung, was Sie am Schlusse des Kongresses von Laibach erkannt hatten: „daß Sie, weit entfernt, Ihre Intervention in den Angelegenheiten Italiens über die Grenzen einer strengen Notwendigkeit hinaus verlängern zu wollen, den aufrichtigsten Wunsch hegten, daß der Stand der Dinge, der Ihnen diese peinliche Verpflichtung aufgelegt, so früh als möglich aufhören und sich niemals erneuern möchte." So verschwinden die falschen Schrecknisse, die feindseligen Auslegungen, die finstern Prophezeiungen, welche Unwissenheit oder Treulosigkeit in Europa verbreiteten, um die Meinung der Völker über die reinen und edlen Absichten der Monarchen irre zu leiten. Kein geheimer Plan, kein Ehrgeiz, keine Berechnung des eigenen Vorteils gesellte sich zu dem Entschlusse, den eine gebieterische Notwendigkeit allein Ihnen im Jahre 1821 vorgeschrieben hatte. Der Revolution Widerstand zu leisten, den Unordnungen, den Plagen, den Verbrechen, die sich über ganz Italien versammeln wollten, vorzubeugen, Friede und Ordnung in diesem Lande wieder herzustellen, den rechtmäßigen Regierungen den Schutz, auf welchen Sie Anspruch hatten, zu gewähren, – darauf allein waren die Gedanken und die Anstrengungen der Monarchen gerichtet. In dem Verhältnisse, in welchem dieser Zweck erreicht ist, ziehen Sie die Hilfe, die ein wesentliches Bedürfnis allein herbeirufen und rechtfertigen konnte, zurück und werden fortfahren sie zurückzuziehen. Sie preisen Sich glücklich, die Sorge für die Sicherheit und Ruhe der Völker den Fürsten, welchen die Vorsehung sie anvertraut hat, überlassen und der Verleumdungssucht den letzten Vorwand entziehen zu können, dessen sie sich bediente, um über die Unabhängigkeit der italienischen Regenten Zweifel zu verbreiten.

Der Gegenstand des Kongresses zu Verona, wie eine bestimmte Verabredung ihn bezeichnet hatte, war durch die zur Erleichterung Italiens gefaßten Beschlüsse erfüllt; aber die vereinigten Souveräne und Kabinette konnten

[1] Im auf französisch abgedruckten Text der Depesche in den Protokollen der Deutschen Bundesversammlung, 1. Sitzung, 6. Februar 1823, § 2, S. 3–7, heißt es an dieser Stelle: „dix-sept-mille hommes".

nicht umhin, Ihren Blick auf zwei schwere Verwickelungen zu wenden, deren Fortschritte Sie seit der Zusammenkunft in Laibach anhaltend beschäftigt hatten. Eine Begebenheit von großem Gewicht hatte sich vor dem Schlusse jener Zusammenkunft zugetragen. Das, was der Geist der Revolution in der westlichen Halbinsel begonnen, was er in Italien versucht hatte, gelang ihm am östlichen Ende von Europa. In eben dem Augenblick, wo die militärischen Aufstände zu Neapel und Turin vor der Annäherung einer regelmäßigen Macht zurückwichen, wurde ein Feuerbrand der Empörung in das ottomanische Reich geworfen. Das Zusammentreffen der Ereignisse konnte keinem Zweifel über die Gleichheit ihres Ursprungs Raum lassen. Der Ausbruch desselben Übels auf so verschiedenen Punkten und allenthalben, wenngleich unter abwechselnden Vorwänden, doch von denselben Formen und derselben Sprache begleitet, verriet zu unverkennbar den gemeinschaftlichen Brennpunkt, aus welchem es hervorging. Die, welche diese Bewegung leiteten, hatten sich geschmeichelt sie zu benutzen, um die Ratschläge der Macht durch Zwietracht zu verwirren und die Streitkräfte, die neue Gefahren auf andere Punkte von Europa rufen konnten, zu neutralisieren. Diese Hoffnung ward vereitelt. Die Monarchen, entschlossen die Maxime der Rebellion, an welchem Orte und in welcher Gestalt sie sich auch zeigen möchte, zurückzuweisen, sprachen sofort ihr eigenstimmiges Verwerfungsurteil darüber aus. Dem Gegenstande Ihrer gemeinschaftlichen Sorgen mit unablässiger Aufmerksamkeit zugewendet, widerstanden Sie jeder Rücksicht, die Sie von Ihrem Wege hätte ableiten können; zugleich aber folgten Sie der Stimme Ihres Gewissens und einer heiligen Pflicht und sprachen für die Sache der Menschheit zu gunsten der Schlachtopfer einer ebenso überlegten als strafbaren Unternehmung. Da durch die zahlreichen vertraulichen Kommunikationen, die zwischen den fünf Höfen, während dieses Zeitraums – eines der merkwürdigsten in der Geschichte Ihrer Allianz – stattfanden, über die orientalischen Fragen ein durchaus befriedigendes Einverständnis herbeigeführt war, so blieb bei der Zusammenkunft in Verona nichts übrig, als die Resultate dieses Einverständnisses zu bestätigen; und die mit Rußland befreundeten Mächte dürfen sich schmeicheln, durch gemeinschaftliche Schritte die Hindernisse, welche der vollständigen Erfüllung Ihrer Wünsche noch im Wege standen, zu beseitigen.

Andere Ereignisse, der ganzen Aufmerksamkeit der Monarchen würdig, haben Ihren Blick auf den bejammernswerten Zustand der westlichen europäischen Halbinsel geheftet. Spanien unterliegt heute dem Schicksal, das allen Staaten bevorsteht, die unglücklich genug sind, das Gute auf einem Wege zu suchen, auf welchem es nie gefunden werden kann. Es durchläuft den verhängnisvollen Kreis seiner Revolution; einer Revolution, welche verblendete oder übelgesinnte Menschen gern als eine Wohlthat, sogar als den Triumph eines aufgeklärten Jahrhunderts dargestellt hatten.

Alle Regierungen sind Zeugen des Eifers, womit diese Menschen ihre Zeitgenossen zu überreden gesucht haben, daß jene Revolution die notwendige und heilsame Frucht der Fortschritte der Civilisation, und das Mittel, wodurch sie bewirkt und unterstützt worden ist, der edelste Aufschwung einer großmütigen Vaterlandsliebe war. Wenn die Civilisation zum Zweck haben könnte, die menschliche Gesellschaft zu zerstören, und wenn es möglich wäre, anzunehmen, daß die bewaffnete Macht, die bloß zur Aufrechterhaltung des innern und äußern Friedens der Reiche berufen ist, sich ungestraft der Herrschaft über dieselben bemächtigen dürfte, so könnte allerdings die spanische Revolution auf die Bewunderung der Jahrhunderte Anspruch machen, und die militärische Empörung der Insel Leon den Reformatoren zum Muster dienen. Die Wahrheit aber hat bald ihre Rechte behauptet, und Spanien hat auf Kosten seines Glücks und seines Ruhmes nur ein neues trauriges Beispiel der unausbleiblichen Folgen jenes Frevels gegen die ewigen Gesetze der sittlichen Weltordnung geliefert.

Die rechtmäßige Gewalt gefesselt, in ein gezwungenes Werkzeug des Umsturzes aller Rechte und aller gesetzlichen Freiheiten verwandelt, alle Volksklassen in den Strom der revolutionären Bewegung gerissen, Willkür und Unterdrückung in den Formen des Gesetzes ausgeübt, ein ganzes Königreich jeder Art von Unordnungen und Konvulsionen preisgegeben, reiche Kolonieen, die ihre Losreißung durch dieselben Maximen rechtfertigen, auf welche das Mutterland sein öffentliches Recht gebaut hat, und welche es umsonst in einer andern Hemisphäre verdammen möchte, die letzten Hilfsmittel des Staates vom Bürgerkriege verzehrt – das ist das Gemälde, welches die gegenwärtige Lage Spaniens uns darbietet; das sind die Widerwärtigkeiten, von denen ein edelgesinntes, eines bessern Loses wertes Volk heimgesucht wird; das sind endlich die Gründe der gerechten Besorgnis, die ein solcher Zusammenfluß von Elementen der Unruhe und Verwirrung in den mit der Halbinsel zunächst in Berührung stehenden Ländern erwecken mußte. Wenn sich jemals aus dem Schoße der Civilisation eine von den Grundsätzen der Erhaltung, von den Grundsätzen, auf welchen der europäische Bund beruht, feindselig getrennte Macht erhob, so ist es Spanien in seiner jetzigen Auflösung. Hätten die Monarchen so viele auf ein einziges Land gehäufte Übel, von so vielen Gefahren für die übrigen begleitet, mit Gleichgiltigkeit betrachten können? Nur von Ihrem eigenen Urteil und von Ihrem eigenen Gewissen in dieser ernsten Angelegenheit abhängig, haben Sie Sich fragen müssen, ob es Ihnen länger erlaubt sei bei einem Unheil, welches mit jedem Tage schrecklicher und gefahrvoller zu werden droht, ruhige Zuschauer abzugeben, sogar durch die Gegenwart Ihrer Repräsentanten den Maßregeln einer Faktion, die zur Erhaltung ihrer verderblichen Herrschaft alles zu unternehmen bereit ist, die falsche Farbe einer stillschweigenden Billigung zu leihen. Die Entscheidung der Monarchen konnte nicht zweifelhaft sein. Ihre Gesandtschaften haben Befehl erhalten, die Halbinsel zu verlassen. Was auch die Folgen dieses Schrittes sein mögen, die Monarchen beweisen dadurch vor Europa, daß nichts Sie bewegen kann, in einem Entschlusse zu wanken, den ihre innigste Überzeugung gut geheißen hat. Je eifriger die Freundschaft ist, die Sie für Se. Maj. den König von Spanien hegen, je lebhafter Ihre Teilnahme an dem Wohle einer Nation, die sich in allen Epochen ihrer Geschichte durch so viele Tugenden und Größe ausgezeichnet hat, desto stärker haben Sie die Notwendigkeit gefühlt, die Maßregel zu ergreifen, für welche Sie Sich entschieden hatten, und welche Sie zu behaupten wissen werden.

Die vorstehende Übersicht wird Ihnen die Überzeugung gewähren, daß die Monarchen in ihren letzten Verhandlungen von den Grundsätzen nicht abgewichen sind, denen Sie in allen den großen, auf Ordnung und Erhaltung Bezug habenden Fragen, welchen die Begebenheiten unserer Tage ein so hohes Gewicht verleihen, unabänderlich treu geblieben waren. Ihre Verbindung wesentlich auf diese Grundsätze gestützt, erhält weit entfernt ihren frühern Charakter zu verlieren, von einem Zeitpunkt zum andern mehr Festigkeit und Kraft. Es wäre überflüssig, fortan Ihre rechtlichen und wohlwollenden Gesinnungen gegen unwürdige Verleumdungen zu verteidigen, welche jeder Tag durch offenkundige Thatsachen widerlegt. Ganz Europa muß endlich anerkennen, daß das von den Monarchen befolgte System im vollkommensten Einklange wie mit der Unabhängigkeit und Stärke der Regierungen so mit dem wohlverstandenen Interesse der Völker steht. Sie kennen keine Feinde als die, welche sich gegen die rechtmäßige Gewalt der einen und gegen die Gutmütigkeit der andern verschwören, um beide in einen gemeinschaftlichen Abgrund zu ziehen. Die Wünsche der Monarchen sind einzig auf den Frieden gerichtet; dieser Friede aber, obgleich vollständig befestigt zwischen den Mächten, kann die Fülle seiner Wohlthaten nicht über die Gesellschaft verbreiten, so lange die Gärung, die noch in mehr als einem Lande die Gemüter bewegt durch die treulosen Überredungsmittel und die sträflichen Versuche einer Faktion, die auf nichts als Revolution und Umsturz sinnt, genährt wird; so lange die Häupter und Werkzeuge dieser Faktion, sei es daß sie mit offener Stirne gegen Throne und bestehende Verfassungen zu Felde ziehen, sei es daß sie im Finstern über feindseligen Entwürfen brüten, Komplotte vorbereiten oder die öffentliche Meinung vergiften, nicht aufhören werden die Völker mit niederschlagenden und lügenhaften Darstellungen der Gegenwart und mit erdichteten Besorgnissen über die Zukunft zu quälen. Die weisesten Maßregeln der Regierungen können nicht gedeihen, die wohlgemeintesten Verbesserungspläne keinen Erfolg haben, das Vertrauen kann unter den Menschen nicht wieder einkehren, bis diese Beförderer der gehässigsten Anschläge zu einer völligen Ohnmacht herabgesunken sind; und die Monarchen werden Ihr großes Werk nicht vollbracht zu haben glauben, bevor ihnen die Waffen nicht entrissen sind, womit sie die Ruhe der Welt bedrohen können.

Indem Sie dem Kabinette, bei welchem Sie beglaubigt sind, die Thatsachen und Erklärungen, welche das gegenwärtige Aktenstück enthält, mitteilen, werden Sie zu gleicher Zeit in Erinnerung bringen, was die Monarchen als die unerläßlichste Bedingung der Erfüllung Ihrer wohlwollenden Wünsche betrachten. Um Europa nicht bloß den Frieden, den es unter dem Schutz der Traktate genießt, sondern auch jenes Gefühl von innerer Ruhe und dauerhafter Sicherheit zu verbürgen, ohne welches kein wahres Glück für die Nationen bestehen kann, müssen Sie auf die treue und beharrliche Mitwirkung sämtlicher Regierungen rechnen. Sie fordern hier im Namen ihres eigenen höchsten Interesses, im Namen der gesellschaftlichen Ordnung, deren Erhaltung es gilt, im Namen der künftigen Geschlechter zu dieser Mitwirkung auf. Mögen sie alle von der großen Wahrheit durchdrungen sein, daß die ihren Händen übergebene Macht ein heiliges Depositum ist, wovon sie ihren Völkern und ihren Nachkommen Rechenschaft schuldig sind, und daß sie sich einer ernstlichen Verantwortung aussetzen, wenn sie in Irrtümer verfallen oder Ratschlägen Gehör geben, die ihnen früher oder später die Möglichkeit rauben würden, ihre Unterthanen gegen das Verderben zu schützen, welches sie selbst ihnen bereitet hätten. Die Monarchen haben das Vertrauen, daß Sie allenthalben in denen, welche mit der obersten Autorität, in welchen Formen es auch sein mag, bekleidet sind, echte Bundesgenossen finden werden, Bundesgenossen, die nicht bloß dem Buchstaben und den positiven Vorschriften der Verhandlungen, welche die Grundlage des gegenwärtigen europäischen Systems bilden, sondern auch dem Geiste und den Grundsätzen derselben huldigen, und Sie schmeicheln sich, daß man die hier ausgesprochenen Worte als eine neue Bestätigung ihres festen und unabänderlichen Vorsatzes, alle von der Vorsehung ihnen anvertrauten Mittel dem Heil Europas zu widmen, aufnehmen werde.

22. Präsidialvortrag und Bundesbeschluß über provisorische Maßregeln zur Aufrechterhaltung der inneren Sicherheit und Ordnung im Deutschen Bund

Begründung einer Verlängerung des Karlsbader Pressegesetzes bis zur Verabschiedung eines definitiven Pressegesetzes durch den österreichischen Gesandten sowie Plädoyer für weitere Aufsicht über Universitäten und die Verhandlungen der Landstände; Beschlußfassung in diesem Sinne.

PDB, 24. Sitzung, 16. August 1824, § 131, S. 325–340.

Frankfurt am Main, 16. August 1824

Der Kaiserlich-Königliche präsidirende Herr Gesandte, Freiherr von Münch-Bellinghausen: eröffnete die Sitzung mit der Erklärung, daß derselbe von seinem allerhöchsten Hofe den Auftrag erhalten habe, die nachfolgenden Eröffnungen, welche früher in vertraulicher Sitzung zur Kenntniß der verehrten Versammlung gebracht worden sind, dermalen in das öffentliche Protokoll niederzulegen:

Als Seine Majestät der Kaiser in der Sitzung vom 20. September 1819 die Aufmerksamkeit dieser hohen Versammlung auf die damals in einem großen Theile von Deutschland herrschende Bewegung und Gährung zu leiten Sich veranlaßt fanden, und Dieselbe zugleich dringend aufforderten, die Ursachen dieser bedenklichen Erscheinung gründlich zu erforschen, und die Mittel in ernste Berathung zu ziehen, wodurch Ordnung und Ruhe, Ehrfurcht vor den Gesetzen, Vertrauen zu den Regierungen und allgemeine Zufriedenheit für die Zukunft gesichert und befestigt werden könnten, bezeichneten Höchstdieselben zugleich diejenigen Gegenstände, welche vorzüglich als Quellen des sich immer mehr und mehr in Deutschland verbreitenden Uebels der reifsten Erwägung würdig erschienen. Es mußte Seiner Majestät zur innigsten Zufriedenheit gereichen, durch die hierauf gefaßten, für die öffentliche Ruhe so wohlthätigen Bundesbeschlüsse[1] die Ueberzeugung zu gewinnen, daß die Aufrechthaltung und Befolgung jener Grundsätze, welche Seiner Majestät und Ihren hohen Verbündeten, bei allen Verhandlungen über die großen Fragen unserer Zeit, zur unverrückten Richtschnur gedient haben, auch von allen übrigen Deutschen Bundesregierungen als das einzige Mittel, dem gemeinschaftlichen Vaterlande die höchsten Zwecke, wonach es streben kann, zu sichern, anerkannt worden war.

Wir können es uns jedoch, leider! nicht verbergen, daß ein großer Theil der damals bestandenen feindseligen Elemente, der nämlichen, aus welchen in der jüngst verflossenen Zeit die über so viele Nationen verhängten Drangsale und Widerwärtigkeiten entsprungen sind, auch heute noch in Deutschland vorhanden ist. [...] Sind sie auch nicht mächtig genug, den öffentlichen Frieden zu stören, so stiften sie doch schon unsägliches Uebel, indem sie alle Autorität herabzuwürdigen, alle Grundsätze zu erschüttern, alle Wahrheiten zu verunstalten suchen, indem sie endlich jenes Gefühl innerer Zufriedenheit und dauerhafter Sicherheit, ohne welches der politische Friede nie die Fülle seiner Wohlthaten verbreiten kann, mit rastloser Betriebsamkeit untergraben. [...]

Von der unermüdeten Thätigkeit dieser Friedensstörer haben die neuesten Berichte der mit Erforschung ihrer Umtriebe in mehreren Theilen Deutschlands beschäftigten Mainzer Centralcommission niederschlagende Beweise geliefert.

Daß solche Erscheinungen, wie sie sich aus jenen Berichten ergeben, im Jahre 1824 in Deutschland noch möglich sind; daß sie sich in einem Zeitpuncte der vollkommensten äusseren Ruhe fortpflanzen, und mittelst vielfäl-

[1] Gemeint sind die Karlsbader Beschlüsse von 1819.

tiger, unter mancherlei Namen und Vorwand stets fortdauernder, geheimer Verbindungen, sogar mehr und mehr verbreiten konnten; daß eine in ihren Ränken nie ermüdende Faction, sich, wenn gleich nur im Finstern wirkend, in ihrem frevelhaften Beginnen so weit vermessen durfte, den Umsturz alles gesetzlich Bestehenden als unverrücktes Ziel zu verfolgen; – dieß verpflichtet Seine Majestät heute, die Aufmerksamkeit dieser verehrten Versammlung auf eine Prüfung der in der 35. Sitzung der Deutschen Bundesversammlung im Jahre 1819 gefaßten Bundestagsbeschlüsse zu leiten, um hieraus zur Ueberzeugung zu gelangen, ob diese, über einige provisorische Maaßregeln zur Aufrechthaltung der innern Sicherheit und öffentlichen Ordnung im Bunde gefaßten Beschlüsse, ohne offenbaren Nachtheil für das allgemeine Wohl, ausser Wirksamkeit gesetzt werden können, oder ob es nicht vielmehr nothwendig sey, dieselben für fortbestehend zu erklären, und, in so fern deren Dauer auf eine bestimmte Zeitfrist beschränkt war, zu erneuern.

Unter den Gegenständen, welche Seiner Majestät damals die nächste und sorgfältigste Erwägung zu verdienen schienen, waren folgende:

1) Die Ungewißheit über den Sinn und die daraus entspringenden Mißdeutungen des 13. Artikels der Bundesacte.

[...]

Wenn [...] Seine Majestät der Kaiser, durch die über die landständischen Verfassungen in der Schlußacte enthaltenen Bestimmungen, die im Jahre 1819 bestandene Ungewißheit über den Sinn des 13. Artikels der Bundesacte genügend behoben, und die Quelle zu möglichen Mißdeutungen derselben mit Beruhigung beseitigt finden, so glauben Seine Majestät nichts desto weniger, eben auf den Grund der dießfälligen Bestimmungen, und im wohl verstandenen Interesse der öffentlichen Ruhe und Ordnung in Deutschland, darauf dringen und den Antrag machen zu sollen:

daß in allen Bundesstaaten, in welchen landständische Verfassungen bestehen, strenge darüber gewacht werde, damit

1) in der Ausübung der den Ständen durch die landständische Verfassung zugestandenen Rechte das monarchische Princip unverletzt erhalten bleibe;

2) zur Abhaltung aller Mißbräuche, welche durch die Oeffentlichkeit in den Verhandlungen, oder durch den Druck derselben begangen werden können, eine den angeführten Bestimmungen entsprechende Geschäftsordnung eingeführt, und über die genaue Beobachtung derselben streng gehalten werde.

[...]

2) Der zweite Gegenstand, welchen Seine Majestät damals bezeichneten, betraf *die unrichtigen Vorstellungen von den der Bundesversammlung zustehenden Befugnissen, und von den Mitteln, wodurch selbe geltend zu machen sind.*

[...] *(Beschlüsse der Bundesversammlung müssen für alle Bundesmitglieder verbindlich sein; der Bund muß sie durchsetzen können. Dieses Problem ist durch die definitive Exekutionsordnung vom 3. August 1820 gelöst).*

3) Gebrechen des Schul- und Universitäts-Wesens.

Seine Majestät haben mit wahrem Bedauern in dem Präsidialvortrage vom 20. September 1819 der mannichfachen Gebrechen erwähnt, durch welche die meisten der von Alters her berühmten Lehrinstitute Deutschlands ihren ursprünglichen Charakter und den von ihren glorreichen Stiftern und Beförderern beabsichteten Zwecken, in mehr als einer Hinsicht, fremd geworden sind. [...]

Nur um dem nächsten und unmittelbar drohenden Uebel zu begegnen, legten Seine Majestät den Entwurf eines provisorischen Gesetzes vor.

Ob nun zwar dieses Bundesgesetz, nach seinem näheren Inhalte, mit Vorbehalt der weiteren Berathungen des Bundestages über eine gründliche Verbesserung des gesammten Schul- und Universitäts-Wesens, als provisorische Maaßregel zur Abhülfe der bestehenden Gebrechen, in allen Bundesstaaten in Vollziehung und Anwendung getreten, und auf eine bestimmte Zeitfrist nicht beschränkt ist, mithin fortwährt, bis die vorbehaltene Berathung des Bundestages statt gefunden, und ein umfassendes definitives Gesetz zur Folge haben wird; so finden sich Seine Majestät doch in Ihrem Gewissen und in Ihren Verhältnissen zu den erleuchteten Deutschen Bundesregierungen verpflichtet, für diesen Gegenstand die Aufmerksamkeit dieser Versammlung ganz besonders in Anspruch zu nehmen.

Es ist eine, leider! nicht mehr zweifelhafte Thatsache, daß in Deutschland, wie in andern Europäischen Staaten, mit planmäsiger Thätigkeit daran gearbeitet wird, in das unverdorbene und für jeden Eindruck empfängliche Gemüth der Jugend, durch deren *erste Lehrer* den Keim von Begriffen und Grundsätzen zu legen, welche sie in der Folge zu brauchbaren Werkzeugen jener politischen Secte eignen sollen, deren Streben dahin gerichtet ist, das Bestehende umzustürzen, um nach den siechen Erzeugnissen ihrer unseligen Theorie selbst zu regieren.

Die Turnanstalten waren berufen, und die auf den Hochschulen errichteten engern und weitern Vereine, die Burschenschaften und mehrere Privat-Erziehungsanstalten sind noch heute berufen, jene der Jugend beigebrachten Grundsätze auszubilden und fruchtbringend zu machen. Wenn man auch mit Beruhigung annehmen könnte, daß sowohl durch die Natur jener Theorien, als durch die Weisheit der Deutschen Regierungen das Resultat dieser Tendenz werde vereitelt werden; so bildet doch das Wirken solcher Lehrer dereinst unzufriedene, mit den bestehenden Verhältnissen und mit ihren Pflichten im Widerspruch begriffene, in sich selbst zerfallene Menschen.

Wenn der Lehrer schon dem unreifen Knaben und Jünglinge für den *Glauben* in der Religion den *Zweifel* giebt; wenn er dessen Gemüth an das ideale Bild kettet, das er ihm von der Bestimmung des Menschen und von seinen Verhältnissen zum Staate mit trügerischen Farben entwirft, statt ihm treue Schilderung des wirklichen practischen Lebens vorzuführen; wenn der Lehrer, statt dem Knaben einen der jungen Denkkraft angemessenen Stoff hinzugeben, ihn zu selbstständiger Prüfung und Begründung solcher Materien auffordert, die oft dem gereiften Verstande des Mannes schwer zu lösende Aufgaben darbieten; wenn der so vorbereitete und mit unverdautem Wissen angefüllte Jüngling endlich in die Hochschulen tritt, und dort Verachtung aller positiven Lehre, oder die Sucht, die gesellschaftliche Ordnung nach eigenen, unversuchten Systemen umzuschaffen, vorfindet, sich in der Geringschätzung gegen alles Bestehende nur noch genährt und befestigt sieht, und wenn er endlich, statt sich an Ordnung und Disciplin zu gewöhnen, mit Ungebundenheit und Zügellosigkeit vertraut wird, und, statt den Handhabern der Gesetze die schuldige Ehrerbietung zu widmen, sich selbst in einem Ausnahmgesetze begriffen wähnt, welches ihn über Lohn und Strafe erhebt; – dann darf es nicht befremden, daß wir nicht bloß auf Universitäten und Hochschulen, sondern fast auf allen Lehranstalten die absprechendsten Urtheile über Religion und Staat, über das Höchste, wie über das Heiligste vernehmen; es darf nicht befremden, daß auf solche Art erzogene und unterrichtete Knaben, schlechte, unzuverlässige, dem Gehorsam abgeneigte Staatsdiener und mißvergnügte Staatsbürger werden.

Was läßt sich dann für die Erhaltung der Throne und der bestehenden Verfassungen, für die Ruhe Deutschlands hoffen, wenn die *so* Gebildeten sich in allgemeiner Thätigkeit verbreiten? Ein Blick in die Untersuchungen, welche heute in mehr als Einem Deutschen Staate eine traurige Nothwendigkeit den Regierungen zur Pflicht gemacht hat, bietet für die Erwartung, die man sich von dem Gedeihen der heranreifenden Generation machen kann, ein zu trübes Gemälde dar, als daß Seine Majestät geneigt seyn könnten, länger dabei zu verweilen. Aber Höchstdieselben sehen die Abhülfe dieser vielen Gebrechen für eine der wichtigsten Aufgaben an, zu deren Lösung die Deutsche Bundesversammlung verpflichtet ist [...].

[...] Der Antrag Seiner Kaiserlichen Majestät ist daher dahin gerichtet:

> daß zwar das provisorische Gesetz, welches die Bundesversammlung über die Deutschen Universitäten beschlossen hat, selbstverstanden fortdauere, daß aber aus der Mitte der Bundesversammlung eine Commission von fünf Mitgliedern gewählt werde, welche, mit Rückblick auf die hinsichtlich der Universitäten bereits vorliegenden Verhandlungen, die gegenwärtig hervortretenden Gebrechen des gesammten Schul-Unterrichts- und Erziehungs-Wesens in Deutschland zu erörtern, und die Maaßregeln, zu welchen diese Erörterung Anlaß geben wird, in Vorschlag zu bringen habe.

4) Mißbrauch der Presse.

In den Eröffnungen, welche Seine Kaiserliche Majestät am 20. September 1819 an die Bundesversammlung gelangen liessen, war der Mißbrauch der politischen, und insbesondere der periodisch-politischen Presse, als eine der ergiebigsten Quellen der in den Gemüthern herrschenden, weit verbreiteten Gährung und daraus erwachsenden Mißverhältnisse bezeichnet. Die damals im Namen Seiner Majestät ausgesprochenen Bemerkungen trugen so sehr das Gepräge der Wahrheit und Evidenz, [...] daß über das Bedürfniß, jenem Mißbrauche Grenzen zu setzen, keine Verschiedenheit der Meinungen obwaltete und daher auch der zu dem Ende vorgelegte Gesetzentwurf ohne irgend einem Widerspruche zum Bundesbeschlusse erhoben ward. [...] *(Nach §. 10 dieses Gesetzes bleibt es fünf Jahre in Kraft; vor Ablauf dieser Frist soll beraten werden, wie Art. 18 der Bundesakte umgesetzt werden kann; „demnächst" soll ein definitives Pressegesetz beschlossen werden).*

Da ein solcher [definitiver] Beschluß, dessen mannichfaltige Schwierigkeiten keinem Sachkundigen verborgen sind, bisher nicht gefaßt werden konnte, auch bei dem bekannten, in einer so wichtigen Sache bloß von Instructionseinholung abhängigen Gange der Berathungen am Bundestage bis zum 20. September laufenden Jahres, als an welchem das provisorische Preßgesetz erlischt, unmöglich herbeigeführt werden könnte; da ferner, wenn man das provisorische Preßgesetz mit Einemmale verschwinden lassen wollte, ohne etwas anderes an dessen Stelle zu setzen, eine früher so richtig erkannte Lücke in der Bundesgesetzgebung unausweichlich fühlbar werden, und auf die Grundbedingungen des Bundes – die Einigkeit der Bundesglieder – höchst verderblich zurückwirken müßte; so sind Seine Kaiserliche Majestät keinen Augenblick im Zweifel, daß es dringend nothwendig sey, das provisorische Preßgesetz bis zur Zeit, wo man sich über ein definitives Preßgesetz vereinbaren wird, förmlich zu erneuern.

Seine Majestät sind zu vertraut mit den ächt föderativen Gesinnungen, von welchen die Deutschen Bundesregierungen in dieser wichtigen Bundesangelegenheit sich beseelt finden, als daß Höchstdieselben dem Gedanken Raum geben könnten, daß es möglich wäre, diesem, aus dem Fürstenrathe Deutschlands hervorgehenden, gemeinsamen Beschlusse mit dem Einwande einer Verletzung der Verfassung eines einzelnen Staates entgegen zu treten. Bei den engen Verbindungen, welche die Gemeinschaft der Sprache und der Schrift zwischen den sämmtlichen Deutschen Volksstämmen gestiftet, [...] kann der Mißbrauch der Presse nie als ein blosses Localübel, folglich auch die Beschränkung desselben nie als ein ausschliessendes Object der innern Gesetzgebung oder Landesverwaltung betrachtet werden. Eine solche Ansicht wäre nur zulässig, wenn ein Deutscher Staat sich gegen alle seine Nachbarn dergestalt abschliessen könnte, daß das, was mit seiner Zustimmung gedruckt wird, die Grenzen seines eigenen Gebiets nie überschritte. Da aber alles, was aus Deutschen Pressen hervorgeht, sich sofort über alle Deutschen Länder verbreitet, und Deutschland heute einen auf Erhaltung gemeinsamer Sicherheit und Ruhe gegründeten Staatskörper bildet; so kann es einzelnen Gliedern dieses Körpers nicht frei stehen, die große Mehrzahl der andern Staaten mit einem stets erneuerten Vorrathe von aufrührerischen Schriften zu überschwemmen [...].

[...] Mit vollem Vertrauen auf die Beistimmung der übrigen Deutschen Bundesregierungen, erlauben sich sonach Seine Kaiserliche Majestät den Antrag:

daß das, mit dem 20. September laufenden Jahres erlöschende, provisorische Preßgesetz so lange in Kraft erhalten werde, bis man sich über ein definitives Preßgesetz vereinbart haben wird.

5) Central-Untersuchungs-Commission.

Der Zweck dieser Commission ist gemeinschaftliche, möglichst gründliche und umfassende Untersuchung des Thatbestandes, des Ursprunges und der mannichfachen Verzweigungen der gegen die bestehenden Verfassungen und innere Ruhe, sowohl des ganzen Bundes als einzelner Bundesstaaten, gerichteten revolutionären Umtriebe und demagogischen Verbindungen.

Diese Untersuchungs-Commission ist nicht auf bestimmte Zeitfrist bestellt; es ist ihr ein bestimmter Zweck vorgeschrieben, und nur die vollständige Erfüllung ihrer Aufgabe kann daher über den Zeitpunct ihrer Auflösung entscheiden.

Die vorliegenden Berichte der Commission geben die leidige Ueberzeugung, daß dieser Zeitpunct noch nicht gekommen ist.[...][2]

Hierauf wurde folgender

Beschluß

gefaßt:

[...] *(Dank an Österreich für seine Umsicht).*

1) Es soll in allen Bundesstaaten, in welchen landständische Verfassungen bestehen, strenge darüber gewacht werden, damit in der Ausübung der den Ständen durch die landständische Verfassung zugestandenen Rechte das monarchische Princip unverletzt erhalten bleibe, und damit zur Abhaltung aller Mißbräuche, welche durch die Oeffentlichkeit in den Verhandlungen oder durch den Druck derselben begangen werden können, eine den angeführten Bestimmungen der Schlußacte entsprechende Geschäftsordnung eingeführt und über die genaue Beobachtung derselben strenge gehalten werde.

Die Deutsche Bundesversammlung theilt den Wunsch Seiner Kaiserlich-Königlichen Majestät, daß diejenigen Bundesstaaten, bei welchen die Oeffentlichkeit der landständischen Verhandlungen besteht, sich über die

[2] Es folgen die Stellungnahmen der einzelnen Gesandten.

Grundlinien einer solchen Geschäftsordnung, im Sinne der angeführten bundesgesetzlichen Vorschriften, vereinbaren möchten.

2) Das provisorische Gesetz, welches die Bundesversammlung über die Deutschen Universitäten am 20. September 1819 beschlossen, dauert zwar selbstverstanden fort; es soll aber aus der Mitte der Bundesversammlung eine Commission von fünf Mitgliedern gewählt werden, welche, mit Rückblick auf die hinsichtlich der Universitäten bereits vorliegenden Verhandlungen, die gegenwärtig hervortretenden Gebrechen des gesammten Schul-Unterrichts- und Erziehungs-Wesens in Deutschland zu erörtern, und die Maaßregeln, zu welchen diese Erörterung Anlaß geben wird, in Vorschlag zu bringen habe.

3) Das, mit dem 20. September laufenden Jahres erlöschende, provisorische Preßgesetz bleibt so lange in Kraft, bis man sich über ein definitives Preßgesetz vereinbart haben wird.

23. Instruktion Metternichs an den österreichischen Gesandten in der Schweiz Baron von Binder

Darlegung der Ziele der Politik Metternichs in Europa.

Schönbrunn, S. 36 f.

9. Juni 1826

[...] Das erste Ziel der Bemühungen unserer Regierung und aller seit der Wiederherstellung der Unabhängigkeit Europas mit ihr verbündeten Regierungen ist die Aufrechterhaltung der gesetzlichen Ordnung, die das glückliche Ergebnis dieser Wiederherstellung ist; eines Zustandes der Ruhe, der allen die Früchte eines so teuer erkauften Friedens sichert und dadurch allein die für die Zukunft gesäten Keime des Guten fruchtbar zu machen vermag. Seit einigen Jahren sehen wir zu unserer Genugtuung, wie mehrere der Regierungen, die am spätesten die Notwendigkeit der zur Erreichung dieses Zieles geeigneten Maßnahmen einsahen, sich endlich zu der Überzeugung durchrangen, daß die Unterdrückung des noch bestehenden Übels die erste und unerläßlichste Vorbedingung dafür ist. Dieses Übel, man kann es nicht verhehlen, hat gerade seit der allgemeinen Befriedung erschreckende Fortschritte gemacht. Es ist allumfassend in seiner unheilvollen Betätigung, es äußert sich in allen möglichen Formen, in fast allen Ländern. Da es in seiner destruktiven Betätigung allumfassend ist, kann es nur durch einen allumfassenden Widerstand bekämpft und besiegt werden. Dieses Übel ist der revolutionäre Geist, geboren aus jener ordnungswidrigen Unruhe, welche die Umwälzungen der Epoche der heutigen Generation aufgeprägt haben, gespeist durch begehrliche Leidenschaften und tiefe Entsittlichung der einen, begrüßt durch den Fanatismus der anderen. Systematisch in ihren Plänen, streng folgerichtig in ihrem lichtscheuen Treiben finden die Führer dieser gottlosen Sekte, die sich zum Umsturz der Altäre und Throne zusammenschloß, von einem Ende Europas zum andern Verbündete für die Durchführung ihrer verbrecherischen Unternehmungen, überall da, wo dieselben Leidenschaften, dieselben sozialen Verhältnisse in gleicher Weise auf die Geister sich auswirken. Wo sie im Augenblick ihre Brandfackel noch nicht schleudern können, bauen sie ihre Batterien für die Zukunft auf; durch Unglauben und Freigeisterei korrumpieren sie die Gesinnung einer irregeleiteten Jugend, um ihr im günstigen Augenblick die Waffen in die Hand zu drücken. Durch räumliche Entfernungen, durch Unterschiede in Lebensgewohnheiten und Sprache läßt sich ihre verbrecherische Kühnheit nicht beirren; und es fehlte wenig daran, so sah die bestürzte Welt in Rußland eine Revolution ausbrechen, in getreuer Nachahmung jener Umwälzungen, deren unheilvolles Ergebnis in Italien und Spanien diese beiden Halbinseln an den Rand des Abgrundes gebracht hat.

Es ist Zeit, daß alle Regierungen Europas, welches auch immer ihre Verfassungsform sein mag, zu der Einsicht gelangen, daß isolierte Maßnahmen der Schwere des Übels nicht mehr gewachsen sind; daß es um ihrer aller gemeinsame Sache geht; daß sie handeln müssen, im gleichen Geist und durch gemeinsame Maßnahmen gegen ein Übel, das sie alle in gleicher Weise bedroht, und daß die Notwendigkeit ihrer Selbsterhaltung ihnen die Pflicht auferlegt, einander aus freien Stücken zu helfen, um eine destruktive Kraft auszutilgen, welche das Schicksal der Staaten in Frage stellt, die Jahrhunderte voller Kriege und politischer Stürme unerschüttert überstanden haben [...]

24. Fürst Metternich an den österreichischen Gesandten in München Graf von Spiegel zum Desenberg

Österreichische Beschwerde über einen Artikel in der „Augsburger Allgemeinen Zeitung"; Androhung eines Verbotes der Zeitung in Österreich.

Breil, S. 259, Abschrift eines Reskriptes.

Wien, 11. November 1828

In N° 312 der allgemeinen Zeitung vom 7. November findet sich unter der Rubrik: *Pesth*, ein Artikel, dessen feindseliger Zweck so klar zu Tage liegt, daß beim ersten Anblick desselben, der Geist, welcher ihn eingegeben hat, sich nicht verkennen läßt. – Es geht aus jeder Zeile desselben die Absicht hervor, unter den Bewohnern des Königreiches Ungarn Unzufriedenheit mit ihrem jetzigen Zustande, ja sogar Zwietracht zwischen den verschiedenen Religions-Parteien zu erregen, und S^er^ Maj. griechischen Unterthanen Gesinnungen, die mit ihrer bekannten Treue und Ergebenheit an das regierende Haus in Widerspruch stehen, anzudichten.

Daß der Artikel in Pesth nicht geschrieben worden, und der Verfasser desselben kein Ungar sein kann, läßt sich nöthigenfalls bis zur Evidenz darthun. Auch soll die Frage, wie ein so boshafter Versuch, den National-Frieden zu stören, in ein fremdes Blatt gelangen konnte, hier nicht näher erörtert werden. – Wir haben es allein mit der anderen Frage zu thun, ob ein Blatt, welches Artikel dieser Art, in welcher Absicht es auch seyn mag, aufnimmt, in den[1] k. k. Ländern geduldet werden kann.

Euer Hochgeboren erhalten demnach auf ausdrücklichen Befehl S^er^ Maj. des Kaisers den Auftrag, dem Freiherrn von Cotta unverweilt zu eröffnen, daß, wenn je wieder ein Artikel von dieser oder ähnlicher Tendenz in der allgemeinen Zeitung erscheinen sollte, die Cirkulation dieses Blattes sofort im ganzen Umfang der Österreichischen Monarchie unausbleiblich verboten werden wird.

25. Vortrag Metternichs für Kaiser Franz I.

Auswirkungen des griechischen Befreiungskampfes auf das Allianzsystem; Österreich muß wieder seine Führungsposition übernehmen und dazu Reformen durchführen.

Metternich, IV, S. 598–605.

9. Oktober 1829

Der Friede zwischen Rußland und der Pforte bildet einen wichtigen Abschnitt in der Geschichte der Zeit und wird auf die politische Lage Europas, mithin auch auf die der österreichischen Monarchie großen Einfluß üben. Eure Majestät sind mit den Staaten-Verhältnissen zu genau bekannt, als daß ich in dem gegenwärtigen allerunterthänigsten Vortrage in eine umständliche Entwicklung derselben einzugehen hätte; ich werde mich daher auf die Hauptmomente und besonders auf diejenigen Punkte beschränken, in welchen unser eigenes Interesse von den bereits eingetretenen oder noch zu erwartenden Veränderungen berührt werden kann.

Die unter Eurer Majestät thätiger Mitwirkung in den Jahren 1813 und 1814 gestiftete, auf der Basis gesunder Rechts- und Staatsbegriffe gegründete, dem Erhaltungs-System ausschließend gewidmete europäische Allianz hatte sich, obgleich durch manche lösende Einwirkungen erschüttert und im Jahre 1823 von England aus zum erstenmal förmlich verläugnet, dennoch bis zum Tode des Kaisers Alexander als wirklich bestehende Thatsache behauptet. Durch die Unterzeichnung des Petersburger Protokolles vom 4. April 1826 wurde sie factisch gebrochen. Die Verbindung zweier Mächte zu einem mit dem Grundbegriffe der Allianz offenbar streitenden Zwecke

[1] Bei Breil: „dem".

bezeichnete den Uebergang zu einem neuen System. – Frankreich, in rastlosem Streben nach politischer Thätigkeit, gesellte sich bald zu dieser Verbindung und gab ihr durch den in Paris entworfenen und in London vollzogenen Tractat vom 6. Juli 1827 eine regelmäßige Gestalt. Dieser neue Bund, im reinen Gegensatz mit dem bis dahin bestandenen gebildet, trat unter dem Namen einer Tripel-Allianz in die Welt.

Auf einen scheinbar gemeinschaftlichen Gegenstand gerichtet, war dieser Bund, von seinem Ursprunge an und während seiner ganzen verderblichen Dauer, ein wüstes Chaos unverträglicher Elemente; denn jede daran theilnehmende Macht ward von eigenthümlichen Absichten geleitet und verfolgte ihren eigenthümlichen Gang.

England – welches, als der erste Urheber des Uebels, zuerst genannt werden muß, von übertriebener, vielleicht damals noch grundloser Besorgniß einseitiger Unternehmungen des neuen Kaisers von Rußland getrieben, beschloß, zur Abwendung der Gefahr, die Sendung des Herzogs von Wellington nach Petersburg. Daß der Herzog dieses Geschäft in den besten Absichten übernahm, ist nicht zu bezweifeln. „Versichern Sie Ihren Hof, daß mein Hauptbestreben dahin geht, ihm zu dienen" – das waren die Worte, die er zur Zeit seiner Ankunft in Petersburg gegen Eurer Majestät Gesandten aussprach. So löblich aber seine Vorsätze sein mochten, so bedauernswerth waren die Irrthümer und Mißgriffe, in welche er verfiel. Die uns längst bekannte Schwäche der Urtheilskraft und diplomatische Unerfahrenheit dieses übrigens so ehrenwerthen Mannes hatten allerdings den meisten Antheil an einem sonst unerklärbaren Entschlusse; doch wirkten auch andere Umstände dabei mit. Die alte Allianz hatte sich in England überlebt. Die Nation, durch eitle Demagogen und ausgelassene Zeitungsschreiber aufgeregt, betrachtete sie mit Abneigung als ein Band, welches ihre Unabhängigkeit gefährdete, und Canning's schiefer Geist hatte diese Abneigung bis zur feindlichen Opposition gesteigert. Aus Mangel an politischem Scharfblick übersah der Herzog von Wellington, daß es sich bei den Continentalstaaten anders verhielt. Auch bei diesen hatte die Allianz allerdings mit zahlreichen Gegnern zu kämpfen, aber es fehlte ihr nicht an mächtigen Stützen. Nur von den liberalen Parteien wurde sie allenthalben, versteckt oder offen, angefeindet. Die *Monarchen* Rußlands und Frankreichs waren ihr treu geblieben. In Wien und Berlin hatte sie sich in ihrem früheren fast unverminderten Werthe erhalten. Der Herzog von Wellington glaubte sie erloschen; ihm schien daher nichts heilsamer und dringender, als derjenigen Macht, die ohnehin durch ihre geographische und militärische Stellung am meisten nach Ungebundenheit zu streben geeignet war, einen diplomatischen Zügel anzulegen. Er schmeichelte sich, durch das Gewicht Englands die Freiheit der Bewegungen Rußlands zu hemmen, und wurde zu spät gewahr, daß er, zu Rußlands ausschließendem Vortheile, England drückende Fesseln bereitet hatte.

Aus diesem ersten unglücklichen Fehlgriffe gingen alle die Begebenheiten hervor, welche seit zwei Jahren das ottomanische Reich an den Rand des Unterganges geführt haben. Mit dem Friedensschlusse zu Adrianopel hat die Tripel-Allianz ihr Ende erreicht. Es ist zwar zu vermuthen, daß man russischerseits nicht abgeneigt sein wird, ihre förmliche Auflösung noch zu verzögern; das Spiel kann aber nicht mehr von langer Dauer sein. In England hat jenes Erzeugniß einer verkehrten und antinationalen Politik nie die mindeste Popularität gewinnen können; und nach einem für das wahre Interesse dieses Reiches so unverzeihlichen, für das britische Ehrgefühl so empfindlichen Ausgange des Krieges, wird selbst der Schein einer Verbindung, die, ohne einen einzigen Vortheil für England, an ungünstigen Resultaten so reich gewesen ist, nicht aufrecht erhalten werden können. Auch in Rußland, wo zu keiner Zeit eine aufrichtige Vorliebe für dieses Bündniß bestand, und wo man es lediglich als ein vorübergehendes Mittel zur Erreichung gewisser Zwecke, welche das Kabinet selbst sich nicht recht deutlich gemacht zu haben scheint, betrachtete, wird forthin kein wesentliches Staatsinteresse dafür sprechen. Frankreich endlich, so lange wenigstens als das gegenwärtige Ministerium seine Grundsätze und Gesinnungen geltend zu machen vermag, wird sich glücklich preisen aus einer Gemeinschaft zu scheiden, die nur den gefährlichsten Feinden der Monarchie zur Ausführung der verderblichsten Pläne willkommene Werkzeuge darbot.

Eure Majestät haben an dem Unheil bringenden Bunde keinen Theil genommen. Der König von Preußen hat ein Gleiches gethan. In der Stellung beider Höfe lag jedoch ein wesentlicher Unterschied. Wir haben Uns gegen das Princip, auf welchem die Tripel-Allianz beruhte, – wenn das, was allen gesunden Principien widersprach, ein Princip genannt zu werden verdiente – mit Offenheit und Nachdruck ausgesprochen; Preußen hat, ohne dieses Princip bestimmt zu verdammen, nur erklärt, daß es ohne vollkommenes Einverständniß der fünf Höfe dem Londoner Tractate nicht beitreten könne. Oesterreich ist demnach allein der alten Allianz in ihrer vollen Strenge treu geblieben. Jede Macht, die zu dem Urbegriffe dieser Allianz und zu dem System, wovon sie die Grundlage war, zurückzukehren geneigt ist, muß sich folglich an Oesterreich anschließen; und daß dieses früher oder später geschehen wird, geht aus der Natur der Dinge und aus den unverkennbaren Bedürfnissen der Zeit hervor.

Der oberste Grundsatz der Quintupel-Allianz war die Erhaltung alles rechtlich Bestehenden; nur mit diesem Grundsatz ist der allgemeine Friede denkbar; und wenn es in gewöhnlichen Zeiten keiner ausdrücklichen Verabredung bedarf, um die Herrschaft dieses Grundsatzes sicher zu stellen, so muß man in außerordentlichen Conjuncturen auf außerordentliche Mittel Bedacht nehmen. Die Zeit, in welcher wir leben, ist keine gewöhnliche. Europa wird von einer moralischen Pest heimgesucht; die Erhaltung der öffentlichen Gesundheit macht Denen, welchen diese höchste aller Sorgen anvertraut ist, Maßregeln zur Pflicht, die im geregelten Zustande entbehrlich sein möchten. Wenn Maßregeln dieser Art ihre Wirkung ausüben sollen, müssen sie von mehreren Staaten gemeinschaftlich ergriffen werden; Verbindungen zwischen den Regierungen sind ihr nothwendiges Gesetz. Die Formel einer solchen Verbindung ist für Europa nicht verloren gegangen, gewaltsame Störungen haben sie nur in der Wirklichkeit unkenntlich gemacht. Der Augenblick ihrer Wiedergeburt ist vielleicht nicht fern. Die ursprünglichen Elemente sind fortdauernd vorhanden; der erste kräftige Impuls, von welcher Seite er auch ausgehen mag, kann sie beleben; und Europa kann sich ihrer Wohlthaten erfreuen, wenn sie gleich in ihrer erneuerten Gestalt nicht von den Kanzeln verkündet werden sollte.

Es kann nicht mein Zweck sein, im gegenwärtigen allerunterthänigsten Vortrage die auswärtige Politik weiter zu verfolgen als nöthig war, um ihren Einfluß auf das innere Interesse der Monarchie und den Zusammenhang, welcher zwischen diesem und den Verhältnissen des großen europäischen Staatenbundes, der in einer so bewegten Zeit wie die unserige fühlbarer als je besteht, anschaulich zu machen.

Mit Bedauern aber, im vollen Gefühl der Wahrheit, müssen wir uns gestehen, daß die gesammte orientalische Sache entweder nie ernstlich zur Sprache gekommen, oder wenigstens nicht bis zu so leidigen Resultaten verfolgt worden wäre, wenn sich Oesterreich in einer andern Verfassung, als die unserige seit den großen Reductionen der letzten dreizehn Jahre gewesen ist, befunden hätte. Oesterreich, vermöge seiner geographischen Lage der wahre Schwerpunkt im europäischen Staatensystem, kann sich nicht von der ihm angewiesenen Stelle zurückzuziehen scheinen, ohne das gesammte Gebäude bedeutenden Schwankungen preiszugeben; und die Meinung von einem gänzlichen Versiegen unserer Kraft, wenn sie auch weniger noch in der Wirklichkeit als in einem allgemeinen Vorurtheile gegründet war, ist sicher nicht ohne den schädlichsten Einfluß auf den Lauf der Begebenheiten in den letzt verflossenen acht Jahren gewesen.

So sehr ich es für Pflicht halte, diese Wahrheit auszusprechen, so entfernt bin ich doch, in diesem Stande der Dinge den einzigen Grund so großer Uebel zu suchen. Die allgemeine Bewegung der Geister, in einer dem innern und äußern Frieden nichts weniger als günstigen Richtung, war und ist eine fortwährende Quelle der gefährlichsten Störungen. Die Complication im Orient wurde überdies durch die natürlichen Fortschritte der russischen Macht und die ungeheuren Mißgriffe der mit ihr verbundenen Höfe herbeigeführt. Rußland aber würde sich nie so leicht in ein schwer zu begrenzendes Unternehmen eingelassen haben, wenn es mehr Rücksicht auf Oesterreich nehmen zu müssen geglaubt hätte.

Der Friede von Adrianopel ist als ein augenblicklicher Ruhepunkt zu betrachten. Von einer Seite zerrüttet er eine Menge höchst verderblicher, leidenschaftlich aufgefaßter Pläne der revolutionären Politik; von der anderen Seite beweist er die Nothwendigkeit neuer politischer Gestaltungen. In diesen müssen wir unsere Stelle einnehmen; die unbestreitbare Gewalt der Dinge wird sie uns vorzeigen. Eure Majestät müssen jedoch die Mittel besitzen, sie zum Heil der Monarchie wie zum allgemeinen Wohle Europas zu behaupten.

Hiezu gehören vor Allem zwei von einander unzertrennliche Bedingungen: der *finanzielle* und der *militärische* Stand der Monarchie. Die Weisheit Eurer Majestät, das geräuschlose und feste Vorschreiten in der Verbesserung dieser beiden wichtigsten Administrationszweige, hat uns glücklicherweise im Verlauf der letzten Jahre dem Zwecke weit näher gebracht, als man es im Auslande, bei der unvollkommenen Kenntniß unserer inneren Verfassung und so vielen darüber geflissentlich verbreiteten Irrthümern, wohl auch nur zu ahnen vermochte. Um jedoch den Pflichten, die Allerhöchstdenselben gegen Ihr eigenes Reich obliegen, und, ich darf getrost hinzufügen, um den Hoffnungen, welche alle Gutgesinnten im übrigen Europa auf Oesterreich gründen, Genüge zu leisten, ist es nöthig, daß Wege eingeschlagen werden, die dem Eurer Majestät gesegneten Regierung noch vorbehaltenen großen Werke – dem Werke der Erhaltung – eine sichere Grundlage verleihen können.

Hierüber geruhen Eure Majestät meine folgenden gehorsamsten Ansichten allergnädigst würdigen zu wollen.

Der finanzielle Stand der Monarchie hat sich in Folge des regelmäßigen Fortschreitens des im Jahre 1817 angenommenen Systems unverkennbar gehoben. Es bleiben jedoch noch manche aus dem System selbst hervorgehende Maßregeln, die vielleicht nicht folgerecht genug zur Ausführung gebracht worden sind, zu vervollständigen; und außerdem haben sich bei Vollziehung des Systems – wie dies bei praktischen Unternehmungen stets der Fall ist – neue Andeutungen ergeben, welche von der Staatsverwaltung begriffen und auf geschickte Art in Anwendung gebracht werden müssen. Die nähere Beleuchtung der finanziellen Fragen liegt so sehr außer dem Bereiche des gegenwärtigen allerunterthänigsten Vortrages, daß ich mich allein auf folgende allgemeine Sätze zu beschränken habe.

1. Die bisher ausgeführten Maßregeln haben die Finanzen auf eine Stufe gebracht, von welcher aus sich ein endlicher und günstiger Erfolg erwarten läßt.
2. Zur Erreichung des definitiven Standes sind Zeit und Ruhe erforderlich.
3. Ruhe in der heutigen Zeit ist bei dem allgemeinen Stande der europäischen Angelegenheiten und bei der gegenwärtigen Stimmung der Gemüther auf die Länge nicht denkbar, wenn sich Oesterreich, als die große Centralmacht, nicht in eine materielle Verfassung setzt, welche nöthigenfalls *Ruhe gebieten* kann.

4. Das zwischen den Jahren 1817 und 1828 befolgte Reductions-System der Armee ist demnach, selbst in Beziehung auf das finanzielle Wohl des Staates, auf die nächste Zukunft nicht anwendbar.

Die Armee hat im Verlaufe des letztverflossenen Jahres bedeutende Aufbesserungen erhalten. Da der Zuwachs zu dem in der Wirklichkeit, in größerem Maße als die öffentliche Meinung es schätzte, Vorhandenen gekommen ist, so ergibt sich, daß in *materieller* Hinsicht manches im Anfange des vergangenen Jahres noch Mangelnde bereits erzielt ist, und folglich nicht geschaffen sondern nur erhalten werden darf. Unter die noch nicht erfüllten Bedürfnisse glaube ich besonders ein zweckmäßiges Defensionssystem rechnen zu dürfen. In *moralischer* Hinsicht bleibt noch Vieles zu wünschen übrig; und eben in der Steigerung der moralischen Organisation des Kriegswesens muß eine der ersten Bedingungen der erhaltenden Kraft gesucht werden, die ich als die Grundstütze alles in bedenklichen und trüben Conjuncturen noch erreichbaren Guten betrachte.

Das Unternehmen ist nicht leicht; es fordert eben so viel Entschlossenheit und Klugheit als materielle Ruhe und folgerechte Ausführung; ein wohlberechneter Gang kann diese allein möglich machen; und um einen solchen Gang reiflich zu erwägen und fortzusetzen, sind geregelte und unbefangene Berathungen unentbehrlich.

In *administrativer* Hinsicht stelle ich die Lage Ungarns und den im künftigen Jahre abzuhaltenden Reichstag in die erste Linie der zu beachtenden Bedürfnisse.

Die hier kurz erwähnten Gegenstände, die in einen einzigen Hauptzweck zusammenfließen, sind diejenigen, welche Eure Majestät mit gewohnter Weisheit in's Auge zu fassen Sich berufen fühlen möchten. Fehlgriffe in irgend einem derselben würden uns von dem Ziele entfernen, dem wir unverwandt entgegengehen müssen. Wo es die erste und wesentlichste aller Nothwendigkeiten – die Selbsterhaltung – gilt, kann man nicht sorgfältig genug zu Werke gehen, um das Beste zu finden, was menschliche Klugheit aufzubringen vermag. Nur *der* Rath ist ausgiebig, der in den rechten Zeitpunkt trifft; ist dieser vorüber, so verliert oft der heilsamste seinen Werth.

Im vollen Gefühle der Erfüllung meiner Pflicht wage ich es daher, Eurer Majestät Allerhöchste Aufmerksamkeit auf nachstehende Punkte zu lenken:

In einem Augenblicke, wo eine neue politische Epoche beginnt, muß der Haushalt der Monarchie auf die wahren und richtig erkannten Erfordernisse der nächsten Zeit berechnet werden.

Die dazu nöthigen Erwägungen umfassen die finanziellen, militärischen und administrativen Verhältnisse. Gedeihlich können sie nur in einem und demselben Brennpunkte erhoben, beleuchtet und bestimmt werden. Ein solcher kann nur durch Eurer Majestät Allerhöchsten Willen und unter Höchstdero unmittelbarer Leitung sein Dasein erhalten; und von demselben müssen auch alle Vorarbeiten ausgehen, durch welche Eure Majestät in den Stand gesetzt werden können, über alle wichtigen Fragen die Allerhöchste Entscheidung zu geben.

Mein allerunterthänigster Antrag geht sonach dahin:

„Daß Allerhöchstdieselben mir zu befehlen geruhen, den gegenwärtigen gehorsamsten Vortrag dem Staats- und Conferenz-Minister Grafen v. Kolowrat mitzutheilen, und ihn und mich gemeinschaftlich autorisiren, über die Mittel zur Erreichung des in dieser Arbeit bezeichneten Zweckes Eurer Majestät unsere wohlerwogenen Ansichten zur baldmöglichsten höheren Würdigung und ferneren Ausbildung gehorsamst zu unterlegen."

Placet.

Wien, 11. Oktober 1829.

Metternich m. p.

Franz m. p.

26. Vollmacht Herzog Karls von Braunschweig für seinen Bruder Wilhelm

Wilhelm wird offiziell die provisorische Regierung als General-Gouverneur übertragen.[1]

Böse, S. 149.

London, 20. September 1830

Wir, Karl, von Gottes Gnaden souveräner Herzog zu Braunschweig und Lüneburg, fügen hiermit zu wissen:

Demnach Wir beschlossen haben, während einer zeitigen Abwesenheit von Unseren Erbstaaten Unsern vielgeliebten Herrn Bruder, des Herzogs Wilhelm zu Braunschweig-Lüneburg-Oels Durchlaucht mit der Regierung derselben in Unserem Namen und in der Eigenschaft als General-Gouverneur des Herzogtums provisorisch zu beauftragen: so bevollmächtigen Wir hiermit und kraft dieses Unsern vielgeliebten Herrn Bruder, des Herzogs Wilhelm zu Braunschweig-Lüneburg-Oels Durchlaucht, die Regierung Unserer Lande provisorisch in Unserm Namen zu übernehmen und auszuüben, und wollen Wir alles, was derselbe in seiner Eigenschaft als Unserer einstweiliger Stellvertreter in der Regierung Unserer Herzoglichen Lande vornehmen wird, hiermit genehm halten und so ansehen, als ob solches von Uns selbst geschehen sei.

Damit keine Zweifel darüber entstehen, wie weit sich die Befugnisse Unseres vielgeliebten Herrn Bruders ausdehnen, so stellen Wir hierdurch fest,

[1] In einer Ergänzungsvollmacht vom 21. September 1830 wurde Wilhelm ausdrücklich untersagt, die „organischen Grundgesetze" des Staates zu verändern oder abzuschaffen, auch durfte er keine neuen erlassen.

daß dieselben denen gleich sein sollen, die von Seiner Majestät dem König von Großbritannien und Hannover dem Herzoge von Cambridge Königliche Hoheit für das Königreich Hannover gegeben worden sind.

Urkundlich Unserer eigenhändigen Unterschrift und beigedruckten Herzoglichen Staatskanzleisiegels.

[...]

Karl H.

27. Maßregeln zur Herstellung und Erhaltung der Ruhe in Deutschland – Beschluß der deutschen Bundesversammlung

Bestimmungen hinsichtlich Unruhen und Aufruhr in den einzelnen Staaten des Bundes.

PDB, 34. Sitzung, 21. 10. 1830, § 258, S. 1122–1125.[1]

Frankfurt am Main, 21. Oktober 1830

[...] *Sämmtliche Stimmen* vereinigten sich zu dem

Beschlusse:

Der Deutsche Bund, von der Verpflichtung durchdrungen, bei den gegenwärtig auf dem Bundesgebiete statt gehabten, so bedenklichen und allgemeine Gefahr drohenden, aufrührischen Vorfällen, im Sinne des 2. Artikels der Bundesacte und den sich hierauf beziehenden späteren Bestimmungen der Schlußacte, die verfassungsmäßige Wirksamkeit zu äussern, und in dankbarer Anerkennung der von dem K. K. Oesterreichischen Hofe durch Anregung dieses Gegenstandes von neuem bewährten Fürsorge für das Gesammtinteresse des Bundes, beschließt:

1) Für die Dauer der gegenwärtigen Zeitverhältnisse sollen in allen denjenigen Fällen, in welchen nach der Bestimmung des Artikels 26 der Schlußacte die Mitwirkung der Gesammtheit zur Wiederherstellung der Ruhe und Ordnung in den Bundesstaaten verfassungsmäßig begründet ist, sämmtliche Bundesregierungen zur gegenseitigen Hülfsleistung in der Art verpflichtet seyn, daß, wenn eine den Beistand des Bundes bedürfende Regierung sich wegen Dringlichkeit der Gefahr unmittelbar an eine oder die andere benachbarte Regierung mit dem Ersuchen um militärische Hülfe wendet, diese Hülfe sofort Namens des Bundes geleistet werde, so weit die Kräfte des requirirten Bundesstaates hierzu ausreichen, und so weit es ohne Gefahr für dessen eigenes Gebiet und ohne offenbare Compromittirung seiner Truppen geschehen kann.

2) Zur Erreichung dieses Zweckes, sollen, während der Dauer der gegenwärtigen ausserordentlichen Zeitverhältnisse, die Bundescontingente in möglichst disponibler Bereitschaft gehalten werden.

[1] Auf diesen Seiten auch die knappe Aussprache; Zitat ab S. 1124.

3) So wie die Bundesregierungen überhaupt die Verbindlichkeit anerkennen, von allen, innerhalb ihres Gebiets vorfallenden, aufrührischen Auftritten, welche einen politischen Charakter andeuten, offene und rückhaltlose Anzeige am Bundestage zu erstatten, und zugleich über die Veranlassung der eingetretenen Unruhen und über die zur Befestigung der Ordnung ergriffenen Maaßregeln Nachricht zu geben, so soll dieß insbesondere in dem ad 1 bemerkten Falle geschehen, und übrigens in diesem Falle auch von der angesuchten Hülfsleistung unverweilt der Bundesversammlung, sowohl durch die Regierung, welche die Hülfe ansucht, als durch diejenige, welche selbige leistet, die Anzeige gemacht werden, damit die Bundesversammlung sofort die ihr durch die Bundesgesetzgebung vorgezeichnete Stellung annehme.

4) Die Bundesregierungen – erwägend, daß nach Art. 8 der Schlußacte die einzelnen Bevollmächtigten am Bundestage von ihren Committenten unbedingt abhängig und nur nach Maaßgabe der ihnen ertheilten Instructionen fürzugehen berechtigt sind, daß aber in Fällen, wo es sich um Erhaltung der Sicherheit und Ordnung in Deutschland handelt, möglichste Schnelligkeit in Ergreifung und Ausführung der Maaßregeln von der höchsten Wichtigkeit ist – vereinigen sich, die sich hierauf beziehenden Instructionen in möglichster Ausdehnung und mit thunlichster Beschleunigung an die Gesandtschaften gelangen zu lassen.

5) Die Censoren der öffentlichen Blätter politischen Inhalts sollen auf das Bestimmteste angewiesen werden, bei Zulassung von Nachrichten über stattgefundene aufrührische Bewegungen mit Vorsicht und mit Vergewisserung der Quellen, aus welchen derlei Nachrichten geschöpft sind, zu Werke zu gehen, und die bestehenden Bundesbeschlüsse vom 20. September 1819 sich gegenwärtig zu halten. Dabei soll sich die Wachsamkeit derselben auch auf jene Tagblätter richten, welche, auswärtigen Angelegenheiten fremd, bloß innere Verhältnisse behandeln, indem auch diese bei ungehinderter Zügellosigkeit das Vertrauen in die Landesbehörden und Regierungen schwächen, und dadurch indirect zum Aufstand reitzen.

Der Deutsche Bund, indem derselbe den gegenwärtigen Beschluß faßt, überläßt sich mit Vertrauen der Hoffnung, daß die dermalen an verschiedenen Puncten Deutschlands sichtbar gewordene Aufregung bald der ruhigen und besonnenen Ueberzeugung von dem Werthe des innern Friedens weichen und in der Weisheit der Deutschen Regierungen ihr Ziel finden werde, indem zu erwarten ist, daß diese Regierungen einer Seits gerechten Beschwerden, wo solche bestehen und im gesetzlichen Wege vorgebracht werden, mit landesväterlichem Sinne abhelfen, die ihnen bundesgesetzlich obliegenden Verpflichtungen gegen ihre Unterthanen erfüllen, und auf diese Weise jeden Vorwand zu sträflicher Auflehnung beseitigen, anderer Seits aber auch eben so wenig einer unzeitigen oder mit ihren Bundespflichten unvereinbaren und für die Gesammtheit gefährlichen Nachgiebigkeit Raum geben werden.

28. Schreiben Herzog Karls an Prinz Wilhelm von Braunschweig

Rücknahme der Prinz Wilhelm erteilten Generalvollmachten durch Herzog Karl.

Denkwürdigkeiten, II, S. 557.

[November 1830]

Obgleich Du es nicht in Deinem Interesse gefunden hast, meinen brüderlichen Bitten zufolge, Braunschweig zu verlassen und zu mir zu kommen, so will ich doch noch nicht jede Hoffnung aufgeben, Dich zu Deiner Pflicht zurückzuführen.

Dein Brief vom 15ten October giebt mir die Hoffnung, daß es nicht Dein Wille ist, Dich ohne meine Zustimmung meiner Erbstaaten zu bemächtigen; bis jetzt wünschte ich nicht Deine provisorische Ernennung zum Generalgouverneur meines Herzogthums anders, als mit Deiner Zustimmung zurückzunehmen; aber jetzt sehe ich mich leider durch die Umstände dazu genöthigt, Dir den Befehl zukommen zu lassen, durch welchen ich alle Vollmachten widerrufe, welche ich Dir gegeben hatte.

Ich füge diesem Briefe die Bitte hinzu, welche ich schon so oft an Dich richtete, zu mir zu kommen, denn ich habe England nur verlassen, weil Bause mir sagte, daß Du wünschtest, mit mir zusammenzutreffen und weil ich Dir Dreiviertel des Weges und die abscheuliche Fahrt über das Meer ersparen wollte.

Komm also und hilf mir zeigen, daß unsere Freundschaft nicht gewöhnlich und aufrichtig war und immer geblieben ist; Gott befohlen, und erfülle die letzten Wünsche Deines Bruders.

Carl.

29. Schreiben Prinz Wilhelms an Herzog Karl von Braunschweig

Enttäuschung über die Rücknahme der Vollmachten; Rückkehr Karls nach Braunschweig wegen der Stimmung der Bevölkerung unmöglich; Abreise Wilhelms würde Unruhen auslösen, die unverantwortlich wären; Treffen in keinem Fall möglich.

Denkwürdigkeiten, II, S. 558–559.

Richmond, 23. November 1830

Lieber Carl!

Deinen Brief von Frankfort erhalte ich so eben, es thut mir sehr leid aus der Zurücknahme Deiner Vollmacht zu sehen, daß ich nicht Deinen Wünschen entspreche, und das die Regierung welche Du mir übertragen, nicht zu dem von Dir gewünschten resultate[!] geführt hat, Du kannst überzeugt sein daß niemand der Welt Dir so attachirt, und noch ist als ich[;] um so mehr schmerzt es mich wenn Du glauben könntest, daß ich nicht das meinige gethan um Deinen Wünschen zu entsprechen. Als ich hier her kam war es mit dem festen Willen die gesetzliche Ordnung zu Deinen Gunsten wieder herzustellen und die revolutionaire partei[!] welche ich hier vermuthete, mit dir in Gemeinschaft zu Deinen Gunsten zu unterdrücken. Indeßen fand ich bald das hier über Dich nur eine Stimme herscht und es keine Partei giebt. Hier nach Braunschweig kannst Du nie wiederkommen ohne Dein Leben zu wagen, gestern als sich das Gericht verbreitete Du wärest in Richmond stürzten die Bürger bewaffnet aus ihren Häusern und zogen in Trup's heraus[,] um dich gefangen zu nehmen. Mich von hier entfernen kann ich aus folgenden Gründen nicht (Auszug eines Schreibens des Königs von England an mich) „I must ther[e]fore earnestly advise and request you not to be induced to leave Brunswik nor to give up the governement entrusted to your care untill I have succuded to bring matters to a sattisfactory conclusion."

Von Preußischer Seite ist mir dasselbe angedeutet. Die Unruhen welche ohnfehlbar durch meine Abreise veranlaßt ausbrechen würden könnte ich gegen diese Monarchen nicht verantworten, und da ich in seinen Dienst bin, und auch sonst ist mir sehr viel an seiner guten Meinung gelegen. Ich habe sogleich heute an alle Höfe schreiben lassen und ihnen angezeigt daß mir die Vollmacht genommen. Nach England habe ich eine Abschrift eines Briefes des Königs von – an mich Staffette geschickt, in dem Briefe an den König sage ich daß wenn er es meinem Ermeßen überlasse ich sogleich von hier abreisen, die Regierung indeß Provisorisch bestehen würde, bis es den Mächten gefallen haben wird einen defendiven Zustand herbei zu führen. Was Deinen Wunsch betrifft mich in Fulda zu sehen, so muß ich Dir sagen daß indem Du mir die Vollmacht genommen ich in meinen Privat Zustand zurück trete, ich also nur hierbleibe indem es die äußerste Nothwendigkeit gebietet, im Fall diese aufhört würde ich mich nach Berlin in meine Garnison zurückbegeben, eine Reise nach Fulda könnt ich dort auf keine motiviren da es nur ein Privat Besuch sein würde. Wolltest du mich aber alsdann in Berlin aufsuchen so würde es mir sehr freuen

Dein

Dir treuergebener Bruder.
Wilhelm.

30. Patent zur Regierungsübernahme in Braunschweig durch Herzog Wilhelm

Agnaten des Herzogs Karl haben dessen absolute Regierungsunfähigkeit festgestellt, weshalb die Regierung auf Herzog Wilhelm übergeht; definitive Regierungsübernahme durch das Patent.

PDB, 18. Sitzung, 11. Mai 1831, § 120, Beilage 1, S. 507–508.

Braunschweig, 20. April 1831

Von Gottes Gnaden, Wir *Wilhelm*, Herzog zu Braunschweig und Lüneburg u.s.w.

thun hiemit kund und zu wissen:

Von Seiten des Durchlauchtigsten Deutschen Bundes ist mittelst Beschlusses vom 2. December vorigen Jahrs neben dem darin an Uns Selbst gerichteten Ersuchen, die Regierung des Herzogthums Braunschweig bis auf Weiteres zu führen, alles, was zur Erhaltung der Ruhe und Sicherheit so wie der gesetzlichen Ordnung im Herzogthume erforderlich ist, vorzukehren, und daß dieses auf Veranlassung des Deutschen Bundes geschehen, öffentlich bekannt zu machen, zugleich auch die Einladung an die berechtigten Agnaten Seiner Durchlaucht des Herzogs *Carl* von Braunschweig, Unsers Bruders Liebden, ergangen, diejenige definitive Anordnung für die Zukunft, welche die dauernde Ruhe und gesetzliche Ordnung in dem Herzogthume Braunschweig erheische, in Gemäßheit der Herzoglich-Braunschweigischen Hausgesetze und des Herkommens zu berathen und zu bewirken, so wie auch eine baldige Benachrichtigung über die in solcher Art getroffene Feststellung dem Deutschen Bunde zur Anerkennung zukommen zu lassen.

Je weniger Wir Anstand nehmen konnten, das an Uns gerichtete, Unsern vorläufigen Zwischentritt zur Erhaltung gesetzlicher Ordnung bezweckende Ersuchen zu erfüllen, desto schwerer wurde es bis jetzt den Agnaten, der an sie ergangenen Einladung Folge zu geben, da Seine Majestät der König von Großbritannien und Hannover durch vorliegende notorische Thatsachen zu der reiflichen Ueberzeugung von der absoluten Regierungsunfähigkeit Sr. Durchlaucht des Herzogs *Carl* von Braunschweig-Lüneburg gelangt waren, und Wir, so gern Wir auch in Unsern brüderlichen Gesinnungen Uns eines Andern überredet hätten, einer gleichen Ueberzeugung Uns nicht erwehren konnten.

Die berechtigten Agnaten haben alle Mühe angewandt, um der Nothwendigkeit überhoben zu werden, über jene Thatsache absoluter Regierungsunfähigkeit sich öffentlich auszusprechen, und hierauf die definitive Anordnung zu gründen, welche der Durchlauchtigste Deutsche Bund von ihnen erwartet.

Da jedoch alle ihre dießfälligen Bemühungen ohne Erfolg gewesen sind, so haben sich dieselben auf den Grund jener nicht zu verkennenden Thatsachen nothgedrungen dahin vereinigt, daß die Regierung im Herzogthume Braunschweig als erledigt anzunehmen, und sonach, unter Aufrechthaltung der über die Primogenitur in dem Fürstlichen Hause Braunschweig-Wolfenbüttel bestehenden Verträge, und des Pacti Henrico-Wilhelmiani, so wie der auf solchen sich gründenden Successionsrechte, definitiv auf Uns in Unserer Eigenschaft als nächster Agnat mit allen verfassungsmäßigen Rechten und Pflichten eines regierenden Herzogs von Braunschweig übergegangen sey.

Kraft dieser, in Folge der obgedachten Einladung des Durchlauchtigsten Deutschen Bundes getroffenen, agnatischen Anordnung und in Erwägung der ausserordentlichen Zeitverhältnisse, welche eine Fortdauer des jetzigen unbestimmten Zustandes der Regierungsgewalt im Herzogthume Braunschweig nicht länger verstatten, indem während desselben weder die Leistungen, welche der Bund dringend in Anspruch nimmt, nach Gebühr gewährt, noch auch die Maaßregeln, welche das allgemeine Beste der Braunschweigischen Lande erheischt, unter Mitwirkung der getreuen Stände, die Wir zu diesem Ende um Uns zu versammeln wünschen, so wie Unser Herz das dringende Bedürfniß fühlt, getroffen werden können, erklären Wir hiemit Jedermänniglich, daß Wir im Einverständnisse mit Unserm vielgeliebten Herrn Oheim, des Königs von Hannover, auch Königs des vereinigten Reichs Großbritannien und Irland Majestät, die Regierung der hiesigen Lande vom heutigen Tage an definitiv antreten, wie solches mittelst des gegenwärtigen Patents geschieht.

Demnach haben Wir bereits die verfassungsmäßigen Reversalen ertheilt, und nach Aufhebung des bisherigen Unterthanenverbandes, welche Wir hierdurch ausdrücklich aussprechen, den Termin zur Ableistung des allgemeinen Huldigungseides für die hiesige Residenz auf den 25. dieses Monats, und für die übrigen Landestheile auf die zunächst darauf folgenden Tage festgesetzt, und werden das sonst noch Erforderliche bestimmen und anordnen.

Sobald die Einnahme des Huldigungseides erfolgt, und somit die definitive Anordnung, wozu der Durchlauchtigste Deutsche Bund die berechtigten Agnaten eingeladen hat, bewirkt seyn wird, behalten Wir Uns vor, die alsbaldige Benachrichtigung davon dem Deutschen Bunde zukommen zu lassen.

Urkundlich Unserer eigenhändigen Unterschrift und beigedruckten Staatscanzlei-Siegels.

Gegeben Braunschweig, den 20. April 1831.

Wilhelm, Herzog. *(L. S.)*

Graf von Veltheim. von Schleinitz. F. Schulz.

vidit G. Koch.

31. Bundesbeschluß zur Bildung eines Exekutionskorps nach Luxemburg

Zusammensetzung der Bundestruppen, die nach Luxemburg ziehen sollen; genauere Bestimmungen zu diesem Exekutionskorps.

PDB, 15. Sitzung, 25. April 1831, Separatprotokoll, § 1, IV–VI.

Frankfurt am Main, 25. April 1831

Beschluß:

1) Das Executionscorps gegen das Großherzogthums[!] Luxemburg wird aus drei Divisionen bestehen, welche aus folgenden Contingenten zusammengesetzt werden:

Erste Division.

Königlich-Hannöverisches Contingent:

8 Bataillone Infanterie	5,300 Mann		
2 Regimenter Cavalerie	904 „		
2 Batterien zu 6 Geschütze	432 „		
		6,636 Mann	

Herzoglich-Braunschweigisches Contingent:

3 Bataillone Infanterie	992 Mann		
2 Schwadronen Cavalerie	150 „		
1/2 Batterie von 4 Geschützen	144 „		
		1,286 „	
			7,922 Mann.

Zweite Division.

Herzoglich-Holsteinisch- und Lauenburgisches Contingent:

4 Infanterie Bataillone	2,913 Mann		
1 Regiment Cavalerie	514 „		
1 Batterie von 8 Geschützen	209 „		
Pionniere und übrige Combattans	42 „		
		3,678 Mann	

Gro[ß]herzoglich-Mecklenburg-Schwerinisches Contingent:

3 Infanterie Bataillone	1,750 Mann		
1 Schwadron Cavalerie	150 „		
1/2 Batterie von 4 Geschützen	96 „		
	1,996		

Großherzoglich-Mecklenburg-Strelitzisches Contingent:

2 Compagnien Infanterie	350		
		2,346 „	

Großherzoglich-Oldenburgisches Contingent:

1 Feldbataillon Infanterie	1,300 Mann		
$^1/_2$ Batterie von 4 Geschützen	144 „		
		1,444 [Mann]	

Contingente der freien Städte Lübeck, Bremen und Hamburg:

2 Bataillone Linien-Infanterie	1,300 Mann		
1 Schwadron Cavallerie	150 „		
2 Geschütze	72 „		
		1,522 „	
			8,990 Mann.

[…]

Dritte Division.

Kurhessisches Contingent:

2 Compagnien Jäger } 4 Bataillone Infanterie }	3,040 Mann	
1 Regiment Cavalerie	500 „	
2 Batterien, jede zu 6 Geschütze	432 „	
		3,972 Mann

Herzoglich-Nassauisches Contingent:

6 Bataillone Infanterie	3,700 Mann		
1 Batterie von 8 Geschützen	288 „		
		3,988 „	
			[…]
Summe des ganzen Occupationscorps			24,872 Mann.
worunter Cavalerie			2,368 Mann
und Artillerie 42 Geschütze mit			1,817 „

2) Die Gesandtschaften der Regierungen, deren Contingente das Executionscorps bilden, werden ersucht, in die Tabellen des marschirenden Standes eines jeden Contingents, nebst der Anzahl der Combattans, auch jene der Noncombattans und die nach dem in jedem dieser Staaten bestehenden Reglement denselben gebührende, somit erforderliche Zahl Mundportionen, dann der leichten und schweren Pferderationen, aufzunehmen und diese Tabellen schleunigst einzureichen, damit solche dem zum Commando des Executionscorps bestimmten Königlich-Hannöverischen Generallieutenant, Herrn von *Hinüber*, zugemittelt werden können;

3) Der Königlich-Hannöverische Ansatz für Ausmaaß der Mundportionen und Pferderationen wird als derjenige angenommen, welcher bei Verpflegung des ganzen Corps in Anwendung zu bringen ist.

4) Als *Sammelplätze* für die Contingente werden bestimmt:
für das Königlich-Hannöverische – *Göttingen*,
für das Herzoglich-Braunschweigische – *Seesen*,
für das Kurhessische – *Marburg*,
für das Herzoglich-Nassauische – *Weilburg* und *Rüdesheim*,
für das Lübeckische – *Lübeck*,
für das Hamburgische – *Hamburg*, welche beide letzteren sich in *Tostädt* – und dann mit dem Contingente der freien Stadt Bremen in *Bassum* zu vereinigen haben; diese sämmtlichen Contingente der freien Hansestädte vereinigen sich sodann mit dem Großherzoglich-Oldenburgischen Contingente in *Osnabrück*;
für das Großherzoglich-Mecklenburg-Schwerin- und Mecklenburg-Strelitzische Contingent – *Boitzenburg*,
für das Königlich-Dänische, Herzoglich-Holsteinisch- und Lauenburgische Contingent – *Altona*.

5) Vierzehn Tage nach Eintreffen des Marschbefehls werden sämmtliche Contingente auf ihren respectiven Sammelplätzen vereinigt seyn. Von dieser Bestimmung ist jedoch das Königlich-Dänische, Herzoglich-Holsteinisch- und Lauenburgische Contingent, wegen bedeutender Entfernung desselben, ausgenommen. Der Bund erwartet jedoch mit gerechtem Vertrauen, daß auch diese Truppen mit möglichster Beschleunigung auf dem Sammelplatz eintreffen werden.

6) Die Gesandtschaften, welche es angeht, werden die Commandirenden der Contingente anher nahmhaft machen, und die Regierungen veranlassen, diesen zu bedeuten, daß, sobald die Bundesversammlung beschlossen haben wird, daß das Executionscorps sich in Bewegung setze, die Marschordre durch den commandirenden General unmittelbar an die Commandanten der Contingente wird erlassen werden. [...]

7) In Bezug auf die *Verpflegung* der Truppen auf dem Marsche und im Großherzogthume Luxemburg wird der Eröffnung der Königlich-Niederländischen Regierung entgegen gesehen, welche Verfügungen von ihrer Seite bereits vorbereitet worden sind, oder in wie fern dieselbe die Absicht habe, die Verständigung hierüber dem Einvernehmen der Regierungen, deren Contingente das Executionscorps ausmachen, mit denjenigen, durch deren Staaten diese Truppen zu marschiren haben, zu überlassen?

8) Auf jeden Fall wird von Seiten des Bundes die Bereitwilligkeit derjenigen höchsten und hohen Regierungen, deren Staaten von den Executionstruppen durchzogen werden, zur geneigten Mitwirkung in dieser allgemeinen Bundesangelegenheit in Anspruch genommen.

32. Bericht des bayerischen Bundesgesandten Freiherr von Lerchenfeld im Namen des Ausschusses für Militärangelegenheiten über die Exekution in Luxemburg und die Verteidigungsmaßregeln gegen die Belgier

Schilderung der Rolle des Bundes und der internationalen Aspekte beim Luxemburger Konflikt; Streit um die Kosten für die Exekution; Rolle des niederländischen Königs im Konflikt.

PDB, 22. Sitzung, 21. Juli 1831,
Separatprotokoll, § 4, S. 560d–v, hier: S. 560d–n.

Frankfurt am Main, 21. Juli 1831

Der Königlich-Bayerische Herr Bundestagsgesandte, Freiherr von Lerchenfeld, erstattet Namens des Ausschusses in Militärangelegenheiten folgenden Vortrag [...]:

In der 19. Sitzung ist dem Ausschusse in Militärangelegenheiten der Auftrag zugegangen, mit Beschleunigung sein ausführliches Gutachten über die Kosten[1] des in das Großherzogthum Luxemburg vermöge Bundesbeschlusses vom 18. März bestimmten Executionscorps zu erstatten.

Der Ausschuß hat sich zu diesem Ende mit den übrigen Mitgliedern der Commission zur Vollziehung der Bundesbeschlüsse vereint, um gemeinsam die Ansicht beider Ausschüsse durch sein Gutachten einer hohen Bundesversammlung vorzulegen.

Da die Beurtheilung dieses Kostenpunctes wesentlich mit der Natur des hier obwaltenden Verfahrens zusammenhängt, so erlaubt sich der Ausschuß, eine kurze Darstellung desselben aus den Acten der hohen Bundesversammlung vorauszuschicken.

Als die in Belgien ausgebrochene Revolution sich auch in das Großherzogthum Luxemburg ausbreitete, wurde auf die Anzeige des Festungsgouvernements in Luxemburg schon unterm 7. October vorigen Jahrs diesem der Auftrag ertheilt, die zur Sicherheit der Bundesfestung erforderlichen Maaßregeln zu ergreifen.

Schon in der folgenden Sitzung (unterm 15. October) nahm der Königlich-Niederländische, Großherzoglich-Luxemburgische Gesandte, aus ausdrücklichem Auftrage Seiner Majestät des Königs, seines Herrn,

> den *Beistand des Deutschen Bundes* in dem Sinne des *25. und 26. Artikels* der Wiener Schlußacte in Anspruch, und trug ausdrücklich darauf an, daß durch diesen Beistand die in dem Großherzogthume statt findenden Unruhen unterdrückt werden möchten.

[1] Die Kostenfrage spielt im gewählten Quellenausschnitt nicht die zentrale Rolle; wesentlich ist vielmehr die vom Referenten gelieferte Darstellung der Vorgänge, der Bewertungen und internationalen Zusammenhänge, die jedoch durch die Kostenfrage angeregt wurde.

Die Bundesversammlung forderte hierauf die Königlich-Großherzogliche Gesandtschaft um ausführliche Auskunft über Anlaß und Zweck des Aufruhrs, dessen Umfang im Großherzogthume, über die bereits eingeleiteten verfassungsmäßigen und gesetzlichen Mittel zur Herstellung der Ordnung, so wie darüber auf:

> in welcher Art und Weise und in welchem Umfange die Bundeshülfe in Anspruch genommen werde.

Aus der unter dem 18. November deßfalls abgegebenen Aeusserung geht hervor, daß die Bewohner des Großherzogthums Luxemburg in dem Zustande der Empörung gegen ihren rechtmäßigen Souverain sich befinden, und zu derselben durch die in voller Rebellion begriffenen Belgischen Provinzen veranlaßt worden seyen; daß ihre Absicht dahin gehe, sich ganz und für immer den Belgischen Provinzen anzuschliessen, und der Souverainetät des Königs-Großherzogs sich zu entziehen; daß die Großherzogliche Regierung ausser Stande sey, ihre gesetzliche Autorität durch eigene Kraft wieder herzustellen, und daß sie sich somit genöthigt sehe, die Hülfe des Bundes zur Erreichung dieses Zweckes förmlich in Anspruch zu nehmen. Bei der Entfernung vom Schauplatze der Begebenheiten sey das Königliche Gouvernement ausser Stande,

> eine bestimmte Meinung über die Stärke der Militärmacht zu äussern, die erforderlich seyn dürfte, um den vorgesetzten Zweck zu erzielen. Das Militärgouvernement in Luxemburg scheine hingegen vollkommen geeignet, die näheren Nachweisungen deßfalls anzugeben. Seine Majestät bedauerten hierbei nur, sich in die factische Unmöglichkeit versetzt zu sehen, darauf antragen zu können, vor der Hand wenigstens das bundesverfassungsmäßige Luxemburgische Truppencontingent zur Herstellung der Ruhe im eigenen Lande mitwirken zu lassen.

So sehr die Bundesversammlung die Verbindlichkeit erkannte, der ihr zugegangenen Aufforderung eines Bundesgliedes um Hülfe zur Unterdrükkung des Aufruhrs in einem Bundeslande zu entsprechen, so sah sie sich doch in Rücksicht, daß dieser Aufstand durch die benachbarten Belgier entzündet und unterhalten wurde, und in Erwägung, daß es sich hier *nicht bloß um die innere*, sondern *auch um die äussere Sicherheit* des Bundes handle, veranlaßt, bei der in London eingeleiteten Ministerialconferenz durch die deßfalls ersuchten Höfe von Oesterreich und Preussen die Einleitung zu treffen, um von derselben zu vernehmen:

> in wie fern dieselbe schleunige und wirksame Mittel zu verabreden und anzuordnen beabsichtige, durch welche diejenige Einschreitung zur Unterdrückung des Aufstandes im Großherzogthume Luxemburg, wozu der Bund eben so berechtigt als verpflichtet sey, von Seiten dieses letztern ganz oder theilweise überflüssig werde.

In der 41. Sitzung des vorigen Jahrs (unterm 9. December) wurde der

Militärcommission der Auftrag ertheilt, einen Militärbevollmächtigten aus ihrer Mitte nach Luxemburg abzuordnen, um durch Rücksprache mit dem Großherzoglichen Civilgouvernement und dem Bundes-Festungsgouvernement sich von der eigentlichen Lage der Sache nach allen Beziehungen gründlich zu überzeugen, um sodann ein Gutachten über die Stärke des zur Herstellung der Ordnung und landesherrlichen Autorität im Großherzogthume Luxemburg dahin zu beordernden Truppencorps zu erstatten.

Schon in der darauf folgenden 42. Sitzung (den 14. December) wurde der Antrag

> auf die seiner Zeit zu erfolgende Absendung der zu dem erwähnten Zwecke nöthigen Truppen aus dem 10. Armeecorps gestellt –

welchem Antrage auch der Königlich-Niederländische Gesandte vollkommen beistimmte.

Es wurde hierauf beschlossen, daß das 10. Armeecorps zur Herstellung der Ruhe und des gesetzlichen Zustandes im Großherzogthume Luxemburg bestimmt seyn solle, und die Militärcommission wurde beauftragt, sich mit den vorbereitenden Arbeiten zu beschäftigen, und zu begutachten, welche Theile des 10. Armeecorps hierzu zu verwenden seyen.

In der 3. heurigen Bundestagssitzung (am 3. Februar) theilten die Gesandten von Oesterreich und Preussen der Bundesversammlung die im Auftrage des Bundes der Londoner Ministerialconferenz übergebene Note, und den von derselben hierauf an die in Brüssel befindlichen Commissarien ertheilten Auftrag mit: der provisorischen Regierung daselbst auf das nachdrücklichste zu erkennen zu geben, daß, nachdem die Rechte des Deutschen Bundes auf das Großherzogthum Luxemburg von den fünf Mächten förmlich anerkannt worden, die Intervention der Bundesversammlung in Beziehung auf dasselbe von keiner der benannten Mächte als eine fremde Einmischung angesehen werden könne, hingegen jede Einschreitung der in Belgien provisorisch bestehenden Autoritäten in die Angelegenheiten des Großherzogthums als eine solche betrachtet werden müsse.

Es wurde hierauf beschlossen, die Höfe von Oesterreich und Preussen zu ersuchen, durch ihre Bevollmächtigten an die Londoner Conferenz den Antrag gelangen zu lassen:

> es wolle dieselbe baldmöglichst dem Bunde anzeigen, ob der den beiden Commissarien gegebene Auftrag in Beziehung auf das Großherzogthum Luxemburg, dem Belgischen provisorischen Gouvernement gegenüber, in Vollzug gesetzt worden, welche Erwiederung hierauf von Seiten dieses letztern erfolgt, und endlich welche Maaßregeln von Seiten der Conferenz etwa noch zu erwarten seyen, um ein Einschreiten des Bundes überflüssig zu machen.

Aus dem in der 5. Sitzung der Bundesversammlung von den Gesandten von Oesterreich und Preussen mitgetheilten 11. Protokolle der Londoner

Conferenz vom 20. Januar war zu entnehmen, daß die fünf Mächte hierein ausdrücklich anerkannten,

daß das Großherzogthum Luxemburg, welches unter einem verschiedenen Titel von den Prinzen des Hauses Nassau besessen wird, einen Theil des Deutschen Bundes ausmacht und noch ferner bilden solle, und daß Belgien, welchem eine beständige Neutralität und die Integrität und Unverletzbarkeit seines ihm bezeichneten Gebietes zugesichert wurde, auch gehalten sey, die nämliche Neutralität gegen alle andern Staaten zu beobachten, und ihrer innern und äussern Ruhe nicht zu nahe zu treten.

Das in der 8. Sitzung (unterm 10. März) zur Kenntniß der Bundesversammlung gebrachte 19. Protokoll erkennt das Recht an,

kraft dessen die andern Staaten solche Maaßregeln zu nehmen befugt sind, als sie für nöthig erachten werden, um ihrer rechtmäßigen Autorität in allen ihnen gehörigen Ländern, die ausserhalb des für neutral erklärten Belgischen Gebietes liegen, Achtung zu verschaffen, oder dieselbe wieder herzustellen.

So sehr die Bundesversammlung berechtigt war, zu erwarten, daß, nachdem die Londoner Conferenz der provisorischen Belgischen Regierung das Unbegründete ihrer Ansprüche auf das Großherzogthum Luxemburg dargestellt, und das Recht und die Befugnisse des Bundes und des Hauses Nassau auf dasselbe verkündet hatte, die Belgier ihre ungegründeten Prätensionen aufgeben würden; so erschien jedoch zu Anfang des Monats März eine Proclamation des Regenten von Belgien an die Bewohner von Luxemburg, wodurch sie im Aufstande zu verharren, mit Belgien vereint zu bleiben, aufgefordert werden, und ihnen Unterstützung von Seiten Belgiens zugesichert wird.

Die Königlich-Niederländische Gesandtschaft übergab daher auf ausdrücklichen Befehl des Königs in der 9. Sitzung eine Erklärung zum Protokoll, wornach Seine Majestät – überzeugt von den föderativen Gesinnungen Ihrer erlauchten Bundesgenossen, die das gleiche Interesse aller bei einem so unverantwortlichen Angriffe Eines aus Ihrer Mitte nicht verkennen –

den Bund zur thätigen Beschützung Ihres gefährdeten Gebietes und zur schleunigen Ergreifung der zur Vertheidigung desselben gegen freventlichen Anfall höchst nöthigen Maaßregeln, in Folge des Art. 38 der Wiener Schlußacte und des Art. 11 der Bundesacte, um so dringender anrufen, als sich eben jetzt noch durch die ausserordentlichsten Anstrengungen eine imponirende Streitmacht längs der ganzen Belgischen Grenze Holländischer Seits aufgestellt befinde.

Als die Königlich-Hannöverische Gesandtschaft gegen die Stellung ihres Contingents Vorstellung machte, und sich hierbei darauf bezog: daß die Königlich-Niederländische Regierung die Hülfe des Bundes nicht auf den

Grund des 26. Artikels, wie früherhin, sondern auf den des 38. Artikels der Schlußacte und 11. der Bundesacte in Anspruch nehme, erklärte der Königlich-Niederländische Gesandte ausdrücklich: daß

indem nunmehr auch nach dem Art. 38 der Wiener Schlußacte der Bund gegen das nachbarliche, sich eigenmächtig und dermalen unaufgefordert im Namen des Großherzogthums Luxemburg eine feindselige Sprache und Stellung anmaßende, so genannte Belgische Gouvernement zum Beistand angerufen werde – hierdurch die Vollziehung eines bereits förmlich bestehenden, auf die Art. 25 und 26 sich gründenden Beschlusses gegen den Belgischer Seits erzwungenen, mehr vorgeblichen als reellen Aufruhr im Großherzogthume, selbst keineswegs entkräftet werden könne.

Vielmehr verstärkt wünschen Seine Majestät der König-Großherzog die Action des Bundes und deren Anwendung, wie es nur immer die Dringlichkeit der Umstände erfordern dürfte, den gehörigen Nachdruck verschafft zu sehen, nicht aber verzichten können Sie auf die Ihnen bereits zugesicherte Hülfe wollen.

Ueber die Einwendung Hannovers wurde nach Anleitung des §. 9 der Executionsordnung Umfrage gehalten, und eine die besonderen Verhältnisse billig berücksichtigende Bestimmung getroffen, daß nur *das halbe Contingent* zu dem Occupationscorps beigezogen werden solle.

Nach dem von dem Ausschusse in Militärangelegenheiten über das Gutachten der Militärcommission wegen des nach Luxemburg abzuordnenden Truppencorps erstatteten Vortrage, überzeugte sich die hohe Bundesversammlung, daß, wenn auch, wie der an Ort und Stelle abgesandte Generallieutenant von Wolzogen anführt, ein Corps von 12,000 Mann hinreichend seyn würde, um die Ordnung und rechtmäßige Autorität im Großherzogthume Luxemburg herzustellen, so wie keine Einmischung von Seiten der Belgier zu befürchten wäre, und wenn die Einrückung der Bundestruppen nicht auswärtige Ruhestörer ohne Genehmigung ihrer Regierung, unter dem Vorwande, den Luxemburgern zu Hülfe zu kommen, herbeiziehen könnte, bei den neuesten Schritten des Belgischen Gouvernements und bei der ausdrücklich von demselben zugesicherten Unterstützung

nicht nur die Verwendung eines Armeecorps von 24,000 Mann, sondern auch die Aufstellung eines Reservecorps von 12 bis 15,000 Mann erforderlich werde.

Es wurde daher unterm 18. März beschlossen:

daß ein Corps von 24,000 Mann vom 10. Armeecorps und der 2. Division des 9. Armeecorps schlagfertig aufgestellt werden solle, um die Ruhe und die Autorität Seiner Majestät des Königs der Niederlande im Großherzogthume Luxemburg wieder herzustellen;

daß die Regierungen, deren Contingente dieses Corps bilden, ersucht

werden, dieselben dermaßen in marsch- und schlagfertigem Stande aufzustellen, damit solche, sobald ihnen der Marschplan zugefertigt werden wird, sich unverzüglich in Bewegung setzen können;
daß die Königlich-Preussische Regierung ersucht werde, ein Reservecorps von wenigstens 12 bis 15,000 Mann an der Preussischen Grenze gegen Luxemburg zusammenzuziehen, um zu dem angegebenen Zwecke nach Erforderniß mitwirken zu lassen;
daß die Anzeige der Königlich-Niederländischen Gesandtschaft, daß das Großherzogthum Luxemburg und dadurch die Gesammtheit des Bundes von einem feindlichen Angriffe von Seiten der Belgier bedroht sey, an die Regierungen einzubefördern und sich Instruction zu erbitten sey, damit über die angezeigte Gefahr binnen drei Wochen der bundesverfassungsmäßige Ausspruch gethan, und wegen der allenfalls in Wirksamkeit zu setzenden Vertheidigungsmaaßregeln ein Beschluß gefaßt werden könne;
daß, nach dem §. 28 der näheren Bestimmungen der Militärverfassung des Deutschen Bundes, die Contingente sämmtlicher Bundesregierungen so marsch- und schlagfertig zu halten seyen, damit für den Fall, wenn der Bund nach dem §. 35 die ganze oder theilweise Mobilmachung des Bundesheeres beschliessen sollte, dießfalls kein Hinderniß in den Weg trete;
daß die Königlich-Niederländische Regierung ersucht werde – da die Kosten der Execution des Großherzogthums Luxemburg und die Vergütung der Vorauslagen dem König der Niederlande zur Last fallen werden, wofür der Bund den betreffenden Bundesgliedern Gewähr leiste – einen besondern, mit vollständiger Information, Vollmacht und Mitteln ausgerüsteten Niederländischen Commissär, zu umfassender Verabredung der zu treffenden Maaßregeln und Vereinbarung über den Kostenpunct und die Verpflegung, hierher zu beordern;
daß die zur Theilnahme an dieser Expedition beauftragten Regierungen ersucht werden, binnen 14 Tagen über das zur schlagfertigen Aufstellung ihrer Contingente Verfügte die Anzeige zu erstatten.

In derselben Sitzung wurde auch auf Antrag des Festungsgouvernements beschlossen, die zur Ergänzung der Kriegsbesatzung der Bundesfestung Luxemburg bestimmten Contingente dahin abzusenden.

Die Königlich-Niederländische Regierung kam dem diesseitigen Ansinnen durch die Ernennung des Generalmajors Freiherrn von *Tengnagell* zum Commissär, um über die zu treffenden Maaßregeln und Vereinbarung über den Kostenpunct und die Verpflegung des Executionscorps das Geeignete zu verabreden, so wie durch die in der 14. Sitzung abgegebene Erklärung entgegen:

daß Seine Majestät keinen Augenblick gezögert haben, die nach Num. 7

des Beschlusses der 9. Sitzung verlangte Mitwirkung eintreten zu lassen, und daß der dahier ernannte Commissär bereits beschäftigt sey, *alle für den Marsch der designirten* Bundestruppen erforderlichen Vorbereitungen zu treffen.

Der König-Großherzog *erkenne nicht nur ausdrücklich an*, daß die Kosten der Execution gegen das Großherzogthum Luxemburg dem in Insurrection befindlichen Lande zur Last fallen müssen; sondern sey auch darauf bedacht, den zur Execution mitwirkenden Staaten die Erfüllung dieser Bundespflicht nach Möglichkeit zu erleichtern.

Die Gesandtschaft trug daher darauf an, daß ein zu diesem Ende zu negocirendes Anlehen von Seiten des Bundes durch einen Beschluß erleichtert werde:

daß, nach erfolgtem Einmarsch des Executionscorps in das Großherzogthum, Sorge getragen werden wolle, daß die contractmäßige Vollziehung der Anleihebedingungen mittelst förmlicher Constituirung einer genügenden Hypothek versprochenermaßen verbürgt werde.

So wie die Erklärungen der Bereitwilligkeit der einzelnen, nach dem Beschlusse vom 18. März aufgeforderten Regierungen eingegangen waren, wurde unter dem 25. April über die Zusammensetzung des Executionscorps Beschluß gefaßt, genau die Stärke eines jeden Contingents angegeben, und zugleich festgesetzt:

daß 14 Tage nach dem Eintreffen des Marschbefehls, sämmtliche Contingente auf ihren respectiven Sammelplätzen vereinigt seyn müssen.

Die gewaltsamen Vorschritte der provisorischen Belgischen Regierung hatten in dem Großherzogthume Luxemburg den Aufstand allgemein ausgebreitet, die Königlichen Behörden wurden überall vertrieben, ein eigener Gouverneur der Provinz in der Person des Advocaten *Thorn* ernannt, in allen Ortschaften Communalgarden errichtet, das Aufgebot der ersten Classe einberufen, ein Freicorps organisirt, und Belgische Truppen in das Luxemburgische abgeordnet, um das Großherzogthum gegen jede Macht zu schützen, welche die Rechte des Hauses Oranien zu unterstützen versuchen würde.

Belgische Militärpersonen erlaubten sich, vereint mit bewaffneten Bewohnern der umliegenden Ortschaften, Gewaltthätigkeiten gegen einen Niederländischen Maréchaussée, selbst innerhalb des Rayons der Festung, und Preussische Soldaten wurden zur Desertion durch alle Mittel verleitet.

Die Bundesfestung selbst wurde dadurch in Gefahr gesetzt, und die hohe Bundesversammlung fand sich unterm 21. April veranlaßt, dem Festungsgouvernement, im vollen Vertrauen auf dessen bewährte Umsicht, zu überlassen, alles, was zur Erhaltung der Bundesfestung und der Communication derselben mit dem Bundesgebiete erforderlich sey, und die Ehre der Waffen erheische, vorzukehren, und dasselbe zu ermächtigen, den rein militärischen Gang einzuhalten.

Die Versuche Seiner Majestät des Königs-Großherzogs, durch die Anordnung eines eigenen Civilgouvernements für das in der Staatsverwaltung nunmehr ganz ausgeschiedene Großherzogthum zur Ordnung und zum Gehorsam zurückzuführen, scheiterten an den Einschreitungen des Belgischen provisorischen Gouvernements, die das Großherzogthum als einen integrirenden Theil der Belgischen Provinzen erklärten, und alle Bemühungen des von dem Könige nach Luxemburg abgeordneten Generalgouverneurs, des Herzogs Bernhard von Sachsen-Weimar, blieben fruchtlos.

Vergebens wurde durch eine Königliche Bekanntmachung vom 19. Februar den Bewohnern des Großherzogthums eröffnet, daß der Deutsche Bund Seine Majestät in der Herstellung der Ruhe und gesetzlichen Ordnung mit einer zureichenden Macht von Bundestruppen unterstützen werde.

Die Gebietsverletzungen, welche sich die neu organisirte und von Seiten der Belgischen Regierung mit Gewehren versehene Bürgergarde in den zunächst um Luxemburg gelegenen Orten, selbst in dem Rayon der Festung, erlaubte, nöthigten das Festungsgouvernement, nachdem es vergebens wiederholt die Zurücknahme dieser Gewehre von dem Belgischen Civilcommissär verlangt hatte, die Entwaffnung dieser Ortschaften durch ein abgeordnetes Militärdetachement zu verfügen.

Die hohe Bundesversammlung ermangelte nicht, die gewaltsamen Eingriffe der provisorischen Belgischen Behörden gegen die Bundesfestung Luxemburg, so wie die Abordnung Belgischer Truppen in das Großherzogthum zur Kenntniß der Londoner Conferenz durch die Bevollmächtigten von Oesterreich und Preussen bringen zu lassen.

Die Conferenz – unablässig bemüht, die Belgische Angelegenheit auf eine die Erhaltung der Ruhe und des Friedens sichernde Weise gütlich beizulegen, und den Wiederanfang der Feindseligkeiten zu vermeiden, das ganz besondere Verhältniß des Großherzogthums Luxemburg zu dem Hause Nassau und zu dem Deutschen Bunde vollkommen anerkennend – fand sich unterm 10. Mai veranlaßt, in ihrem 23. Protokolle zu erklären, daß, wenn die Grundlagen der Ausscheidung Belgiens von den Niederlanden nicht bis zum 1. Juni von dem Belgischen Gouvernement anerkannt seyn würden, alle Verbindung der fünf Mächte mit demselben aufgehoben werden würde:

> und daß die fünf Mächte – weit entfernt, bei dem Deutschen Bunde noch weiter, wie sie es bisher gethan, die Ausführung der Maaßregeln zu verzögern, welche derselbe in Ansehung des Großherzogthums Luxemburg zu ergreifen beschlossen hat – vielmehr selbst die Nothwendigkeit dieser Maaßregeln anerkennen müßten.

Daß die fünf Mächte, in Beziehung auf die freundschaftlichen Verhältnisse, die zwischen ihnen und dem Deutschen Bunde bestehen, die Bundesversammlung in Frankfurt ersuchen, der Londoner Conferenz als einen Beweis ihrer Freundschaft vertrauliche Mittheilung über die Zahl und die Verwendung der nach Luxemburg bestimmten Truppen zu machen, um hierdurch den Besorgnissen vorzubeugen, welche die militärischen Bewegungen in benachbarten Ländern erzeugen könnten.

Deßhalb wünschte die Conferenz, daß die Bundesversammlung mit der Anzeige ihrer Beschlüsse in officieller Form die Versicherung verbinden wolle, daß der Einmarsch der Bundestruppen in das Großherzogthum Luxemburg keinen andern Zweck habe, als die Herstellung der rechtmäßigen Gewalt und die Aufrechthaltung der hinsichtlich dieses Bundesstaates bestehenden Verträge, so wie, daß der Deutsche Bund sich vollkommen bereit erkläre, die Neutralität der Belgischen Provinzen zu respectiren, so fern solche von Belgien selbst beachtet würde. –

Der der Bundesversammlung mitgetheilte Entwurf einer Erklärung der fünf Mächte, welche, in dem Falle, daß die executorischen Maaßregeln von Seiten des Bundes eintreten müßten, erlassen werden solle, enthält:

daß die beharrlichen Bemühungen der fünf Mächte in den angeführten Protokollen, die Belgische Regierung zu überzeugen, daß ihre Grundsätze in Ansehung auf das Großherzogthum Luxemburg eben so unveränderlich seyen, als die Verträge, worauf sie sich stützen, eben so wenig als die freundschaftlichen Vorstellungen der fünf Höfe den erwarteten Erfolg gehabt hätten. Ungeachtet aller Bemühungen und Einleitungen, fahren die in Belgien regierenden Behörden nicht nur fort, Entwürfe der Eroberung des Großherzogthums Luxemburg anzukündigen, sondern sie bemühen sich, dieselbe in Vollzug zu setzen. – Noch heute arbeiten sie hieran mit erneuerter Thätigkeit.

Die Mittel der gütlichen Beilegung seyen daher erschöpft, und die fünf Mächte gezwungen, zu erklären, daß sie ferner keinen Erfolg der weiteren Zögerungen in der Ausführung der Maaßregeln erwarten können, welcher der Deutsche Bund beschlossen hat, sie hiermit einstimmig das gebieterische Verhältniß der Umstände erkennen, welche dem Bunde nicht gestatten, noch länger die Anwendung der Waffengewalt zu verschieben, um unbestreitbaren Rechten Achtung zu verschaffen.

Die seit jenem Protokolle und der Mittheilung desselben an den Deutschen Bund statt gefundenen weiteren Verhandlungen und Einleitungen der Conferenz, um Belgien durch ein gütliches freiwilliges Uebereinkommen mit Seiner Majestät dem König der Niederlande gegen gerechten Ersatz den Besitz des Großherzogthums Luxemburg zu versichern, sind der hohen Bundesversammlung aus dem ihr mitgetheilten Schreiben der Bevollmächtigten der Conferenz an Lord Ponsonby vom 6. Juni bekannt.

Aus allen diesen, theils am Bunde statt gefundenen, theils von Seiten der

Londoner Conferenz gepflogenen und dem Bunde mitgetheilten Verhandlungen der fünf Mächte geht deutlich und überzeugend hervor:

daß in Folge des in Belgien ausgebrochenen Aufstandes die Unterthanen des Großherzogthums Luxemburg gleichfalls gegen ihren rechtmäßigen Landesherrn, Seine Majestät den König und Großherzog, sich aufgelehnt haben;

daß sie ihre Abgeordneten zu dem Congresse nach Brüssel gesendet;

daß sie an allen Verhandlungen daselbst Theil genommen haben;

daß alle Bemühungen des Großherzoglichen Gouvernements, sie hiervon zurückzubringen, vergebens waren;

daß der Aufstand in dem Großherzogthume durch die Einwirkung der Belgischen Behörden unterstützt und allgemein verbreitet wurde;

daß die Belgische Regierung das Großherzogthum Luxemburg als einen integrirenden Bestandtheil Belgiens betrachtet;

daß sie die militärische Organisation des Großherzogthums zum Behufe des Widerstandes gegen die Bundestruppen vorgenommen;

daß sie Belgische Truppen zur Vertheidigung des Landes dahin abgeordnet habe;

daß die Luxemburger Angelegenheit mit der Belgischen Frage verwikkelt worden sey;

daß dieses selbst die Londoner Conferenz anerkannt, und eben deßhalb die Ausführung der Maaßregeln verzögert habe, welche der Deutsche Bund zur Herstellung der innern Ruhe in dem Großherzogthume beschlossen hatte;

daß schon im October v. J. die Bundeshülfe von Seiner Majestät dem Könige und Großherzoge im Sinne des 25. und 26. Artikels der Wiener Schlußacte erbeten;

daß Seine Majestät bei der gewaltsamen Einmischung Belgiens und der öffentlichen Zusicherung einer Unterstützung gegen den Bund diesen im März l. J. zur Beschützung Ihres gefährdeten Gebietes nach Art. 38 der Schlußacte aufgefordert, vielmehr aus diesem Grunde eine Verstärkung der zugesicherten Bundeshülfe in Anspruch genommen haben;

daß selbst die fünf Mächte die Einmischung der Belgier in die Luxemburger Angelegenheit zurückgewiesen haben;

und daß es sich daher bei der Vollziehung der vom Bunde beschlossenen Maaßregel zur Herstellung der Ruhe und der Autorität des Königs-Großherzogs in dem Großherzogthume Luxemburg nicht bloß davon handle, die insurgirten Unterthanen in diesem zu dem Deutschen Bundesvereine gehörigen Lande zur Ordnung und zum Gehorsam zurückzuführen, sondern zugleich davon, die ungegründeten Ansprüche der Belgischen Regierung auf dieses Großherzogthum zu beseitigen, und jeden Widerstand zu entfernen, der von Seiten Belgiens oder fremder Unterthanen entgegengesetzt werden möchte.

Der Ausschuß ist daher der vollen Ueberzeugung:

daß die von Seiten des Bundes unterm 18. März beschlossene Maaßregel der Aufstellung eines Corps von 24,000 Mann und eines Reservecorps von 12 bis 15,000 Mann zwar zunächst als eine executive Verfügung nach der Bestimmung der Art. 25 und 26 der Schlußacte zu betrachten sey, daß aber die unverhältnißmäßige Stärke dieses Corps durch die Einmischung des Belgischen Gouvernements und dessen Bedrohung eines feindlichen Angriffes vorzugsweise motivirt worden ist.

Aus diesem Gesichtspuncte wird auch der Antrag der Großherzoglich-Luxemburgischen Regierung, welcher sowohl in den Bemerkungen, die von Seite des Generalmajors Freiherrn von *Tengnagell* in Ansehung des Kostenpuncts übergeben wurden, als in der Note der Gesandtschaft vom 3. v. M. enthalten ist, und der auf die genaue Scheidung der Executionsmaaßregeln gegen das Großherzogthum Luxemburg von den Vertheidigungsmaaßregeln des Bundes gegen die Angriffe der Belgier und die Bezeichnung jener 12,000 Mann, die nach dem Gutachten der Militärcommission als das eigentliche Executionscorps zu betrachten seyen, gerichtet ist, von den Bundesregierungen zu würdigen seyn.

Erwägt man auf der einen Seite,

daß schon in der 9. Sitzung die Stärke des gegen Luxemburg aufzustellenden Corps mit 24,000 Mann, wozu das 10. Armeecorps und die zweite Division des 9. Armeecorps bestimmt worden ist, nebst einem Reservecorps von 12 bis 15,000 Mann Königlich-Preussischer Truppen festgesetzt wurde;

daß in der 14. Sitzung Seine Majestät der König-Großherzog zu Protokoll erklären ließ, daß Allerhöchstdieselbe ausdrücklich anerkennen, daß die Kosten der Execution gegen das Großherzogthum Luxemburg dem in Insurrection befindlichen Lande zur Last fallen, ohne irgend eine Bemerkung in Ansehung der Stärke und der Zusammensetzung dieses Corps beizufügen;

daß, nach der Anzeige der Gesandtschaft, der Königlich-Niederländische Commissär, Generalmajor Freiherr von Tengnagell, bereits beauftragt war, alle für den Marsch der *designirten* Bundestruppen erforderlichen Vorbereitungen zu treffen;

daß derselbe um die Mittheilung genauer Standeslisten aller Contingente der zu dem Executionscorps gehörigen Truppen, so wie um das Verzeichniß des täglichen Bedarfs an Lebensmitteln, Fourage und Vorspann nachgesucht;

daß dieser darauf angetragen habe, daß die respectiven Regierungen wegen der Verpflegung ihrer Truppen auf dem Marsche mit den Regierungen, durch deren Staaten die Truppen ziehen, Uebereinkünfte treffen, nach welchen von den Niederländischen Commissarien die Vergütung erfolgen werde;

daß derselbe angezeigt habe, daß für den Unterhalt der Executionstruppen auf dem Marsche am linken Rheinufer bereits Vorsorge getroffen sey;

daß überdieß die Bedürfnisse an Lebensmitteln für 30 Tage in den Magazinen vorräthig seyen;

und daß dieser Commissär um die baldige Einberufung des Königlich-Dänischen Herzoglich-Holsteinisch-Lauenburgischen Intendanten angesucht habe;

so ergiebt sich unzweifelhaft, daß die Königlich-Niederländische, Großherzoglich-Luxemburgische Regierung selbst Anfangs weder eine Ausscheidung der Truppen, noch eine Beschränkung der Kosten des Executionscorps auf einen bestimmten Antheil beabsichtigt habe. –

Hierdurch allein scheint jedoch dem Ausschusse die billige Berücksichtigung der Umstände, welche die ausserordentliche Stärke dieses Executionscorps herbeigeführt haben, nicht ausgeschlossen zu seyn.

Es wird jedoch auf der andern Seite auch nicht zu übersehen seyn, ob und in wie fern die Verwickelung mit Belgien die ungegründeten Ansprüche, welche dieses auf die Einverleibung des Großherzogthums aufgestellt, nicht durch jene administrativen Verfügungen Seiner Majestät des Königs-Großherzogs, wenigstens großentheils, herbeigeführt worden seyen, wodurch gleich Anfangs dieses zu dem Deutschen Staatenbunde gehörige Land mit den ausser desselben befindlichen Belgischen Provinzen, den Interessen des Bundes zuwider, auf eine so innige Weise vereinigt, und in Ansehung der Verwaltung und Verfassung verschmolzen wurde, daß dieses Bundesland hierdurch dem Deutschen Nationalinteresse und der Deutschen Nationalgesinnung nur zu sehr entfremdet, den Belgischen Ansichten zugewendet, und hierdurch für die Einwirkung des Belgischen Gouvernements zur gleichzeitigen Losreissung von dem legitimen Regentenstamme und zur Vereinigung mit Belgien um so empfänglicher wurde.

Es dürfte hierbei nicht zu verkennen seyn, daß, wenn Seine Majestät von jeher für das Großherzogthum Luxemburg ein abgesondertes selbstständiges Gouvernement aufgestellt, für dasselbe sein eigenes Bundescontingent gehalten hätten, es viel leichter gewesen seyn würde, selbst den Versuchen einzelner unzufriedener Unterthanen zu begegnen, und die Ruhe und Ordnung in dem Bundeslande zu erhalten, für welche jedes Bundesglied vor allem selbst zu sorgen, und das zur Erhaltung der innern und äussern Sicherheit des Bundes verfassungsmäßig zu haltende Contingent zu verwenden verbunden ist.

Wie man aber auch immer die hier obwaltenden Verhältnisse beurtheilen will, so würde doch niemals eine wirkliche Ausscheidung der für die Execution bestimmten, und der zur Vertheidigung des Bundes gegen fremde Einmischung aufgestellten Truppencorps, wie sie von Niederländischer Seite gewünscht wird, zulässig erscheinen.

Wird die Mobilmachung dieses Corps nothwendig, so hat dasselbe sowohl die eine als die andere Bestimmung zu erfüllen. [...]

33. Französischer Beschlußentwurf zu europäischen Abrüstungen

Vorschlag zur Rückkehr zum militärischen Friedensstand der Großmächte innerhalb von 4 Monaten und Bekenntnis zu den seit 1814 geschlossenen Verträgen.

Näf, Abrüstungsverhandlungen, S. 46 f.

Paris, 1. Oktober 1831

Les soussignés plénipotentiaires de France, d'Autriche, de la Grande-Bretagne, de Prusse et de Russie, réunis conformément aux ordres de leurs augustes souverains, dans le but d'affermir la paix de l'Europe et de soulager les peuples du fardeau que les armements entre adversaires leur ont imposé, ont reconnu avec une vive satisfaction, après un examen attentif de la situation actuelle de l'Europe, que les rapports d'union et de bonne harmonie heureusement établis entre les Puissances et basés sur le principe du maintien des traités, rendent aujourd'hui possible l'adoption d'une mesure qui forme depuis longtemps l'objet des voeux les plus ardents de leurs gouvernements, celle d'un désarmement général.

En conséquence et en vertu des pouvoirs, dont ils sont munis, les soussignés sont convenus:

1° que les forces de terre et de mer de la France, de l'Autriche, de la Grande-Bretagne, de la Prusse et de la Russie seront réduites au pied de paix habituel.

2° que l'exécution des mesures de désarmement commencera au 1er janvier 1832 et sera terminée le 1er mai de la même année.

34. Schreiben Fürst Wredes an Metternich

Dringlichkeit von gemeinsamen Maßnahmen zur Erhaltung des Status quo; Ausbildung des Bundes; Verfassungsverständnis; Ärger über Zurückhaltung Metternichs.

Bibl, S. 250–252.

München, 13. Oktober 1831

Eigenhändig [...].

Lieber Fürst! Wir haben uns geschrieben, haben uns *verstanden* und *nicht verstanden* [...].

I. *Verstanden*, darin, daß wir a) das Gute, das Beste, das Bestehende gereinigt von dem Üblen wollen; daß wir b) einsehen, daß dieß zu erreichen, es zwar noch an der Zeit, aber auch an der höchsten Zeit, und daß c) wenn nicht bald mit Kraft und Einheit eingewirkt wird, wir, wie Sie in Ihrem sehr geehrten vom 10. sehr richtig sagen, unseren Gegnern das Feld räumen müßen.

II. *Nicht verstanden* über die Mittel. Ich bin in meinen beyden letzten von der Ansicht ausgegangen, daß das von Frankreich ausgegangene Übel noch zur Zeit mehr Wurzel und Anhang in den süd- und norddeutschen kleinen constitutionellen Staaten als in Oesterreich und Preußen, die ich absolute Staaten genannt, und in Vergleich zu jenen heute noch so nenne, gefunden; ich habe zugleich gesagt, daß, wenn bey uns nicht Rath geschafft wird, der Krebsschaden über den Inn und die Donau, so wie über die Weser und Elbe weiter freßen wird.

Nun wo ist Hilfe zu suchen – da wo Schwäche, nicht Consequenz sich gezeigt hat. Dieß ist der Bund – allein nicht er, nicht seine einzelnen Glieder synd schuld daran, sondern der Bund in concreto, Oesterreich und Preußen mit eingeschloßen. Anstatt das sehr schwächlich auf die Welt gekommene Kind auszubilden, hat man es, den süßen Hoffnungen eines langen Friedens sich hingebend, so unreif, als es geboren ward, durch 14 Jahre vegetiren laßen, und die in der Bundes- und Schlußakte vorbehaltene Clausel des Vorbehaltes in Zeiten vorzunehmender Reparatur an dem Pfuschwerk in tiefen Schlaf begraben.

Ich sage und wiederhole: nach meiner Überzeugung kann – so lange ich nicht eines Beßeren belehret werde – nur beym und durch den Bund nachgeholfen werden. Jedes andere Mittel würde eine factische Umwälzung des Bestehenden seyn, wozu ich nicht rathe. Es ist zwar möglich, daß die Revolutionnairs den Zustand einer Umwälzung in diesem oder jenem constitutionellen Staate herbeyzuführen beabsichten, und ich möchte nicht gut dafür stehen, daß die Unsrigen etwas Ähnliches längst gewunschen haben, daß die Ruhe, mit welcher die Staatsregierung ihren bisherigen Umtrieben zugesehen, sie geniert; es ist sogar möglich, daß, wenn ein annehmbares Budget bis 20. November nicht zustande kömmt, die Regierung gezwungen wird, die Kammern aufzulösen und, um den laufenden Dienst nicht zu hemmen, die von der Kammer der Abgeordneten nicht bewilligten Steuern dennoch auszuschreiben und zu erheben. Allein dennoch muß und wird die bayrische Regierung in diesem sehr unerwarteten, aber doch möglichen und deßwegen, weil er möglich ist, vorgesehenen Falle, sich nur innerhalb der verfaßungsmäßigen Gränze, gleichwohl aber mit fester Kraft bewegen.

Wenn ich einen solchen Fall als möglich bezeichne, will ich keineswegs sagen, daß wir in Bayern nicht noch Mittel haben, solchem mit Kraft und Würde zu begegnen, sondern ich stelle die Frage auf: was können, was werden kleinere Bundesstaaten in einem solchen Falle thun; wo sollen, wo können sie Hilfe finden? Bey dem nur skelettirten Bunde wahrlich nicht; daher ich weiter sage: dieses Skelett muß entweder Körper und Leben bekommen, oder es thut Noth, aus dieser Zwittergesellschaft herauszutreten. In diesen wenigen Worten liegt der Schlüssel zu dem, was ich in meinen beyden vorhergehenden gesagt, nehmlich: daß mir scheine, der Bund müsse werden, was er nicht ist, und die in der Bundes- und Schlußakte liegenden Vorbehalte gäben Gelegenheit, durch eine Minister-Conferenz dem Kinde Kopf, Hände und Füße zu geben.

So wie ich aber, lieber Fürst, aus Ihrem letzten entnehme, habe ich Ihre Gedanken nicht errathen; daß es so ist, darüber bin ich klar, nicht aber über das, was Ihre Ansicht ist. Wenn ich nun salvo meliori mit der Farbe, d. h. der meinigen, herausgerücket bin, warum thun Sie es nicht auch? Da wir über das, was Noth thut, einig synd und, ich möchte sagen, unsere Prinzipien gleichsam eidlich zusammen gekettet synd, warum rectificieren Sie meine Ideen nicht? Heftige Widersprüche werden Sie von mir glaub' ich nicht zu erwarten haben.

Daß wir in der vom hochseeligen König am 27. May 1818 gegebenen Verfaßung – nicht aber so wie sie auszuarten beginnt – fortleben wollen; daß wir ebenso ein treues Mitglied des Bundes seyn und bleiben wollen, habe ich in meinen beyden letzten gesagt und wiederhole es. Sie sagen dagegen, diese Reservationen seyen Ihnen aufgefallen – ebenso, daß ich Oesterreich und Preußen absolute Staaten genannt. Mehr oder minder seyd Ihr es gleichwohl, und da ich kein Mitteldlng zwischen absoluten und constitutionellen Staaten kenne, so muß ich auch darüber um Aufklärung bitten: denn daß die im oesterr. Kaiserreich dem Namen nach bestehenden Stände, in Böhmen, Ober- und Unter-Oesterreich, selbst jene in Ungarn, eine wahre Volksrepresentation bilden, werden Sie mich nicht glauben machen wollen.

Sie haben zwar einige Zeilen tiefer die wohl sehr wahren gewichtigen Worte ausgesprochen: „In allem dem, was aber heute Noth thut, ist die Distinction zwischen den Verfaßungen nicht das Feld der Berathungen; es gilt das bestehende rechtskräftige monarchische Prinzip etc." Alle diese Worte bestätigen, ich möchte sagen, beeidigen, was wir in principio bis in das Innerste unserer Seele einig synd und es bleiben werden. Allein Sie, Herr Hof- und Staatskanzler, wollen, da ich in meinen Ansichten über die Mittel quomodo die Ihrige nicht errathen habe, mit der Farbe nicht heraus. Ich muß daher umsomehr bitten, in Ihrem nächsten weniger boutonnirt zu seyn, damit wir nicht auf halbem Wege stehen bleiben.

Von unsern nördlichen Gränzen ist gestern und heute die Anzeige eingelaufen, daß die Cholera sich auf dem linken Elbeufer ausgebreitet hat, daher auch die Sperre dahin angelegt worden. Die zum Zweck des Cholera-Cordons mobil gemachten 5 Infanterie-Regimenter und 3 Jäger-Bataillons werden wir aus bewegenden Ursachen nebst 48 Escadrons längere Zeit in diesem Zustande erhalten.

Da meine Umgebungen, lieber Fürst, nicht immer gleicher Ansicht mit mir synd, so können Sie denken, daß ich nicht auf Rosen wandle. Zum Glück, daß des Königs Ansichten seit den Julius-Tagen ohnerschütterlich fest stehen, und *ad hoc* sich nicht mehr ändern werden.

Leben Sie wohl und erhalten mir sans être boutonné Ihre freundschaftlichen Gesinnungen.

Wrede.

35. Schreiben Metternichs an Fürst Wrede

Antwortschreiben auf Brief Wredes; Maßnahmen zur Erhaltung des Status quo; Ausbildung des Bundes ist nicht nötig; Geheimdiplomatie zur weiteren Verständigung zwischen den bedeutenden Höfen.

Bibl, S. 253–256; Konzept.

Schönbrunn, 24. Oktober 1831

Lieber Fürst! Sie fangen Ihren Brief vom 13. d. M. [...] mit den Worten an: [„]Wir haben uns verstanden und nicht verstanden“, – und schließen ihn mit der Bitte: „ich solle nicht so boutonnirt seyn“. Hierauf antworte ich: Von boutonnirt seyn ist keine Rede zwischen mir und Ihnen und es liegt dieses überhaupt nicht in meiner Art, außer man wollte Stillschweigen mit diesem Worte bezeichnen. Ich rede oder ich schweige; im ersteren Falle rede ich wie ich denke, und weil ich das Gefühl irgendeiner Nothwendigkeit hege; im zweiten Falle schweige ich, entweder weil ich mir das Recht, mich in Dinge zu mischen, nicht erkenne oder weil ich fühle, daß ich – möchte ich auch noch so deutlich sprechen – nicht verstanden würde.

Bei *unserer* Correspondenz findet keine dieser Betrachtungen statt. Also können Sie sich darauf verlassen, daß ich Ihnen alles sage, was ich zu sagen als nothwendig erachte; d. h. alles was, ohne in Gewäsche auszuarten, dem Zwecke, der uns mit allen ehrlichen und aufgeklärten Männern gemein ist, entsprechen kann.

Sie bezeichnen in Ihrem Schreiben v. 13. d. M. die Sätze, *über welche wir uns verstehen. Nicht verstanden* – fügen Sie bei – sind wir über die Mittel. Nach ruhiger Erwägung eben dieses und Ihrer vorgehenden Briefe, scheint mir, werden wir uns auch über die Mittel einverstehen; und ich behaupte dieß sogar dreist, infolge Ihrer eigenen Worte: Sie sagen: 1) *Nur beim Bunde und durch denselben kann geholfen werden.* 2). *Der Bund* – den Sie als ein Skelett bezeichnen – *muß Körper und Leben bekommen, oder es thut Noth aus dieser Zwittergesellschaft zu treten.* 3). *Der Bund müsse werden was er nicht ist; die in der Bundes- und Schlußakte liegenden Vorbehalte bieten Gelegenheit, dem Kinde Hände und Füße zu geben.*

Hier bemerke ich, daß ich mit Nr. 1 so sehr einverstanden bin, daß ich nicht eine Silbe an Ihrem Ausspruche ändere, und selben als einen gemeinsamen erkläre. Ad 2. gehe ich, in Beziehung auf die bestehende Bundes-Gesetzgebung, weiter als Sie. Ich finde selbe weit mehr als ein Skelett; ich finde sie sogar zur benöthigten Hilfe bereits vollkommen ausgebildet und genügend. Wollte man behaupten, daß die Bundes-Gesetzgebung sich bisher nicht als solche bewiesen hat, so deute ich auf den wesentlichen Unterschied hin, der zwischen *bestehenden* und *angewendeten* Gesetzen stattfindet. Die Grundgesetze des Bundes bestehen, seit dem J. 1820, in einer großen Ausbildung. Das, was nicht stattgefunden hat, war die Anwendung der Gesetze; sollten sich Lücken in selben zeigen, so werden diese allerdings zu füllen seyn. Nach meinem Gefühle, bestehen diese nicht einmal. Ad 3. bin ich ganz einverstanden; nur erachte ich es als unerläßlich, daß, bevor man an wirkliche Ministerial-Conferenzen denkt, *eine vollkommen geheime, freimüthige* und *formlose Rücksprache zwischen den einflußreichsten deutschen Höfen gepflogen werden müße.* In dieser Rücksprache wird es sich bald zeigen, ob es sodann noch förmlicher Ministerial-Conferenzen bedürfe und ob der Zweck nicht durch eine auf gediegene Instruktionen gegründete Beschlußnahme der Bundes-Versammlung – dieser allein competenten Behörde – auf dem kürzesten Wege, erreicht werden könnte?

Zu diesem Vorschlage bewegen mich wesentliche Rücksichten, unter denen ich nur die nachstehenden heraushebe. Es hieße sich einer geflissentlichen Täuschung hingeben, wenn man nicht manche deutsche Regierungen als so verfahren betrachten wollte, daß ihnen bereits die Mittel abgehen, ihre eigenen Regierungsbehörden zu zügeln, und mittels dieser Behörden auf die Kammern, wie es im Sinne aller Verfassungen liegt, einzuwirken. Wollte man eine *offenkundige Ministerial-Conferenz* beginnen, so hätte man mit zwey Feinden zu thun. Mit den eigenen Ministern und mit der sogenannten öffentlichen Meinung – mit diesem Popanz, den die heute regierende deutsche Burschenschaft bereits in dem Jahre 1819 sehr richtig bezeichnete, als sie schrieb und sagte, *der Zeitgeist ist der Geist, den der Starke in die Zeit legt!* Ich frage Sie, was sich von einer Ministerial-Conferenz zu versprechen wäre, deren Beisitzer Graf Armannsperg, das Badensche Ministerium – d. h. das Straßburger Constitutionelle Deutschland – und das Hessen-Cassel'sche Ministerium zu benennen hätten, und welche an solche Behörden berichten müßten!

Wir denken also vor allem an eine Auswahl *von Fürsten*, welche im tiefsten Geheim jeder den Mann, in den er ein volles Vertrauen setzen kann, beauftragte, sich mit uns und zwar *zu Wien* zu besprechen und einen wechselseitigen Ideen-Austausch einzuleiten. Wenn ich sage, daß die Besprechung *mit uns* anfangen müße, so verstehe ich hierunter mit *Oesterreich* und *Preußen*. Nun vertraue ich Ihnen, daß wir denselben Antrag bereits nach Berlin ergehen ließen und stündlich auf die Antwort warten. Wie selbe einlangt, werde ich Sie davon benachrichtigen, und ich glaube, daß Ihr König nichts besseres thun könnte, um alle Rücksichten zu schonen, als dem Gfen de Bray die Vollmacht zu ertheilen, an der Besprechung theil zu nehmen; hierzu würde ich aber als eine Grundbedingung betrachten, daß derselbe *nur an S. M^t. direkte oder an Sie zu berichten hätte und daß das offizielle Cabinett von der Sache gar nichts erführe.*

Auf die beyden großen Grundlagen gestützt, *das bestehende Recht, d. h. den Bund und das monarchische Prinzip in den einzelnen, den Bund bildenden Staaten zu erhalten und zu befestigen*, wird das Unternehmen gelingen, wenn ein jeder Theil den Weg der Wahrheit mit Kraft verfolgt. Glauben Sie mir, lieber Fürst, daß wir den Stand der Dinge in Deutschland wie im übrigen Europa sehr genau kennen und uns über selben weder in der schwarzen noch in der lichten Nuance keinen Illusionen hingeben. Das, was wir nicht kennen, sind die Ansichten mehrerer Fürsten, ihre Entschlossenheit im Handlen[!] und manche ihnen und ihren treuen Rathgebern beßer als uns bekannten Mittel, welche ihnen noch zu Gebote stehen. Alles dieses wird in dem Ideen-Austausche, den wir herbeizuführen wünschen, bald deutlich werden, und *so allein* kann die Grundlage der möglichen, aber auch unumgänglich nöthigen Hülfe gelegt werden. Sind wir hierüber im Reinen – und dieß alles müßte geschwinde gehen, denn es ist, wie Sie recht richtig erwähnen, *hohe Zeit* –, so wird der Rest sich leichter ergeben. Wenn es auf materielle Hülfe ankommt, um der Fürsten unveräußerliches Recht, das Recht des Bundes, das monarchische Legitimitätsprinzip zu sichern, so stehen uns, und so Gott will, noch manch' andere solche Mittel noch zu Gebote.

Indessen bitte und beschwöre ich Sie, ziehen Sie in Ihrem Gange im inneren Haushalte alles zu Rathe, was wenigstens zu dem Ziele führen kann: *daß im Prinzip und insbesondere im Bundesprinzip nicht mehr vergeben wird als bereits vergeben wurde.* Ich finde mich zu dieser Bemerkung durch die alles umfaßende *Preß*frage veranlaßt. [...] Vergeßen Sie nicht, daß eben die Preßfrage das Shiboleth der Radikalen ist. Könnte hierüber ein Zweifel obwalten, so wäre derselbe heute durch die Vorgänge in der Badenschen Kammer gelöst.

Wenn der König in den Vorschlag, den der gegenwärtige Brief enthält, eingeht, so dürften S. M^t. sobald möglich den Gfen de Bray mit dem gehörigen Auftrage versehen, mit uns und dem preußischen Kabinet in vertraute Rücksprache zu treten. Um diese ausgiebig und schnell zum Ziele zu führen, müßte Gf de Bray von den Ansichten und Wünschen S. M^t. en détail unterrichtet werden. Aber daß nur in keinem Falle irgend jemand, der nichts mit *der Rettung* zu thun hat, etwas von der Sache erfahre. Ich beabsichtige keine eigentliche Conferenzen, d. h. ich will nichts, was die Aufmerksamkeit des Publicums erwecken könnte. Die Sache muß so geleitet werden, daß deren Resultate wie ein Phänomen auftretten[!]. *So allein können wir die Partheyen schlagen.*

Nun werden Sie mir wohl kein boutonirt sein vorwerfen. Antworten Sie mir bald und durch einen Kurier, den Gf Spiegel stets zu Ihrem Befehle bereit halten wird. Ich verlaße mich heute ebenso wenig auf die liberalen Postmeister als auf die ganze liberale boutique, und ich habe gute Gründe dazu.

36. Schreiben Metternichs an Fürst Wrede

Geheimer Zusatz zum Schreiben vom 24. Oktober 1831; Unglück geht von den Fürsten aus, die der Mittelklasse das Regieren überlassen haben; Ablehnung des Repräsentativsystems. Kritik am bayerischen König und Tadel der oppositionellen Presse.

Bibl, S. 256–259; Konzept.

Wien, 24. Oktober 1831

Geheim!

Ich habe Ihnen im vorstehenden Briefe [...] alles gesagt, was ich als lesbar für den König halte. Ihnen will ich noch im Geheimen ein paar vertraute Worte beifügen.

Mein Gefühl ist dem Ihrigen gleich; wir sind nämlich beide überzeugt, daß baldige Hilfe von Nöthen ist, wenn die Lage der deutschen Fürsten, und sonach jene aller Staaten, nicht auf das Unwiederbringlichste gefährdet werden soll. Um den Zweck zu erreichen, bedarf es vor allem eines wahrhaft aufrichtigen Verständnisses unter denen, die allein noch Hilfe bieten können. *Diese sind die Obenstehenden.* Alles Übel ist von oben ausgegangen; von dort her kann demnach die Hilfe allein noch kommen. Die wahre Lage der Dinge ist eigentlich die folgende: schwache oder schief sehende Fürsten; eine ganz verdorbene Beamten- und Mittel-Classe; gute Völker. Es genügt dieser Wahrheit, um zu erkennen, daß die Kur nicht auf die Völker angewendet werden muß. Bei Ihnen ist nichts zu heilen, denn Sie sind nur gedrückt durch diejenigen, welche zwischen ihnen und den Fürsten stehen. Jedes Volk hat vor allem das Bedürfniß regiert zu werden; dieß fühlen sie und sie sind demnach stets bereit sich gut, und faute de mieux, sich sogar schlecht regieren zu lassen. Das Einzige, wozu die Massen nie bereit sind, ist, Niemand an ihrer Spitze zu wissen. Nun haben viele Fürsten das Regieren ganz aufgegeben, und an ihre Stelle hat sich die Mittel-Classe eingeschlichen. In diesem kurzen Abrisse steht das Bild der heutigen Welt!

Als das erste Mittel in Händen der Mittel-Classe muß man das moderne Repräsentativ-System erkennen; diese Carrikatur der englischen Constitution, welche, da ihr alle Grundbedingungen fehlen, um das Original zu erreichen, als ein *Nonsens*, zwischen der auf dem *Aristokratismus* ruhenden englischen Monarchie und den *demokratischen* amerikanischen Freistaaten dasteht. Sie haben aber diese Gestaltung ebenfalls bei sich; sie ist sogar durch manche Rückhalte in der Verfassungs-Urkunde etwas gemäßigter als an anderen Orten. Von Abgehen von *dem rechtlich Bestehenden kann und darf die Rede nicht seyn.* Ist Ihr König aber bestimmt, sich fest und unerschütterlich auf das Feld seiner Constitution zu stellen, und den Kampf auf selben zu empfangen? Ist er dieß, so habe ich nichts als das Fiat auszusprechen; ist er es nicht, geht er mit Concessionsideen schwanger, weiß er nicht, welches die Gränzen des Feldes sind, eifert er noch fortan nach sogenannter Popularität: so kenne ich die mögliche Hilfe nicht. Am Ende wird sie sich wohl im Exzesse des Bösen finden; aber die Mittel, welche ein solches Ende bietet, sind unbekannte Größen; Niemand kann wissen, *wer* in die Erbschaft des Übels und des ihm folgenden Guten treten wird. Selten, oder vielmehr niemals sind es die, welche das Übel befördert haben.

Welches ist die heutige Ansicht des Königs über die Praeeminenz, welche den Gesetzen für den gesammten Bund vor den in den einzelnen Staaten gebührt? Glaubt man noch in Baiern, daß man sich in der Souverainetät beschränkt, wenn man den Satz in seiner richtigen Anwendung anerkennt? Sollte dieß heute noch der Fall seyn, wie er es nach Carlsbad war, so ist keine Hilfe möglich. Daß hier noch wesentliche Vorurtheile bestehen, fürchte ich in folge der neuesten Verhandlungen über die Preßfrage, in der die beiden Minister – der liberale Armannsperg und der doktrinelle Zentner – geradezu das falsche Prinzip vertheidigten.

Mit solchen Ministern wird der König, wenn er selbst recht reine Ansichten aufgefaßt haben sollte, nicht weit kommen, oder vielmehr er wird *sehr weit* kommen, d. h. bis zur offenen Revolution. Damit die Dinge sich im südlichen Deutschland *so* stellen, bedarf es nur, daß der Vorhang aufgezogen werde.

Ich stehe in Beziehung auf den Mißbrauch der periodischen Preße in Bayern in einer sehr peinlichen Lage. Ich höre nichts als Vorwürfe, daß wir die täglichen Angriffe gegen die Monarchie und alles, was heilig ist, ungerügt zu dulden scheinen. Sie können sich nur schwer einen Begriff von der Aufregung machen, den[!] die deutsche Tribüne und so viel anderer täglich erscheinender Quark auf unser Publikum erzeugen; nicht eine Aufregung, wie die elende Boutique sie gerne wollte, d. h. eine revolutionaire, aber jene des Ehrgefühles. Ich stehe nun mitte zwischen den Partheyen und den Gefühlen und ich berechne nur den bessern Gang. Zu dulden ist die Sache nicht – dies versteht sich von selbst; aber wie ihr ein Ende machen? Sollen wir bey der bayrischen Regierung fest auftreten oder geradezu an den Bund gehen? Sagen Sie mir hierüber Ihre Meinung, und sagen Sie sich, *daß ich Ihnen und der guten Sache helfen möchte!* Die Gesetze vom Jahre 1820 bestehen, und Bayern kann sich gegen selbe nicht auflehnen, ohne zugleich zu erklären, daß die Bundes-Gesetzgebung dasselbe nichts angeht: d. h. daß es nicht *in*, sondern *außer* dem Bunde stehe. Die Lage der Dinge ist geradezu *verrückt*; dieß ist das wahre Wort, um selbe zu bezeichnen.

Nach allen Anzeigen stehen die Dinge im Badischen auf der Spitze. Dort hat die Regierung kein Werkzeug mehr in Händen, und die beiden Kammern predigen laut den Aufruhr. Wenn es nicht längst bewiesen wäre, daß in dem, was die Faction die Freiheit der Preße nennt, das wahre Kleinod der Revolution liegt, so würden es die letzten Debatten in der badischen Kammer beweisen. Alles eher als dieses will die Faction nachlassen, und sie hat recht, denn in *diesem* liegt das *siegreiche Mittel* für sie. Ich sehe gar nicht ein, wie man jemals einen badischen Bevollmächtigten wird zu geheimen Berathungen ziehen können. Alles, was die dortige Regierung in Erfahrung bringt, geht geradezu nach Paris, theils an das Ministerium, theils an das Comité directeur. Hiervon hat uns das Erstere selbst die Beweise geliefert, und ebenso wißen wir durch dasselbe, welches die politischen Ansichten Armannspergs sind, welcher sich besonders zu Rumigni's Zeiten frei gegen die französische Regierung aussprach. Sie haben das Recht mich zu fragen, wie denn wir zu einem solchen Geständnisse kommen konnten? Im Vertrauen sage ich Ihnen, auf die aller einfachste Art: das französische Ministerium möchte gerne *monarchisiren* – ein in seiner Lage sehr schweres, ein sogar unmögliches Unternehmen; da der Plan jedoch besteht, so erschrecken diejenigen, welche ihn verfolgen, vor denen, welche *revolutioniren*, und so ist es erklärbar, daß ein Minister des Louis Philippe vor einem bayerischen Minister und vor der ganzen badischen Regierung zurückweichen könne; hierzu genügt, daß die letzteren das wollen, was die erstere eben fürchtet. Welche Mittel kennen Sie, auf den Großherzog von Baden einzuwirken? [...]

Nun werden Sie hoffentlich über mein boutonnirtsein nicht mehr klagen. Um in das Geschäft einzugehen, wird es genügen, daß de Bray eine Instruction erhält, welche unter Beziehung auf unsere *gemeinsamen* Grundsätze das bezeichnet, *was Sie als das Nothwendige* und Mögliche erachten. Aus den Elementen, welche anfangen mir von mehreren Seiten zuzukommen, fange ich an helle in den Détailfragen zu sehen. *Bayern ist aber ein Haupt-Bestandtheil des Ganzen.* Ueber dieses können wir nur durch Sie Licht erhalten. Fragen Sie mich nicht, was wir wollen: *Alles Gute auf rechtlichen Wegen.*

37. Adresse Darmstädter Bürger an die Bundesversammlung

Aufforderung einiger Darmstädter an die Bundesversammlung, sich für eine Beendigung des russischen Krieges gegen Polen einzusetzen und u. a. dadurch der Verbreitung der Asiatischen Cholera entgegenzuwirken.

PDB, 36. Sitzung, 27. Oktober 1831, § 238, S. 818–821.[1]

Frankfurt am Main, 27. Oktober 1831

[...]

„Durchlauchtigste Deutsche Bundesversammlung!

„Die Asiatische Cholera schreitet dem Herzen Europas, unserm geliebten Deutschen Vaterlande, stets näher, und mit dem Entsetzen vor dieser Geißel Gottes verbindet sich in den Herzen aller guten Deutschen der Schmerz über die Fortdauer des unglückseligen Krieges gegen ein edles Volk, welches die unserm Welttheile von Russischen und Türkischen Stämmen drohenden Gefahren so oft mit seinem Blute zurückwies.

„Der Krieg gegen Polen, der alle edlen Seelen mit Wehmuth erfüllt, ist es, welcher der Asiatischen Brechruhr die Thore Europas stets weiter öffnet, und nur die schleunigste Hemmung dieses Krieges kann Deutschland, Frankreich und England gegen jenen Würgengel schützen. Mit jedem Tage wird die Gefahr dringender. Nur durch allseitig genügende Maaßregeln kann der höchste Grad von Sicherheit gewährt und können zugleich die im Gefolge derselben nothwendig werdenden Beschränkungen des Verkehrs und die finanziellen Opfer der einzelnen Deutschen Bundesstaaten möglichst vermindert werden. Aller Augen sind deßhalb erwartungsvoll auf eine hohe Deutsche Bundesversammlung gerichtet und wir verleihen dem allgemeinen Wunsche Worte, wenn wir unterthänigst bitten:

> „durch hohen Bundesbeschluß alle Kräfte und Mittel Deutschlands für den von Menschlichkeit und Christenthum gebotenen Zweck der Beendigung des Russischen Vertilgungskrieges gegen Polen auf das schnellste zu vereinigen und wirken zu lassen, und dadurch, so wie durch gleichzeitige Ergreifung der weiter erforderlichen Maaßregeln dem Fortschreiten der Asiatischen Cholera ein Ziel zu setzen."

Unter dieser Adresse stehen beiläufig 500 Unterschriften von Leuten aus allen Ständen. [...]

[1] Das Zitat findet sich S. 819. Die Einführung des Königlich-Sächsischen Bundestagsgesandten, Freiherr von Manteuffel, der für die Reclamationskommission vortrug, entfällt ebenso in der Wiedergabe wie die Erörterung der Adresse.

38. Verbot von Adressen an die Bundesversammlung

Versuche, auf die Beratungen der Bundesversammlung über öffentliche Angelegenheiten des Bundes Einfluß zu nehmen, werden zurückgewiesen.

PDB, 36. Sitzung, 27. Oktober 1831, § 239, S. 821–822.

Frankfurt am Main, 27. Oktober 1831

Präsidium. Die in der letzten Zeit aus Darmstadt, Giessen und Tübingen an die Bundesversammlung ergangenen, von einer Anzahl dortiger Einwohner, Professoren und Staatsbeamten unterzeichneten Adressen, in welchen die Intervention des Deutschen Bundes zu Gunsten der Polnischen Insurrection als Schutzmittel zur Abwehrung der Cholera nachgesucht wurde, beurkunden die Wirksamkeit eines in Deutschland nur allzusehr verbreiteten Geistes der Anmaßung, und es dürfte daher nicht genügen, die Zurückweisung der bereits vorgekommenen Adressen auszusprechen, sondern vielmehr angemessen seyn, künftigen ähnlichen Versuchen, auf die Berathung der Bundesversammlung über die öffentlichen Angelegenheiten Deutschlands einen ungesetzlichen, mit dem Verhältnisse der Unterthanen zu ihren Regierungen und dieser letzteren zum Bunde unvereinbaren Einfluß zu nehmen, durch einen geeigneten Beschluß um so mehr zuvorzukommen, als die Einreichung derlei Adressen in der Bundesgesetzgebung nicht begründet erscheint.

Es ist ein solcher öffentlich bekannt zu machender Bundesbeschluß auch aus dem Grunde erforderlich, damit nicht die Meinung in Deutschland aufkomme, als ob die Bundesversammlung die eingereichten Adressen bloß darum zurückgegeben habe, weil dieselben nach dermalen gänzlich unterdrückter Polnischer Insurrection ihr Object verloren habe. [...]

Nachdem dieser Gegenstand hierauf von allen Seiten beleuchtet und erörtert ward, wurde

beschlossen:

Da der Bundesversammlung gemeinschaftliche Vorstellungen oder Adressen über öffentliche Angelegenheiten des Deutschen Bundes eingereicht worden sind, eine Befugniß hierzu aber in der Bundesverfassung nicht begründet ist, das Sammeln der Unterschriften zu dergleichen Adressen vielmehr nur als ein die Autorität der Bundesregierungen und die öffentliche Ordnung und Ruhe gefährdender Versuch, auf die gemeinsamen Angelegenheiten und Verhältnisse Deutschlands einen ungesetzlichen, mit der Stellung der Unterthanen zu ihren Regierungen und dieser letzteren zum Bunde unvereinbaren Einfluß zu üben, anzusehen ist; so erklärt die Bundesversammlung, daß alle dergleichen Adressen als unstatthaft zurückzuweisen seyn. [...]

39. Pressegesetz des Großherzogtums Baden

Liberales Pressegesetz: Aufhebung der Zensur für alle Druckschriften.

Großherzoglich-Badisches Staats- und Regierungs-Blatt, 12. Januar 1832, S. 29–42.

Karlsruhe, 28. Dezember 1831

(Gesetz über die Polizei der Presse und über die Bestrafung der Preßvergehen.)

Leopold von Gottes Gnaden,
Großherzog von Baden, Herzog von Zähringen.

Mit Zustimmung *Unserer* getreuen Stände haben *Wir* beschlossen und verordnen, wie folgt:

I. Titel.
Von der Polizei der Presse.

§. 1. Alle Zensur der Druckschriften, welche im Großherzogthum herauskommen, oder verbreitet werden, ist aufgehoben.

§. 2. Was in diesem Gesetz von Druckschriften verordnet ist, gilt von allen mittelst mechanischer Mittel, wie namentlich durch Steindruck, Kupferstich oder Holzschnitt, vervielfältigten Schriften oder Bildwerken.

§. 3. Keine Druckschrift darf im Großherzogthum herausgegeben oder gewerbsmäßig verbreitet werden, welcher nicht, mit oder ohne Nennung des Verfassers, der Name des Verlegers oder des Druckers, ferner die Angabe des Orts, und die übliche Bezeichnung der Zeit des Drucks beigesetzt ist.

§. 4. Die Verletzung der Vorschrift des §. 3. hat für den Verleger, Drucker oder gewerbsmäßigen Verbreiter, ohne Rücksicht auf den Inhalt der Schrift, eine Strafe von fünf bis hundert Gulden zur Folge.

Der Verbreiter wird von der Verantwortlichkeit frei durch die Darstellung des inländischen Verlegers oder Druckers, und der Drucker durch die Darstellung des inländischen Verlegers.

§. 5. Sind die durch §. 3. geforderten, der Druckschrift beigesetzten Angaben falsch, so wird neben der Geldstrafe von fünf bis hundert Gulden auf Gefängniß von drei bis zu vierzehn Tagen erkannt, vorausgesetzt hinsichtlich des Verbreiters, daß er von der Falschheit Kenntniß gehabt habe.

§. 6. Für jede im Großherzogthum erscheinende Zeitschrift oder Zeitung ist ein badischer Staatsbürger, der das dreißigste Lebensjahr zurückgelegt hat, der Polizeibehörde als verantwortlicher Redakteur zu benennen.

Unter dieser Voraussetzung ist die Gründung oder Herausgabe solcher Schriften nicht abhängig von irgend einer obrigkeitlichen Erlaubniß.

Jedem Hefte einer Zeitschrift und jedem Blatte einer Zeitung soll der Name des verantwortlichen Redakteurs beigesetzt seyn.

§. 7. Der verantwortliche Redakteur hat vor der Herausgabe der Zeitschrift oder Zeitung, wenn sie nicht mehr als dreimal in der Woche erscheint, für Kosten, Entschädigungen und Geldstrafen eine Sicherheit im Betrag von eintausend Gulden, – wenn sie öfter erscheint, im Betrag von zweitausend Gulden in Liegenschaften, Geld, inländischen Staatspapieren, oder durch Bürgen zu stellen. [...]

Im Falle der Unzulänglichkeit der Sicherheit und beim Abgange andern Vermögens des Schuldigen gehen die Kosten den Entschädigungsansprüchen vor, und diese den Geldstrafen.

§. 8. Von jedem einzelnen Blatt einer Zeitung, ebenso von jedem einzelnen Hefte einer Zeitschrift, und von jeder Schrift, die nicht über fünf Bogen im Drucke beträgt, ist, sowie die Austheilung oder Versendung beginnt, durch den Verleger ein, bei Zeitungen und Zeitschriften mit der eigenhändigen Unterschrift des verantwortlichen Redakteurs oder seines Bevollmächtigten versehenes, Exemplar bei der Polizeibehörde zu hinterlegen, mit beigefügter Bemerkung des Tages und der Stunde der Hinterlegung.

Durch die Hinterlegung soll die Austheilung und Versendung nicht aufgehalten seyn.

§. 9. Ausgenommen von den Bestimmungen der §§. 6, 7, und 8. sind die im §. 8. bezeichneten Blätter oder Schriften rein wissenschaftlichen, artistischen oder technischen Inhalts und amtlich herausgegebene Blätter.

Für Zeitschriften oder Zeitungen rein wissenschaftlichen, artistischen, oder technischen Inhalts gilt jedoch ebenfalls die Vorschrift, daß der Polizeibehörde ein verantwortlicher Redakteur zu benennen, und sein Name jedem erscheinenden Hefte oder Blatte beizusetzen ist.

§. 10. Der Herausgeber einer Zeitung oder Zeitschrift ist schuldig, jede amtliche oder amtlich beglaubigte Berichtigung der darin mitgetheilten Thatsachen unentgeltlich, und jede andere Berichtigung von Seiten des Angegriffenen gegen die gewöhnlichen Einrückungsgebühren, sogleich nach deren Empfang in das nächstfolgende Blatt oder Heft aufzunehmen.

§. 11. Die Uebertretung der Vorschriften der §§. 6. 7. 8. 9. und 10. ist mit einer Strafe von fünf bis hundert Gulden zu belegen.

§. 12. Zeitungen und Zeitschriften, in so weit sie die Verfassung oder Verwaltung des deutschen Bundes, oder einzelner deutscher Bundesstaaten, außer Baden, zum Gegenstand haben, und andere Schriften dieses Inhaltes, die nicht über zwanzig Bogen im Druck stark sind, sollen nur mit Vorwissen und auf vorgängige Genehmhaltung der Staatsbehörde, welche solche nur den nach den Bestimmungen der §§. 18 bis 28. für strafbar zu achtenden Schriften oder Schriftstellen zu versagen hat, zum Drucke befördert werden.

§. 13. Durch die erhaltene Druckerlaubniß werden Verfasser, Redakteur, Verleger und Drucker hinsichtlich des Inhalts der Schrift, auf den sich die Erlaubniß bezieht, von der Verantwortlichkeit frei.

§. 14. Wird die Vorschrift des §. 12. umgangen, und darauf, in Folge einer von dem Bunde oder einem Bundesstaate erhobenen Beschwerde, der Inhalt der Schrift von den Gerichten strafbar gefunden, so verfällt der Schuldige neben der durch den Inhalt der Druckschrift verwirkten Strafe noch wegen des Umgehens der Vorschrift des §. 12. in eine Strafe von fünf bis fünfzig Gulden.

§. 15. Die im vorhergehenden Paragraphen gedrohte Geldstrafe kann bis zum doppelten erhöht werden, wenn die nachgesuchte Druckerlaubniß ausdrücklich versagt und darauf der Druck dennoch vorgenommen worden ist.

§. 16. Die §§. 12 bis 15. werden beim nächsten Landtage einer Revision unterworfen.

Die Regierung ist ermächtigt, dieselben auch vorher ausser Wirksamkeit zu setzen.

§. 17. Die Erkennung der in diesem Titel angedrohten Strafen steht ausschließlich den Gerichten zu [...].

Die Appellation ist innerhalb einer Nothfrist von acht Tagen bei dem Gerichte, welches erkannt hat, anzuzeigen und zu rechtfertigen. [...]

II. Titel.
Von den Strafen der durch die Presse begangenen Verbrechen und Vergehen.

§. 18. Wer durch den Inhalt oder die Darstellung einer Druckschrift, oder eines den Druckschriften gleichgestellten Bildwerks (§. 2) sich eines Verbrechens oder Vergehens schuldig macht, verfällt zunächst in diejenige Strafe, womit die bestehende Gesetzgebung dasselbe Verbrechen oder Vergehen überhaupt bedroht.

§. 19. Die Verübung durch den Druck, oder eine andere, dem Druck gleichgestellte Vervielfältigungsart (§. 2.) ist jedoch in der Regel ein Erschwerungsgrund, welcher eine Straferhöhung zur Folge hat.

§. 20. Im Falle der Verläumdung, verübt durch die Presse, gegen den Großherzog, kann die im §. 1. des Gesetzes vom 28ten December d. J. über die Bestrafung der Ehrenkränkungen gedrohte Strafe bis auf drei Jahre gemeines Gefängniß, und im Falle anderer Ehrenkränkungen bis zu einem Jahre Gefängniß erhöht werden.[1]

[1] Das Gesetz über Ehrenkränkungen ist abgedruckt im Großherzoglich-Badischen Staats- und Regierungs-Blatt vom 19. Januar 1832, S. 43–46; Artikel 1 lautet: „Wer von einem Anderen eine bestimmte Thatsache, welche ein von den Gesetzen mit Strafe bedrohtes Verbrechen begründen, oder den Anderen der öffentlichen Verachtung preisgeben würde, öffentlich oder vor der Obrigkeit, oder vor Personen, die auf das Wohl des Anderen Einwirkung haben, oder endlich unter Umständen, aus welchen die Absicht, den Anderen an der Ehre zu kränken, hervorgeht, wissentlich falsch aussagt, ist der Verläumdung schuldig, und mit bürgerlichem Gefängniß, welches die Dauer von zwei Jahren nicht übersteigen darf, zu bestrafen."

§. 21. Wer eine im Großherzogthume anerkannte Religionsgesellschaft in Druckschriften oder Bildwerken (§. 2.) durch Ausdrücke der Verachtung oder verächtliche Darstellungen angreift, oder der Verachtung preis zu geben sucht, verfällt in eine Geldstrafe von fünf bis hundert Gulden oder in eine Gefängnißstrafe bis zu drei Monaten.

§. 22. In die nämliche Strafe (§. 21.) verfällt, wer durch Darstellung unzüchtiger Gegenstände in Druckschriften oder Bildwerken (§. 2.) öffentliches Aergerniß giebt.

§. 23. Geldstrafen, die nicht erlegt werden können, werden in Gefängnißstrafen, von einem Tage für je drei Gulden, verwandelt.

§. 24. Jedes verurtheilende Erkenntniß kann zugleich die Unterdrückung oder Vernichtung der für strafbar erklärten Schrift, oder des für strafbar erklärten Theils derselben aussprechen, in Bezug auf die mit Beschlag belegten, und alle noch im Besitze des Verfassers, Herausgebers, Verlegers, Buchhändlers oder Druckers vorfindlichen, oder sonst hinterlegten und noch nicht verkauften Exemplare.

§. 25. Die Personen, welche zum Erscheinen einer sträflichen Druckschrift mitgewirkt haben, sind in folgender Ordnung verantwortlich:

1) zuvörderst der *Verfasser*, insofern Druck und Herausgabe mit seinem Wissen und Willen erfolgt sind;
2) der *Herausgeber*, insofern er nicht den Verfasser darstellt, und nachweist, daß derselbe die Verantwortlichkeit auf sich genommen habe;
3) der *Verleger*; sofern auch dieser nicht bekannt ist
4) der *Drucker*, und
5) zuletzt der *Verbreiter*.

§. 26. Als Verbreiter im Sinne des vorhergehenden Paragraphen ist auch der Buchhändler verantwortlich, wenn er eine sträfliche Schrift verbreitet,

1) welche ihm ausser dem Wege des ordentlichen Buchhandels zugekommen, oder
2) auf welcher nicht der Name, entweder des Verfassers oder des Herausgebers, Verlegers oder Druckers, nebst der Bezeichnung des Orts und der üblichen Bezeichnung der Zeit des Druckes angegeben, oder
3) wegen welcher eine Beschlagnahme verfügt und ihm amtlich bekannt gemacht worden ist.

§. 27. Für den Inhalt der Zeitungen und Zeitschriften haftet jedenfalls der verantwortliche Redakteur, insofern er seine Schuldlosigkeit nicht darthut.

§. 28. Wenn sich ergiebt, daß von dem Herausgeber, Verleger, oder Drukker der Verfasser falsch angegeben ist, so fällt die Verantwortlichkeit auf den, der die falsche Angabe gemacht hat, insofern er nicht den wahren Verfasser darstellt.

§. 29. Die Uebertretungen der Strafgesetze durch die Presse können nur dann gerichtlich verfolgt und zur Strafe gezogen werden, wenn sie vollendet sind.

Sie gelten für vollendet:

1) wenn die sträfliche Schrift in Verkehr gesetzt, oder auf anderem Wege in Umlauf gebracht worden ist; oder

2) wenn der Druck vollendet und die Verbreitung nur durch Umstände, die nicht von dem Willen des Angeschuldigten herrühren, verhindert worden ist.

Im letzten Falle kann jedoch keine andere Strafe verhängt werden, als die Unterdrückung oder Vernichtung der sträflichen Schrift, oder des sträflichen Theiles derselben.

§. 30. Auch der auswärtige Verfasser, Redakteur, Verleger und Drucker kann vor die inländischen Gerichte gezogen werden, wenn eine Schrift gegen das Inland oder gegen einen Inländer einen sträflichen Angriff enthält.

§. 31. Wenn der ausländische Herausgeber einer Zeitung oder Zeitschrift dem wider ihn ergangenen Urtheile nicht genügt hat, und in einem Wiederholungsfalle nicht genügt, so kann die Zeitung oder Zeitschrift auf die Zeit bis zu drei Monaten gerichtlich verboten werden.

§. 32. Das Recht auf Bestrafung ist durch Verjährung erloschen, wenn sechs Monate von dem Zeitpunkte an abgelaufen sind, wo das Vergehen oder Verbrechen vollendet, oder seitdem das eingeleitete strafrechtliche Verfahren nicht weiter fortgesetzt worden ist.

III. Titel.

Vom Proceßverfahren bei Preßverbrechen und Preßvergehen.

§. 33. Die strafrechtliche Verfolgung der durch die Presse oder andere ihr gleichgestellte Vervielfältigungsmittel (§. 2.) verübten Vergehen oder Verbrechen geschieht im Wege des Anklageprocesses.

Das Verfahren ist öffentlich und mündlich. [...]

Vorstehendes Gesetz tritt mit dem 1ten Merz 1832 in Wirksamkeit.

Gegeben zu Carlsruhe in *Unserem* Großherzoglichen Staatsministerium, den 28sten December 1831.

Leopold. [...]

40. Bundesbeschluß zum Verbot liberaler Zeitungen

Verbot der „Deutschen Tribüne", des „Westboten" und der „Neuen Zeitschwingen".

PDB, 9. Sitzung, 2. März 1832, § 67, S. 388.

Frankfurt am Main, 2. März 1832

[...] Die Bundesversammlung hat sich aus den von der Bundestags-Commission in Preßangelegenheiten erstatteten Vorträgen und vorgelegten Artikeln der in Rheinbayern erscheinenden Zeitblätter: die „*Deutsche Tribüne*" und der „*Westbote*", so wie auch der in Hanau erscheinenden „*Neuen Zeitschwingen*", überzeugt, daß diese Zeitblätter die Würde und Sicherheit des Bundes und einzelner Bundesstaaten verletzen, den Frieden und die Ruhe Deutschlands gefährden, die Bande des Vertrauens und der Anhänglichkeit zwischen Regenten und Volk aufzulösen sich bestreben, die Autorität der Regierungen zu vernichten trachten, die Unverletzlichkeit der Fürsten angreifen, Personen und Eigenthum durch Aufforderung zur Gewalt bedrohen, zum Aufruhr anreizen, eine politische Umgestaltung Deutschlands und Anarchie herbeizuführen und staatsgefährliche Vereine zu bilden und zu verbreiten suchen, – sie hat daher, auf den Grund des provisorischen Preßgesetzes vom 20. September 1819, §. 1, 6 und 7 [...], so wie in pflichtmäßiger Fürsorge für die Erhaltung des Friedens und der Ruhe im Bunde, im Namen und aus Autorität desselben, beschlossen:

1) Die in Rheinbayern erscheinenden Zeitblätter: die „*Deutsche Tribüne*" und der „*Westbote*", dann das zu Hanau erscheinende Zeitblatt: die „*Neuen Zeitschwingen*", so wie diejenigen Zeitungen, die etwa an die Stelle der drei genannten – unter was immer für einem Titel – treten sollten, werden hierdurch unterdrückt und in allen Deutschen Bundesstaaten verboten.

2) In Folge dessen dürfen die Herausgeber gedachter Zeitblätter, nämlich der Deutschen Tribüne, Dr. *Wirth*, des Westboten, Dr. *Siebenpfeiffer*, und der Redacteur der Neuen Zeitschwingen, angeblich Georg *Stein*, nach Vorschrift des §. 7 des Bundesbeschlusses vom 20. September 1819, binnen fünf Jahren a dato in keinem Bundesstaate bei der Redaction einer ähnlichen Schrift zugelassen werden.

3) Die Bundesregierungen werden durch ihre Gesandtschaften ersucht, diesen Beschluß unverzüglich in den Gesetz- oder Amts-Blättern bekannt zu machen.

4) Sämmtliche Regierungen, besonders die Königlich-Bayerische und die Kurfürstlich-Hessische, werden ersucht, diesen Beschluß zur Vollziehung zu bringen.

5) Die Gesandtschaften werden binnen vier Wochen die Bundesversammlung in Kenntniß setzen, daß und in welcher Weise diese Bekanntmachung und Vollziehung erfolgt ist?

41. Verbot des Hambacher Festes

Vom 26.–28. Mai 1832 werden alle öffentlichen Versammlungen und Reden untersagt. Fremde dürfen Neustadt und die umliegenden Ortschaften in dieser Zeit nicht besuchen.

Amts- und Intelligenzblatt des Königlich Bayerischen Rheinkreises, Nr. 28.

Speyer, 9. Mai 1832

Im Namen Seiner Majestät des Königs.

Die unterzeichnete Landesstelle hat aus Bekanntmachungen in öffentlichen Blättern entnommen, daß am 27. Mai d. J. auf dem Schlosse zu Hambach bei Neustadt an der Haardt eine Volksversammlung zur Besprechung der Maßregeln zu einem Kampfe für Abschüttelung innerer und äußerer Gewalt statt finden soll.

Im Innern des Landes bestehen nur die gesetzlichen Gewalten und die Abwendung der Gewalt von Außen ist kein Gegenstand der Volksbesprechung in öffentlichen Versammlungen, sondern die Sorge hiefür ist nach der Verfassung des Reichs in die Hände des Staatsoberhauptes gelegt.

Der Zweck dieser Versammlung ist daher ein unerlaubter und mußte die Aufmerksamkeit der diesseitigen Landesregierung um so mehr in Anspruch nehmen, als die Parthei der Übelgesinnten unter einer scheinbaren Legalität nach Auflösung der bestehenden Ordnung strebt und die biedern Bewohner eines gesegneten Landes der Anarchie zuzuführen gedenkt, um alsdann die selbstsüchtigen Zwecke besser zur Ausführung zu bringen.

Diese Aufmerksamkeit mußte sich indessen steigern, nachdem von Seiten eines Königl. Landcommissariats die offizielle Anzeige gemacht wurde, daß, wie von demselben in Erfahrung gebracht worden, zu dem Feste, welches am 27. Mai zu Hambach gefeiert werden soll, Leute aus der *niedersten* Volksklasse und selbst *beurlaubte* Soldaten *geworben* werden.

Es ist demnach mit Grund anzunehmen, daß außer dem angegebenen unerlaubten Zweck auch Gewaltthaten beabsichtigt werden, die zunächst nur die *Personen* und die *Güter* der ruhigen Bürger berühren können.

Da es nun unter die heiligsten Pflichten einer jeden Regierung gehört, die gute Ordnung im Lande zu handhaben und alles zu entfernen, was die Sicherheit des Ganzen und der einzelnen Staatsbürger gefährden kann, so erklärt die Königl. Regierung die beabsichtigte Versammlung für seditiös und gesetzwidrig und verbietet dieselbe nach Vorschrift des §. 57 der allerhöchsten Verordnung vom 17. Dezember 1825 und Anleitung des Art. 34 des Gesetzes vom 3. August 1791 [...] hiemit förmlich.

Man vertraut zu den Bewohnern des Kreises, welche ihre Liebe zur gesetzlichen Ordnung schon mannichfach beurkundeten, daß es nur dieser Erklärung und des Verbots bedurfte, um sie von einer Versammlung abzuhalten, die so entschieden ihre gefährliche Absicht im Voraus ausgesprochen hat; im entgegengesetzten Fall aber möge sich jeder die Folgen selbst zuschreiben, indem nach den gesetzlichen Bestimmungen, namentlich nach dem Gesetze vom 28. Germinal Jahr VI. vorgefahren werden wird.

Um indessen den Vollzug schon im Voraus zu sichern, wird auf den Grund der durch das Gesetz vom 16. August 1790 ertheilten Befugnisse beschlossen:

Art. 1. An den Tagen des 26., 27. und 28. des Monats Mai 1832 ist allen Fremden, d. h. allen in Neustadt nicht domicilirten oder in Diensten stehenden Personen, ein Zutritt und Aufenthalt in der Stadt Neustadt nicht gestattet. Gleiches Verbot erstreckt sich für eben diese Tage auch auf die Gemeinden Winzingen, Ober-, Mittel- und Unter-Hambach.

Art. 2. An den genannten Tagen ist die Polizeistunde auf 8 Uhr Abends festgesetzt. Mit dieser Stunde sind alle Wirthshäuser zu schließen; zugleich werden die Polizeibehörden ermächtiget, jedes Wirthshaus zu jeder Stunde des Tags zu schließen, wenn in einem derselben Excesse vorfallen oder zu befürchten stehen sollten.

Art. 3. Ebenso werden alle Versammlungen an den Tagen des 26., 27. und 28. des Monats Mai auf den öffentlichen Straßen und Plätzen untersagt. Als Versammlung ist es anzusehen, wenn mehr als fünf Personen beisammen sind.

Art. 4. Ingleichen werden Reden an die versammelte Volksmenge an *allen* öffentlichen Orten an eben diesen Tagen verboten.

Art. 5. Das Königliche Landcommissariat Neustadt, der Commandant der Königlichen Gens'darmerie und alle Agenten der Polizei sind mit dem Vollzuge des Gegenwärtigen beauftragt und demgemäß ermächtigt, nach den Gesetzen vom 3. August 1791 und 28. Germinal VI vorzufahren.

Art. 6. Sämmtliche Landcommissariate des Kreises werden angewiesen, dieser Verfügung jede mögliche Publicität zu geben und sie demnach in die Lokalwochenblätter aufnehmen und in allen Gemeinden besonders an einem Sonntage verkünden zu lassen.

Speyer, den 8. Mai 1832.
Königlich Bayerische Regierung des Rheinkreises,
Kammer des Innern.
Freiherr *v. Andrian.*

[…]

42. Genehmigung eines Verfassungsfestes im Rheinkreis

Ein von den Bürgern veranstaltetes Konstitutionsfest ist trotz des Versammlungsverbots gestattet. Es soll jedoch nicht auf der Hambacher Schloßruine stattfinden.

Amts- und Intelligenzblatt des Königlich Bayerischen Rheinkreises, Nr. 30.

Speyer, 15. Mai 1832

Im Namen Seiner Majestät des Königs.

Die unterzeichnete Landesstelle hat aus der in N° 96 der Speyerer Zeitung eingerückten Protestation mit Verwunderung entnommen, welche unrichtige Deutung der Verfügung vom 8. dieses, wegen Verbot der beabsichtigten Versammlung auf dem Hambacher Schlosse gegeben worden sey, und sie nimmt daraus Veranlassung, Folgendes amtlich bekannt zu geben.

Der Verordnung vom 8. dieses liegt einzig und allein die Rücksicht zum Grunde, daß die Regierung im Interesse der öffentlichen Wohlfahrt *verpflichtet* war, eine Versammlung zu verbieten, die laut und öffentlich ihre staatsgefährliche Absicht ausgesprochen hatte, und sie kann, so lange diese Bedingungen existiren, auch jenes Verbot nicht zurücknehmen.

Wenn aber, wie es hier geschieht, eine Anzahl achtbarer Bürger ihre Absicht ausspricht, im Kreise guter Freunde einen festlichen Tag, namentlich das Fest der Constitution zu feiern, so muß die Regierung öffentlich erklären, daß sie hiegegen um so weniger etwas einwenden könne, als eine solche Feier nicht nur erlaubt ist, sondern auch überhaupt nicht im entferntesten eine Absicht besteht, das gesellige Vergnügen irgendwo zu stören.

Alle Punkte des Kreises stehen dazu offen, und wenn die unterfertigte Kreisregierung wünscht, daß diese Staatsbürger nicht auf derselben Bergruine ihre Absicht realisiren mögen, so ist dieß lediglich im Interesse derer, die sich dieser erlaubten Festlichkeit anschließen, da beide Versammlungen nicht wohl zu unterscheiden sind, und die erste bei ihrem *selbst*[1] ausgesprochenen seditiösen Charakter nicht geduldet werden kann.

Für jene Gesellschaft, welcher nach ihrer Erklärung die Feier der Constitution begehen will, cessiren daher die Bestimmungen der Verordnung vom 8. dieses, während sie für die andere in voller Wirkung bleiben.

Speyer, den 15. Mai 1832.

Königlich Bayerische Regierung des Rheinkreises,

Kammer des Innern.

Freiherr *v. Andrian.*

[...]

[1] In einem anderen Originalexemplar des Amtsblattes an dieser Stelle ein Druckfehler (seldst). Zitiert wurde nach dem Exemplar in der Staatsbibliothek München (Signatur: 4 Bavar. 3077 a–1832).

43. Rücknahme des Verbotes des Hambacher Festes

Nach der Versicherung, ein reines Volksfest feiern und sich weder gegen auswärtige Mächte noch den bayerischen Staat verschwören zu wollen, wird das Festverbot vom 8. Mai außer Kraft gesetzt.

Amts- und Intelligenzblatt des Königlich Bayerischen Rheinkreises, Nr. 31.

Speyer, 17. Mai 1832

Im Namen Seiner Majestät des Königs.

Die Gründe, welche die unterfertigte Stelle *verpflichteten*, die Versammlung auf dem Hambacher Schlosse zu untersagen, sind in dem Verbote selbst genau bezeichnet und in der Verfügung vom 15. dieß, auf die in der Speyerer Zeitung eingerückte Protestation, ausdrücklich wiederholt.

Nachdem nun die Veranlasser des Festes in drei verschiedenen, an das Bürgermeisteramt Neustadt abgegebenen und durch dieses auf dem offiziellen Wege einbeförderten, Erklärungen sich bestimmt dahin ausgesprochen haben:

a) daß sie jedem Umtriebe fremd seyen, welcher dahin abzweckte, durch Geld oder andere Mittel, Leute aus irgend einer Volksklasse zur Beiwohnung zu vermögen;

b) daß nirgends eine Absicht zu einem Attentat gegen die constituirten Gewalten im Innern des Landes bestehe;

c) daß ebensowenig irgend eine Verabredung gegen auswärtige Mächte bezweckt werde;

d) daß sie nur gemeint seyen, ein reines Volksfest zu begehen, und daß endlich sie selbst mit dem Stadtrathe von Neustadt die persönliche Haftung für jede Störung der Ruhe und Ordnung übernehmen;

so fallen nunmehr alle Motive weg, welche dem Verbote zum Grunde liegen, und es wird demzufolge die Verordnung vom 8. d. ganz außer Wirkung gesetzt.

In der anerbotenen, und hier so wie bereits in der Verfügung vom 15. d., angenommenen, Garantie der achtbarsten Bürger des Kreises, findet die unterfertigte Landesregierung eine vollkommne Gewähr für die Aufrechthaltung der Ordnung, so wie gegen alle und jede ungesetzliche Vorfälle, und sie vertraut daher zuversichtlich, daß ihren Erwartungen und den feierlichst gemachten Zusicherungen, durchaus entsprochen werde.

Speyer, den 17. Mai 1832.

Königlich Bayerische Regierung des Rheinkreises,

Kammer des Innern.

Freiherr *v. Andrian.*

[...]

44. Schreiben Metternichs an den bayerischen Außenminister Freiherr von Gise

Beurteilung des Hambacher Festes und Entwicklung von Abwehrstrategien gegen die revolutionäre Bewegung.

Sahrmann, S. 192–194.

Wien, 8. Juni 1832

Hochwohlgeborener Freiherr!

Euer Exzellenz haben sich mittels Ihres gefälligen Schreibens vom 3. dieses, welches mir durch den Herrn Feldmarschall Fürst v. Wrede heute zugekommen ist, mit einem Vertrauen und einer Offenheit an mich gewendet, welche mich zur freimütigsten Erwiderung verpflichtet, zumal die Angelegenheit, von der es sich handelt, von hoher Wichtigkeit ist und die Maßregeln, welche die Zeitumstände gebieten, von unverschieblicher Dringlichkeit sind. Ich werde bei Beantwortung Ihres Schreibens dem Ideengang folgen, welcher Ihren Mitteilungen zum Grunde liegt, und wir werden auf diese Weise am sichersten zu derjenigen Verständigung gelangen, welche in Ihren Wünschen liegt und darum meine Hoffnungen begründen.

Lassen E. Exz. mich damit anfangen mit Ihnen zu beklagen, wenn es unverändert die Absicht des K. Ministeriums war, das Verbot des Hambacher Festes aufrecht zu erhalten, daß dieser Absicht von den untergeordneten Behörden schnurstracks entgegen gehandelt worden ist. Der Nachteil, welcher dadurch entstand, daß von Bayern zuerst dem revolutionären Treiben ein legaler Tummelplatz eröffnet worden, ist unberechenbar; denn alle Berichte aus Deutschland überzeugen mich, daß von Hambach aus die Revolution sich in alle Gaue Deutschlands in mehr oder minder aufgeregter Form verbreitet, je nachdem die Regierungen noch mehr oder weniger Kraft haben den wilden Ausbrüchen der fanatischen Volksaufwiegler Einhalt zu tun. Das Uebel ist aber geschehen und ferne sei es von mir auf den Ursprung desselben aus einem anderen Grunde zurückzukommen als um die Frage zu beantworten, welchen Weg die K. Regierung nun zu betreten hat, um die Pflichten gegen die eminente Majorität seiner ruhigen und treugesinnten Untertanen und ihre Pflichten gegen die mitverbündeten Staaten auf genügende Art zu erfüllen. E. Exc. finden 2 Wege hiezu geeignet: den milden und gesetzlichen oder den strengeren, nämlich Unterdrückung aller revolutionären Umtriebe durch militärische Gewalt. Ich möchte glauben, daß beide Prozeduren Hand in Hand miteinander gehen müssen, wenn das vorgesetzte Ziel erreicht werden soll. Lassen E. Exc. zuerst dem Gesetze seinen vollen Lauf, die Tatsachen sprechen zu laut, als daß etwas anderes als gewissenhafte Anwendung der Gesetze erforderlich wäre, um die Schuldigen der verdienten Untersuchung und Aburteilung zu unterziehen.

Tragen Sie, ich bitte, in Ihrem und des Königs Interesse darum Sorge dafür, daß die K. Untertanen, welche sich gegen die Majestät des Herrn und gegen die Gesetze vergangen haben, zur Verantwortung gezogen, daß die untreuen oder auch nur lauen Beamten der Strafe nicht entgehen. Denn Lauheit in gewissen Fällen ist soviel als Untreue.

Machen Sie den fremden Regierungen die Namen und die Schuld derjenigen bekannt, welche sich auf bayerischem Boden vergangen haben, und fordern Sie deren Bestrafung und Mitteilung des Verfügten. Bringen E. E. aber damit zugleich die Aufstellung einer imposanten militärischen Macht im Rheinkreise in Verbindung, einer Macht, welche stark genug ist, der Wiederkehr von Ausbrüchen ähnlicher revolutionärer Bewegungen zu begegnen, dem Gesetze seine Befolgung und dem ruhigen Bürger den Schutz der Regierung zu sichern, den er durch Gesetz und Verfassung anzusprechen und zu fordern berechtigt ist. Ich bitte E. E. sich durch keine Konsideration oder Besorgnis von politischen Komplikationen zurückhalten zu lassen, die K. Truppen nach dem Rheinkreis aufbrechen zu lassen, es gibt keine Beachtung politischer Natur, welche wichtig genug wäre, halbe Maßregeln zu rechtfertigen; denn das, was in Rheinbayern vorgegangen ist, ist notorisch, und was noch vorgehen wird, ist leider leicht vorherzusehen.

Ist das Uebel bereits soweit gekommen, als verlässige Berichte mich besorgen lassen, so würde nichts anderes übrig bleiben, als die Provinz in Insurrektionszustand zu erklären und einem tüchtigen Militärkommandanten cum derogatione omnium instantiorum das Gouvernement zu übertragen.

Wenn ich E. E. Besorgnis vor fremder Einmischung richtig verstehe, so befürchten E. E. von seiten Frankreichs Einspruch gegen die Anhäufung Ihrer Truppen an der französischen Grenze. Auch diese Besorgnis bitte ich E. E. nicht aufkommen zu lassen; denn das französische Gouvernement wird leicht begreifen, daß die Männer, welche eine deutsche Republik hervorzurufen sich erkühnen, auch keine Freunde des heutigen k. Gouvernements in Frankreich sein können; die Männer, mit welchen Lafayette fraternisiert, sind nicht Männer des Gouvernements von Louis Philippe. Wie wenig sich übrigens die deutschen Regierungen durch Besorgnisse vor französischer Einmischung abhalten lassen sollen, in ihrem Innern Ruhe und Ordnung herzustellen, davon werden Preußen und Oesterreich ehestens einen Beleg am Bundestag ablegen, da in den Eröffnungen, welche Graf Münch ehester Tage an den Bundestag überbringen wird, der Kaiser und der König von Preußen dem Bundestag alle ihre Streitkräfte für den Fall zur Disposition stellen, wenn derselbe solche zur Herstellung der Ruhe und Ordnung in Deutschland erforderlich finden sollte.

E. E. glaube ich übrigens dringend aufmerksam machen zu sollen, diese Gelegenheit zu ergreifen um Volksverführer und Aufwiegler, wie Wirth, Siebenpfeiffer, Große u. a., welche die Rednerbühne in Hambach bestiegen haben, auf dem anderen Felde als auf dem ihrer Vergehen in der Journalistik anzugreifen und ihnen um ihrer hochverräterischen und Aufruhr hervorrufenden Handlungen willen nicht nur in die K. bayerischen Staaten den ferneren Zutritt zu versagen, sondern auch alle übrigen Bundesregierungen aufzufordern, sie auf deutschem Gebiete nicht zu dulden, hinsichtlich welcher Verfügung ich E. E. versichere, unserer Unterstützung am Bundestage, wo diese Angelegenheit am sichersten und Zutrauen erweckendsten angebracht werden kann, sicher zu sein.

Ich habe E. E. alle meine Ideen über die mir gestellten Fragen entwickelt, bitte Sie solche dem Herrn Feldmarschall Fürst v. Wrede mitzuteilen und sehe der zugesicherten weiteren Eröffnung mit Interesse entgegen.

Empfangen Sie die Versicherung meiner ausgezeichneten Hochachtung.
Wien, den 8. Juni 1832.

Metternich.

45. Metternich an Fürst von Wittgenstein in Berlin

Stellungnahme zum Hambacher Fest; Ablehnung von Pressefreiheit, Volksrepräsentationen und politischen Vereinen.

Valentin, S. 144 f.

Wien, 10. Juni 1832

[...] Sie haben sicher Berichte über die Hambacher Geschichte en détail erhalten. *So weit sind die Dinge* in Deutschland gekommen!

Ich gestehe aufrichtig, daß ich mir aus dem Ergebnisse nichts mache, oder vielmehr, daß mir dasselbe manche gute Seite darbietet. Mir sind die Dinge, welche offen vorliegen stets lieber als die verkappten. Was der Liberalismus will, was er ist, wohin er zielt, und wohin er die Staaten, die sich ihm hingeben, unaufhaltbar stößt, hieran kann wohl heute keiner, der Augen, Ohren und einen Sinn hat, mehr zweifeln. Vor solchen Beweisen muß die *Doktrine verstummen.*

Mit Volksrepräsentationen im modernen Sinne, mit der Preßfreiheit und politischen Vereinen muß jeder Staat zu Grunde gehen, der monarchische wie die Republik. Nur Anarchie ist möglich; dagegen mögen die *Gelehrten* am Schreibtische protestieren, soviel sie auch immer wollen. Am Ende der Gelehrsamkeit steht das Zuschlagen, und kommt es einmal hierzu, so ist der, der in geschlossenen Reihen zuschlägt, der Gelehrteste.

Wir werden in Deutschland zum Zuschlagen kommen, das Böseste im lieben Vaterlande sind die Regierungen: vortrefflich zum Betrogen werden, aber sehr schlecht, um sich und anderen zu helfen! Wenn man heute in Bayern noch glaubt, das Regieren zu verstehen, so sind die Leute incurabel [...].

46. Note der preußischen Regierung an die bayerische Regierung

Kritik und Stellungnahme zur oppositionellen Tätigkeit im bayerischen Rheinkreis, insbesondere zum Hambacher Fest und zu verschiedenen Publikationen.

Valentin, S. 154–160.

München, 11. Juni 1832

Für den K. Preußischen Hof ist unter allen Wahrnehmungen, welche sich ihm über den gegenwärtigen allgemeinen Zustand der Dinge in einigen deutschen Ländern, ganz besonders aber in dem K. bayer. Rheinkreise darbieten, die peinlichste die, daß auf der einen Seite eine revolutionäre Faktion ihr unseliges Wesen und ihr auf den Umsturz aller Grundlagen des inneren Staatenwohles gerichtetes Treiben ohne Scheu, offen und dreist und selbst mit wachsender Kühnheit verfolgt, und daß auf der anderen Seite die Gegenmaßregeln, womit die Regierungen ihr zu begegnen gedenken, nicht dieser Kühnheit angemessen sind, und nicht denjenigen Ernst und diejenige Energie, Consequenz und Festigkeit enthalten, welche die furchtbar steigende Größe der Gefahr gebieterisch erfordert.

Je dringender diese in der Tat mit jedem Tage wird, um so mehr hält sich der K. Preuß. Hof überzeugt, daß er die Pflichten des Vertrauens und der Teilnahme, welche ihm seine mit dem K. bayer. Hof bestehende nahe und innige Verbindung gegen diesen auferlegt, ja die Pflichten, welche er sich selber und seinen eigenen Staaten, so wie dem Gesamtwohle Deutschlands schuldig ist, hintenan setzen würde, wenn er es länger aussetzen wollte, gegen diesen Hof über das was Höchstdenselben dabei insbesondere betrifft, seine Ansichten, Besorgnisse und Wünsche offen auszusprechen.

Der K. Preuß. Hof muß zu seinem Leidwesen mit der Klage beginnen, daß der K. bayer. Rheinkreis es ist, welcher als der Hauptherd erscheint, wo die revolutionäre Faktion in Deutschland ihren Sitz hat, und von wo aus vornehmlich sie die benachbarten und die weiter liegenden Länder bedroht. Seine Aufmerksamkeit ist hier hauptsächlich durch zwei Tatsachen festgehalten, welche das gefahrvolle Treiben dieser Faktion augenscheinlichst bezeichnen, nämlich das Hambacher Fest, und das ungehindert fortgehende Erscheinen revolutionärer Schriften in dem Rheinkreise.

Gedachter Hof kann sich kein Urtheil darüber beilegen, ob es dienlich war oder nicht, die Feier des Constitionsfestes[!] auf dem Hambacher Schloß zu untersagen, obgleich es ihm scheint, daß die K. bayer. Regierung hinlänglichen Grund hatte, ein Fest, welches lange im Voraus als ein Vereinigungspunkt aller Neuerungslustigen und Unruhestifter selbst benachbarten Länder angekündigt war, wenigstens nicht unbedingt zuzulassen. Aber die Wahrnehmung dringt sich jeden Falls auf, daß dieses Fest ein viel ernsteres Ansehen dadurch gewonnen hat, daß die Regierungsbehörde ihr früheres Verbot anfangs modifizirt und endlich ganz zurückgenommen hat. Welches auch die Veranlassung zu dieser Zurücknahme gewesen, die Teilnehmer des Festes und besonders die Leiter desselben werden sie als ein Zugeständnis, welches die Regierung habe machen müssen, ansehen und als einen Beweis hinstellen, daß das Volk nur fest auf seine Wünsche zu beharren brauche, um zu erlangen, was es wolle; und dieses ist die schlimmste Lehre, welche dem Volke gegeben werden mag, gefährlicher als die schändlichsten Schmähschriften und offener Aufruhr zur Empörung. Der Charakter, den das Fest dadurch erhalten, gibt ihm eine viel ernstere Bedeutung, als es Anfangs gehabt haben würde, und wenn dasselbe auch ohne eigentliche Störung der öffentlichen Ruhe vorübergegangen sein mag, so dürften doch von allen Seiten die Liberalen der Rheingegend dasselbe als den ersten Triumph des Volkswillens über die Absichten der Regierung feiern.

Immerhin kann nunmehr dieser Gegenstand, da er bereits der Vergangenheit angehört, nur noch als Lehre für die Zukunft von den Regierungen beherzigt werden.

Wichtiger bleibt die andere oben angedeutete Tatsache, daß nämlich das Erscheinen aufrührerischer Schriften in dem Rheinkreise noch immerhin fortdauert, und ihre unerkannten zum Teil sich selbst namhaft machenden Verfasser ungestört sich dort aufhalten.

Die K. Preuß. Gesandtschaft zu München hat sich unlängst des Auftrags zu entledigen gehabt, die Aufmerksamkeit des K. bayer. Ministeriums auf eine aufrührerische Proclamation zu lenken, welche der in Hamburg[1] wohnende Dr. Wirth unter der Bezeichnung: „*Aufruf an die Deutschen*" erlassen hat, und welche in ihrer Abfassung ebenso gehässig als durch ihren offenkundigen Zweck gefährlich ist. Der K. Preuß. Hof überläßt sich der Hoffnung, daß die K. Bayer. Regierung in Ihrer erleuchteten Würdigung aller Umstände dieser Sache bereits eine ernstliche Berücksichtigung werde gewidmet, und den Verfasser, wie die Verbreiter jener aufrührerischen Proclamation zu einer strengen Verantwortung gezogen haben. So wichtig es indessen auch ist, solche frevelhaften Schriften nicht ungeahndet zu lassen, so darf es doch der Erwägung nicht entgehen, daß in der Regel schon ein Teil des Unheils, das dieselben stiften, geschehen ist, wenn die Regierung erst *nachträglich*, nachdem die Schriften schon verbreitet sind, gegen Verfasser und Verleger verfährt, und daß die Hauptsache vielmehr ist, das *Erscheinen solcher Schriften zu verhindern.*

Der K. Preuß. Hof, so strenge er sich auch an den Grundsatz hält, sich in die Regierungs- und Verwaltungsmaßregeln anderer Staaten nicht zu mi-

[1] Muß heißen: Homburg.

schen, kann doch nicht umhin, hier sein Bedauern ganz vertraulich zu erkennen zu geben, daß die K. Bayer. Behörden dem Erscheinen gedachter Schriften bisher nicht mit wirksamen Maßnehmungen entgegengetreten sind; er kann überhaupt nicht umhin, das Verfahren dieser Behörden um so mehr zum Gegenstand seiner Bemerkungen zu machen, als *er selber dabei auf eine nur zu nahe Weise beteiligt ist.*

Die angrenzende Lage der Preuß. Rheinprovinzen und die mannigfaltigen Berührungen, welche alte Gewohnheiten und das Band einer früher in gemeinschaftl. Herrschaft zwischen diesen Provinzen und dem bayer. Rheinkreise fort erhalten, legen allen Vorgängen in letztgenanntem Teile Bayerns auch für die Preuß. Regierung eine so entscheidende Wichtigkeit bei, daß diese denselben mit größter Aufmerksamkeit zu folgen, sich genötiget sieht. Es muß dies um so mehr der Fall sein, seitdem von Rheinbayern aus völlig dahin gearbeitet wird, den Geist der Treue und Anhänglichkeit an den König und Vaterland, welchen die Preuß. Rheinlande in den kritischen Momenten der letzten Jahre auf eine so glänzende Weise bewährt haben, wankend zu machen, und diese Provinzen in denselben Schwindel hineinzuziehen, der die Coryphäen der liberalen Partei in Rheinbayern belebt. So sicher man auch diesseits ist, daß in die Preuß. Rheinprovinzen die Ansteckung nicht den leichten Eingang finden wird, den letztere hoffen mögen, so fordern doch die Regierung ihre heilige Pflichten auf, alle möglichen Vorsichtsmaßregeln zu ergreifen, um dem Übel vorzubeugen und zu verhindern, daß nicht einzelne, leicht zu betörende Menschen das ihnen zugebrachte Gift aufnehmen mögen.

Zu jenem Zwecke bedient man sich in Rheinbayern hauptsächlich des Weges der Flugschriften. So ist ganz kürzlich in Zweibrücken bei Rutter[2] 1832 eine Schrift erschienen: „Rhein-Preußische Glückseligkeit", welche, in solchem Sinne und zu solchem Zwecke geschrieben und voll von wahrheitswidrigen Angaben und verläumderischen Behauptungen, von Zweibrücken aus in die Preuß. Rheinprovinzen versendet und verbreitet worden ist. – Eine einzelne Flugschrift wird ein wohlgesinntes Land nicht zur Empörung bringen, und die erwähnte Schrift wird hier nur des Beispiels wegen angeführt. Wenn indes von einem gutgelegenen Punkte aus systematisch ohne Unterlaß und auf allen Wegen die Pest umwälzender Ideen in ein Nachbarland verbreitet und tägliche Versuche gemacht werden, dessen Bewohner mit Unzufriedenheit und mit Mißmut zu erfüllen, wenn man in den kleineren Landesteilen, die von den Preußischen und Bayerischen Rhein-Ländern eingeschlossen sind, schon die traurigen Folgen solcher Unternehmungen in einer völligen Zerrüttung der bürgerlichen Ordnung wahrnimmt, dann wird es Pflicht der Regierung, gegen das eigene Wohl, solchen geheimen Angrif-

[2] Muß heißen: Ritter.

fen ein Ziel zu setzen, und dieses muß, auf welche Art es sei, notwendig gefunden werden.

Dasselbe wird sich von selbst ergeben, wenn die K. Bayer. Regierung nach Ihrer erleuchteten Weisheit, und in voller Beherzigung Ihres eigenen dringenden Interesses und des Ihrer Nachbarn, alle durch die Natur und das Wohl des Staates gebotenen und der obersten Staatsgewalt zu Dienst stehenden Mittel anzuwenden beschließt, und den Umtrieben schamloser Revolutionäre in dem Rheinkreise ein Ende zu machen. Als eines solchen Mittels leuchtet der Preuß. Regierung ein, daß nach der Erscheinung des Wirthschen Aufrufes, der ein wahres Kriegs-Manifest gegen die eigene Regierung, unter welcher der Verfasser lebt, und gegen ganz Deutschland war, der letztere gesetzmäßig zu verhaften, und wegen unläugbaren Majestätsverbrechens dem Gerichte zu überliefern gewesen ist.

Keine Regierung kann sich der Täuschung hingeben, daß wenn solcher Revolutionäre, wie dort in Rheinbayern, auch nur wenige sind, und der bei weitem überwiegende Teil der Bewohner, von einem guten Geiste beseelt, die Erhaltung des Bestehenden will, jene nicht zu fürchten seien. Sie sind dieses allerdings nicht, wenn man sie unschädlich macht. Aber läßt man sie gewähren, so ist zu bedenken, daß Revolutionen immer durch Wenige, meistenteils gegen den eigentlichen Willen der Mehrzahl unternommen und ausgeführt worden sind. Nach den genauen und zuverlässigen Nachrichten, welche die Preuß. Regierung über den Zustand des bayerischen Rheinkreises besitzt, kann sie leider keinen Zweifel mehr haben, daß der Geist der Unruhe und des Mißvergnügens in den dortigen Städten, in Folge der Deklamationen jener anfangs kleinen Zahl von Unruhestiftern sich bereits unendlich vermehrt hat. Daß dieses noch immer mehr geschehen werde, ist leicht vorherzusehen, und wird sich zumal, da das Hambacher Fest eine so günstige Gelegenheit zur Verbreitung der Wirthschen Doctrinen dargeboten, gar bald offenbaren. –

Der hohe Rang und Einfluß, zu welchem das Königreich Bayern durch seine Macht und seine Lage im Deutschen Bund berufen ist, die ganze Stellung seiner aufgeklärten und humanen Regierung, das Beispiel, womit diese insbesondere, als die erste aller deutschen konstitutionellen Regierungen den übrigen und namentlich den Nachbarstaaten Württemberg und Baden vorleuchten und das ganze südliche Deutschland mit sich fortreißen kann, die zwischen ihr und der Preuß. Regierung bestehende so nahe und innige Verbindung, – alle diese Verhältnisse, so wie alle die Betrachtungen, welche das obwaltende, gemeinsame, höchst dringende Interesse für Aufrechterhaltung der gesetzlichen Ordnung und Ruhe überall im Bunde hervorruft, lassen den Preuß. Hof sehnlichst wünschen, daß die oben ausgesprochenen Besorgnisse und Anratungen die volle Beherzigung der K. Bayer. Regierung finden, und dieselbe mit bestimmen mögen, ihren Behörden, mehr als diese bisher erwiesen, ein durchaus energisches, konsequentes und festes Verfahren gegen die Revolutionäre im Rheinkreise, und wo solche sich noch sonst im Königreiche finden, vorzuschreiben.

Jetzt reicht vielleicht noch ein fester und festdurchgeführter Wille hin, um den revolutionären Geist darniederzuhalten; später dürften schon eingreifendere Maßregeln gegen diesen nötig werden, und das was jetzt noch leicht zu tun ist, möchte nach kurzer Zeit, wenn die öffentliche Meinung unausgesetzt bearbeitet wird, schwieriger, ja zuletzt selbst unmöglich werden. Dies lehrt die Geschichte aller Katastrophen, welche die Staaten betroffen haben.

47. Schreiben Fürst Wittgensteins an Metternich

Das Hambacher Fest hätte noch eindeutigere Handhabe gegen die Opposition erbringen sollen; negatives Urteil über das bayerische Ministerium.

Valentin, S. 145–146.

Berlin, 20. Juni 1832

[...] Das Hambacher Fest und die damit in Verbindung stehenden Erscheinungen, befremden mich gar nicht, mir sind die Sachen noch nicht toll genug, und ich hätte gewünscht, daß von p. Wirth u. Consorten die Absetzung des Königs von Bayern förmlich decretirt, ein Protocol darüber aufgenommen und von allen Anwesenden unterzeichnet worden wäre. Man wird nun sehen, was der König von Bayern nach seiner Rückkunft beginnen und ob er in die Fußtapfen seines traurigen Ministeriums tretten[!] wird, das als die personificirte Erbärmlichkeit betrachtet werden kann. [...]

48. Bundesbeschluß über die Maßregeln zur Aufrechterhaltung der gesetzlichen Ordnung und Ruhe in Deutschland – Die Sechs Artikel

Bundesbeschluß, der vor allem die Landstände einschränkt; Bekräftigung des Monarchischen Prinzips.

PDB, 22. Sitzung, 28. Juni 1832, ohne §-Zählung, S. 863–864.[1]

Frankfurt am Main, 28. Juni 1832

[...] Unter dankbarer Anerkennung der von Ihren Majestäten dem Kaiser von Oesterreich und dem Könige von Preussen wiederholt bewährten Fürsorge für das gemeinsame Beste des Deutschen Vaterlandes, vereinigen sich sämmtliche Bundesregierungen zu folgenden Bestimmungen:

[1] Die Beratungen zu diesem Punkt umfassen insgesamt die Seiten 852–864.

I. Da nach dem Art. 57 der Wiener Schlußacte die gesammte Staatsgewalt in dem Oberhaupte des Staates vereinigt bleiben muß, und der Souverain durch eine landständische Verfassung nur in der *Ausübung* bestimmter Rechte an die Mitwirkung der Stände gebunden werden kann, so ist auch ein Deutscher Souverain, als Mitglied des Bundes, zur Verwerfung einer hiermit in Widerspruch stehenden Petition der Stände nicht nur berechtigt, sondern die Verpflichtung zu dieser Verwerfung geht aus dem Zwecke des Bundes hervor.

II. Da gleichfalls nach dem Geiste des eben angeführten Art. 57 der Schlußacte und der hieraus hervorgehenden Folgerung, welche der Art. 58 ausspricht, keinem Deutschen Souverain durch die Landstände die zur Führung einer den Bundespflichten und der Landesverfassung entsprechenden Regierung erforderlichen Mittel verweigert werden dürfen, so werden Fälle, in welchen ständische Versammlungen die Bewilligung der zur Führung der Regierung erforderlichen Steuern auf eine mittelbare oder unmittelbare Weise durch die Durchsetzung anderweiter Wünsche und Anträge bedingen wollten, unter diejenigen Fälle zu zählen seyn, auf welche die Art. 25 und 26 der Schlußacte in Anwendung gebracht werden müßten. [...]

III. Die innere Gesetzgebung der Deutschen Bundesstaaten darf weder dem Zwecke des Bundes, wie solcher in dem Art. 2 der Bundesacte und in dem Art. 1 der Schlußacte ausgesprochen ist, irgend einen Eintrag thun, noch darf dieselbe die Erfüllung sonstiger bundesverfassungsmäßiger Verbindlichkeiten gegen den Bund, und namentlich der dahin gehörigen Leistungen von Geldbeiträgen, hinderlich seyn.

IV. Um die Würde und Gerechtsame des Bundes und der den Bund repräsentirenden Versammlung gegen Eingriffe aller Art sicher zu stellen, zugleich aber in den einzelnen Bundesstaaten die Handhabung der zwischen den Regierungen und ihren Ständen bestehenden verfassungsmäßigen Verhältnisse zu erleichtern, soll am Bundestage eine mit diesem Geschäfte besonders beauftragte Commission, vor der Hand auf sechs Jahre, ernannt werden, deren Bestimmung seyn wird, insbesondere auch von den ständischen Verhandlungen in den Deutschen Bundesstaaten fortdauernd Kenntniß zu nehmen, die mit den Verpflichtungen gegen den Bund, oder mit den durch die Bundesverträge garantirten Regierungsrechten in Widerspruch stehenden Anträge und Beschlüsse zum Gegenstand ihrer Aufmerksamkeit zu machen, und der Bundesversammlung davon Anzeige zu thun, welche demnächst, wenn sie die Sache zu weiteren Erörterungen geeignet findet, solche mit den dabei betheiligten Regierungen zu veranlassen hat. Nach Verlauf von sechs Jahren wird die Fortdauer der Commission weitere Vereinigung vorbehalten.

V. Da nach Artikel 59 der Wiener Schlußacte, da, wo Oeffentlichkeit der landständischen Verhandlungen durch die Verfassung gestattet ist, die Grenzen der freien Aeusserung, weder bei den Verhandlungen selbst, noch bei deren Bekanntmachung durch den Druck, auf eine die Ruhe des einzelnen Bundesstaates oder des gesammten Deutschlands gefährdende Weise überschritten werden darf, und dafür durch die Geschäftsordnung gesorgt werden soll; so machen auch sämmtliche Bundesregierungen, wie sie es ihren Bundesverhältnissen schuldig sind, sich gegen einander anheischig, zur Verhütung von Angriffen auf den Bund in den ständischen Versammlungen und zur Steuerung derselben, jede nach Maaßgabe ihrer innern Landesverfassung, die angemessenen Anordnungen zu erlassen und zu handhaben.

VI. Da die Bundesversammlung schon nach dem Artikel 17 der Schlußacte berufen ist, zur Aufrechthaltung des wahren Sinnes der Bundesacte und der darin enthaltenen Bestimmungen, wenn über deren Auslegung Zweifel entstehen sollte, dem Bundeszwecke gemäß zu erklären, so versteht es sich von selbst, daß zu einer Auslegung der Bundes- und der Schluß-Acte mit rechtlicher Wirkung auch nur allein und ausschliessend der Deutsche Bund berechtigt ist, welcher dieses Recht durch sein verfassungsmäßiges Organ, die Bundesversammlung, ausübt. [...]

49. Bundesbeschluß zur „Aufrechterhaltung der gesetzlichen Ordnung und Ruhe im Deutschen Bunde" – Die Zehn Artikel

Weitere Einschränkungen der Presse, von Vereinen und Volksfesten; Verbot des Tragens von Abzeichen; strenge Maßnahmen gegen politisch Verdächtige.

PDB, 24. Sitzung, 5. Juli 1832, § 231, S. 951–953.[1]

Frankfurt am Main, 5. Juli 1832

[...] In Erwägung der gegenwärtigen Zeitverhältnisse und für die Dauer derselben, beschließt die Bundesversammlung, in Gemäßheit der ihr obliegenden Verpflichtung, die gemeinsamen Maaßregeln zur Aufrechthaltung der öffentlichen Ruhe und gesetzlichen Ordnung zu berathen, nach vernommenem Gutachten einer aus ihrer Mitte gewählten Commission, wie folgt:

1) Keine in einem nicht zum Deutschen Bunde gehörigen Staate in Deutscher Sprache im Druck erscheinende Zeit- oder nicht über zwanzig Bogen betragende sonstige Druckschrift politischen Inhalts darf in einem Bundesstaate, ohne vorgängige Genehmhaltung der Regierung desselben, zugelassen und ausgegeben werden; gegen die Uebertreter dieses Verbots ist eben so, wie gegen die Verbreiter verbotener Druckschriften, zu verfahren.

2) Alle *Vereine*, welche politische Zwecke haben, oder unter anderm Namen zu politischen Zwecken benutzt werden, sind in sämmtlichen Bundes-

[1] Die Beratungen zu diesem Punkt umfassen insgesamt die Seiten 942–953.

staaten zu verbieten und ist gegen deren Urheber und die Theilnehmer an denselben mit angemessener Strafe vorzuschreiten.

3) Ausserordentliche *Volksversammlungen* und *Volksfeste*, nämlich solche, welche bisher hinsichtlich der Zeit und des Ortes weder üblich noch gestattet waren, dürfen, unter welchem Namen und zu welchem Zwecke es auch immer sey, in keinem Bundesstaate, ohne vorausgegangene Genehmigung der competenten Behörde, statt finden.

Diejenigen, welche zu solchen Versammlungen oder Festen durch Verabredungen oder Ausschreiben Anlaß geben, sind einer angemessenen Strafe zu unterwerfen.

Auch bei erlaubten Volksversammlungen und Volksfesten ist es nicht zu dulden, daß öffentliche Reden politischen Inhalts gehalten werden; diejenigen, welche sich dieß zu Schulden kommen lassen, sind nachdrücklich zu bestrafen, und wer irgend eine Volksversammlung dazu mißbraucht, Adressen oder Beschlüsse in Vorschlag zu bringen und durch Unterschrift oder mündliche Beistimmung genehmigen zu lassen, ist mit geschärfter Ahndung zu belegen.

4) Das öffentliche Tragen von *Abzeichen* in Bändern, Cocarden oder dergleichen, sey es von In- oder Ausländern, in andern Farben, als jenen des Landes, dem der, welcher solche trägt, als Unterthan angehört, – das nicht autorisirte Aufstecken von *Fahnen* und *Flaggen*, das Errichten von *Freiheitsbäumen* und dergleichen Aufruhrzeichen – ist unnachsichtlich zu bestrafen.

5) Der am 20. September 1819 gefaßte, gemäß weitern Beschlusses vom 12. August 1824 fortbestehende, provisorische Beschluß über die in Ansehung der *Universitäten* zu ergreifenden Maaßregeln, wird sowohl im Allgemeinen, als insbesondere hinsichtlich der in den §§. 2 und 3 desselben enthaltenen Bestimmungen, in den geeigneten Fällen, in so weit es noch nicht geschehen, unfehlbar zur Anwendung gebracht werden. [...]

6) Die Bundesregierungen werden fortwährend die genaueste polizeiliche Wachsamkeit auf alle *Einheimische*, welche durch öffentliche Reden, Schriften oder Handlungen ihre Theilnahme an aufwieglerischen Planen kund, oder zu deßfallsigem Verdacht gegründeten Anlaß gegeben haben, eintreten lassen; sie werden sich wechselseitig mit Notizen über alle Entdeckungen staatsgefährlicher geheimer Verbindungen und der darin verflochtenen Individuen, auch in Verfolgung deßfallsiger Spuren, jederzeit auf's schleunigste und bereitwilligste unterstützen.

7) Auf *Fremde*, welche sich wegen politischer Vergehen oder Verbrechen in einen der Bundesstaaten begeben haben, sodann auf *Einheimische* und *Fremde*, die aus Orten oder Gegenden kommen, wo sich Verbindungen zum Umsturz des Bundes oder der Deutschen Regierungen gebildet haben und der Theilnahme daran verdächtig sind, ist besondere Aufmerksamkeit zu wenden; zu diesem Ende sind überall in den Bundeslanden die bestehenden Paßvorschriften auf das Genaueste zu beobachten und nöthigenfalls zu schärfen.

Auch werden die sämmtlichen Bundesregierungen dafür sorgen, daß verdächtigen ausländischen Ankömmlingen, welche sich über den Zweck ihres Aufenthalts im Lande nicht befriedigend ausweisen können, derselbe nicht gestattet werde.

8) Die Bundesregierungen machen sich verbindlich, diejenigen, welche in einem Bundesstaat politische Vergehen oder Verbrechen begangen, und sich, um der Strafe zu entgehen, in andere Bundeslande geflüchtet haben, auf erfolgende Requisition, in so fern es nicht eigene Unterthanen sind, ohne Anstand auszuliefern.

9) Die Bundesregierungen sichern sich gegenseitig auf Verlangen die promteste *militärische Assistenz* zu, und indem sie anerkennen, daß die Zeitverhältnisse gegenwärtig nicht minder dringend, als im October 1830, ausserordentliche Vorkehrungen wegen Verwendung der militärischen Kräfte des Bundes erfordern, werden sie sich die Vollziehung des Beschlusses vom 21. October 1830 – betreffend Maaßregeln zur Herstellung und Erhaltung der Ruhe in Deutschland – auch unter den jetzigen Umständen, und so lange, als die Erhaltung der Ruhe in Deutschland es wünschenswerth macht, ernstlich angelegen seyn lassen.

10) Sämmtliche Bundesregierungen verpflichten sich, unverweilt diejenigen Verfügungen, welche sie zur Vollziehung vorbemerkter Maaßregeln nach Maaßgabe des in den verschiedenen Bundesstaaten sich ergebenden Erfordernisses getroffen haben, der Bundesversammlung anzuzeigen.

50. Badische Presseverordnung

Deutliche Einschränkung des liberalen badischen Pressegesetzes von 1831 aufgrund eines Bundesbeschlusses.

Großherzoglich-Badisches Staats- und Regierungs-Blatt, Karlsruhe, 30. Juli 1832, S. 371–372.

Karlsruhe, 28. Juli 1832

Leopold von Gottes Gnaden, Großherzog von Baden,
Herzog von Zähringen.

Nachdem mittelst eines von der Bundesversammlung am 5ten l. M. gefaßten Beschlusses *Unsere* sämmtlichen Bundesgenossen einmüthig erklärt haben, daß das von *Uns* unter dem 28sten December v. J. erlassene Preßgesetz mit der dermaligen Bundes-Gesetzgebung über die Presse unvereinbar sey, und daher nicht bestehen dürfe; nachdem auch die einzelnen Bestimmungen des Preßgesetzes, welche als Anlaß zu dieser Erklärung betrachtet werden müssen, in einem früheren Bundes-Commissions-Bericht verzeichnet sind, dessen Inhalt sich die Bundesversammlung durch ihren Beschluß zu eigen gemacht;

in Erwägung, daß die Bundesversammlung berufen ist, den Sinn der Bundesgesetze, wenn darüber Zweifel erhoben werden, behufs ihrer gleichförmigen Anwendung zu bestimmen; auch daß vermöge §. 17. der Verfassungs-Urkunde die Preßfreiheit nach den Bestimmungen der Bundesversammlung gehandhabt werden soll;

sehen *Wir Uns* veranlaßt, das Preßgesetz vom 28sten December v. J., insoweit der vorgedachte Commissions-Bericht solches als der Preß-Gesetzgebung des Bundes widersprechend bezeichnet, für unwirksam zu erklären und hiernach weiter zu verordnen, wie folgt:

Art. 1. Schriften, die in der Form täglicher Blätter oder heftweise erscheinen, deßgleichen solche, die nicht über zwanzig Bogen im Druck stark sind, dürfen nur mit Vorwissen und vorgängiger Genehmhaltung der betreffenden Polizeibehörde zum Druck befördert werden.

Art. 2. Wird diese Vorschrift umgangen, so verfällt der Schuldige in eine Strafe von fünf bis fünfzig Gulden, vorbehaltlich derjenigen Strafe, die wegen des Inhalts der Druckschrift eintreten kann.

Art. 3. Die im vorhergehenden Artikel gedrohte Geldstrafe kann bis zum Doppelten erhöht werden, wenn die nachgesuchte Druck-Erlaubniß ausdrücklich versagt und hierauf der Druck dennoch vorgenommen worden ist.

Art. 4. Wird das Einholen der Druck-Erlaubniß umgangen oder das Druckverbot übertreten, so ist die Polizeibehörde verpflichtet, die Druckschrift von Amtswegen mit Beschlag zu belegen.

Art. 5. Bei Ertheilung oder Versagung der Druck-Erlaubniß hat die Polizeibehörde das Bundes-Preßgesetz vom 20sten September 1819, sodann die §§. 18. 20. 21 und 22. des Preßgesetzes vom 28sten December v. J. zur Richtschnur zu nehmen.

Art. 6. Die Oeffentlichkeit des gerichtlichen Verfahrens wegen Preßverbrechen oder Preßvergehen ist aufgehoben.

Art. 7. Alle Vorschriften des Preßgesetzes vom 28sten December v. J., welche mit vorstehenden Bestimmungen unvereinbar sind, wohin namentlich die in den §§. 1. 8. 12. 14. 15. 16 und 17. enthaltenen Vorschriften, dann die Vorschrift wegen Oeffentlichkeit des Verfahrens in den §§. 33. 53. 58. 59. 66 und 83., gehören, treten ausser Wirksamkeit.

Diese Verordnung ist sogleich zu vollziehen.

Gegeben zu Carlsruhe, in *Unserem* großherzoglichen Staatsministerium, den 28sten Juli 1832.

Leopold.

Frhr. von Reizenstein. Frhr. von Schäffer. von Böckh.
Frhr. von Türckheim. von Gulat. Winter. Jolly. Frhr. von Weiler.

[...]

51. Instruktion Metternichs an Polizeioberkommissär Noë

Einrichtung einer geheimen Polizeistelle; Aufgabenbeschreibung und Dienstanweisungen an den österreichischen Leiter des Mainzer Informationsbüros; Grundannahme Metternichs: Internationale Verschwörung ist am Werk.

Wiener Haus-, Hof- und Staatsarchiv, Staatskanzlei, Deutsche Akten, alte Reihe 279, fol. 362r–367v.[1]

Wien, 20. April 1833

An
den k. k. PolizeyOberCommißär
H. Noë

Der Herr* PolizeyPräsident, welchen ich um einen eben so gewandten als verläßlichen Polizeybeamten zu einer temporären Sendung nach Maynz ersuchte, hat E. W. hiezu ausersehen; – ich zweifle nicht, daß dieselben das in Sie gesezte Vertrauen vollkommen rechtfertigen werden.

Die zahlreichen Materialien, welche ich zu E. W. Verfügung stellte, und von welchen Sie alles, was Sie benöthigen, in Abschrift zu behalten ermächtigt wurden, können Ihnen über den Zweck Ihrer Sendung und über die Natur der Aufgabe, die Sie zu lösen haben werden, keinen Zweifel übrig gelassen haben. –

Jene verruchte Verbrüderung, welche seit einem halben Jahrhundert an dem Umsturze [der bestehenden und selbst aller möglichen gesetzlichen Ordnung und][2] aller Throne unabläßig arbeitet, hat im J. 1830 in Frankreich einen bedeutenden Sieg errungen, welcher ihr jedoch keineswegs genügt: ihr Plan geht weiter, er umfaßt die Welt; – und von Paris, wo die revolutionäre Propaganda sitzt, bearbeitet diese Gesellschaft die verschiedenen Reiche Europa's, um ihre verderblichen Lehren den Nazionen einzuimpfen und die Völker gegen ihre Regierungen aufzuwiegeln. Der leitende Ausschuß, welcher das Centrum dieser permanenten Verschwörung bildet, hat unter sich eben so viele Oberste Clubbs als es Nationen gibt, deren Revolutionirung gehofft werden kann. Diese National Clubbs sind es, welche die in jedem Lande befindlichen revoluzionären Elemente aufsuchen, ordnen und in Bewegung setzen. Was der Spanische, Italienische, Belgische, Polnische und der Schweizerische Clubb gewirkt haben, lehrte uns die Geschichte der drey letzten Jahre: Die Arbeiten des *deutschen* Clubbs sind itzt in voller Thätig-

[1] Auszüge abgedruckt bei Adler: Literarische Geheimberichte, Bd. 1, S. 3–5.
* Anrede im Original gekürzt. Alle von der Verfasserin vorgenommenen Auflösungen von Kürzungen werden in diesem Schriftstück mit * nach dem Wort gekennzeichnet.
[2] Nachträgliche Ergänzung oder Korrektur am Rande des Schriftstücks.

keit und die Frankfurter Ereignisse vom 3. April waren das Vorspiel eines ganz Deutschland umfassenden Planes.

Der Augenblick ist entscheidend; der Kampf des ewigen Rechtes gegen das revolutionäre Princip ist nahe und unvermeidlich. Gegen Oesterreich wenden sich die Blicke aller Regierungen, welche Rettung suchen. Um in einem so schweren Kampfe zu siegen, ist eine große materielle Kraft allerdings ein unentbehrliches Erforderniß; nicht minder wesentlich ist es jedoch, die Anschläge und die Mittel eines im verborgenen wirkenden Feindes genau zu kennen. – Jede Machination der Pariser Propaganda ist für Oesterreich von hohem Interesse; insofern aber diese Ränke *Italien Deutschland* [Hungarn und Polen][2] zum Gegenstande haben, wird die Erforschung und Vereitlung solcher Complotte für uns eine wahre SelbstErhaltungs-Pflicht. –

Von den Bewegungen der geheimen Gesellschaften in Italien sind wir genau unterrichtet, und kennen großentheils, was auf diesem Felde vorbereitet wird; es handelt sich nun darum, auch die Projekte der heillosen Pariser Central Comité auf das für uns *gleichwichtige Deutschland* zu ergründen, und den Plan, welchen der deutsche Pariser Clubb und dessen Anhang in Deutschland entworfen und theilweise schon ausgeführt hat, an das Tageslicht zu ziehen.

Vieles wird schon durch die Ihnen mitgetheilten Akten klar; mehr noch wird durch die Untersuchung der Frankfurter Vorfälle hervor kommen. Wenn – wie [wir es beabsichtigen,][2] JustizBeamte mehrerer deutscher Staaten bey der Instruirung des Processes interveniren, so läßt sich von dieser Mitwirkung ein bedeutendes Licht erwarten. Die Theilnahme eines k. k. Justizbeamten macht jedoch jene eines Polizeybeamten keineswegs entbehrlich; das vereinte Wirken beyder ist vielmehr nothwendig, um eine Verschwörung ganz aufzudecken, wovon das Frankfurter Attentat offenbar bloß eine *partielle* und noch dazu, wie es scheint, eine *vorzeitige* Offenbarung war.

Da die deutschen Regierungen, besonders aber die südwestlichen an der Aufdeckung so hochgefährlicher Umtriebe gleiches Interesse haben, so glaubte ich Seiner* Majestät* die Errichtung einer *Central-Polizey in Maynz*, als ein Mittel die hie und da einzeln vorkommenden, auf die Verschwörung in Deutschland Bezug habenden Daten zu concentriren. Nach meiner Ansicht sollten nur jene Souveraine, deren persönliche Gesinnungen hinreichende Bürgschaft gewähren, eingeladen werden, einen Polizey Beamten bey diesem Centrum anzustellen. Da Seine* Majestät* diesen Vorschlag zu genehmigen geruhten, so habe ich denselben nach Berlin mitgetheilt, wo ihm dieselbe Zustimmung ertheilt wurde, so daß ehestens ein preußischer PolizeyAgent in Maynz eintreffen wird, – Erforderlichen Falls werden auch Bayern und Würtemberg ähnliche Commissäre delegiren, welche jedoch, da für deren Anwesenheit in Maynz nicht so leicht ein ostensibler Vorwand zu finden wäre, zu Aschaffenburg oder Wiesbaden wahrscheinlich aufgestellt werden dürften.

Diese Central-Polizey, *deren Existenz allen Augen entrückt seyn muß*, hat zur Aufgabe:

a.) alle schon vorhandenen Spuren revolutionärer Umtriebe zu verfolgen; b.) aus den vorhandenen und nach und nach eingehenden Notizen ein möglichst vollständiges Bild der angelegten Verschwörung und ihrer geheimen Fäden zusammenzustellen; c) durch die gegenseitige Mittheilung dieser Aufschlüße die Regierungen in den Stand zu setzen, ohne ZeitVerlust die etwa dringenden Vorkehrungen zu treffen. d.) über jeden, mit dem allgemeinen Zweck im Zusammenhange stehenden einzelnen Punkt auf Verlangen, die nöthigen Erhebungen zu pflegen; e) vielleicht auch den Instruktionsrichtern bey dem Frankfurter Prozeße Aufschlüße zu verschaffen, welche großen Einfluß auf den Gang und das Resultat der Untersuchung haben dürften.

Die Mittel diesen Zweck zu erreichen, welche zu E. W Verfügung gestellt werden, sind:

1.) ein von S. E. dem Herrn* PolizeyPräsidenten zu bemeßender Manipulationsfonds; –

2°) Ein Ihnen von S. E. beyzugebendes untergeordnetes Individuum;

3º) die Verwendung jener Confidenten, welche der H. Gf. v. Mensdorf[3] schon lange mit Erfolg benutzt;

4) Reisen, die Sie selbst nach solchen Gegenden, wo etwa eine Zusammenkunft oder eine wichtige Erhebung es erfordert, zu machen berechtigt sind [oder die Entsendung vollkommen sicherer und hierzu geeigneter Individuen][2]; –

5º) Anknüpfung solcher Correspondenzen, von welchen Sie die innige Überzeugung haben, daß selbe wichtige und verläßliche Aufschlüße verschaffen können;

6°) Im Falle der Anwesenheit eines oesterrch. Co-Inquirenten die Rücksprache mit diesem.

Um das Geheimniß desto sicherer zu bewahren, finde ich es nicht rathsam, Sie mit den verschiedenen k. k. Gesandtschaften in Berührung zu setzen. Eine Ausnahme von dieser Regel macht jedoch der Herr* Bundestags-Präsidial-Gesandte* Graf* v. Münch, welcher nicht nur alle Ihre Berichte an mich einzusehen haben wird, sondern eigends von mir beauftragt ist, E. W. die Richtung zu geben, und Ihnen nach seinem Gutdünken spezielle Weisungen zu ertheilen. In jedem vorkommenden Falle dürfen und sollen Dieselben sich mit Vertrauen um Rath und Belehrung an Sr. Ex. wenden.

H. Narding wird zwar persönlich nur mit dem Polizey Commißär Kalchberg in Verhältniß stehen; es wird mir jedoch lieb seyn, wenn Sie sich mit

[3] Graf von Mensdorff-Pouilly; seit 1829 Vizegouverneur der Festung Mainz.

diesem letzteren besprechen, damit Sie einerseits von dem Erfolge der Sendung Nardings zu rechten Zeit Kenntniß erhalten, andererseits aber Kalchberg und selbst Narding zur Eruirung zweifelhafter Punkte und Thatsachen benutzen können.

Wenn übrigens der Zweck ein gemeinschaftlicher ist, folglich über entdeckte *Facta* keine Zurückhaltung gegen den Preußischen und später gegen den Bayrischen und Würtembergischen Commißär zu beobachten ist, so versteht es sich von selbst, daß ihre Offenheit ihre Gränzen haben muß, besonders in Hinsicht der *Mittel und Wege* durch welche wir zu solchen Entdeckungen gelangen.

Da endlich Ihre eigentliche Stellung durch eine von dem H. Gfn v. Mensdorf zu bestimmende ostensible Qualification masquirt werden muß, so müßen E. W. bey Beförderung Ihrer Correspondenz sorgfältig bedacht seyn, daß sie unbeachtet bleibe, und Ihre an mich erstatteten Berichte /: die ich zu numeriren und mit den rothen Buchstaben M. C. P. zu bezeichnen bitte:/ stets mit ganz sicheren Gelegenheiten an den Herrn* Grafen* von Munch[4] nach Frankfurt gelangen lassen.

52. Schreiben Metternichs an Fürst Wittgenstein

Ausführungen über die Entwicklung der Revolution; Bewertung der Verfassungen als Erscheinungen einer „parfümierten Revolution"; Einteilung der europäischen Staaten in verschiedene Klassen abhängig vom Erfolg der „Propaganda".

Schoeps, S. 174–176.

Wien, 21. Mai 1833

Zu allen Zeiten gibt es Revolutionäre. Längst vor Catilina gab es Demagogen, und dies zur Mitte in der Republik. Das 18. Jahrhundert hat die verfeinerte Revolution in der Sektenform geschaffen. In Frankreich benannte sich dieselbe Philosophie und unter diesem gefälligen Namen hat sie sich in die Salons eingeschlichen und endlich bis in die höchste Regierungsphäre verbreitet. Damals war das Geschäft der Propaganda das Verwirren und Lösen der Begriffe, auf denen jede bürgerliche Gesellschaft wie auf ihren Grundpfeilern ruht.

Wie bald solche Grundsätze zu modern vermögen, hat der Ausbruch der Französischen Revolution bewiesen. Glücklicherweise ging es damals echt französisch, d. h. recht leichtsinnig zu. Die Philosophen fielen zuerst unter dem Beile der Freiheit und der Gleichheit, und die Nachbarländer wurden abgeschreckt. Indem sich die damalige Propaganda die Benennung von Regicides beilegte, hat sie sich den Eingang ins Ausland versperrt, und ebenso

[4] Muß heißen: Münch.

hat das Schreckenssystem in Frankreich wohltätig auf die Erhaltung der Ruhe im Ausland gewirkt.

Erst mit der Restauration – denn bis dahin war ein Waffenstillstand in der Revolution eingetreten – kam die böse Brut abermals zum Vorschein und dann zwar, wie es stets bei Rezidiven der Fall ist, in einer weit gefährlicheren Form. Ich bezeichne als solche die verlarvte, einschmeichelnde, ich möchte beinahe sagen die parfümierte Revolution. Von dieser Periode an wurde die Revolution das eigentliche systematische Geschäft vieler Regierungen. Nun wurde von oben herab liberalisiert und die Konstitutionen fielen wie Tau vom Himmel, um die sozusagen nach Nahrung lechzenden Gebilde aufzufrischen. So haben wir Länder gesehen, denen konstitutionelle Begriffe recht eigentlich eingebläut wurden; so genüge es mir, die altbayrischen Provinzen, das Großherzogtum Baden, das Breisgau – ehemals das beste und treuste österreichische Gebiet – die beiden Hessen usw. anzuführen.

Indessen ging die Revolution in Spanien los und ihre natürlichsten Folgen waren jene in Italien. Diese hat Österreich brevi manu mit der moralischen Hilfe seiner Alliierten totgeschlagen. Unter dem Schirme der Legitimität glaubten die Bourbons sich sicher und im Verlaufe ihrer Regierung bedienten sie sich sogar der Propaganda zur Beförderung politischer Zwecke. Bald wurden sie das Opfer derselben.

Aus diesem Bilde ergibt sich, daß heute die europäischen Staaten in vier Abteilungen einzureihen sind:

1. Länder in denen die Propaganda regiert: Frankreich, Belgien, die Schweiz.
2. Länder, in denen sie im zweiten Stadio ist: die deutsch-konstitutionellen und einige italienische Staaten und vor allem England.
3. Länder, welche in dem Mißbehagen des ersten Stadiums sind: Preußen, Österreich usw.
4. Ein Land, welches vermöge seines Nationalsinns die Extreme in sich balanciert: Spanien. […]

53. Instruktion der Königlichen Regierung des Obermainkreises für Gemeindevorsteher und Gastwirte hinsichtlich der Aufsicht auf Fremde

Ziel der Instruktion ist vor allem eine umfassende Kontrolle der politisch-oppositionellen Bewegung; Anweisungen zur Überwachung von Reisenden und Fremden sowie von Landstreichern.

Staatsarchiv Nürnberg, Reg. v. Mfr. K. d. I., Abg. 1968, Tit. II, Nr. 276.

Bayreuth, 4. Juni 1833

Im Namen Seiner Majestät des Königs.

Die unterfertigte Königl. Stelle hat wahrgenommen, daß in den verschiedenen Gerichtsbezirken des Obermainkreises die Gemeinde-Vorsteher und

Gastwirthe zur Erfüllung ihrer Obliegenheiten hinsichtlich der Aufsicht auf die Fremden und Reisenden nicht gleichförmig und mitunter auch nicht vollständig angewiesen worden sind, und daß es zum Theil diesem Mißstande zuzuschreiben ist, wenn die in den erlassenen Verordnungen deshalb ertheilten Bestimmungen nicht überall mit wirksamen Erfolg in Vollzug gesetzt werden. Die unterfertigte Königl. Stelle hat sich dadurch veranlaßt gefunden, für die Vorsteher der Städte und Märkte ohne magistratische Verfassung und der Rural-Gemeinden und für die Gastwirthe die nachstehende Instruktion entwerfen zu lassen, welche die wesentlichsten Punkte ihrer desfallsigen Obliegenheiten enthält, den Verfügungen der Distrikts-Polizei-Behörde zur Grundlage dient und auf das Genaueste zu befolgen ist.

Was nun

I.

die Obliegenheiten der zur Beherbergung von Reisenden und Fremden berechtigten Wirthe anbetrifft, so hat

1) jeder Wirth sich von den Fremden, welche bei ihm einkehren und übernachten wollen, gleich nach ihrer Ankunft deren Namen, Stand und Charakter, so wie den Wohnort angeben zu lassen. Ergiebt sich hiernach, daß der Fremde ein Ausländer ist, so fordert er ihm den Reisepaß, oder das Wanderbuch ab; ist derselbe ein Inländer, dem Wirthe aber nicht von Person bekannt, so bedarf derselbe zwar keinen Reisepaß, er muß sich aber in jedem Fall vollständig ausweisen können.

2) Findet der Wirth hiebei einen Anstand und kann sich der Reisende nicht ausweisen, so hat derselbe die Ortsbehörde oder den Gemeinde-Vorsteher sogleich davon in Kenntniß zu setzen und die weiter geeignete Einschreitung zu veranlassen.

3) Der Wirth hat ohne Ausnahme jeden Fremden, welcher bei ihm übernachtet, in das vorgeschriebene Fremdenbuch einzutragen, er hat das Einschreiben nicht dem Fremden zu überlassen, sondern er hat dieses selbst zu übernehmen. Das Fremdenbuch muß folgende Rubriken enthalten:

a) fortlaufende Nummer,
b) Tag der Ankunft des Fremden.
c) Vor- und Zuname des Fremden.
d) Stand und Charakter des Fremden.
e) Wohnort des Fremden.
f) Benennung des Orts, woher er kommt.
g) Benennung des Ausweises, mit welchem der Reisende versehen ist, der Behörde, welche denselben ausgefertigt hat und des Datums der Ausfertigung.
h) Name des Ortes der zu beendigenden Reise.
i) Zweck der Reise.
k) Dauer des Aufenthalts.

Der Wirth hat bei der Eintragung und Ausfüllung der Rubriken mit der größten Genauigkeit zu verfahren, und haftet für die Richtigkeit des Eingetragenen. [...]

4) Der Wirth hat das Fremdenbuch mit den den Reisenden abgeforderten Pässen und Wanderbüchern an den Tagen, an welchem Reisende bei ihm eingekehrt sind, und zwar in den Orten, wo ein Gerichtssitz ist, dem Land-, Herrschafts- oder Patrimonialrichter, in den Orten wo kein Gerichtssitz aber ein Magistrat ist, dem Magistrats-Vorstande, oder dem von demselben dazu beauftragten Stadt- oder Marktschreiber und in Rural-Gemeinden dem Ortsvorsteher im Sommer in den Städten und Märkten um 9 Uhr, in den Rural-Gemeinden um 8 Uhr Abends, im Winter aber eine Stunde früher zur Revision zu übergeben.

Für diejenigen Reisenden, welche keine Bewohner des Obermainkreises sind, hat sich in den Städten und Märkten ohne magistratische Verfassung und in den Rural-Gemeinden der Wirth von demjenigen, dem er das Fremdenbuch zu übergeben hat, [...] eine Aufenthaltskarte ausstellen zu lassen, welche er dem Fremdenbuche anzuheften, jedenfalls aber sorgfältig aufzubewahren hat, damit er sich über die erhaltene Bewilligung zur Aufnahme des Fremden jederzeit ausweisen kann und gegen Verantwortlichkeit und Strafe sichert.

5) Wenn Reisende des Abends, nachdem das Fremdenbuch der Ortsbehörde bereits vorgelegt worden ist, eintreffen, so hat der Wirth dieselben, so wie es unter Ziffer 1 angeordnet worden ist, aufzufordern, sich vollständig auszuweisen.

Findet der Wirth hiebei einen Anstand, so hat er auf der Stelle der Ortsbehörde davon Anzeige zu erstatten; ist dieses aber nicht der Fall, so trägt er den Fremden in das Fremdenbuch ein, legt dasselbe am folgenden Tag vor dessen Abreise mit dem Reisepaß oder Wanderbuch oder sonstigen Legitimationen vor und läßt sich nachträglich die Aufenthaltskarte ausstellen.

6) Die Pässe, Wanderbücher und sonstigen Legitimationen der Reisenden hat der Wirth bis zu ihrem Abgange aufzubewahren.

7) Der Wirth ist verpflichtet, auf das Benehmen der Fremden sowie aller derjenigen, welche bei ihm auf kürzere oder längere Zeit einkehren, aufmerksam zu seyn. Nimmt derselbe wahr, daß einer seiner Gäste unehrerbietige Reden über die Person Sr. Majestät des Königs und das Königl. Haus, über die Staats-Regierung, oder über auswärtige Regenten und Staats-Regierungen führt, daß er die Gemüther aufzuregen, zur Unzufriedenheit mit der Staatsverfassung oder wohl gar zur Widersetzlichkeit gegen die Obrigkeit aufzumuntern sucht, oder daß er geschriebene oder gedruckte Schriften, Lieder, bildliche Darstellungen, die einen gleichen Zweck haben, bei sich führt, vorzeigt oder vertheilt, so hat der Wirth sofort den Ortsvorsteher herbeiholen zu lassen, und demselben zur weitern Einschreitung Anzeige zu erstatten,

inzwischen aber den Fremden nicht aus dem Auge zu verlieren und dessen Entweichung zu verhindern. Der Wirth hat die bei solchen Vorgängen anwesenden Personen zu verzeichnen und dem Ortsvorsteher deren Namen bekannt zu machen, damit dieselben als Zeugen vernommen werden können.

8) Der Wirth hat das Fremdenbuch mit den Aufenthaltskarten der k. Gendarmerie auf Verlangen unweigerlich vorzulegen, und derselben alle verlangt werdende Notizen über Fremde und Reisende zu ertheilen.

9) Der Wirth, welcher seine Obliegenheiten hinsichtlich der Aufsicht auf die Fremden und Reisenden vernachlässigt oder deren Erfüllung absichtlich unterläßt, wird nach Befinden der Umstände mit Geld- oder Arrest-Strafe belegt werden, und hat in Wiederholungsfällen zu gewärtigen, daß seine Concession nach den Bestimmungen des Gewerbs-Gesetzes vom 11. September 1825. Art. 6. Ziffer 4. auf bestimmte Zeit eingestellt oder gänzlich eingezogen werden wird.

Was nun

II.

die Obliegenheiten der Vorsteher der Städte und Märkte ohne magistratische Verfassung und der Rural-Gemeinden hinsichtlich der Aufsicht auf die Reisenden und Fremden anbetrifft, so hat

1) der Vorsteher vor allem dafür Sorge zu tragen, daß ihm der Aufenthalt jeder fremden Person in der Gemeinde, derselbe möge nun auf längere oder kürzere Zeit stattfinden, bekannt wird, und dieser ihm nicht verheimlicht werden kann.

Demselben sind die Mittel hiezu gegeben, indem

a) die Ortseinwohner nach bestehender Vorschrift ihm über jeden Fremden, sowohl In- als Ausländer, welcher bei ihnen übernachtet, Meldung zu machen und dabei den vollständigen Namen und Stand desselben, so wie dessen Wohnort, Reisezweck und die Dauer des Aufenthaltes anzuzeigen und

b) die zur Beherbergung von Fremden berechtigten Wirthe ihm die, in Gemäßheit vorstehender Instruktion zu führenden Fremdenbücher mit den Pässen, Wanderbüchern oder Vorweisen der Reisenden zur Einsicht vorzulegen haben.

Der Vorsteher hat daher nur seiner Seits mit Strenge darauf zu halten, daß diese Anordnungen genau befolgt werden, und deren Vollziehung auf das Genaueste zu controlliren.

Zu dem Behuf muß derselbe auf alle Fremde, welche er im Orte bemerkt, aufmerksam seyn und Erkundigung einziehen, bei wem dieselben eingekehrt sind, um sich darüber Gewißheit zu verschaffen, ob deren Ankunft ihm gemeldet oder dieses unterlassen worden ist. Er hat auch die Gemeindediener und Wächter hiezu anzuweisen, und sich von denselben darüber Anzeige erstatten zu lassen.

Ferner hat der Vorsteher die Wirthshäuser oft des Nachts, wenn die Fremdenbücher bereits vorgelegt worden sind, zu visitiren und Nachsicht zu halten, ob nicht Fremde beherbergt werden, welche im Fremdenbuche nicht eingetragen worden sind.

Diese Visitation hat sich insbesondere auch auf solche Wirthschaften zu erstrecken, mit denen die Berechtigung zur Beherbergung von Fremden nicht verbunden ist, damit die Übertretung der Gewerbs-Befugniß nicht zugleich die Verheimlichung des Aufenthalts von Fremden veranlaßt.

Wenn der Vorsteher ausmittelt, daß ein Ortseinwohner oder ein Wirth einen Fremden, ohne darüber Meldung zu machen, beherbergt hat, so hat er dem vorgesetzten Land- oder Herrschafts-Gerichte darüber Anzeige zu erstatten, damit der Schuldige bestraft werde.

Damit übrigens die Ortseinwohner sich mit Unwissenheit der bestehenden Vorschriften nicht entschuldigen können, so ist es räthlich, diese von Zeit zu Zeit bei Gemeinde-Versammlungen oder andern schicklichen Gelegenheiten in Erinnerung zu bringen, und die Strafen bekannt zu machen, womit deren Nichtbefolgung belegt wird, und welche entweder in Geld zu 1 fl. bis 10 fl., oder in Arrest von einem bis drei Tagen bestehen.

Wenn nun bei der genauen Befolgung dieser Bestimmungen und bei einer fortgesetzten, regen Thätigkeit und Aufmerksamkeit des Vorstehers die Anwesenheit jedes Fremden im Orte zu dessen Kenntniß kommen muß, so hat er

2) die Aufsicht auf dieselben mit pflichtmäßiger Genauigkeit und Strenge zu führen. Seine deßfallsigen Obliegenheiten sind theils, je nachdem der Fremde ein Ausländer oder ein Inländer ist, verschieden, theils sind dieselben bei allen Fremden ohne Ausnahme zu erfüllen.

Hinsichtlich

A.

der Ausländer ist zu berücksichtigen, ob der Fremde

a) mit den nach der allerhöchsten Verordnung vom 16. März 1809 über das Paßwesen vorgeschriebenen Ausweisen versehen ist, und diese in vollständiger Ordnung sind, und

b) ob derselbe nicht zu der Classe der Ausländer gehört, denen überhaupt der Aufenthalt in den k. Staaten nicht gestattet werden darf.

ad a) Jeder reisende Ausländer muß mit einem Passe, oder einem Wanderbuche versehen seyn [...].

Nur hinsichtlich der fremden Handels- und Fuhrleute, welche aus dem Auslande kommen und inländische Messen besuchen, findet eine Ausnahme statt, indem dieselben keine förmlichen Pässe, sondern nur ein Attestat von der Obrigkeit ihres Wohnortes bedürfen, worin ihnen ihre Eigenschaft als berechtigte Handels- und Fuhrleute an dem Orte ihrer Ansäßigkeit und ihre gute Aufführung bezeugt wird.

Kann sich nun der Ausländer weder mit einem Passe oder Wanderbuche, noch als Handels- und Fuhrmann mit einem Attestate ausweisen, so hat der Ortsvorsteher denselben anzuhalten und unter Begleitung zu der Distrikts-Polizeibehörde führen zu lassen.

Wenn aber der Reisende einen Paß oder ein Wanderbuch besitzt, so hat der Vorsteher ferner darauf zu achten, ob beides in vollständiger Ordnung ist.

Dazu gehört

erstens, daß der Paß oder das Wanderbuch an der Gränze bei dem Eintritt nach Bayern von einer k. bayerischen Gränz-Zoll- oder Distrikts-Polizei-Behörde zur Fortsetzung der Reise durch oder nach Bayern visirt seyn muß. [...] *(Gegebenenfalls muß der Reisende dem zuständigen Gericht vorgeführt werden).*

Tritt jedoch der Fall ein, daß zwar das Visa der Gränzbehörde fehlt, daß aber der Paß oder das Wanderbuch demungeachtet von einem oder mehreren inländischen Stadtkommissariaten, Land- und Herrschaftsgerichten des Königreichs zur Fortsetzung der Reise gezeichnet und dieses Visa mit dem Amtssiegel versehen ist, so hat der Ortsvorsteher den Fremden vorrufen zu lassen, denselben mit dem Signalement zu vergleichen, und wenn dieses richtig und sonst nichts verdächtiges gefunden wird, ihn seine Reise oder Wanderung fortsetzen zu lassen. [...] *(Bei Mängeln in den Unterlagen wird das Gericht verständigt; Verdächtiger darf Reise zunächst nicht fortsetzen).*

Zweitens gehört dazu, daß der Paß oder das Wanderbuch die Personal-Beschreibung (das Signalement) des Inhabers enthalten, und mit dessen Unterschrift versehen ist. [...] *(Wenn die Personenbeschreibung fehlt und sich bei genauer Personalüberprüfung ein Verdacht ergibt, darf die Reise nicht fortgesetzt werden. Die vorgesetzten Behörden entscheiden über das weitere).*

Drittens. Die Vorlage des Passes oder des Wanderbuchs bei der vorgesetzten Behörde muß auch dann statt finden, wenn die Zeit, auf welche diese Reise-Legitimationen ausgestellt sind, abgelaufen ist, dieselben daher nicht mehr gültig sind und deren fortdauernde Gültigkeit von einer Distrikts-Polizeibehörde nicht bezeugt worden ist.

Viertens endlich hat der Vorsteher bei der Untersuchung des Passes oder Wanderbuchs darauf zu achten, ob der Reisende die darin bezeichnete Reise- oder Marschroute eingehalten hat oder davon abgewichen ist. [...] *(Bei Abweichungen wird der Reisende dem zuständigen Gericht vorgeführt).*

ad b) Zu den Ausländern, denen überhaupt der Aufenthalt in Bayern nicht gestattet werden darf, gehören:

Taschenspieler, Seiltänzer, Marionettenspieler, gemeine Musiker, Bären- und Kameeltreiber u. s. w., insofern dieselben nicht eine specielle Erlaubniß des k. Staats-Ministeriums oder einer k. Kreis-Regierung zum Aufenthalt in Bayern nachweisen können.

Ferner Scheerenschleifer, Pfannenflicker und Bettel-Juden.

In Gemäßheit einer allerhöchsten Entschließung darf auch zur Zeit und bis auf weitere Anordnung *keinem Polen* die Reise durch und der Aufenthalt in Bayern gestattet werden, der nicht einen Paß besitzt, welcher von einer *Kaiserl. Russischen* Behörde ausgefertigt, oder von einer K. Russischen Gesandtschaft visirt und außerdem noch mit dem Visa einer Kgl. Bayerischen Gesandtschaft versehen ist.

Die *ad b.* bezeichneten Individuen sind, wenn sie betreten werden, an das vorgesetzte Land- oder Herrschaftsgericht abzuliefern.

B.

Ist der Reisende oder Fremde ein Inländer oder giebt sich derselbe dafür aus, so bedarf er zwar keinen Paß oder keine Reise-Autorisation, der Vorsteher hat aber denselben, wenn er ihn nicht bereits von Person kennt, aufzufordern, sich vollständig auszuweisen. Vermag der Fremde dieses nicht, und bestehet ein Verdachtsgrund, daß er nicht derjenige ist, für den er sich ausgiebt, so hat der Vorsteher den Reisenden, unter Begleitung bei dem vorgesetzten Land- oder Herrschaftsgerichte vorstellig zu machen.

Hierbei wird jedoch in Erinnerung gebracht, daß

a) jeder inländische wandernde Handwerksgeselle mit einem Wanderbuche, und

b) jeder inländische Student mit einem Reisepasse versehen seyn muß, und dafür die Matrikel der Universität nicht angenommen werden darf.

Wenn daher ein Handwerksgeselle mit einem Wanderbuche oder ein Student mit einem Passe sich nicht ausweisen kann, oder selbst in dem Falle, wenn derselbe von der vorgeschriebenen Marschroute abgewichen ist, so ist er an die vorgesetzte Behörde abzuliefern.

C.

Die übrigen Obliegenheiten des Ortsvorstehers, welche derselbe Behufs der Beaufsichtigung jedes Fremden und Reisenden zu erfüllen hat, sind folgende:

a) der Vorsteher muß zu jeder Zeit bei Tag und bei der Nacht zur Handhabung der ihm […] übertragenen Lokal-Polizei bereit seyn […].

b) insbesondere muß der Vorsteher oder in Verhinderungsfällen dessen Stellvertreter jeden Abend zu der Zeit zu Hause und anwesend seyn, wenn […] der Wirth ihm das Fremdenbuch […] vorzulegen hat,

c) der Vorsteher hat das ihm vorgelegte Fremdenbuch mit den Pässen u. s. w. zu vergleichen, und darauf zu achten, ob der Eintrag in allen Rubriken vollständig und mit den Pässen etc. in Uebereinstimmung ist. […]

Sollte sich aber in Beziehung auf die Person des Reisenden ein Anstand ergeben, so hat der Vorsteher nach den unter Ziffer A. und B. vorstehend ertheilten Vorschriften zu verfahren. [...]

e) Wenn bei den übrigen Orts-Einwohnern ein Fremder einkehrt und dem Vorsteher die vorgeschriebene Anzeige davon gemacht wird, so hat derselbe nach den unter lit. A. und B. ertheilten Bestimmungen zu untersuchen, ob der Fremde in keiner Art verdächtig ist und nach dem Ergebniß der Untersuchung das Weitere anzuordnen.

Der Vorsteher hat hierbei auch darauf zu achten, daß Einwohner, namentlich Schenkwirthe, nicht Fremde gegen Bezahlung beherbergen, und den Gastwirthen dadurch die Nahrung entzogen wird.

Wenn die Untersuchung keine Veranlassung giebt, den Aufenthalt des Fremden zu beanstanden, und derselbe in dem Obermainkreise seinen Wohnsitz nicht hat, so hat der Vorsteher eine Aufenthaltskarte für ihn auszustellen. [...]

f) Die wesentlichste und wichtigste Obliegenheit des Vorstehers ist es aber, auf das Benehmen und die Handlungen aller in der Gemeinde befindlichen Fremden die wachsamste Aufsicht zu führen, und sich hierbei der Mitwirkung nicht nur der Gastwirthe, sondern auch der verlässigsten, angesessenen Ortseinwohner zu versichern.

Kömmt aus eigener Wahrnehmung oder durch verlässige Anzeigen es zu seiner Kenntniß, daß ein Ausländer oder Inländer die Ehrfurcht verletzende Reden über die Person Sr. Maj. des Königs führt, oder durch Verläumdung, verachtenden Spott oder schimpfliche Schmähungen die Staats-Regierung und ihre Handlungen, oder auswärtige Regenten und Staats-Regierungen herabzuwürdigen trachtet; ferner, daß ein Aus- oder Inländer die Gemüther zur Unzufriedenheit mit der Staats-Regierung, oder wohl gar zur Widersetzlichkeit gegen die Obrigkeit und zur Empörung aufzuregen und aufzumuntern sucht, endlich daß er geschriebene oder gedruckte Schriften, Lieder, bildliche Darstellungen, die einen solchen unerlaubten Zweck haben, bei sich führt, vorzeigt, öffentlich abliest oder vertheilt, so hat der Vorsteher denselben sofort zu verhaften, seine Effekten, Papiere und überhaupt alles, was er bei sich führt, unter Siegel zu legen und ihn nebst den versiegelten Effekten unter sicherer Begleitung mit einer Anzeige an das vorgesetzte Land- oder Herrschaftsgericht abzuliefern.

Diese Anzeige muß den Vorgang und den Grund der Verhaftung ausführlich enthalten, und es müssen zugleich diejenigen Personen namentlich bezeichnet werden, welche davon Wissenschaft haben, und daher als Zeugen vernommen werden können.

g) Da die neuesten Zeit-Ereignisse es zur Gewißheit erhoben haben, daß in Frankreich eine Parthei besteht, deren Absicht ist, alle Regierungen und Verfassungen umzustürzen und in einer allgemeinen Revolution jeden ruhigen und friedlichen Staatsbürger um sein wohlerworbenes Eigenthum und um sein Vermögen zu bringen, da es ferner feststeht, daß diese Parthei sehr viele Menschen in ihrer Verbindung aufgenommen hat, welche unter allerlei Gestalten Deutschland durchziehen, um die Stimmung des Volkes zu erforschen und die revolutionären Grundsätze und Schriften zu verbreiten, so haben die Vorsteher, dieses beachtend und erwägend, die strengste Aufsicht auf alle Fußreisende, insbesondere auf Studenten, Handlungsreisende, Handwerksbursche, herumziehende Comödianten, Musiker, Künstler u. s. w. zu richten, damit sich nicht unter solchen Verkleidungen Anhänger dieser Revolutionsparthei einschleichen und ihre Plane verfolgen können.

Bei jedem gegründeten Verdacht, den ein Reisender auf sich zieht, daß er zu diesen Anhängern der Revolutions-Parthei gehöre, ist derselbe anzuhalten, und gleichfalls an die vorgesetzte Behörde abzuliefern.

Insbesondere sind in Beziehung auf die Verbreitung verbotener Schriften die aus dem Rheinkreise zurückkehrenden beurlaubten und beabschiedeten Soldaten genau zu beaufsichtigen, da die Erfahrung gelehrt hat, daß sie dergleichen Schriften, welche ihnen von Bewohnern des Rheinkreises geschenkt waren, und deren Inhalt sie selbst nicht kannten, von dort mitgebracht und, ohne eine böse Absicht damit zu verbinden, vertheilt haben.

h) In allen Fällen, wo der Vorsteher sich veranlaßt findet, einen Fremden anzuhalten oder eine verdächtige und gefährliche Person zu verhaften oder zu verfolgen, sind nach §. 108 des Gemeinde-Edikts vom 17. Mai 1818 die Gemeindeglieder schuldig, ihm dabei den erforderlichen Beistand zu leisten. Der Vorsteher hat dieselben daher in vorkommenden Fällen hierzu aufzufordern.

i) Den in Bayern sich aufhaltenden Ausländern ist es gestattet, ihre treffende National-Cocarde, den Franzosen daher Cocarden von blau, roth und weißer Farbe zu tragen. Bayerische Unterthanen dürfen nur Cocarden von blau und weißer Farbe als die einzige und ausschlüßliche Landesfarbe tragen.

Der Vorsteher hat daher darauf zu achten, daß kein Fremder und kein Inländer ein anderes Abzeichen als mit den erlaubten Farben trägt.

Das Tragen von Cocarden oder anderen Abzeichen an Mützen, Tobackspfeifen, Uhrbändern u. s. w. von schwarz, roth, gold oder gelb, als die Farben der deutschen Revolutions-Männer, ist unbedingt verboten. Das Tragen irgend eines Abzeichens von diesen Farben ist daher nicht zu dulden, diejenigen, die dergleichen Abzeichen tragen, sind dem Land- oder Herrschaftsgerichte anzuzeigen und wenn sonst Verdachtsgründe bestehen, daß es ein Anhänger der Revolutions-Parthei sey, an dasselbe abzuliefern.

k) Volksversammlungen, Volksfeste, Vereine, öffentliche Aufzüge und Gesellschaften irgend einer Art dürfen nur mit Genehmigung der Königl. Regierung statt finden und errichtet werden. [...]

Zu den Obliegenheiten des Vorstehers gehört ferner

l) die Aufsicht auf diejenigen Individuen, welche nach der Verordnung vom 28. November 1816, die Bettler und Landstreicher betr., Art. 1: zu der Classe der Bettler, Art. 3: zu der der Landstreicher, und Art. 4: zu der der gefährlichen Landstreicher gehören, so wie deren Festhaltung im Betretungsfalle und deren Ablieferung an das vorgesetzte Land- oder Herrschaftsgericht. [...][1]

m) Der Vorsteher hat von allen Vorgängen, Nachrichten und Wahrnehmungen, welche auf die Erhaltung der öffentlichen Ruhe und Sicherheit oder auf die Fremden-Polizei Bezug haben, dem vorgesetzten Land- oder Herrschaftsgerichte jederzeit mündlich oder schriftlich Anzeige zu erstatten, und bei allen Anständen oder Bedenken, die sich ergeben, sich von demselben Belehrung und Verhaltungs-Befehle zu erholen.

Mit der Gendarmerie hat er ein fortgesetztes Benehmen zu pflegen, dieselbe von allen Ergebnissen in Kenntniß zu setzen und deren Mittheilungen, Bemerkungen und Erinnerungen gehörig zu beachten.

Aber auch mit den Vorstehern der angränzenden Gemeinden hat sich derselbe in Verbindung zu setzen, sie in vorkommenden Fällen auf verdächtige Fremde aufmerksam zu machen, und von Vorgängen und Erscheinungen, durch welche die öffentliche Ruhe und Sicherheit bedrohet werden könnte, in Kenntniß zu setzen.

Die unterfertigte k. Stelle hat in dieser Instruktion die Gemeinde-Vorsteher mit ihren wichtigsten Obliegenheiten hinsichtlich der Aufsicht auf die Fremden und Reisenden bekannt und auf die dabei zu berücksichtigenden Verhältnisse aufmerksam gemacht. [...]

Die unterfertigte k. Stelle macht denselben die genaueste Befolgung der ertheilten Bestimmungen zur Pflicht, und eröffnet ihnen, daß die Distrikts-Polizei-Behörden gemessenst angewiesen sind, die Erfüllung dieser Pflicht auf das Genaueste zu kontrolliren, und daß Vernachlässigungen derselben nachdrücklichst nach Befinden der Umstände mit Geld- oder Arreststrafe werden beahndet werden, die Vorsteher auch für die aus solchen Vernachlässigungen entspringenden Nachtheile zu haften haben.

Dagegen ertheilt aber die unterfertigte k. Stelle sämmtlichen Vorstehern auch die Zusicherung, daß denjenigen, welche sich durch eine kluge, umsichtige und wirksame Vollziehung ihrer Obliegenheiten und dabei durch Eifer und rege Thätigkeit auszeichnen, das Anerkentnniß[!] ihres Verdienstes und eine öffentliche Belobung durch das Kreis-Intelligenzblatt zu Theil werden wird.
Bayreuth, den 4. Juni 1833.
Königliche Regierung des Obermainkreises, Kammer des Innern.
Freiherr von Andrian. [...]

[1] Der Text der erwähnten Abschnitte der Verordnung folgt an dieser Stelle.

54. Einrichtung der Bundes-Zentralbehörde zur Ermittlung von Vergehen gegen Ruhe und Ordnung im Bund

Zentrale Untersuchungsbehörde des Bundes für politische Vergehen wird eingerichtet; Länder müssen der Behörde alle Untersuchungsergebnisse mitteilen und Akteneinsicht sowie Teilnahme an Verhören gewähren; Ziel ist die Aufdeckung von Verschwörungen und die Erarbeitung von Vorschlägen, wie gegen solche vorzugehen sei.

PDB, 26. Sitzung, 30. Juni 1833, § 258, S. 575–576.

Frankfurt am Main, 30. Juni 1833

[...]

Beschluß.

Artikel 1. Von Bundeswegen wird eine Centralbehörde niedergesetzt, deren Aufgabe ist, die näheren Umstände, den Umfang und den Zusammenhang des gegen den Bestand des Bundes und gegen die öffentliche Ordnung in Deutschland gerichteten Complotts, insbesondere des am 3. April l. J. zu Frankfurt statt gehabten Attentats, zu erheben und fortwährend von sämmtlichen Verhandlungen der verschiedenen, mit Untersuchungen wegen Theilnahme an dem gedachten Complotte in den einzelnen Bundesstaaten beschäftigten Behörden im Interesse der Gesammtheit Kenntniß zu nehmen, auch gegenseitige Mittheilungen und Aufschlüsse unter denselben zu befördern, endlich für die Gründlichkeit, Vollständigkeit und Beschleunigung der anhängigen Untersuchungen Sorge zu tragen.

Diese Behörde versammelt sich 14 Tage nach gegenwärtigem Beschlusse zu Frankfurt am Main.

Artikel 2. Die[1] Bundesversammlung wählt die Regierungen von *Oesterreich, Preussen, Bayern, Würtemberg und Großherzogthum Hessen*, deren jede ein Mitglied der Centralbehörde des Bundes zu ernennen hat.

Der Vorsitz bei dieser Behörde richtet sich nach der Abstimmungsordnung in der Bundesversammlung.

Artikel 3. Zu Mitgliedern dieser Behörde können nur durch Erfahrung im Untersuchungsfach erprobte Beamte des Richterstandes ernannt werden.

Einem jeden derselben wird von der betreffenden Regierung ein auf das Protokoll verpflichteter Actuar oder ein Canzlist beigegeben und im Uebrigen der Behörde die Bildung ihrer Canzlei überlassen.

Die Beschlüsse werden nach der Stimmenmehrheit gefaßt; der weitere Geschäftsgang wird von der Centralbehörde selbst festgesetzt.

Artikel 4. Die Regierungen, in deren Staaten Untersuchungen wegen des Complotts gegen den Bund und die einzelnen Bundesregierungen statt fin-

[1] Im Original: „Bie".

den, werden der Bundesversammlung die damit beauftragten Landesbehörden bezeichnen.

Artikel 5. Diese Landesbehörden werden von ihren Regierungen angewiesen werden, der Centralbehörde des Bundes fortwährend und schleunigst Alles, was sich auf die Untersuchungen bezieht und zu ihrer Kenntniß gelangt, mitzutheilen, so wie auch den Requisitionen derselben, welche die Ausmittlung des Thatbestandes, des Ursprungs und der Verzweigungen des Complotts betreffen, unverzüglich und vollständig zu genügen.

Artikel 6. Die Centralbehörde des Bundes hat die Befugniß, an alle Orte, wo solche Untersuchungen im Gange sind, eines ihrer Mitglieder abzuordnen, um die Acten einzusehen, und den Verhören der Angeschuldigten beizuwohnen, ohne jedoch an der Untersuchung selbst, welche der Landesbehörde zusteht, unmittelbaren Antheil zu nehmen.

Im Falle solcher Entsendungen oder anderer Verhinderungen, wird die Bundesversammlung für die Vollständigkeit der Centralbehörde durch Wahl anderer Regierungen zu zeitweiliger Beiordnung von Stellvertretern nach Bedürfniß Sorge tragen; als solche Regierungen werden *Kurhessen* und *Nassau* bezeichnet.

Artikel 7. Die Centralbehörde des Bundes erstattet ihre Berichte an den in Folge des Art. 28 der Wiener Schlußacte ernannten Bundestags-Ausschuß. An diesen richtet sie ihre Anträge über die Leitung und Beförderung der Untersuchungen, insbesondere bei sich zeigenden Anständen, und eben so legt sie demselben von Zeit zu Zeit das Ergebniß der Untersuchungen vor.

Sie hat alle über die aufrührischen Complotte in den einzelnen Deutschen Bundesstaaten ihr zugehenden Notizen zusammenzustellen, die Thatsachen aufzuklären, die Urheber und Theilnehmer zu ermitteln, und hiermit ihre Anträge wegen gründlicher Hebung des Uebels zu verbinden.

Artikel 8. Die Kosten der gedachten Centralbehörde werden von dem Bunde getragen und aus der Matrikularcasse bestritten.

Artikel 9. Die Bundesregierungen werden den Vollzug dieses Beschlusses, in so weit er eine jede betrifft, der Bundesversammlung unverweilt anzeigen.

55. Gemeinsames Zirkularschreiben Preußens und Österreichs zur Vorbereitung der Wiener Ministerialkonferenzen von 1834 – entworfen von Ancillon und Metternich

Gleichzeitiges Handeln gegen die oppositionelle Bewegung ist unbedingt notwendig, weshalb eine Besprechung zwischen den Kabinettschefs der deutschen Regierungen stattfinden muß.

Weech, S. 131–134, Preußischem Reskript beigefügt.

[Berlin, 24. August 1833]

Die Gefahren, welche die einzelnen deutschen Staaten sowohl als den Bund in seiner Gesammtheit bedrohen, sind unläugbar; sie sind, zu unserer wahren Beruhigung, von allen Regierungen Deutschlands und insbesondere auch von dem … Hofe in ihrem vollen Maße anerkannt.

Dringenden Uebeln müssen angemessene Mittel der Abhilfe entgegengestellt werden. Um sich in der Wahl nicht zu irren, muß das Uebel streng in das Auge gefaßt, mit unparteiischem Blicke das Bestehen oder Nichtbestehen der Mittel der Rettung erwogen und unter letzteren sodann eine kluge, rein praktische Auswahl getroffen werden. Dieser Sorge haben sich die Cabinete von Preußen und Oesterreich, treu dem föderativen Sinne, der sie belebt, unterzogen und sie eilen, im gewohnten Vertrauen das Ergebniß ihrer Besprechungen den mit ihnen im Bunde vereinten Regierungen mitzutheilen.

In den folgenden Sätzen erkennen die beiden Cabinete das Bild der Wahrheit:

Der deutsche Bund besteht als ein durch die Wiener Congreßverhandlungen gebildeter und völkerrechtlich anerkannter Staatenbund.

Die Lücken in seiner Gesetzgebung, welche die Bundesacte des Jahres 1815 offen gelassen hatte, wurden durch die Wiener Ministerialconferenzen des Jahres 1820 und die aus ihnen hervorgegangene Schlußacte ausgefüllt. Diesen Conferenzen hatten die Carlsbader Conferenzen den Weg gebahnt.

Inzwischen hat die Revolution des Jahres 1830 dem Geiste der Bewegung, welcher sich Deutschlands, insbesondere seit Einführung des Repräsentativsystems in einem Theile der deutschen Staaten, bemächtigt hatte, einen wahrhaft bedenklichen Aufschwung gegeben. Unverholen und gleichmäßig bedroht er das innere Staatenleben, wie das Bestehen des Bundes: er wird beide vernichten – mehr oder minder lebhaft findet sich dieses Gefühl allgemein verbreitet –, wendet man nicht zur rechten Zeit die sich noch darbietenden Mittel der Rettung an.

Worin bestehen aber diese Mittel?

Müssen dieselben vorzugsweise in einer vermehrten Kraftäußerung der einzelnen deutschen Regierungen oder in einem kräftigeren Auftreten der Centralbehörde des Bundes gesucht werden?

Nach unserem Gefühle müssen beide Gewalten gleichzeitig, jede in ihrem eigenthümlichen Bereiche, auf Belebung der schlummernden oder unterdrückten Heilkräfte hinarbeiten; sie müssen bei diesem Geschäfte sich die Hand bieten und eine wohlberechnete und wohlerwogene *Wechselwirkung* eintreten lassen.

Ein solches *gleichzeitiges* Handeln, eine solche *Wechselwirkung* sind, nach unserer aufrichtigen Ueberzeugung, unumgängliches Erforderniß, soll den Gefahren der Zeit noch begegnet werden. Mangel an Belebung der Regierungskraft in den einzelnen deutschen Staaten, Erschlaffung des Wirkens bei der den Gesammtverein repräsentirenden Centralbehörde würde, der eine wie der andere, binnen nicht zu langer Frist, den Untergang bringen.

Eine wichtige Vorfrage, die wir uns bei Betrachtung des Gegenstandes stellen mußten, war diese: Bedarf der deutsche Bund, um den Zweck seines Bestehens auch in der gegenwärtigen Zeit zu erreichen, *neuer Gesetze*? Oder wird es zu diesem Ende an der *bloßen Anwendung* der bereits bestehenden *und nur nicht gehörig zur Ausführung gebrachten* Bundesgesetze genügen? Mit Bestimmtheit glauben wir das Letztere und der Erfolg wird, insofern es uns gelingt, unsere Ansicht geltend zu machen, sicherlich bewähren, daß die heute bestehenden Gesetze des Bundes vollkommen hinreichend sind, den Bedürfnissen der Zeit zu genügen, wenn man sich nur entschließt, sie mit Consequenz in ihrer vollen, ungeschmälerten Ausdehnung in Wirksamkeit zu setzen.

Von diesem Gesichtspunkte ausgehend, stellt sich das Erforderniß des Augenblicks von jenem der Jahre 1819 und 1820 allerdings verschieden dar. Damals ermangelte das deutsche Gemeinwesen noch solcher organischen Gesetze, die dazu dienen konnten, den deutschen Regierungen, wie der Bundesversammlung, eine zugleich legale und ausreichende Grundlage ihres Wirkens zur Steuerung des Uebels zu gewähren. Seitdem sind diese organischen Gesetze gegeben, sie bestehen zu allgemeiner, nirgend bestrittener Verbindlichkeit; nur die gehörige Anwendung fehlt ihnen.

Um dem Bedürfnisse der Jahre 1819 und 1820 abzuhelfen, wurde als das schnellste und ausgiebigste Mittel zum Zwecke eine *Cabinetsvereinigung* anerkannt. Der Erfolg hat bewiesen, daß das Mittel gut gewählt war.

Sollte zur Erreichung ähnlicher Zwecke im Jahre 1833 dasselbe Mittel nicht auch das passendste sein?

Diese Frage ist zu Teplitz zwischen den Cabineten von Berlin und Wien besprochen und reiflich erwogen worden. Zwischen ihnen konnte die Verständigung nicht schwer sein. Sie führte zu der beiderseits ausgesprochenen Ueberzeugung, daß eine Vereinigung der deutschen Cabinete die erste Bedingung zur Abhülfe des Uebels sei.

Beide Höfe sind übereingekommen, diese ihre Ansicht ihren Mitverbündeten zur ebenmäßigen Würdigung und Beschlußnahme ungesäumt vorzulegen.

Ihr Antrag geht dahin:

„daß alsbald zwischen den Cabinetschefs der deutschen Regierungen eine Besprechung stattfinde, zu dem rein ausgedrückten Zwecke, die Mittel in Ueberlegung zu nehmen, durch welche den immer drohender werdenden Uebeln der Zeit, sowohl seitens der einzelnen Regierungen, als seitens des Bundes begegnet werden könne und in die Kraftäußerungen, welche demnach von der einen wie von der anderen Seite Statt zu finden hätten, denjenigen Einklang zu bringen und sie in eine solche Wechselwirkung zu setzen, die geeignet wären, den Erfolg der zu nehmenden Maßregeln nach Möglichkeit zu sichern."

Unverbrüchlich sollen, unserer Ansicht zufolge, bei dieser Zusammenkunft die Cabinete von dem Grundsatz ausgehen, daß die vorhandenen Gesetze und Einrichtungen des Bundes heilig zu halten, daß sie vollkommen genügen, diesem großen Vereine nach Außen Sicherheit, nach Innen Kraft und Einheit zu gewähren; allein daß es, soll dieser Zweck erreicht werden, zu allen Zeiten und vorzüglich in jener stürmischen Bewegung vonnöthen ist, diese bestehenden guten Gesetze und Einrichtungen mit *festem Willen* und mit *kluger Einsicht* auf die Bedürfnisse des Tages anzuwenden. Fester aber wird bei den deutschen Regierungen dieser Wille und umfassender diese Einsicht werden, wenn sich ihre Cabinete einmal wieder auf *einem* Punkt zusammenfinden und ihre Ansichten über die Gefahren der Zeit und über die Mittel ihnen zu begegnen gegen einander austauschen. Sehr bald werden sie, daran zweifeln wir nicht, sich in der heilsamen Ueberzeugung begegnen, daß in dem zweckmäßigen Gebrauche der landesherrlichen Gewalt in den einzelnen deutschen Staaten, vereint und in Wechselwirkung mit der gesetzmäßigen Kraftäußerung der Bundescentralbehörde, noch alle Elemente eines geregelten Ganges der Dinge liegen, und aus dieser Ueberzeugung selbst wird die Staatsgewalt in den einzelnen Ländern erstarkt und die sie unterstützende Bundesgewalt zu neuer Kraft und Würde emporgehoben, ohne Zweifel hervorgehen.

Es versteht sich, daß die beantragte Vereinigung unter Verbannung aller hemmenden und zeitraubenden Formen sich zu gestalten und lediglich als eine freie Berathung der Cabinete, als derjenigen Behörden, denen insbesondere die Instruirung der Gesandten am Bundestage obliegt, zu gelten hätte.

Zeit und Ort dieser, nur auf eine kurze Dauer berechneten Zusammenkunft wären, sobald man über den Grundsatz übereingekommen, gemeinsam festzusetzen.

Dieses sind die Grundzüge der vertraulichen Eröffnung, welche Ew. … gemeinschaftlich mit dem kais. österr. Gesandten, dem seitens seiner Regierung dieselbe Mittheilung zukommt, dem … Hofe ungesäumt zu machen, angewiesen sind. Der stets erprobte föderative Sinn desselben und sein richtiges Urtheil über die Gefahren und Bedürfnisse der Zeit verbürgen uns, daß er in unsere Ansichten eingehen und Ew. ... demnächst in den Stand setzen wird, uns seine Zustimmung zu unsern Vorschlägen zu melden.

Vor der Hand ergeht eine ähnliche Mittheilung bloß an unsere und die österreichischen Gesandtschaften zu München, Stuttgart, Dresden, Hannover, Carlsruhe, Darmstadt und Cassel.

Von der Art, wie diese vorzüglicheren Höfe Deutschlands unsere Anträge aufnehmen werden, wird es abhängen, welche weitere Folge denselben unmittelbar gegeben werden wird.

Jedenfalls gedenken wir, sobald wir von ihrer Zustimmung, die wir zu erhalten uns wohl schmeicheln können, benachrichtigt sind, eine, der gegenwärtigen gleichlautende Einladung auch an die übrigen Höfe und Regierungen Deutschlands gelangen zu lassen; denn die Berathung, die wir im Sinne führen, muß nothwendig, soll der Zweck genügend erreicht werden, eine *allgemeine* sein.

Unserer Ansicht zufolge, dürfte an derselben jede der Virilstimmen im engeren Rathe der Bundesversammlung für sich und von den Curiatstimmen ein von jeder auszuwählender Delegirter Namens derselben Theil zu nehmen haben.

Die nähere Ausführung dieser und noch mancher anderen den Gegenstand betreffenden Detailfragen behalten wir uns übrigens für den hoffentlich nicht entfernten Zeitpunkt der allseitig einlangenden Zustimmung zu diesem unserem ersten Antrage vor.

56. Vertrag zwischen Rußland, Österreich und Preußen

Recht der Großmächte, sich gegenseitig zu Hilfe zu rufen, wird fixiert; Bekräftigung des Interventionsprinzips.

Metternich, V, S. 526–528.

Berlin, 15. Oktober 1833

Leurs Majestés l'Empereur d'Autriche, le Roi de Prusse et l'Empereur de toutes les Russies, prenant en même considération les dangers dont l'ordre de choses établi en Europe par le droit public et les traités, spécialement ceux de l'année 1815, continue à être menacé, unanimement résolus de raffermir le système de conversation qui constitue la base immuable de leur politique, et intimement convaincus que l'appui mutuel des Gouvernements entre eux est nécessaire au maintien de l'indépendance des États et des droits qui en dérivent dans l'intérêt de la paix générale en Europe, sont convenus, d'un commun accord, de consigner dans un acte formel les déterminations que les hautes parties contractantes ont arrêtées pour atteindre ce but salutaire. En conséquence, Leurs-dites Majestés ont nommé pour leurs Plénipotentiaires, savoir:

Sa Majesté L'Empereur d'Autriche, le sieur Charles-Louis, Comte de Ficquelmont, etc., etc.;

Sa Majesté le Roi de Prusse, le sieur Frédéric Ancillon, etc., etc.;

Sa Majesté l'Empereur de toutes les Russies, le sieur Charles-Robert, Comte de Nesselrode, etc., etc.;

Lesquels, après avoir échangé leurs pleins pouvoirs trouvés en bonne et due forme, ont arrêté et signé les stipulations qui suivent:

Article Ier.

Les Cours d'Autriche, de Prusse et de Russie reconnaissent que tout Souverain indépendant a le droit d'appeler à son secours, dans des troubles intérieurs comme dans les dangers extérieurs de son pays, tel autre Souverain indépendant qui lui paraît le plus propre à l'assister, et que ce dernier a le droit d'accorder ou de refuser ce secours selon ses intérêts et ses convenances. Elles reconnaissent de même que, dans le cas où cette assistance serait accordée, aucune Puissance non invoquée ou appelée par l'État menacé n'a le droit d'intervenir soit pour empêcher l'assistance réclamée et accordée, soit pour agir dans un sens contraire.

Article II.

Dans le cas où l'assistance matérielle de l'une des trois Cours d'Autriche, de Prusse et de Russie aurait été réclamée, et qu'une Puissance quelconque voulût s'y opposer par la force des armes, les trois Cours considéreraient comme dirigé contre chacune d'elles tout acte d'hostilité entrepris dans ce but. Elles prendront alors les mesures les plus promptes pour repousser une telle agression.

Article III.

Les présents articles seront ratifiés, et les ratifications en seront échangées á Berlin dans l'espace de six semaines ou plus tôt si faire se peut.

Article séparé.

Les trois Puissances contractantes s'engagent réciproquement à tenir secrets les articles signés en date de ce jour, et à n'en faire aucun usage quelconque, jusqu'au moment où les événements rendraient leur application nécessaire et où les trois Puissances décideraient entre elles d'en donner communication là où besoin serait.

Le présent article séparé ayant la même force et valeur que les articles signés en date de ce jour, sera ratifié, et les ratifications en seront échangées à Berlin, en même temps que celles de l'acte précité.

57. Weisung Metternichs an den österreichischen Gesandten in der Schweiz Graf von Bombelles

Österreichische Maßnahmen wegen „liberaler Umtriebe" in der Schweiz.

PDB, 15. Sitzung, 17. April 1834, Beilage zu § 192, S. 451–452.

Wien, 28. Februar 1834

Die durch die öffentlichen Blätter verbreiteten unumwundenen Geständnisse der Leiter des im Anfange dieses Monats gegen Savoyen unternommenen Einfalles müssen uns in der Ueberzeugung nur bestärken, daß dieses Unternehmen auf Schweizerboden nimmermehr bis zu diesem Grade hätte vorbereitet werden können, wenn nicht durch öfteres ungestörtes Hin- und Herreisen der Agenten der Propaganda in verschiedenen Richtungen den Theilnehmern an diesem Einfalle die Möglichkeit gegeben worden wäre, sich in ununterbrochener Communication zu erhalten, und dadurch auf mehreren Puncten zu gleicher Zeit den Einfall in die Staaten des Königs von Sardinien zu bewirken.

Wir wollen uns gerne der Hoffnung hingeben, daß die Schweizerische Eidgenossenschaft, durch eine beklagenswerthe Erfahrung belehrt, in Bezug auf die Reisenden im Innern der Schweiz solche Maaßregeln einleiten werde, wodurch, ohne den Reisen inoffensiver Menschen unnöthige Beschränkungen aufzulegen, eine sichere Controle über die unermüdet thätigen Werkzeuge der Propaganda erzielt werden kann.

Wir unserer Seits befinden uns in dem Falle, Ew. etc. mit denjenigen Vorschriften, welche wir mit den Regierungen der angrenzenden Staaten, in Bezug auf die Reisenden in die Schweiz und aus derselben, zu verabreden befunden haben, bekannt zu machen. Es sind diese zwar im Allgemeinen keine neuen Vorschriften; sie begründen sich in den bereits bestehenden Paßreglements; sie werden aber in ihrer Anwendung auf die Schweiz von entscheidender Wirksamkeit seyn, weil eine consequente Durchführung derselben von Seiten der Grenzaufsichtsbehörden der mit uns gleichen Schritt haltenden Staaten, und von Seiten der in der Schweiz residirenden Gesandtschaften der dabei betheiligten Regierungen, ganz dazu geeignet ist, die Schweiz selbst vor einer Wiederholung ähnlicher Ereignisse zu bewahren, und von den angrenzenden Staaten das Uebel abzuwehren, das in der Schweiz bis zum heutigen Tage nur zu viele Nahrung fand. Es soll demnach

1) in Zukunft kein Reisender aus der Schweiz in die Nachbarstaaten von den Grenzbehörden zugelassen werden, welcher nicht mit einem Passe der Repräsentanten Oesterreichs, Bayerns, Sardiniens, Würtembergs, Badens etc. etc. für die Staaten ihrer respectiven Souverains versehen ist.

2) Eingebornen Schweizern dürfen Reisepässe nur *auf ausdrückliches Begehren* und unter Verantwortlichkeit der betreffenden Cantonsregierungen erfolgt werden.

3) Deutschen und Italienern, aus Staaten, deren Regierungen keine Gesandtschaften in der Schweiz haben, dürfen nur dann von dem Repräsentanten des Grenzstaates, in welchen dieselben zuerst eintreten wollen, Pässe ertheilt werden, wenn dieselben sich mit legalen Documenten ausweisen können, daß ihre Ankunft und ihr Aufenthalt in der Schweiz von ihren respectiven Gouvernements autorisirt gewesen sey.

4) Den Polen wird der Uebertritt aus der Schweiz von der Grenze nur dann nachgegeben werden, wenn sie Reisepässe der Kaiserlich-Russischen Gesandtschaft vorzuweisen vermögen, welchen die Visa einer der obgenannten Gesandtschaften beigefügt seyn muß.

5) Der Uebertritt Deutscher und Italienischer Reisenden in die Schweiz wird von den Grenzaufsichtsbehörden nur dann gestattet werden, wenn dieselben sich mit legalen Pässen der Regierung, deren Unterthanen sie sind, auszuweisen vermögen.

6) Da in Frankreich herkömmlich ist, daß den Reisenden, bei ihrem Eintritte in das Land, die bei sich habenden eigenen Pässe abgenommen und ihnen dafür provisorische Französische Pässe erfolgt werden, und es sich sonach ereignen könnte, daß von Schweizer Cantonsbehörden, welche zu unseren Maaßregeln nicht aufrichtig mitwirken wollen, Pässe mit fingirten Namen in die Französischen nachbarlichen Departements ertheilt werden, und daß sodann von daher der Eintritt in die Italienischen oder Deutschen Staaten mit Französischen provisorischen Pässen versucht werden wollte; so werden Ew. etc. mit Ihren in der Schweiz anwesenden Collegen von Rußland, Preussen, Sardinien und Bayern, in Ueberlegung nehmen, auf welche Weise einem Mißbrauche in dieser Beziehung vorgebeugt werden könne.

Es versteht sich übrigens von selbst, daß diese Vorschriften den gewöhnlichen gegenseitigen Grenzverkehr nicht beeinträchtigen sollen, und daß es in dieser Hinsicht zwar bei der bisherigen Observanz zu verbleiben habe, daß aber zur Vermeidung aller Unterschleife auch der Grenzverkehr strenge in das Auge gefaßt werden müsse.

Indem ich unter Einem die nöthige Verfügung an die Behörden des Innern treffe, damit diese Vorschriften von Seiten der Grenzaufsichtsbehörden genau befolgt werden, habe ich das volle Vertrauen in Ihren Eifer, daß Ew. etc. sich den Geist dieser Vorschriften eigen machen, und bei deren Ausführung in einer Weise verfahren werden, welche dem für die Schweiz wie für die Nachbarstaaten gleich wichtigen Zwecke, der dieser Vorschrift zum Grunde liegt, vollkommen entspricht.

Empfangen etc. etc.

58. Darstellung des Frankfurter Wachensturms durch die Frankfurter Bundeszentralbehörde

Ziel des Wachensturms war die Revolution und Errichtung eines deutschen Nationalstaates; Verrat des Plans im Vorfeld der Erhebung; Schilderung des Sturms der Wachen und deren Wiederbesetzung mit Militär; internationale Dimension des Aufstands.

Görisch u. Mayer, S. 39–124; Auszüge.

Frankfurt, 23. April 1834

[...]

§ 1 Aufruhr in Frankfurt a. M. am 3. April 1833

Am 3. April 1833 abends um halb zehn Uhr wurden in der freien Stadt Frankfurt am Main die an den beiden Enden der Zeil Straße gelegenen Wachhäuser, die Hauptwache und die KonstablerWache, – gleichzeitig von einer Anzahl Bewaffneter überfallen, die Schildwachen und mehrere andere Frankfurter Linien-Soldaten teils getötet, teils verwundet, und die übrige in den Wachstuben versammelte Wachmannschaft von ihren in den Vorhallen hängenden Gewehren abgeschnitten und zerstreut. Sogleich wurden auch die in den WachGebäuden wegen politischer Vergehen im Untersuchungs-Arreste befindlichen Gefangenen befreit, teilweise bewaffnet, und eben so wie die durch den Tumult herbeigezogene Volksmenge aufgefordert, sich den Aufrührern anzuschließen.

Da aber diese Aufforderung ohne die erwartete Wirkung blieb; so vermochten sich die Aufrührer gegen das nach einiger Zeit aus der Kaserne heranrückende Bataillon Linien Militär nicht zu behaupten, sondern wurden durch letzteres von der Hauptwache ohne eigentlichen Widerstand und von der KonstablerWache nach einer kurzen, aber lebhaften Gegenwehr wieder vertrieben, so daß der ganze Aufstand – bei welchem übrigens, ohne die heimlich bei Seite geschafften Toten und Verwundeten der Aufrührer, von beiden Seiten neun Personen getötet und vierundzwanzig meist schwer verwundet wurden, – nach Verlauf von ungefähr einer Stunde gedämpft war. [...][1]

§ 2 Zweck dieses Aufstandes: Revolution

Der *Zweck*[2] dieses Aufstandes war der Anfang einer Revolution, welche sich über ganz Deutschland verbreiten, und, nach dem Umsturze aller bestehenden Regierungen, dessen Vereinigung in *Ein* Reich mit republikanischer Verfassung bewirken sollte. – Die übereinstimmenden Angaben aller derjenigen Angeschuldigten, welche über ihre Teilnahme an diesem hoch-

[1] Verweis auf die genauere Schilderung in nachfolgenden §§ der Darstellung.

[2] Die kursive Wiedergabe von im Original unterstrichenen Stellen wird von Görisch/Mayer übernommen.

verräterischen Komplotte offene Geständnisse abgelegt haben, so wie die Äußerungen und Reden, welche während des Aufstandes von einzelnen Aufrührern vernommen wurden, lassen hierüber keinen Zweifel übrig. [...]

§ 17 Am 3. April 1833 mittags erfolgte Anzeige des auf den Abend bevorstehenden Aufstandes bei den Frankfurter Behörden

Am 3. April 1833 morgens um 9 Uhr erhielt der damals in Geschäften zu Frankfurt anwesende Freiherrlich von Frankensteinsche Konsulent Andreas *Quante* von Würzburg durch einen jungen Menschen, der wie ein Ausläufer ausgesehen haben soll, ein anonymes Schreiben, dessen Inhalt er dahin angiebt:

> „Vaterlandsfreunde aus verschiedenen Gegenden Deutschlands seien hier (in Frankfurt) vereint. An demselben Abende mit dem Schlage halb zehn Uhr werde die Sturmglocke angezogen werden. Man werde die Haupt- und Konstablerwache stürmen, die Gefangenen befreien, sich der Personen der BundestagsGesandten versichern und eine provisorische Regierung errichten. Unterstützung erwarte man aus der Umgegend, und rechne sicherlich auf die seine."

Den Schluß soll eine Drohung gegen die Eröffnung oder Mitteilung dieses Briefes gemacht haben.

Nach den ersten Augenblicken des Erstaunens will Quante diesen Brief für eine Mystifikation gehalten und zerrissen haben. Als er aber bald darauf in der Nähe der Hauptwache den *Rauschenblatt*[3] erblickte, der, wie er wußte, bei den Göttinger Unruhen beteiligt gewesen, wurde ihm die Sache bedenklicher und wahrscheinlicher, und er fand sich dadurch veranlaßt, dem zufällig gleichfalls in Frankfurt anwesenden Professor Dr. *Seuffert* von Würzburg Mitteilung von der Sache zu machen. Dieser eilte sofort, mit Quantes Zustimmung zu dem damaligen K. Bayer[ischen] BundestagsGesandten Freiherrn von *Lerchenfeld*, und von da zu dem damaligen ersten Bürgermeister von Frankfurt, Schöffen v. *Guaita*, und machte beiden die gleiche Eröffnung.

Nach dem Wunsche des letzteren begab sich abends um fünf Uhr Quante selbst zu Bürgermeister v. Guaita und bestätigte ihm, gegen die Zusicherung der Verschweigung seines Namens, den Empfang und Inhalt des fraglichen Schreibens, welchen er hinsichtlich der erwarteten Unterstützung aus der Umgegend näher dahin angab: „daß mittelst der von *Hanau* und *Bockenheim* eintreffenden Hülfe sich der Stadt Frankfurt bemächtigt, und eine *provisorische Regierung für Deutschland* eingesetzt werden solle."

In Folge dieser Anzeige wurde die aus einundvierzig Mann bestehende

[3] Dr. Johann Ernst Herrmann Rauschenplat (auch Rauschenblatt); in Göttingen Dozent; später in französischem und Schweizer Exil; in demokratischen Kreisen genannt „der Kater".

Wachmannschaft der Hauptwache abends um acht Uhr um zehen Mann verstärkt, und der Wachkommandant, ein achtzehn Jahre alter Unterlieutenant, im Allgemeinen benachrichtigt, daß an gedachtem Abende unruhige Auftritte zu besorgen seien, daß er deshalb auf seiner Hut sein, die Wachmannschaft aber, um kein Aufsehen zu erregen, in der Wachstube halten solle, was auch geschah, woneben übrigens an die vier Ecken des Wach-Gebäudes Lauerposten ohne Gewehr ausgestellt, die durchaus ungeladenen Gewehre der Wachmannschaft aber in den Vorhallen hängen gelassen wurden.

Gleichzeitig wurden in dem Höfchen der Domkirche zwei Polizeidiener aufgestellt, um verdächtige Leute, welche etwa in den Pfarrturm gehen wollten, zurückzuweisen und im Weigerungs-Falle zu arretieren.

Eine außerordentliche Verstärkung der unter dem Kommando eines zwanzigjährigen Sergeanten aus fünfzehn Soldaten bestehenden Mannschaft der Konstablerwache fand nicht Statt, und es scheint weder dieser Militär- noch der aus fünf Polizei Offizianten bestehenden Polizei-Wache, von dem angekündigten Überfalle Nachricht gegeben oder für den eintretenden Fall eine besondere Instruktion erteilt worden zu sein. Dagegen wurde aber das übrige Linien-Militär der Stadt für jeden möglichen Fall in die Kaserne konsigniert.

Sonst enthalten die Akten keine Auskunft über getroffene Vorsichts-Maßregeln, oder angestellte Nachforschungen nach Dr. Rauschenblatt und seinen Genossen.

§ 18 Treiben der verbündeten Studenten am 3. April 1833 morgens und nachmittags

Inzwischen hatten die verbündeten Studenten am Morgen des dritten Aprils 1833 in ihren Gasthöfen vergeblich auf die näheren Mitteilungen gewartet, welche ihnen tags zuvor in Bockenheim versprochen worden waren.

Sartori ging daher zwischen 10 und 11 Uhr mit v. Welz zu Dr. Bunsen[4], wo er Rauschenblatt traf und hoffte hier darüber Aufschluß zu erhalten „ob auch die Bürger mit Teil nehmen, und Männer an der Spitze stehen würden, die das Ganze mit Einsicht leiten könnten; oder ob es nicht vielmehr eine Idee junger Leute sei."

Man sagte ihm aber bloß „die Studenten sollten nur anfangen, dann würden nach einem glücklichen Beginnen die Bürger zu den Waffen greifen und sich Männer der Leitung des Ganzen unterziehen. Letzteres müsse jetzt noch ein Geheimnis bleiben, man könne noch nichts weiter entdecken; es sei übrigens alles in der schönsten Ordnung." [...]

4 Ignatz Sartori und Eduard von Welz, Studenten; Dr. Gustav Bunsen, Arzt in Frankfurt.

Die im goldenen Löwen versammelten Würzburger und Erlanger Studenten schickten um etwas Näheres zu erfahren, nach Tisch den Zehler zu Bunsen, und ließen von dort den Dr. *Berchelmann*[5] zu sich rufen, der sofort auch erschien, und ihnen die feste Zusicherung gab, daß sie nach den begonnenen Unruhen und gelungenem Sturm auf die Hauptwache auf tätige Hülfe der Bürger, welche vor der Hand ihre Teilnahme noch nicht offen erklären wollten, rechnen könnten. Sie, die Studenten hätten leichtes Spiel; mit dem Militär hier seien sie bald fertig.

Die Bauern würden sich der Tore bemächtigen, und wenn auch der Versuch mißlinge; so könnten sie sich ins Hessische wenden, wo sie, wenn sie sich bewaffnet zeigten, Anhang finden würden. Diesen Versicherungen fügte Berchelmann bei: „Wer keinen Teil nehmen wolle, möge heute noch gehen; wer bis morgen warte, möchte dieselben Unannehmlichkeiten zu dulden haben, als wäre er dabei gewesen." [...]

Gegen Abend kamen die meisten der verbündeten Studenten in dem an der Mainbrücke gelegenen Gasthause des Wirts Löwenstein, zur *Brückenau* oder Dillenburger-Hof genannt, einem Hauptvereinigungs-Orte der Frankfurter-Liberalen, [...] zusammen, tranken Bier, speisten zu Nacht und begaben sich dann zwischen 8 und 9 Uhr in die ihnen als Sammelplatz bezeichnete Wohnung des Doktors Gustav *Bunsen* in dem Münzhofe. –

§ 19 Versammlung und Bewaffnung der verbündeten Studenten bei dem Dr. G. Bunsen

[...] Bei Bunsen erhielt jeder der Verschworenen ein Gewehr mit Bajonett, eine dreifarbige Binde, und, wer noch nicht damit versehen war, scharfe Patronen. Auch wurden unter die Anwesenden Hirschfänger, Pistolen, Dolche, Äxte, Handbeile und Raketen verteilt. [...]

Ein detaillierter Angriffs-Plan mit spezieller Verteilung der von den einzelnen dabei zu übernehmenden Rollen, soll nicht gemacht, sondern nur im Allgemeinen verabredet worden sein, der Wache so nahe als möglich zu kommen und dann mit großem Geschrei, damit man glaube es seien ihrer viele, so schnell über die Soldaten herzufallen, daß solche nichts machen könnten.

Der Angriff sollte mit dem Bajonette geschehen, und nur im Fall der Not geschossen werden. Nach Überrumplung der Wache, sollte Rauschenblatt eine Rede an das Militär halten, um dieses zu gewinnen, was aber nachher in der entstandenen Verwirrung unterblieb.

Auch wurde ausgemacht, daß namentlich *Funk* und *Freyeisen*[6] befreit werden sollten. [...]

[5] Wilhelm Zehler, Würzburger Student; Dr. Georg Adolph Berchelmann, Lehrer in Frankfurt.

[6] Friedrich Fun(c)k und Johann Christoph Freyeisen, beide politische Schriftsteller aus Frankfurt.

Mehrere junge Leute seien gekommen, hätten Patronen geholt und sich sodann wieder entfernt.

Endlich waren auch die Advokaten Dr. *Gärth* und Dr. *Neuhof*[7] bei Bunsen, gingen aber nach einiger Zeit wieder fort, um an dem Sturm auf die Konstablerwache Teil zu nehmen. Nach Silberrads[8] Angabe äußerte *Neuhof* bei Bunsen: „er glaube, das Unternehmen mißlinge; das Gewissen erlaube ihm nicht, die Bauern in die Stadt zu führen.

Er habe am Hause des Bürgermeisters die Chaise des Kaiserlich Österreichischen Bundestagsgesandten halten sehen; ihr Vorhaben sei verraten.“ *Gärth* habe aber hierauf versetzt: „es sei unrecht, am Ausgange zu verzweifeln; Neuhof habe immer geschwatzt, und jetzt, wo es losgehe, sei es nichts.“ – [...]

Kurz vor dem Ausmarsche machte *Bunsen* oder *Rauschenblatt* den Vorschlag, den Kommandanten des Frankfurter Linien-Militärs, Obersten von Schiller aus dem Wege zu räumen, und fordert hiezu Freiwillige auf, worauf *Alban* und *Krämer*[9] sich zu dieser Tat bereit erklärten, ihre Gewehre bei Seite stellten, und sich mit Dolchen, wahrscheinlich auch Pistolen bewaffnet, entfernten. [...]

Es scheint jedoch das fragliche Vorhaben, aus zur Zeit unbekannten Gründen, bald wieder aufgegeben worden zu sein. [...]

§ 20 Überfall der Hauptwache. Benehmen und Äußerungen der Aufrührer hiebei. Wiedereinnahme der Wache durch das Frankfurter Militär.

Mit dem Schlage halb zehn Uhr rückten die bei Bunsen versammelten Meuterer, dreiunddreißig Mann stark, mit ihren Waffen in drei Abteilungen [...] durch ein Hinterpförtchen des Münzhofes aus, und zogen [...] schweigend gegen die Hauptwache.

Als sie am Ausgange der Katharinenpforte der Hauptwache gegenüber gekommen waren, stürmte plötzlich der ganze Haufe, auf das Kommando: Fällts Gewehr! mit einem furchtbaren Hurra-Geschrei, wobei auch: Fürsten zum Land hinaus! und Freiheit gerufen wurde, auf das Wachtgebäude los, und drang durch die vor demselben befindliche Barriere von beiden Seiten in die Vorhalle, in welcher die Gewehre der Soldaten an der Wand hingen, ein. Der hier stehenden Schildwache, Soldat *Seiß*, wurde, während sie: Wache heraus! rief, und einen Angreifer vorn mit dem Bajonette abwehrte, durch einen Schuß von hinten der obere Teil des rechten Arms zerschmettert.

Als auf den entstandenen Lärm die bereits von ihren Gewehren abgeschnittene Wachtmannschaft aus der Wachstube eilen wollte, und der Ser-

[7] Dr. Franz Karl Gärth und Dr. Peter Friedrich Neuhof(f), beide Advokaten in Frankfurt.

[8] Ludwig Silberrad, ehemaliger Student in Freiburg.

[9] Julius Thankmar Alban, relegierter Jenaer, dann Göttinger Student; Friedrich August Crämer (auch: Krämer), Erlanger Student.

geant *Glitsch* die Türe derselben öffnete, fielen teils durch diese, teils durch die eingeschlagenen Fenster von Seiten der Aufrührer sechs bis acht Schüsse in die Wachstube, durch welche *Glitsch* tot niedergestreckt, und der Soldat *Kuhn* in die Achsel verwundet wurde. Der Gefreite *Möller* erhielt beim Herauseilen aus der Wachstube einen tiefen Bajonettstich in den Rückgrad. Etwas später wurden auch der Soldat *Lorz* und der Tambour Meurer, als sie nach Gewehren greifen wollten, durch Bajonettstiche verwundet. Der als Lauerposten aufgestellte Soldat *Stünzner*, welchem es in dem Tumulte gelungen war, eines Gewehres habhaft zu werden, womit er sich zur Wehr gesetzt zu haben scheint, wurde durch einen Schuß, wahrscheinlich von dem Advokaten Dr. *Körner*, tödlich verwundet. [...]

Unmittelbar nach jenen Schüssen drang ein Teil der Aufrührer in die Wachstube, und forderte die darin befindlichen Soldaten auf, sich zu ergeben, was diese auch, zumal sie keinen Anführer und keine Schießgewehre hatten, alsbald taten.

Zugleich wurde von den Soldaten der Wachmannschaft verlangt sich den Aufrührern anzuschließen, wobei letztere jenen sagten: „sie wollten sie aus ihrem Sklavenjoche befreien, und, wenn sie zu ihnen hielten, sogleich zu Unteroffizieren machen. Heute gehe es in ganz Deutschland los; 40 000 Bauern seien im Anmarsch. Sie, die Aufrührer, wollten nur Freiheit und Gleichheit." Diese Aufforderungen fanden jedoch bei den Soldaten, die sich nach und nach zerstreuten, so wenig Eingang, als die Geldanerbietungen, welche einigen derselben gemacht wurden. Nur der Soldat Johann Georg *Dittus* nahm von den Aufrührern eine Summe von 57 Gulden 30 Kreuzern an, welche ihm zur Verteilung unter seine Kameraden zugestellt worden zu sein scheint, die er aber für sich behielt. –

Einer der entwaffneten Soldaten, Korporal Eisle, eilte an die Barriere, und rief die sich zahlreich versammelten Bürger zu Hülfe. Er wurde aber von diesen ausgelacht, sofort von den Aufrührern zu Boden gerissen und unter die Hallen des Wachgebäudes geschleppt, wo sie ihm die Bajonette auf die Brust setzten, und ihn fragten: ob er jetzt ruhig sein wolle? was er denn auch versprach. [...]

Übrigens sollen einzelne Aufrührer über die vorgefallenen Verwundungen gegen die Soldaten ihr Bedauern ausgedrückt und geäußert haben, sie hätten nicht anders handeln können.

Eimer[10] und Silberrad verbanden verwundete Soldaten mit ihren Schnupftüchern.

Eine Abteilung der Aufrührer, bei welcher sich Rubner, Dähnert[11], Moré

[10] Heinrich Eimer, Heidelberger Student.

[11] Bernhard Julius Dähnert, Student in Erlangen; Carl Julius Rubner, Student in Würzburg, kam später bei einem Fluchtversuch ums Leben.

und Eimer befanden, eilte sofort in das obere Stockwerk des Wachgebäudes, wo die politischen Schriftsteller *Funk* und *Freyeisen* wegen Preß-Vergehen, und die Frankfurter Bürger *Mohr*, *Seelhorst* und *Hauder* wegen Tumults gefangen saßen, um deren Befreiung zu bewirken. [...]

Den genannten Gefangenen wurde sofort ihre Freiheit angekündigt, sie erhielten Gewehre, entfernten sich aber ohne an dem Aufruhre Teil zu nehmen, und stellten sich nach Unterdrückung desselben bei den Behörden von selbst wieder.

Während dies in dem Innern des Wachgebäudes vorging, rafften andere Aufrührer die in den Vorhallen hängenden Soldatengewehre zusammen, und boten sie der um die Wache versammelten Volksmenge an. So wurde dem Schneidermeister Wappler von Frankfurt von einem Aufrührer ein Gewehr mit den Worten hingeboten: „Greifen Sie zu; jetzt ist es Zeit für die Freiheit zu fechten!“ Er nahm es jedoch nicht an. Überhaupt blieben die Umstehenden ruhige Zuschauer; nur ein unbekannter Mann trat hervor, ergriff ein Soldatengewehr, und erhielt auf die Bemerkung, daß es ja nicht geladen sei, von *Eimer* einige Patronen. Die Aufrührer waren deshalb über die geringe Teilnahme, welche ihr Unternehmen bei dem Volke fand, sehr erbost [...]. Zwei der Aufrührer (wahrscheinlich *Bunsen* und *Eimer*) hielten Reden an die herbeigekommene Volksmenge, um sie zur Teilnahme an dem Aufstande zu veranlassen. [...]

Dr. Rauschenblatt bemühte sich um eine mitgebrachte Rakete anzuzünden, als Zeichen für die auswärtigen Teilnehmer des Komplotts. Er konnte jedoch damit nicht zu Stande kommen, und hatte so den Kopf verloren, daß er immer nach Feuer rief, obgleich ringsum die Laternen brannten.

Nach diesem vergeblichen Versuche eilte er mit einer eigends hiezu kommandierten Abteilung der Aufrührer [...] auf die Konstablerwache, welche inzwischen bereits von anderen Verschworenen (§ 21)[12] gestürmt worden war.

Nach dem Abzuge dieser Abteilung erreichte die von Anfang an unter den Aufrührern auf der Hauptwache herrschende Verwirrung einen hohen Grad, da es an allem Kommando fehlte, und keiner wußte, was er machen sollte. [...]

Dagegen gingen die Soldaten der Wachmannschaft, welche noch im Besitz ihrer Säbel sich befanden, mitten unter den Aufrührern herum und erhielten von einigen derselben ihre Gewehre zurück, welche ihnen von andern wieder entrissen wurden.

Indessen gelang es gleichwohl zweien Soldaten mit ihren Gewehren hinter das Wachgebäude zu entkommen, wo sie zwei andere Soldaten, die hier die ganze Zeit über unangefochten Schildwache standen und von welchen

[12] Hier gekürzt abgedruckt.

die Aufrührer gar nichts gewußt zu haben scheinen, so wie den Wachkommandanten antrafen, der gleich bei dem ersten entstandenen Lärm zu dem Fenster des Offiziers-Wachtzimmers hinausgesprungen und hieher geflüchtet war.

Diese vier Soldaten luden nun ihre Gewehre und forderten ihren Kommandanten auf, sie gegen die Aufrührer zu führen, was dieser aber, da er jene für zu stark hielt, wiederholt ablehnte.

An die Benützung der vor der Hauptwache stehenden beiden Kanonen scheint von den Aufrührern nicht gedacht worden zu sein.

Auf die erhaltene Nachricht von dem Überfalle der Haupt- und der Konstablerwache rückte gegen zehn Uhr abends das ganze Bataillon des Frankfurter Linien-Militärs aus der Kaserne aus, machte auf dem großen Hirschgraben bei dem Hause des Obersten v. Schiller Halt und lud ihre Gewehre mit scharfen Patronen. Hiernächst zog das Bataillon über den Roßmarkt gegen die Hauptwache. –

Als die noch daselbst befindlichen Aufrührer diese Truppen herankommen sahen, ergriffen sie, ohne sich zu widersetzen, die Flucht, wobei einer ihrer Anführer kommandiert haben soll: „Erste, zweite und dritte Kompanie! Vorwärts marsch! wir finden keinen Beifall!" – Einige von ihnen eilten über die Zeile nach der Konstablerwache, andere kehrten in ihre Gasthöfe zurück, indem sie sich unterwegs ihrer Waffen, Patronen und Binden entledigten. […]

§ 21 Überfall der Konstablerwache durch eine andere Rotte der Aufrührer

Von denjenigen Personen, welche gleichzeitig mit dem vorerwähnten Angriffe auf die Hauptwache, die sogenannte *Konstablerwache* (Polizei- und Zeughauswache) stürmten, befinden sich *keine* in Haft und Untersuchung. Es herrscht daher sowohl über die Teilnehmer, als über die Ausführung dieses Verbrechens noch vieles Dunkel. […]

§ 22 Wiedereinnahme der Konstablerwache durch das Militär

Nachdem das Frankfurter Linien-Militär die Hauptwache wieder besetzt hatte […], erhielt der Hauptmann *Jungmichel* den Auftrag, mit 28 Mann Schützen auch die Konstablerwache wieder einzunehmen. […]

In der Nähe des Tores des Zeughaushofes stieß [Korporal] Koch [der mit fünf Schützen als Vorhut von Jungmichel vorausgeschickt worden war] auf ungefähr zwanzig Aufrührer, welche auf seine Abteilung sogleich Feuer gaben, worauf seine Leute sich zerstreuten, und dabei mißhandelt und verwundet wurden. […]

Mittlerweile hörte man das Hurra der mit Jungmichel heranrückenden Schützen, und nun eilten die Aufrührer diesen entgegen. Von der Schäfergasse aus wurde zuerst auf die Schützen geschossen, worauf Hauptmann

Jungmichel seine Mannschaft mit gefälltem Bajonette und im Sturmschritte vorrücken ließ.

Am stärksten wurde nun von den Aufrührern von dem Tore der Zeughauswache aus geschossen; es soll ein förmliches Pelotonfeuer gewesen sein, wobei man französisch kommandieren hörte: „Liberté! premier peloton, feu!“

Dies veranlaßte die Schützen, ohne dazu kommandiert zu sein, gleichfalls Feuer zu geben. Es entstund sofort große Verwirrung und ein Handgemenge, in dem von beiden Seiten mehrere verwundet und getötet wurden. [...]

Nachdem auch dieser [Bunsen] entflohen war, wurde die Konstablerwache, ohne weiteren Widerstand von dem Militär wieder besetzt. [...]

§ 27 Zusammenhang der revolutionären Umtriebe in Deutschland mit denen in anderen Ländern

[...]

1.) Nach der durch die Aussagen seines Mitschuldigen Dorn[13] unterstützten [...] Angabe des K. Württembergischen Oberlieutenants *Koseritz*[14] in Ludwigsburg, hat der Advokat Dr. *Gärth* von Frankfurt bei der Zusammenkunft zu Großgartach am 3. März 1833 jenem eröffnet, er sei im Begriffe nach Straßburg zu reisen, um daselbst einzuleiten, daß noch vor dem Ausbruche der beabsichtigten Revolution *zwanzig polnische Offiziere* nach *Rorschach* und *Rheineck* am Bodensee kommen, teils um, wenn in Frankfurt losgeschlagen worden, auf dem Schwarzwalde (wo viel Aufregung herrschte) die Revolution einzuleiten, teils um, erforderlichen Falls zu Anführung der Württembergschen Truppen sich verwenden zu lassen.

Zwei bis drei Tage vor den Frankfurter Vorfällen überbrachte sodann wirklich ein vormals polnischer Oberlieutenant *Posensky*[15] dem Koseritz die Nachricht, daß *auf unmittelbaren Befehl Lelewels*[16] zu Paris, zwanzig polnische Offiziere in Rorschach und Rheineck angekommen seien, um, sobald sie von Deutschland aus hiezu Ordre erhalten, den Schwarzwald zu revolutionieren.

2.) In den Osterfeiertagen 1833 brachen aus dem Depot von Besançon und einigen anderen Orten in Frankreich heimlich vier- bis fünfhundert *Polen* auf, und begaben sich zunächst in die benachbarte Schweiz, um von da nach Deutschland zu dringen und an den daselbst vorbereiteten revolutionären Bewegungen Teil zu nehmen. [...]

3.) Um die Zeit des Frankfurter Attentats, nämlich am 20. und 24. März

[13] Christian Wilhelm Dorn, Gürtlermeister aus Ludwigsburg.

[14] Ernst Ludwig Koseritz aus Ludwigsburg.

[15] Es handelt sich vielleicht um einen falschen Namen.

[16] Ignacy Lelewel, polnischer Historiker; führend beim polnischen Aufstand; danach im Exil in Paris.

dann am 2. und 24. April 1833 fielen fünf Banden polnischer Revolutionäre von Galizien aus in *Russisch-Polen* ein, und machten daselbst Versuche, dieses Land zu insurgieren, welche jedoch bald unterdrückt wurden. [...]

Schon oben (§ 11)[17] ist erwähnt worden, daß zwei Emissäre der *französischen Propaganda*, die Polen *Salewsky* und *Schafresky*, dem Oberlieutenant Koseritz in Ludwigsburg im Frühjahr 1832 eröffneten, wie sie beauftragt seien, zum Zweck eines gleichzeitigen Losschlagens in Deutschland mit einer in Frankreich bevorstehenden Revolution Verbindungen anzuknüpfen, sodann aber nach Ungarn, *Galizien* und Siebenbürgen zu reisen, um in Gemeinschaft mit anderen unterwegs befindlichen Emissären auch dort *eine Revolution hervorzurufen.*

4.) Am 22. April 1833 wurde zuerst in *Genua*, sofort aber auch in Turin, Chambéry, Alessandria und mehreren anderen Städten des Königsreichs *Sardinien* eine große Verschwörung entdeckt, welche besonders unter dem dortigen *Militär* viele Mitglieder zählte, ihrem Ausbruche nahe war, und die Verwandlung der monarchischen Staaten Italiens in eine Republik zum Zwecke hatte.

Diese Verschwörung scheint von der von dem berüchtigten Advokaten *Mazzini*[18] aus Genua von seinem Asyl in Marseille aus unter dem Namen: „Giovine Italia" gestifteten Verbindung ausgegangen zu sein.

Bemerkenswert ist, daß die Nachricht von dem am 3. April 1833 in Frankfurt erfolgten Aufstande am folgenden Tage, dem 4. April, schon in *Genua* verbreitet war, was auf eine stattgehabte Verbindung der Deutschen mit den italienischen Revolutionären hinweist.

Auch ist bei dem als Vorsteher einer deutschen revolutionären Assoziation zu Paris bezeichneten, am 4. April 1833 zu Karlsruhe verhafteten Journalisten Heinrich Joseph *Garnier* von Rastatt ein mit dem Stempel der Pariser Stadtpost vom 17. Februar 1833 versehenes Schreiben des p. *Mazzini* gefunden worden, in welchem dieser den Garnier von der Organisation und den Statuten des Giovine Italia unterrichtet, und ihn auffordert, in Deutschland eine gleiche Verbindung zu stiften. [...]

5.) Daß die deutschen Revolutionäre, namentlich *Frankh*, *Hardegg* und *Knöbel*[19] mit Gleichgesinnten zu *Paris* in einer Verbindung gestanden, welche teils schriftlich [...], teils durch Emissäre unterhalten wurde, und daß

[17] In dem gewählten Ausschnitt nicht mit abgedruckt.

[18] Guiseppe Mazzini, Advokat aus Genua; Exilant in Frankreich; Begründer des politischen Geheimbundes „Giovine Italia" sowie dessen internationalen Zweiges „Das junge Europa".

[19] Gottlob Friedrich Fran(c)kh, Buchhändler in Stuttgart; Georg David Hardegg, zuerst Handlungsdiener in Ludwigsburg, dann Student in Tübingen; Friedrich Wilhelm Knöbel, Lehrer aus Dürkheim – jedoch entlassen.

insbesondere Dr. *Gärth* in Frankfurt und seine Genossen bei ihrem revolutionären Unternehmen auf gleichzeitige Aufstände zu *Lyon* und an anderen Orten Frankreichs hofften, ist schon oben [...][20] angeführt worden. [...]

Bemerkenswert ist auch der Umstand, daß ein vormaliges Mitglied des bis zum Jahr 1824 bestandenen geheimen Jünglingsbundes, der Dr. Albert *Kühn* aus Otterwisch im Königreiche Sachsen, welcher an der Spitze des sogenannten Sühnungsbundes in Paris stehen soll, am 3. April 1833 sich in Frankfurt aufhielt, am Morgen des folgenden Tages aber diese Stadt eilends verließ und nach Paris zurückkehrte. –

So mangelhaft diese Notizen zur Zeit noch sind; so dürften sie doch hinreichen, die Behauptung zu rechtfertigen, daß die Gleichzeitigkeit der revolutionären Bestrebungen in den verschiedenen Staaten von Europa im Frühjahr 1833 nicht bloß zufällig gewesen, daß solche vielmehr auf einem von einem gemeinschaftlichen Zentral-Punkte aus geleiteten Operations-Plane beruhte, und daß der gedachte Zentral-Punkt aller jener Umtriebe in *Paris* zu suchen sei.

Frankfurt 23. April 1834.
In fidem
v. Thinelli
K. K. öster. Aktuar der
Bund. Zent. Behörde.

59. Schlußprotokoll der Wiener Ministerialkonferenzen von 1834 – Die Geheimen Sechzig Artikel

Zum Teil geheimgehaltene Beschlüsse mit der Wirkung von Bundesgesetzen; weitere Einschränkungen jeder oppositionellen Tätigkeit in Landständen, Universitäten, Presse; Bundesschiedsgerichtsbarkeit.

Pelger, S. 452–472.

Wien, 12. Juni 1834

Die souverainen Fürsten und freien Städte Deutschlands haben in pflichtmäßiger Fürsorge für die Erhaltung der durch die Bundesacte bestimmten, und durch die Schlußacte ausgebildeten Verfassung des deutschen Bundes, wie für die durch diese Grundgesetze verbürgte Sicherung der landesherrlichen Autorität und der öffentlichen Ordnung und Ruhe in den einzelnen Bundesstaaten, endlich in dem festen Entschlusse, den in Deutschland bestehenden Rechtszustand gegen jeden Versuch zu dessen Verletzung durch alle in ihren Rechten wie in ihren Pflichten liegenden Mittel gewissenhaft zu bewahren, zur Berathschlagung über die zur Errei-

[20] Verweis auf weitere, hier nicht abgedruckte §§.

chung dieses gemeinsamen Zweckes von allen Regierungen gleichmäßig festzuhaltenden Grundsätze und zu treffenden Maßregeln nachstehende Bevollmächtigte ernannt [...][1]

Art: I. Das im Art: 57 der Wiener Schlußacte anerkannte Grundprincip des deutschen Bundes, gemäß welchem die gesammte Staatsgewalt in dem Oberhaupte des Staats vereinigt bleiben muß, und der Souverain durch eine landständische Verfassung nur in der Ausübung bestimmter Rechte an die Mitwirkung der Stände gebunden werden kann, ist in seinem vollen Umfange unverletzt zu erhalten. Jede demselben widerstrebende, auf eine Theilung der Staatsgewalt abzielende Behauptung ist unvereinbar mit dem Staatsrechte der im deutschen Bunde vereinigten Staaten, und kann bei keiner deutschen Verfassung in Anwendung kommen.

Die Regierungen werden demnach eine mit den Souverainitätsrechten unvereinbare Erweiterung ständischer Befugnisse in keinem Falle zugestehen.

Art. II. Wenn Stände in der Absicht, ihre Befugnisse zu erweitern, Zweifel über den Sinn einzelner Stellen der Verfassungsurkunden erregen sollten, so werden die Regierungen die den obigen Grundsätzen entsprechende Deutung aufrecht erhalten. Sollten die Stände sich bei dieser Deutung nicht beruhigen, so wird die betreffende Regierung den erhobenen Anstand auf dem, im folgenden Art: zur Entscheidung solcher Irrungen bezeichneten Wege zur Erledigung bringen.

Art. III. Für den Fall, daß in einem Bundesstaate zwischen der Regierung und den Ständen über die Auslegung der Verfassung oder über die Grenzen der bei Ausübung bestimmter Rechte des Regenten den Ständen eingeräumten Mitwirkung, namentlich durch Verweigerung der zur Führung einer den Bundespflichten und der Landesverfassung entsprechenden Regierung erforderlichen Mittel, Irrungen entstehen, und alle verfassungsmäßigen und mit den Gesetzen vereinbarlichen Wege zu deren genügenden Beseitigung ohne Erfolg eingeschlagen worden sind, verpflichten sich die Bundesglieder, als solche, gegen einander, ehe sie die Dazwischenkunft des Bundes nachsuchen, die Entscheidung solcher Streitigkeiten durch Schiedsrichter auf dem in den folgenden Artikeln bezeichneten Wege zu veranlassen.

Art. IV. Um das Schiedsgericht[2] zu bilden, ernennt jede der siebzehn Stimmen des engern Raths der Bundesversammlung aus den von ihr repräsentirten Staaten, von drei zu drei Jahren, zwei durch Charakter und Gesinnung ausgezeichnete Männer, welche durch mehrjährigen Dienst hinlängliche Kenntnisse und Geschäftsbildung, der Eine im juridischen, der andere im administrativen Fache, erprobt haben. Die erfolgten Ernennungen werden von den einzelnen Regierungen der Bundesversammlung angezeigt, und

[1] Es folgt die Auflistung der jeweiligen Bevollmächtigten.

[2] Ein Schiedsgericht wurde zwar begründet, trat jedoch nie in Funktion.

von dieser, sobald die Anzeigen von allen 17 Stimmen eingegangen sind, öffentlich bekannt gemacht. Eben so werden die durch freiwilligen Rücktritt, durch Krankheit oder Tod eines Spruchmannes, vor Ablauf der bestimmten Zeit eintretenden Erledigungen von den Regierungen für die noch übrige Dauer der dreijährigen Frist sofort ergänzt.

Das Verhältniß dieser 34 Spruchmänner zu den Regierungen, welche sie ernannt haben, bleibt unverändert, und es gibt ihnen die Ernennung zum Spruchmann auf Gehalt oder Rang keinen Anspruch.

Art. V. Wenn in dem, Art: III. bezeichneten Falle der Weg einer schiedsrichterlichen Entscheidung betreten wird, so erstattet die betreffende Regierung hievon Anzeige an die Bundesversammlung, und es werden aus der bekannt gemachten Liste der 34 Spruchmänner in der Regel sechs Schiedsrichter, und zwar 3 von der Regierung und 3 von den Ständen, ausgewählt. Die von der betheiligten Regierung ernannten Spruchmänner sind von der Wahl zu Schiedsrichtern für den gegebenen Fall ausgeschlossen, sofern nicht beide Theile mit deren Zulassung einverstanden sind. Es bleibt dem Uebereinkommen beider Theile überlassen, sich auf die Wahl von zwei oder vier Schiedsrichtern zu beschränken, oder deren Zahl auf 8 auszudehnen.

Die gewählten Schiedsrichter werden von der betreffenden Regierung der Bundesversammlung angezeigt. Erfolgt, in dem Falle der Vereinbarung über die Berufung an das Schiedsgericht, und nachdem die Regierung den Ständen die Liste der Spruchmänner mitgetheilt hat, die Wahl der Schiedsrichter nicht binnen vier Wochen, so ernennt die Bundesversammlung die letzteren statt des säumigen Theils.

Art. VI. Die Schiedsrichter werden von der Bundesversammlung mittelst ihrer Regierung von der auf sie gefallenen Ernennung in Kenntniß gesetzt und aufgefordert, einen Obmann aus der Zahl der übrigen Spruchmänner zu wählen; bei Gleichheit der Stimmen wird ein Obmann von der Bundesversammlung ernannt.

Art. VII. Die von der betreffenden Regierung bei der Bundesversammlung eingereichten Acten, in welchen die Streitfragen bereits durch gegenseitige Denkschriften oder auf andere Art festgestellt seyn müssen, werden dem Obmann übersendet, welcher die Abfassung der Relation und Correlation zwei Schiedsrichtern überträgt, deren Einer aus den von der Regierung, der Andere aus den von den Ständen Erwählten zu nehmen ist.

Art. VIII. Demnächst versammeln sich die Schiedsrichter, einschließlich des Obmannes, an einem von beiden Theilen zu bestimmenden, oder, in Ermanglung einer Uebereinkunft, von der Bundesversammlung zu bezeichnenden Orte, und entscheiden nach ihrem Gewissen und eigener Einsicht den streitigen Fall durch Mehrheit der Stimmen.

Art. IX. Sollten die Schiedsrichter zur Fällung des definitiven Spruches eine nähere Ermittlung oder Aufklärung von Thatsachen für unumgänglich nothwendig erachten, so werden sie dieß der Bundesversammlung anzeigen, welche die Ergänzung der Acten durch den Bundestags-Gesandten der betheiligten Regierung bewirken läßt.

Art. X. Sofern nicht in dem zuletzt bezeichneten Falle eine Verzögerung unvermeidlich wird, muß die Entscheidung spätestens binnen 4 Monaten von der Ernennung des Obmannes an gerechnet, erfolgen, und bei der Bundesversammlung zur weiteren Mittheilung an die betheiligte Regierung eingereicht werden.

Art. XI. Der schiedsrichterliche Ausspruch hat die Kraft und Wirkung eines austrägal-gerichtlichen Erkenntnisses und die bundesgesetzliche Executions-Ordnung findet hierauf ihre Anwendung.

Bei Streitigkeiten über die Ansätze eines Budgets insbesondere erstreckt sich diese Kraft und Wirkung auf die Dauer der Steuerbewilligungs-Periode, welche das in Frage stehende Budget umfaßt.

Art. XII. Sollten sich über den Betrag der durch das schiedsrichterliche Verfahren veranlaßten, dem betheiligten Staate in ihrem ganzen Umfange zur Last fallenden Kosten, Anstände ergeben, so werden diese durch Festsetzung von Seiten der Bundesversammlung erledigt.

Art. XIII. Das in den vorstehenden Art: III.–XII. näher bezeichnete Schiedsgericht findet auch zur Schlichtung der in den freien Städten zwischen den Senaten und den verfassungsmäßigen bürgerlichen Behörden derselben sich etwa ergebenden Irrungen und Streitigkeiten analoge Anwendung.

Der 46.te Artikel der Wiener Congreßacte vom Jahre 1815, in Betreff der Verfassung der freien Stadt Frankfurt erhält jedoch hiedurch keine Abänderung.

Art. XIV. Da es den Mitgliedern des Bundes unbenommen bleibt, sich darüber einzuverstehen, daß die zwischen ihnen entstandenen Streitigkeiten auf dem Wege des, Art. IV gebildeten Schiedsgerichts ausgetragen werden, so wird die Bundesversammlung eintretenden Falls auf die hievon von den streitenden Bundesgliedern gleichzeitig gemachte Anzeige, nach Maßgabe der Art. V–XII. die Einleitung des schiedsrichterlichen Verfahrens veranlassen.

Art. XV. Stände können von ihren eigenen Beschlüssen oder von jenen einer frühern Ständeversammlung, wenn sie in verfassungsmäßiger Form erfolgt und von der Regierung genehmigt sind, ohne deren Zustimmung mit rechtlicher Wirksamkeit nicht abgehen. Dieß versteht sich auch von Beschlüssen, welche für einen ausdrücklich bestimmten Zeitraum gefaßt sind, während der Dauer desselben. Wo Landtagsabschiede üblich sind, werden die Regierungen in der bisherigen Form und Weise deren Abfassung keine Abänderung eintreten lassen, welche den landesherrlichen Rechten zum Nachtheil gereichen könnte.

Art. XVI. Verordnungen, welche von der Regierung, vermöge der Regierungsgewalt in verfassungsmäßiger Form erlassen worden sind, haben für die Unterthanen verbindliche Kraft und werden von ersterer mit Nachdruck gehandhabt werden.

Den etwa gegen solche Verordnungen gerichteten Competenz-Uebergriffen der Gerichte werden die betreffenden Regierungen auf jede mit den Gesetzen vereinbare Weise standhaft begegnen.

Ein Nichtanerkennen solcher Verordnungen durch die Stände, kann die Regierungen in Handhabung derselben nicht hemmen, so lange die ständische Beschwerde nicht auf verfassungsmäßigem Wege als begründet erkannt worden ist.

Ueberhaupt kann der Gang der Regierungen durch ständische Einsprüche, in welcher Form diese nur immer vorkommen mögen, nicht gestört werden, sondern dieselben haben ihre Erledigung stets im gesetzlichen Wege zu erwarten.

Die Regierungen werden in den Gesetzentwürfen, welche von ihrer Seite den Ständen vorgelegt werden, die eigentlich gesetzlichen Bestimmungen sorgfältig von einfachen Vollzugsbestimmungen trennen.

Art. XVII. Die Regierungen werden nicht gestatten, daß die Stände über die Gültigkeit der Bundesbeschlüsse berathen und beschließen.

Art. XVIII. Die Regierungen werden Ständeversammlungen, welche die zur Handhabung der Bundesbeschlüsse vom 28. Juny 1832 erforderlichen Leistungen verweigern, nach fruchtloser Anwendung aller gesetz- und verfassungsmäßigen Mittel /: und zwar nach Umständen mit Bezeichnung des Grundes :/ auflösen, und es soll ihnen in solchem Falle die Hülfe des Bundes nach Maßgabe der Art: 25–27. der Schlußacte zugesichert seyn.

Diese Bestimmungen gelten auch für den Fall einer gänzlichen Verweigerung der Steuern.

Art. XIX. Bedingungen, welche bei Bewilligung der zu Führung der Regierung erforderlichen Steuern nach Art. 2. des Bundesbeschlusses vom 28. Juny 1832. unzulässig sind, können auch unter der Benennung von *Voraussetzungen* oder unter irgend einer andern Form nicht geltend gemacht werden.

Art. XX. Das Recht der Steuerbewilligung ist nicht gleichbedeutend mit dem Rechte, das Staatsausgaben Budget zu regeln. Die Regierungen werden diesen Unterschied bei den Verhandlungen über das Budget genau im Auge behalten und die durch die einzelnen Landesverfassungen gezogenen Grenzen mit gehöriger Sorgfalt für die erforderlichen Dispositions- und Reservfonds strenge beobachten lassen.

Aus diesem Unterschiede folgt, daß Ständen das Recht, einzelne innerhalb des Betrages der im Allgemeinen bestimmten Etatssummen vorkommende Ausgabsposten festzusetzen oder zu streichen, nicht zusteht, in so fern ihre

Zustimmung dazu nicht ausdrücklich durch Verfassungen oder Gesetze vorbehalten ist.

Werden bereits erfolgte Ausgaben von den Ständen /: worunter in jenen Staaten, deren Stände in zwei Kammern getheilt sind, immer *beide* Kammern verstanden werden :/ nicht anerkannt oder gestrichen, so können letztere zwar eine Verwahrung für künftige Fälle einlegen, oder nach Umständen einen andern nach der Verfassung jedes Landes zulässigen Weg einschlagen; es können aber dergleichen als wirklich verausgabt nachgewiesene Summen nicht als effective Kassevorräthe von den Ständen in Anschlag gebracht werden.

Die Frage über die Rechtmäßigkeit einer erweislich erfolgten Ausgabe wird auf verfassungsmäßigem Wege entschieden, und wenn diese Entscheidung verneinend ausfällt, so steht nur der competenten landesherrlichen Behörde, und nicht den Ständen, der Ausspruch über die Ersatzverbindlichkeit zu.

Art. XXI. Damit die Berathung der Stände über das Budget in der nöthigen Frist um so gewisser beendet werden könne, werden die Regierungen die Stände zu rechter Zeit einberufen, und denselben das Budget in der Regel bei dem Beginn der Sitzungen vorlegen.

Sollte die Erledigung der Budgets-Frage nicht auf irgend einem gesetzlichen oder durch freies Uebereinkommen bestimmten Wege, vor Ablauf der gesetzlichen Steuerbewilligungs-Periode zu bewirken gewesen seyn, so wollen die betheiligten Regierungen die Entscheidung der streitig gewordenen Puncte durch ein nach den Bestimmungen des Art: III. zu bildendes Schiedsgericht so zeitig einleiten, daß die Entscheidung jedenfalls binnen sechs Monaten vom Ablauf der letzten Steuerbewilligungs-Periode an ertheilt werden kann.

Würden sich die Stände auch zu einer einstweiligen, den Fortgang des Staatshaushalts bis zur Entscheidung sichernden Steuerbewilligung nicht verstanden haben, oder sich einem schiedsrichterlichen Ausspruch gar nicht unterwerfen wollen, während die Regierung den oben erwähnten Bestimmungen nachgekommen ist, so steht letzterer das Recht zu, die zu Erfüllung der Bundespflicht und zu Führung einer der Landesverfassung entsprechenden, geordneten Verwaltung erforderlichen Steuern fortzuerheben, ohne jedoch, den Fall außerordentlicher Bundesleistungen oder anderer außerordentlicher und dringender Ereignisse ausgenommen, den Betrag der letzten Steuerbewilligung zu überschreiten, und der Bund wird nöthigenfalls die Bundeshülfe nach Art: 25 & 26. der Schlußacte und Art: 2. des Bundesbeschlusses vom 28. Juny 1832. eintreten lassen.

Art. XXII. Die verbündeten Souveraine werden sich bemühen zu bewirken, daß da, wo das Einkommen des Regenten nicht verfassungsmäßig auf andere Weise gesichert ist, die Civillisten auf Domanialgefälle gegründet und jedenfalls in der Art mit den Ständen fixirt werden, daß sie sowohl während der Lebenszeit jedes Regenten als bei einem neuen Regierungsantritt nicht ohne des Landesherrn Einwilligung vermindert, aber auch nicht ohne Zustimmung der Stände erhöht werden können.

Art. XXIII. Man wird den Grundsatz festhalten, daß Staatsbeamte zu ihrem Eintritte in ständische Kammern der Genehmigung des Landesherrn bedürfen.

Art. XXIV. Die Regierungen werden einer Beeidigung des Militairs auf die Verfassung nirgends und zu keiner Zeit Statt geben.

Art. XXV. Die Regierungen werden zur Bewirkung eines gleichförmigen und kräftigen Vollzuges des Art: V. des Bundesbeschlusses vom 28. Juny 1832. und der demselben vorausgegangenen Vorschriften der Schlußacte, in Betreff der Oeffentlichkeit landständischer Verhandlungen, in so weit nicht durch die bestehenden Geschäftsordnungen bereits genügend fürgesorgt ist, die nöthigen Anordnungen treffen, und zu diesem Ende ihre, den Ständesitzungen beiwohnenden Commissarien mit den geeigneten Instructionen versehen.

Art. XXVI. Man wird insbesondere darüber wachen, daß die Präsidenten der ständischen Kammern nicht verabsäumen, die Redner wegen Mißbrauchs des Wortes /: sey es zu Angriffen auf den Bund oder einzelne Bundesregierungen, sey es zur Verbreitung die rechtmäßige Staatsordnung untergrabender, oder ruhestörender Grundsätze und Lehren :/ zur Ordnung zu verweisen, und nöthigen Falls die weitern verfassungsmäßigen Einschreitungen veranlassen. Sollte eine Ständeversammlung in ihrer Mehrheit solche ahndungswürdige Ausfälle einzelner Mitglieder billigen, oder denselben nicht entgegentreten, so werden die Regierungen nach erfolgloser Anwendung anderer ihnen zu Gebote stehender Mittel, die Vertagung und selbst die Auflösung der Kammern, unter ausdrücklicher Anführung des Grundes, verfügen.

Art. XXVII. Jedesmal, wenn die Berathung in öffentlicher Sitzung über die Mittel zur Ausführung von Bundesbeschlüssen, in so weit ständische Mitwirkung dazu verfassungsmäßig nöthig ist, von nachtheiligem Einflusse auf die Bundesverhältnisse oder auf die auswärtige Politik des deutschen Bundes seyn könnte, werden die Regierungen auf geeignetem Wege dahin wirken, daß die öffentlichen Sitzungen in geheime verwandelt werden.

Art. XXVIII. Um die zur Erhaltung der Ruhe Deutschlands übernommene gegenseitige Verpflichtung einer wachsamen und strengen Aufsicht über die in den verbündeten Staaten erscheinenden Zeitungen, Zeit- und Flugschriften in gleichem Sinne vollständig zu erfüllen und die dem provisorischen Preßgesetze gemäß bestehende Censur auf die zweckmäßigste Weise gleichförmig zu handhaben, werden die Regierungen:

1.) das Censor-Amt nur Männern von erprobter Gesinnung und Fähigkeit übertragen und diesen eine dem ehrenvollen Vertrauen, welches dasselbe voraussetzt, entsprechende Stellung, sey es in selbstständiger Eigenschaft oder in Verbindung mit andern angesehenen Aemtern, sichern;

2.) den Censoren bestimmte Instructionen ertheilen;

3.) Censurlücken nirgends dulden;

4.) In denjenigen Bundesstaaten, in welchen nicht durch die Verfassung oder durch die Landesgesetze anderweit Fürsorge getroffen ist, wird, unbeschadet dessen, was im §. 6. des provisorischen Preßgesetzes vom Jahre 1819 verfügt ist, eine höhere Behörde mit den Functionen eines Ober-Censur-Collegii beauftragt werden, um als solches theils über die pflichtmäßige Erfüllung der Obliegenheiten der Censoren zu wachen, theils auch die Beschwerden der Schriftsteller über das Verfahren und die Aussprüche der Censoren zu erledigen.

Art. XXIX. Von den Nachtheilen einer übermäßigen Anzahl politischer Tagblätter überzeugt, werden die Regierungen auf eine allmälig herbeizuführende Verminderung solcher Blätter, so weit dieses ohne Kränkung erworbener Rechte thunlich ist, Bedacht nehmen.

Art. XXX. Kraft der ihnen zustehenden oberpolizeilichen Aufsicht werden die Regierungen die Herausgabe neuer politischer Tageblätter ohne die vorgängige Erwirkung einer dießfälligen Concession nicht gestatten. Es wird diese nur mit Rücksicht auf vorstehenden Artik: XXIX., nach gewonnener Ueberzeugung von der Befähigung des Redacteurs und nur mit der Klausel völlig uneingeschränkter Widerruflichkeit ertheilt werden.

Art. XXXI. Das in einem Bundesstaate einer Druckschrift von einem Censor ertheilte Imprimatur befreit diese Schrift nicht von den in andern Bundesländern bestehenden Aufsichtsmaßregeln.

Art. XXXII. Die Bestimmungen des Bundesbeschlusses vom 5. July 1832, betreffend die Zulassung der außerhalb des Bundesgebietes in deutscher Sprache erscheinenden Zeit- oder nicht über 20 Bogen betragenden Druckschriften politischen Inhalts, sollen fortwährend strenge vollzogen werden.

Rücksichtlich der in fremden Sprachen erscheinenden Zeitungen vereinigen sich die Regierungen zu der Bestimmung, daß abonnemens auf dieselben von den Postämtern nur nach einem von der Regierung genehmigten Verzeichnisse solcher Blätter angenommen werden dürfen. Die auf diese Weise nicht zugelassenen Zeitungen dürfen zwar von Einzelnen verschrieben, aber nicht öffentlich ausgelegt werden.

Art. XXXIII. Es wird auf geeignetem Wege dafür Sorge getragen werden, daß beim Drucke der ständischen Protocolle, wo solcher Statt findet, alle jene Aeußerungen hinweggelassen werden, welche, nach Bestimmung des Art: XXVI. eine Verweisung zur Ordnung veranlaßt haben. Wenn die ständischen Protocolle in Zeitungen oder sonstigen periodischen Schriften abgedruckt werden, so unterliegt dieser Abdruck allen für die Redaction, Censur und Beaufsichtigung dieser letztern bestehenden Vorschriften. Gleiches gilt von der auszugsweisen Bekanntmachung ständischer Verhandlungen in periodischen Blättern.

Art. XXXIV. Die beaufsichtigenden Behörden und die Censoren der Zeitblätter werden angewiesen werden, auch in Betreff der Aufnahme der factischen Umstände anderer deutschen Ständeverhandlungen mit gleicher Umsicht und nach denselben Regeln wie bei jenen des eigenen Staates zu verfahren.

Art. XXXV. Da, wo Oeffentlichkeit gerichtlicher Verhandlungen in Strafsachen besteht, wollen die Regierungen der Bekanntmachung dieser letztern durch den Druck nur unter Beobachtung solcher mit den Gesetzen vereinbaren Vorsichtsmaßregeln Statt geben, durch welche eine nachtheilige Einwirkung auf öffentliche Ruhe und Ordnung verhütet werden kann.

Art. XXXVI. Die Regierungen vereinbaren sich dahin, daß der Nachdruck im Umfange des ganzen Bundesgebietes zu verbieten und das schriftstellerische Eigenthum nach gleichförmigen Grundsätzen festzustellen und zu schützen sey.

Art. XXXVII. Es soll am Bundestage eine Commission ernannt werden, um in Erwägung zu ziehen, in wie fern über die Organisation des deutschen Buchhandels ein Uebereinkommen sämmtlicher Bundesglieder zu treffen sey.

Zu diesem Ende werden die Regierungen geachtete Buchhändler ihrer Staaten über diesen Gegenstand vernehmen, und die Ergebnisse dieser Begutachtung an die Bundestags-Commission gelangen lassen.

Art. XXXVIII. Damit die nach Bundesbeschluß vom 20. September 1819 für die Universitäten bestellten landesherrlichen Bevollmächtigten ihre Obliegenheiten mit gesicherterem Erfolge ausüben können, werden sich die Regierungen die denselben ertheilten Instructionen nach vorgenommener Revision gegenseitig durch den Weg der Bundesversammlung mittheilen, und solche zur Erzielung möglichster Gleichförmigkeit in ihren Anordnungen auf den verschiedenen Universitäten benützen.

Art. XXXIX. Privatdocenten werden auf den Universitäten nur zugelassen, wenn sie mindestens die für Candidaten des öffentlichen Dienstes in dem erwählten Fache vorgeschriebene Prüfung, und diese mit Auszeichnung bestanden haben; die Regierungen werden übrigens, so fern die bestehenden Einrichtungen es zulassen, darauf Bedacht nehmen, daß diejenigen, welche in Wissenschaften, deren Studium zur Vorbereitung auf den Staatsdienst gehört, Unterricht ertheilen wollen, sich vorher auf dem, für den wirklichen Dienst vorgezeichneten Vorbereitungswege mit den Geschäften bekannt machen.

Die venia legendi wird nur mit Genehmigung der – der Universität vorgesetzten – Behörde und stets widerruflich ertheilt werden.

Kein Studierender wird an derselben Universität, auf welcher er studiert hat, vor Ablauf von zwei Jahren nach seinem Abgange von dort als Privatdocent zugelassen werden.

Art. XXXX. Kein academischer Lehrer soll, ohne Genehmigung der vorgesetzten Behörde, Vorlesungen über Wissenschaften halten, die einer andern Facultät als der seinigen angehören.

Es wird da, wo es noch nicht geschehen ist, die Einrichtung getroffen werden, daß die Honorare für die Vorlesungen von den Studierenden nicht unmittelbar an die Professoren bezahlt, sondern durch einen von der Universitätsbehörde ernannten Einnehmer erhoben, und von diesem den Lehrern ausgehändigt werden.

Art. XXXXI. Die Regierungen werden sich vereinigen, die Ferien an den Universitäten dem Anfangs- und Endtermine nach, möglichst übereinstimmend zu ordnen.

Den Studierenden soll übrigens außer den Ferien in der Regel keine Erlaubniß zu Reisen ertheilt werden, und ausnahmsweise nur dann, wenn die Eltern oder deren Stellvertreter, sowohl der Zeit als den bestimmt anzugebenden Gegenden nach, die Reise genehmigen, oder der Nachsuchende dringende Motive zu einer Reise glaubwürdig darthun kann.

Es soll Studierenden, welche an geheimen Verbindungen Theil genommen, oder sich einer tadelhaften Aufführung schuldig gemacht haben, auch während der Ferien nur die Reise nach ihrer Heimath gestattet, und die Reiseroute wo möglich nicht über eine Universitäts-Stadt gerichtet werden.

Art. XXXXII.[3] Die Regierungen werden auf ihren Universitäten für die Immatriculation eine eigene Commission niedersetzen, welcher der außerordentliche Regierungsbevollmächtigte oder ein von der Regierung dazu ernannter Stellvertreter desselben beiwohnen wird.

Alle Studierenden sind verbunden, sich bei dieser Commission innerhalb zwei Tagen nach ihrer Ankunft zur Immatriculation zu melden. Acht Tage nach dem vorschriftsmäßigen Beginnen der Vorlesungen darf, ohne Genehmigung der, von den Regierungen hiezu bestimmten Behörde, keine Immatriculation mehr Statt finden. Diese Genehmigung wird insbesondere alsdann erfolgen, wenn ein Studierender die Verzögerung seiner Anmeldung durch Nachweisung gültiger Verhinderungsgründe zu entschuldigen vermag.

Auch die auf einer Universität bereits immatriculirten Studierenden müssen sich beim Anfange eines jeden Semesters in den zur Immatriculation angesetzten Stunden bei der Commission melden, und sich über den inzwischen gemachten Aufenthalt ausweisen.

[3] Am 13. November wurden die Artikel XXXXII–LVI auch als Bundesbeschluß verabschiedet; vgl. PDB, 39. Sitzung vom 17. November 1834, § 546, S. 982–988.

Art. XXXXIII. Ein Studierender, welcher um die Immatriculation nachsucht, muß der Commission vorlegen:

1.) wenn er das academische Studium beginnt, ein Zeugniß seiner wissenschaftlichen Vorbereitung zu demselben, und seines sittlichen Betragens, wie solches durch die Gesetze des Landes, dem er angehört, vorgeschrieben ist.

Wo noch keine Verordnungen hierüber bestehen, werden sie erlassen werden.

Die Regierungen werden einander von ihren über diese Zeugnisse erlassenen Gesetzen, durch deren Mittheilung an die Bundesversammlung in Kenntniß setzen.

2.) wenn der Studierende sich von einer Universität auf eine andere begeben hat, auch von jeder früher besuchten ein Zeugniß des Fleißes und sittlichen Betragens.

3.) wenn er die academischen Studien eine Zeit lang unterbrochen hat, ein Zeugniß über sein Betragen von der Obrigkeit des Orts, wo er sich im letzten Jahre längere Zeit aufgehalten hat, in welchem zugleich zu bemerken ist, daß von ihm eine öffentliche Lehranstalt nicht besucht sey.

Pässe und Privatzeugnisse genügen nicht. Doch kann bei solchen, welche aus Orten außer Deutschland kommen, hierinn einige Nachsicht Statt finden.

4.) jedenfalls bei solchen Studierenden, die einer väterlichen oder vormundschaftlichen Gewalt noch unterworfen sind, ein obrigkeitlich beglaubigtes Zeugniß der Eltern oder derer, welche ihre Stelle vertreten, *daß* der Studierende von ihnen auf *die* Universität, wo er aufgenommen zu werden verlangt, gesandt sey.

Diese Zeugnisse sind von der Immatriculations-Commission nebst dem Passe des Studierenden, bis zu seinem Abgange aufzubewahren.

Ist Alles gehörig beobachtet, so erhält der Studierende die gewöhnliche Matrikel, die Regierungen der Bundesstaaten werden aber Verfügung treffen, daß diese in keinem derselben statt eines Passes angenommen werden kann.

Art. XXXXIV. In den Zeugnissen über das Betragen sind die etwa erkannten Strafen nebst der Ursache derselben anzuführen, und zwar in *allen* Fällen, wo irgend eine Strafe wegen verbotener Verbindung erkannt ist. Die Anführung der Bestrafung wegen anderer nicht erheblicher Contraventionen kann nach dem Ermessen der Behörde entweder ganz unterbleiben, oder nur im Allgemeinen angedeutet werden. In allen Zeugnissen ist /: wo möglich mit Angabe der Gründe :/ zu bemerken, ob der Inhaber der Theilnahme an verbotenen Verbindungen verdächtig geworden sey oder nicht.

Jeder ist verpflichtet um diese Zeugnisse so zeitig nachzusuchen, daß er sie bei der Immatriculation vorzeigen kann, und die Behörden sind gehalten, solche ohne Aufenthalt auszufertigen, falls nicht Gründe der Verweigerung vorliegen, welche auf Verlangen des Studierenden bescheinigt werden müssen. Gegen die Verweigerung kann derselbe den Recurs an die Oberbehörde nehmen.

Kann ein Studierender bei dem Gesuche um Immatriculation die erforderlichen Zeugnisse nicht vorlegen, verspricht er jedoch deren Nachlieferung, so kann er, nach dem Ermessen der Immatriculations-Commission vorerst ohne Immatriculation, auf die academischen Gesetze verpflichtet und zum Besuch der Collegien zugelassen werden. Von Seiten der Universität soll aber sofort an die Behörde, welche die Zeugnisse auszustellen oder zu beglaubigen hat, um Nachricht geschrieben werden, welche von derselben ohne Aufenthalt zu ertheilen ist.

Art. XXXXV. Die Immatriculation ist zu verweigern:

1.) Wenn ein Studierender sich zu spät dazu meldet, und sich deshalb nicht genügend entschuldigen kann [...]

2.) Wenn er die erforderlichen Zeugnisse nicht vorlegen kann. Erfolgt auf die Erkundigung von Seiten der Universität längstens binnen 4 Wochen vom Abgangstage des Schreibens an gerechnet, keine Antwort, oder wird die Ertheilung eines Zeugnisses, aus welchem Grunde es auch sey, verweigert [...] so muß der Angekommene in der Regel sofort die Universität verlassen, wenn sich die Regierung nicht aus besonders rücksichtswürdigen Gründen bewogen findet, ihm den Besuch der Collegien unter der im vorstehenden Art: enthaltenen Beschränkung noch auf eine bestimmte Zeit zu gestatten. Auch bleibt ihm unbenommen, wenn er später mit den erforderlichen Zeugnissen versehen ist, sich wieder zu melden.

3.) Wenn der Ankommende von einer andern Universität mittelst des consilii abeundi weggewiesen ist. Ein solcher kann von einer Universität nur dann wieder aufgenommen werden, wenn die Regierung dieser Universität nach vorgängiger nothwendiger, mittelst des Regierungsbevollmächtigten zu pflegender Rücksprache mit der Regierung der Universität, welche die Wegweisung verfügt hat, es gestattet. Zu der Aufnahme eines *Relegirten* ist nebstdem die Einwilligung der Regierung des Landes, dem er angehört, erforderlich.

4.) Wenn sich gegen den Ankommenden ein dringender Verdacht ergibt, daß er einer verbotenen Verbindung angehört, und er sich von demselben auf eine befriedigende Weise nicht zu reinigen vermag.

Die Regierungs-Commissaire werden darüber wachen, daß die Universitäten jede Wegweisung eines Studierenden von der Universität, nebst der genau zu bezeichnenden Ursache und einem Signalement des Weggewiesenen, sich gegenseitig mittheilen, zugleich aber auch die Eltern des Weggewiesenen oder deren Stellvertreter davon benachrichtigen.

Art. XXXXVI. Jedem Studierenden werden vor der Immatriculation die Vorschriften der §.§. 3 und 4. des Bundesbeschlusses vom 20. September

1819. über die, in Ansehung der Universitäten zu ergreifenden Maßregeln, so wie die Bestimmungen der hier folgenden §.§. in einem wörtlichen Abdrucke eingehändigt, welcher sich mit folgendem Revers schließt:

Ich Endesunterzeichneter verspreche mittelst meiner Namensunterschrift auf Ehre und Gewissen:

1.) daß ich an keiner verbotenen oder unerlaubten Verbindung der Studierenden, insbesondere an keiner burschenschaftlichen Verbindung, welchen Namen dieselbe auch führen mag, Theil nehmen, mich an dergleichen Verbindungen in keiner Beziehung näher oder entfernter anschließen, noch solche auf irgend eine Art befördern werde.

2.) daß ich, weder zu dem Zwecke gemeinschaftlicher Berathschlagungen über die bestehenden Gesetze und Einrichtungen des Landes, noch zu jenem der wirklichen Auflehnung gegen obrigkeitliche Maßregeln mit andern mich vereinigen werde.

Insbesondere erkläre ich mich für verpflichtet, den Forderungen, welche die diesem Reverse vorgedruckten Bestimmungen enthalten, stets nachzukommen, widrigenfalls aber mich allen gegen deren Uebertreter daselbst ausgesprochenen Strafen und nachtheiligen Folgen unweigerlich zu unterwerfen.

Erst nachdem dieser Revers unterschrieben worden ist, findet die Immatriculation Statt. Wer diese Unterschrift verweigert, ist sofort und ohne alle Nachsicht von der Universität zu verweisen.

Art. XXXXVII. Vereinigungen der Studierenden zu wissenschaftlichen oder geselligen Zwecken sind unter den von den Regierungen festzusetzenden Bedingungen erlaubt. Alle andern Verbindungen der Studierenden, sowohl unter sich, als mit sonstigen geheimen Gesellschaften, sind als verboten zu betrachten.

Art. XXXXVIII. Die Theilnahme an verbotenen Verbindungen soll, unbeschadet der in einzelnen Staaten bestehenden strengeren Bestimmungen, nach folgenden Abstufungen bestraft werden:

1.) die Stifter einer verbotenen Verbindung und alle diejenigen, welche Andere zum Beitritte verleitet oder zu verleiten gesucht haben, sollen niemals mit bloßer Carcerstrafe, sondern jedenfalls mit dem consilio abeundi, oder, nach Befinden, mit der Relegation, die den Umständen nach zu schärfen ist, belegt werden.

2.) Die übrigen Mitglieder solcher Verbindungen sollen mit strenger Carcerstrafe, bei wiederholter oder fortgesetzter Theilnahme aber, wenn schon eine Strafe wegen verbotener Verbindungen vorangegangen ist, oder andere Verschärfungsgründe vorliegen, mit der Unterschrift des consilii abeundi oder dem consilio abeundi selbst, oder bei besonders erschwerenden Umständen, mit der Relegation, die dem Befinden nach zu schärfen ist, belegt werden.

3.) Insofern aber eine Verbindung mit Studierenden anderer Universitäten zur Beförderung verbotener Verbindungen, Briefe wechselt, oder durch Deputirte communicirt, so sollen alle diejenigen Mitglieder, welche an dieser Correspondenz einen thätigen Antheil genommen haben, mit der Relegation bestraft werden.

4.) Auch diejenigen, welche, ohne Mitglieder der Gesellschaft zu seyn, dennoch für die Verbindung thätig gewesen sind, sollen, nach Befinden der Umstände, nach obigen Strafabstufungen, bestraft werden.

5.) Wer wegen verbotener Verbindungen bestraft wird, verliert nach Umständen zugleich die academischen Beneficien, die ihm aus öffentlichen Fondskassen, oder von Städten, Stiftern, aus Kirchenregistern p. p. verliehen seyn möchten, oder deren Genuß aus irgend einem andern Grunde an die Zustimmung der Staatsbehörden gebunden ist. Desgleichen verliert er die seither etwa genossene Befreiung bei Bezahlung der Honorarien für Vorlesungen.

6.) Wer wegen verbotener Verbindungen mit dem consilio abeundi belegt ist, dem kann die zur Wiederaufnahme auf eine Universität erforderliche Erlaubniß [...] vor Ablauf von sechs Monaten, und dem, der mit der Relegation bestraft worden ist, vor Ablauf von einem Jahre nicht ertheilt werden.

Sollte die eine oder andere Strafe theils wegen verbotener Verbindungen, theils wegen anderer Vergehen erkannt werden, und das in Betreff verbotener Verbindungen zur Last fallende Verschulden nicht so groß gewesen seyn, daß deshalb allein auf Wegweisung erkannt worden seyn würde; so sind die oben bezeichneten Zeiträume auf die Hälfte beschränkt.

7.) Bei allen in den academischen Gesetzen des betreffenden Staates erwähnten Vergehungen der Studierenden ist, bei dem Daseyn von Indicien, nachzuforschen, ob dazu eine verbotene Verbindung näheren oder entfernteren Anlaß gegeben habe. Wenn dieß der Fall ist, so soll es, als erschwerender Umstand angesehen werden.

8.) Dem Gesuche um Aufhebung der Strafe der Wegweisung von einer Universität in den Fällen und nach Ablauf der festgesetzten Zeit, wo Begnadigung Statt finden kann [...] wollen die Regierungen niemals willfahren, wenn der Nachsuchende nicht glaubhaft darthut, daß er die Zeit der Verweisung von der Universität nützlich verwendet, sich eines untadelhaften Lebenswandels beflissen hat, und keine glaubhaften Anzeigen, daß er an verbotenen Verbindungen Antheil genommen, vorliegen.

Art. XXXXIX. Die Mitglieder einer burschenschaftlichen oder einer auf politische Zwecke unter irgend einem Namen gerichteten unerlaubten Verbindung trifft, /: vorbehaltlich der etwa zu verhängenden Criminalstrafen :/ geschärfte Relegation; außerdem sollen dieselben so wenig zum Civildienste als zu einem kirchlichen oder Schulamte, zu einer academischen Würde, zur Advocatur, zur ärztlichen oder chirurgischen Praxis innerhalb der Staaten des deutschen Bundes zugelassen werden.

Würde sich eine Regierung durch besonders erhebliche Gründe bewogen finden, eine gegen einen ihrer Unterthanen wegen Verbindungen der bezeichneten Art erkannte Strafe im Gnadenwege zu mildern oder nachzulassen, so wird dieses nie ohne sorgfältige Erwägung aller Umstände, ohne Ueberzeugung von dem Austritte des Verirrten aus jeder gesetzwidrigen Verbindung und ohne Anordnung der erforderlichen Aufsicht geschehen.

Art. L. Die Regierungen werden das Erforderliche verfügen, damit in Fällen, wo politische Verbindungen der Studierenden auf Universitäten vorkommen, sämmtliche übrige Universitäten alsbald hievon benachrichtiget werden.

Art. LI. Bei allen mit academischen Strafen zu belegenden Gesetzwidrigkeiten, bleibt die criminelle Bestrafung nach Beschaffenheit der verübten gesetzwidrigen That, und insbesondere auch dann vorbehalten, wenn die Zwekke einer Verbindung der Studierenden oder die in Folge derselben begangenen Handlungen die Anwendung härterer Strafgesetze nothwendig machen.

Art. LII. Wer gegen eine Universität, ein Institut, eine Behörde, oder einen academischen Lehrer eine sogenannte Verrufserklärung direct oder indirect unternimmt, soll von allen deutschen Universitäten ausgeschlossen seyn, und es soll diese Ausschließung öffentlich bekanntgemacht werden. Diejenigen, welche die Ausführung solcher Verrufserklärung vorsetzlich befördern, werden, nach den Umständen, mit dem consilio abeundi, oder mit der Relegation bestraft werden, und es wird in Ansehung ihrer Aufnahme auf einer andern Universität dasjenige Statt finden, was oben Art. XXXVIII. §. 6. bestimmt ist.

Gleiche Strafe, wie Beförderer vorgedachter Verrufserklärungen wird diejenigen Studierenden treffen, welche sich Verrufserklärungen gegen Privatpersonen erlauben, oder daran Theil nehmen.

Der Landesgesetzgebung bleibt die Bestimmung überlassen, in wie weit Verrufserklärungen außerdem als Injurien zu behandeln seyen.

Art. LIII. Jeder, der auf einer Universität studiert hat, und in den Staatsdienst treten will, ist verpflichtet, bei dem Abgange von der Universität sich mit einem Zeugnisse über die Vorlesungen, die er besucht hat, über seinen Fleiß und seine Aufführung zu versehen. Ohne die Vorlage dieser Zeugnisse wird keiner in einem deutschen Bundesstaate zu einem Examen zugelassen, und also auch nicht im Staatsdienste angestellt werden. Die Regierungen werden solche Verfügungen treffen, daß die auszustellenden Zeugnisse ein möglichst genaues und bestimmtes Urtheil geben. Vorzüglich haben diese Zeugnisse sich auch auf die Frage der Theilnahme an verbotenen Verbindungen zu erstrekken. Die außerordentlichen Regierungsbevollmächtigten werden angewiesen werden, über den gewissenhaften Vollzug dieser Anordnung zu wachen.

Art. LIV. Die academischen Gremien, als solche, werden der von ihnen bisher ausgeübten Strafgerichtsbarkeit in Criminal- und allgemeinen Polizeisachen über die Studierenden allenthalben enthoben. Die Bezeichnung und Zusammensetzung derjenigen Behörden, welchen diese Gerichtsbarkeit übertragen werden soll, bleibt den einzelnen Landesregierungen überlassen. Vorstehende Bestimmung bezieht sich jedoch eben so wenig auf einfache, die Studierenden ausschließlich betreffende Disciplinar-Gegenstände, namentlich die Aufsicht auf Studien, Sitten und Beobachtung der academischen Statuten, als auf Erkennung eigentlich academischer Strafen.

Art. LV. Die Bestimmungen der Artikel XXVIII. bis XXXIV, dann XXXIX bis LIII. sollen auf 6 Jahre als eine verbindliche Verabredung bestehen, vorbehaltlich einer weitern Uebereinkunft, wenn sie nach den inzwischen gesammelten Erfahrungen für angemessen erachtet werden.

Art. LVI. Die Artikel XXXIX–LIII. sollen auch auf andere öffentliche sowohl, als Privat-Lehr- und Erziehungsanstalten, so weit es ihrer Natur nach thunlich ist, angewendet werden. Die Regierungen werden auch bei diesen die zweckmäßigste Fürsorge eintreten lassen, daß dem Verbindungswesen, namentlich soweit dasselbe eine politische Tendenz hat, kräftigst vorgebeugt und sonach die Vorschriften des §. 2. des Bundesbeschlusses vom 20. Septbr. 1819. insbesondere auf die Privatinstitute ausgedehnt werden.

Art. LVII. Da sich ergeben hat, daß die im Art: 12. der Bundesacte enthaltene Bestimmung wegen Verschickung der Acten auf eine deutsche Universität oder an einen Schöppenstuhl zur Abfassung des Endurtheils, zum Theil auch auf Polizei- und Criminal-Erkenntnisse ausgedehnt worden ist; eine solche Auslegung aber nicht in dem Sinne jenes Artikels liegt; so vereinigen sich die Regierungen zu der Erklärung, daß der gedachte Art: 12. der Bundesacte nur auf Civilstreitigkeiten Anwendung zu finden habe.

Art. LVIII. Da die in den vorstehenden Artikeln enthaltenen Bestimmungen, insbesondere jene, welche die ständischen Verhältnisse betreffen, und eine weitere Entwicklung der in den Art: 54–61. der W. Schlußacte festgestellten Grundsätze bezwecken, nach Maßgabe des Art: 62 derselben auch auf die freien Städte /: auf die freie Stadt Frankfurt mit besonderer Rücksicht auf die Wiener-Congreßacte von 1815 :/ Anwendung finden, und deren verfassungsmäßigen Obrigkeiten daher jederzeit die Mittel zu Gebote stehen müssen, um den bestehenden Rechtszustand, die öffentliche Ruhe und gesetzliche Ordnung aufrecht zu erhalten, so wie namentlich allen aus dem Bundesverhältnisse hervorgehenden Obliegenheiten Beachtung und Ausführung zu verschaffen, so werden auch die Senate der freien Städte alle ihnen durch die verschiedenen Verfassungen derselben dargebotenen Mittel zu einer consequenten Festhaltung jener analogen Anwendung geltend machen.

Art. LIX. Die vertragsmäßige Verbindlichkeit zur Erfüllung der durch vorstehende Artikel eingegangenen Verpflichtungen kann durch Hindernisse, welche dem alsbaldigen Vollzuge der gemeinsamen Verabredungen in einzelnen Fällen durch bestehende Verfassungen oder bereits geltende gesetzliche Vorschriften im Wege stehen, nicht beeinträchtiget werden; es wird vielmehr auf Beseitigung dieser Hindernisse von den betreffenden Regierungen im gesetzlichen Wege hingewirkt werden.

Art. LX. Die Regierungen werden sich gegenseitig an vorstehende Artikel, als das Resultat einer Vereinbarung zwischen den Bundesgliedern, eben so für gebunden erachten, als wenn dieselben zu förmlichen Bundesbeschlüssen erhoben worden wären.

Die Artikel III bis XIV. werden sofort mittelst Präsidial Vortrags an den Bundestag gebracht, und dort in Folge gleichlautender Erklärungen der Bundesregierungen zu Bundesbeschlüssen erhoben werden. Hinsichtlich der übrigen im gegenwärtigen, in das geheime Bundes-Präsidial-Archiv niederzulegenden Schlußprotokolle enthaltenen, derzeit zur Verlautbarung nicht bestimmten Artikel werden die Regierungen ihren Gesandtschaften am Bundestage, unter Aufbietung strenger Geheimhaltung, sowohl zur Bezeichnung der allgemeinen Richtung als zur Anwendung auf vorkommende specielle Fälle die geeigneten, mit den durch Gegenwärtiges übernommenen Verpflichtungen übereinstimmenden Instruktionen ertheilen.

Zur Urkunde dessen haben sämmtliche hier versammelte Bevollmächtigte den gegenwärtigen Act am heutigen Tage unterzeichnet und mit ihren Wappen untersiegelt.

So geschehen zu Wien, den zwölften Juny im Jahre Ein Tausend Achthundert vier und dreißig.[4]

60. Note des französischen bevollmächtigten Ministers Baron Alleye de Cyprey an den Bundestag wegen der Besetzung Frankfurts am Main mit Bundestruppen

Verwahrung gegen die Besetzung der Stadt Frankfurt mit Bundestruppen; Betonung der Unabhängigkeit der Stadt, die von den Unterzeichnern der Wiener Kongreßakte garantiert und zu schützen ist; Besetzung der Stadt ist keine rein innenpolitische Angelegenheit.

PDB, 26. Sitzung, 3. Juli 1834, § 328, S. 669–670.

30. Juni 1834

Präsidium verliest eine ihm zugekommene Note des Königlich-Französischen bevollmächtigten Ministers, Herrn Baron Alleye de Cyprey, vom 30. Junius d. J., nachstehenden Inhalts:

[4] Die Urkunde war unterzeichnet von Fürst v. Metternich, Gf. Münch Bellinghausen, (Ancillon), Alvensleben, Mieg, Minkwitz, Ompteda [für Braunschweig und Nassau], Fr. Fr. Fritsch, Fr. von Plessen, von Berg, von Strauch, Smidt, Graf v. Beroldingen, Freih. v. Reitzenstein, Tettenborn, F. Trott zu Solz, Freih. v. Gruben, Reventlow Criminil, Verstolk van Soelen.

„Le Soussigné, Ministre plénipotentiaire de Sa Majesté le Roi des Français auprès de la Sérénissime Confédération Germanique, a transmis à son Gouvernement la note verbale que Monsieur le Président de la Diète lui a fait l'honneur de lui adresser le 12 Juin. Il vient de recevoir l'ordre d'y faire la réponse suivante.

Le Gouvernement Français en s'élevant contre des exigences qu'il jugeait contraires à l'indépendance de la ville de Francfort, s'est appuyé sur l'article du traité de Vienne qui a consacré cette indépendance, qui, par conséquent, a donné à toutes les Puissances signataires de cet acte le droit de la protèger[!], soit dans l'intérêt de la Ville soit même dans leur propre intérêt.

Pour repousser des représentations établies sur une pareille base, la Diète aurait dû prouver ou que les mesures en question ne menaçaient pas l'indépendance francfortoise ou que l'article de l'acte de Vienne n'a pas le sens que lui attribue le Gouvernement Français.

Cependant, sans effectuer, sans même essayer aucune de ces démonstrations, la Diète pour justifier son refus d'entrer en explication se borne à alléguer en termes généraux le droit qu'a tout Etat indépendant de régler sans controle ses affaires intérieures et à déclarer que de son coté la Confédération Germanique ne s'ingérera jamais dans les mesures que des Puissances étrangères pourront prendre pour étouffer l'anarchie dans l'étendue de leurs Etats.

Outre que ce raisonnement ne répond que d'une manière indirecte à celui qu'il semble destiné à réfuter, outre qu'il n'oppose à une stipulation précise et spéciale qu'un principe général susceptible par conséquent de modifications et d'exceptions, une discussion tant soit peu approfondie prouverait aisément que ce principe est ici sans application; que si la Confédération Germanique constitue une Puissance collective, elle n'est pas un Etat, mais une fédération d'Etats, fédération constituée par l'acte de Vienne et soumise par conséquent aux conditions prescrites par cet acte; qu'on ne saurait sous aucun rapport la comparer à des Gouvernemens existant par eux mêmes et indépendamment de toute stipulation; que cette impossibilité ressort même des termes de la proposition actuelle, puisque évidemment un état ne peut attenter à sa propre indépendance, tandis qu'il peut très bien arriver qu'une Confédération soit entrainée à violer l'indépendance de quelques uns de ses membres.

Le Gouvernement Français ne poussera pas plus loin cette discussion Il lui suffit d'avoir prouvé qu'il n'a pas dépassé la limite de ses droits ni méconnu le véritable sens des traités, lorsqu'il s'est décidé à intervenir dans une contestation dont les résultats semblaient devoir être bien plus regrettables encore qu'ils ne l'ont été en réalité.

Les formes mesurées et l'extrême réserve qui ont caractérisé cette intervention mettent d'ailleurs le Gouvernement Français hors d'etat de comprendre ce qu'a voulu dire Monsieur le Président de la Diète en déclarant qu'il lui aurait été impossible d'entrer dans aucune explication, *lors même que la demande lui en eût été adressée dans les expressions les plus amicales*: Il est plus que probable qu'en rédigeant cette phrase Monsieur le Président n'avait pas sous les yeux le texte de la note que le Soussigné lui a remise le 24 Mai.

En priant Son Excellence Monsieur le Ministre plénipotentiaire de Prusse, présidant par substitution la haute Diète Germanique, de porter la présente note à la connaissance de cette Assemblée, le Soussigné saisit cette occasion pour lui offrir les assurances réitérées de sa considération très-distinguée."

Nach dem *Antrage des Präsidiums* wurde hierauf

beschlossen:

die Note des Königlich-Französischen bevollmächtigten Ministers, Herrn Baron Alleye de Cyprey, zur Kenntniß der höchsten und hohen Regierungen zu bringen und sich baldigste Instructionen darüber zu erbitten.

61. Note des britischen bevollmächtigten Ministers am Bundestag Cartwright bezüglich Frankfurt am Main

Deutliche Verwahrung gegen die Besetzung Frankfurts mit Truppen; Wiener Kongreßakte hat souveräne deutsche Staaten verbunden, deren Unabhängigkeit durch die Unterzeichnerstaaten garantiert ist; gerade kleine Staaten des Bundes sind dadurch geschützt.

PDB, 29. Sitzung, 24. Juli 1834, § 368, S. 747–749.

18. Juli 1834

Präsidium übergibt eine ihm zugekommene Note des Königlich-Großbritannischen bevollmächtigten Ministers, Herrn Cartwright, vom 18. Juli d. J., die Verhältnisse der freien Stadt Frankfurt betreffend, welche in der, der Englischen Urschrift beigefügten, Französischen Uebersetzung folgendermaßen lautet:

„Le Soussigné, Ministre plénipotentiaire de Sa Majesté Britannique auprès de la Sérénissime Confédération Germanique, a transmis à Son Gouvernement la note verbale datée du 12 Juin, qui lui avait été remise par Son Excellence Mr. de Nagler, présidant par substitution la haute Diète, rélativement à l'occupation militaire de la Ville de Francfort.

Il vient de recevoir l'ordre d'y faire la réponse suivante:

Le Gouvernement de Sa Majesté Britannique voit avec peine d'après une phrase dans la dite note, que la communication que le Soussigné avait été chargé de faire à la haute Diète sur l'affaire en question, a été regardée comme n'étant pas rédigée dans des termes assez amicaux.

Il était loin de l'intention du Gouvernement de Sa Majesté de donner aux expressions de cette communication un caractère non-amical; et il est d'avis, en ce qui concerne la substance même de cette communication, que les obligations imposées par l'amitié ne s'opposent nullement à ce que les Parties contractantes dans un traité ne se fassent à tems des remontrances quand il y a lieu de craindre qu'on ne s'écarte de ses stipulations.

La note verbale du 12 Juin réclâme pour la Confédération le droit de règler ses affaires intérieures sans aucune intervention étrangère, et soutient que la Confédération a été établie expressément pour le maintien de l'indépendance de chacun des Etats allemands qui la composent.

Le Gouvernement de Sa Majesté n'a à faire aucune objection contre l'une ou l'autre de ces propositions. La Grande-Bretagne n'a aucun désir de se mêler des affaires pûrement intérieures de la Confédération, et loin de nier que le maintien de l'indépendance de chacun des Etats confédérés soit un des buts principaux et reconnus pour lesquels la Confédération a été fondée c'est precisément sur ce fait que le Gouvernement de Sa Majesté Britannique base son droit de remontrance.

La Grande-Bretagne ayant été une Partie contractante au traité de Vienne, a le droit de s'opposer à toute infraction aux stipulations de ce traité.

La Confédération Germanique a été créée par le traité de Vienne; et quant à ses rélations avec d'autres Etats, les droits de la Confédération, ses pouvoirs, et ses obligations doivent être recherchés dans les stipulations de ce traité, et dans ces stipulations seules.

Les Etats confédérés sont indubitablement libres de prendre, entre eux, toutes les dispositions qu'ils jugeront à propos par rapport à leurs affaires pûrement intérieures, et aucune autre Puissance n'a le droit de se mêler de ces dispositions, tant qu'elles ne sont pas contraires aux stipulations du traité en vertu duquel la Confédération Elle-même a obtenue une existence reconnue en Europe. Mais „le maintien de *l'indépendance et de l'inviolabilité* de chacun des Etats confédérés", a été solennellement établi dans le traité de Vienne, comme étant un des principaux buts pour lesquels la Confédération a été créée; et la Diète ne peut jamais croire que les Puissances de l'Europe Parties contractantes dans ce traité, qui pour des principes généraux, ou pour des intérêts particuliers, trouvent qu'il est important que l'indépendance nationale soit respectée, même quand il s'agit du plus petit Etat; la Diète ne peut assurément croire que ces Puissances puissent jamais admettre, que sous prétexte de règler des affaires intérieures, la majorité des Etats qui composent la Confédération soit en droit d'anéantir l'indépendance et de détruire l'inviolabilité de leurs Associés, – et de convertir ainsi cette Confédération qui fut créée pour la protection des faibles, en un instrument d'oppression dans les mains des puissants.

Le Gouvernement de Sa Majesté Britannique désire fonder sa protestation à cette occasion sur des principes généraux et sur des faits notoires. Il s'appuie sur le traité de Vienne, et il ne peut admettre qu'aucun acte postérieur de la Diète, non-sanctionné par les Puissances qui ont contracté ce traité, puisse en abroger les stipulations ou en invalider les principes. Mais il serait facile de prouver par plusieurs actes et par plusieurs résolutions de la Diète qui à différentes réprises ont été portés à la connaissance du public, entre autres par les articles 25, 26 et 32 de l'Acte final de 1820, que les démarches qui forment le sujèt de la présente note sont aussi contraires aux principes énoncés antérieurement par la Diète Elle-même, qu'elles sont en opposition à la lettre du Traité de Vienne.

La note du 12 Juin déclare dans sa conclusion que la Confédération ne réclâmera jamais le droit de se mêler des mesures que des Etats étrangers pourraient juger convenable de prendre pour prévenir, ou pour réprimer, des troubles dans l'enceinte de leurs propres territoires.

Si, comme il paraît que c'est le cas, le but de cette déclaration est moins d'indiquer la voie que la haute Diète veut poursuivre que de blâmer indirectement la conduite que la Grande-Bretagne a tenue à cette occasion, le Gouvernement de Sa Majesté croit devoir déclarer que ce reproche est sans fondement.

Le Gouvernement de Sa Majesté ne s'est jamais arrogé le droit d'intervenir dans les mesures qu'un Etat indépendant quelconque pourrait juger convenable de prendre pour soutenir l'ordre dans son propre territoire; mais en renoncant à ce droit pour la Grande-Bretagne, il ne saurait le concéder à d'autres Puissances.

C'est strictement sur un déni d'un pareil droit que sont fondées et la présente communication, et la note du Soussigné du 24 Mai dernier.

La Confédération n'est point un Etat qui possède un territoire; Elle n'est investie d'aucun droit souverain. Elle est une Ligue formée entre des Etats indépendans, dont chacun possède son territoire à lui, et exerce sur son propre territoire ses propres droits souverains.

Le traité de Vienne a défini jusqu'à quel point l'action indépendante de chaque Gouvernement est subordonnée à la volonté générale des autres par la formation de la Confédération. Au-delà de ce point toute intervention de la part d'un ou de plusieurs Membres de la Confédération dans les affaires intérieures d'un autre Membre est une violation du principe de l'indépendance nationale.

Et si la force accablante d'une puissante majorité oblige un Etat à se soumettre, contre son gré et en protestant, à l'occupation militaire de son territoire par des troupes qui ne reconnaissent point son autorité, ainsi qu'à transférer le commandement de ses propres régimens à un Général obéissant à un autre Souverain, – un pareil résultât peut, – il est vrai, – demontrer l'ascendant de la supériorité numérique, mais ne saurait changer l'injustice du principe sur lequel de pareilles démarches sont basées.

Le Soussigné saisit cette occasion pour etc. etc." [...]

62. Antwort des Deutschen Bundes auf die britische und französische Note zu Frankfurt am Main

Einmischungen in Bundesangelegenheiten durch nichtdeutsche Staaten sind nicht durch die Akte des Wiener Kongresses gerechtfertigt; Betonung der Selbständigkeit des Bundes; ausdrückliche Verwahrung gegen den Inhalt der Noten.

PDB, 34. Sitzung, 18. September 1834, § 455, S. 864–869.

Frankfurt am Main, 18. September 1834

Präsidium eröffnet: es wolle die bereits in voriger Sitzung vertraulich mitgetheilte Präsidialproposition heute hiermit in das Protokoll legen:

Es kann in dieser hohen Versammlung nur *ein* Urtheil über die Anmaßung bestehen, welche dem Inhalte der Note des Königlich-Französischen bevollmächtigten Ministers vom 30. Juni und jener des Königlich-Großbritannischen bevollmächtigten Ministers vom 18. Juli l. J. zum Grunde liegt.

Es werden in diesen Noten für jene Regierungen, als Mitunterzeichner der Congreßacte, dem Deutschen Bunde gegenüber, Rechte und Befugnisse in Anspruch genommen, welche keine Macht einer andern zugestehen kann, ohne auf ihre Selbstständigkeit und Unabhängigkeit Verzicht zu leisten.

Der Deutsche Bund ist ausschliessend von den souverainen Fürsten und freien Städten Deutschlands errichtet, – nur von diesen Paciscenten ist die Bundesacte als für alle gleich verbindlich unterzeichnet worden. Die Einverleibung des Bundesvertrags in die Congreßacte ist – wie die Eingangsworte dieser letztern Urkunde ausdrücklich besagen – nur darum geschehen, um die Resultate der verschiedenen zu Wien statt gefundenen Verhandlungen, sofern solche von höherem und bleibendem Interesse waren, in ein Hauptinstrument zu vereinigen. Zu solchem Ende sind auch andere Verträge, Conventionen, Declarationen und Reglements als integrirende Theile der Congreßverhandlungen diesem Hauptacte beigefügt worden.

Durch die Aufnahme des Bundesvertrags in die Congreßacte ist sonach nur die formelle Anerkennung des Bundes als solchen von Seiten derjenigen Mächte, welche die Congreßacte unterzeichnet haben, ausgesprochen worden.

Wenn fremde Mächte hieraus ein Recht, die Aufrechthaltung der im Bundesvertrage sanctionirten Grundsätze in ihrer Anwendung zu beaufsichtigen, oder eine Verpflichtung, die Unabhängigkeit der einzelnen Glieder des Deutschen Bundes zu beschützen, ableiten wollen, so stellt sich dieß als eine unbefugte fremde Einmischung dar, welche der Bund nicht früh genug mit Ernst und Würde zurückweisen kann.

Deutschland ist durch die Bundesverfassung ein eigener, durch sich selbst entstandener, für sich bestehender politischer Körper, für innere und äussere Zwecke so vollständig gebildet und in sich selbst so fest begründet, daß es als Schlußstein des Europäischen Staatengebäudes alle Mittel besitzt, um ohne fremde Beihülfe seine innere Ruhe eben so, als die unverbrüchliche Sicherheit und Selbstständigkeit der im Bunde vereinten souverainen Fürsten und freien Städte, zu verbürgen.

Dieser Standpunct ist so einfach und klar in den der Congreßacte einverleibten Bestimmungen des Bundesvertrags bezeichnet, daß die Bundesversammlung den Regierungen von Großbritannien und Frankreich mit voller Beruhigung auf das von ihren Repräsentanten am Bundestage in den übergebenen Noten vom 30. Juni und 18. Juli selbst gewählte Terrain der Congreßacte folgen kann, um die irrigen Theorien und falschen Doctrinen zu widerlegen, von welchen ihre Noten angefüllt sind. Der 53. Art. der Congreßacte gibt den 1. Art. des Deutschen Bundesvertrags, und bezeichnet als einzige Paciscenten die souverainen Fürsten und die freien Städte Deutschlands. Der 54. Art. der Congreßacte spricht als den Zweck des Bundes die Erhaltung der innern und äussern Sicherheit Deutschlands und der Unabhängigkeit und Unverletzbarkeit der einzelnen Deutschen Staaten aus. Der 55. Art. verpflichtet alle Glieder des Bundes, die Bundesacte unverbrüchlich zu halten. Nach dem 56. Art. werden die Angelegenheiten des Bundes durch die Bundesversammlung besorgt. Der Bestimmung des 58. Art. zufolge steht der Bundesversammlung das Recht zu, die Grundgesetze des Bundes abzuändern oder neu abzufassen. Der 59. Art. bestimmt die Fälle, in welchen die Bundesversammlung durch Stimmenmehrheit oder Einhelligkeit gültige Beschlüsse zu fassen berechtigt ist. Nach dem 62. Art. ward das Geschäft, die organische Einrichtung des Bundes in Rücksicht auf seine militärischen, inneren und auswärtigen Verhältnisse zu ordnen, ausdrücklich der Bundesversammlung zugewiesen. Endlich versprechen nach dem 63. Art. alle Mitglieder des Bundes, sowohl ganz Deutschland, als jeden einzelnen Bundesstaat gegen jeden Angriff in Schutz zu nehmen, und garantiren sich gegenseitig (ohne irgendwo und irgendwie die Garantie fremder Mächte in Anspruch zu nehmen) ihre sämmtlichen unter dem Bunde begriffenen Besitzungen, so wie dieselben sich verbindlich machen, einander unter keinerlei Vorwand zu bekriegen, sondern ihre Streitigkeiten bei der Bundesversammlung anzubringen.

Dieses ist der Deutsche Bund nach seinen in die Congreßacte aufgenommenen Grundzügen.

Wenn man nun diesen bündigen, einer verschiedenen Auslegung gar nicht fähigen Bestimmungen des Bundesvertrags die Behauptungen der bevollmächtigten Minister von Großbritannien und Frankreich in den erwähnten Noten entgegen hält, so gelangt man bald zur Ueberzeugung, daß nur vollständige Unkenntniß des eigentlichen Bundesverhältnisses oder eine unbegreifliche Verwirrung in den einfachsten Begriffen bei der Redaction obiger Noten vorgeherrscht haben müsse. Denn wie ließe sich sonst die vom K. Großbritannischen Ministerium getheilte Behauptung Frankreichs, daß den Unterzeichnern der Congreßacte ein Recht zustehe, die Unabhängigkeit der einzelnen Deutschen Staaten zu beschützen, mit der Bestimmung des 54. Art. der Congreßacte vereinigen, nach welchem die Bewahrung der Unabhängigkeit der einzelnen Deutschen Staaten ausschliessend Aufgabe und Zweck des Deutschen Bundes selbst ist, – wie vertrüge sich die Behauptung Englands, daß die Verhältnisse des Bundes zu den fremden Staaten, so wie dessen Rechte und Verbindlichkeiten, nur allein in den Bestimmungen des Urvertrags zu suchen seyen, und die daraus abgeleitete monströse Folgerung, daß alle späteren Bundesbeschlüsse dem Urtheil der Unterzeichner der Congreßacte, ob sie den Grundsätzen der Bundesacte entspreche, verfallen seyen, mit der sonnenklaren Bestimmung des 58. Art. der Congreßacte, nach welchem der Bundesversammlung das Recht zusteht, die Grundgesetze des Bundes abzuändern oder neu abzufassen, oder mit dem 62. Art., nach welchem die organischen Einrichtungen des Bundes in Rücksicht auf seine militärischen, inneren und auswärtigen Verhältnisse zu ordnen, ausdrücklich der Bundesversammlung und nur dieser vorbehalten ist, – wie hätte man endlich K. Großbritannischer Seits versucht seyn können, in einem Beschlusse der Majorität der Bundesversammlung eine Unterdrückung der Unabhängigkeit eines einzelnen Deutschen Staates zu finden, wenn man den 59. Art. der Congreßacte im Auge gehalten hätte, nach welchem die Bundesversammlung nach Beschaffenheit des Falles ausdrücklich die von sämmtlichen Bundesgliedern vertragsmäßig festgesetzte Befugniß hat, gültige Bundesbeschlüsse nach der Stimmenmehrheit zu fassen?

Es wird überflüssig seyn, weiter zu gehen und die übrigen, theils schiefen, theils ganz verworrenen Behauptungen und daraus gezogenen eben so unrichtigen Folgerungen, von welchen vorzüglich die Note des K. Großbritannischen bevollmächtigten Ministers angefüllt ist, in ihren Details zu verfolgen, um den Beweis zu vervollständigen, daß in jenen Noten an den Bund Anforderungen geschehen, welche, wenn sie zugestanden oder nur mit Stillschweigen übergangen würden, das ganze Verhältniß des Bundes verrücken, seine Selbstständigkeit gefährden und ihm eine Abhängigkeit gegen das Ausland geben müßten, welche nicht nur den Absichten der Stifter desselben widerstreben, sondern ihn früher oder später der sichern Auflösung entgegen führen würden.

Die einzige Frage, von welcher es sich in dieser hohen Versammlung gegenwärtig handeln kann, ist diese: in welcher angemessenen Weise diese

Einmischung Frankreichs und Englands in die inneren Angelegenheiten Deutschlands zu beantworten seyn werde?

Offenbar würde bei den ohnehin so einfach klaren Bestimmungen des Deutschen Bundesvertrags jede weitere Discussion mit den beiden fremden Mächten nur zu verlängerter polemischer Erörterung führen, und die Bundesversammlung würde ihre Stellung verkennen, wenn sie sich dazu herbei ließe, den Bundesbeschluß, welcher zu diesem Notenwechsel Anlaß gegeben hat, gegen die fremden Mächte zu rechtfertigen.

Es ist zwar zu erwarten, daß die herbe Erfahrung, welche die beiden Mächte gemacht haben, daß nämlich derjenige Deutsche Staat, zu dessen Gunsten dieselben die Intervention versuchten, sich nicht nur gegen dieselbe verwahrt hat, sondern offenbar darin das dringendste Motiv finden mußte, sich mit ächt föderativem Sinne an die übrigen Bundesglieder enge anzuschliessen, um durch die That den Beweis zu führen, daß die Deutschen Regierungen in ihren gemeinsamen inneren Angelegenheiten nur *ein* Gesetz über sich erkennen, welches der von ihnen feierlich eingegangene Bundesvertrag ist; es ist zu erwarten, daß diese Erfahrung den Deutschen Bund für alle Zukunft vor ähnlicher unberufener Einmischung bewahren werde. Nichts desto weniger wird es erforderlich, daß die Bundesversammlung, um nicht durch Stillschweigen zu Mißdeutung Anlaß zu geben, den bevollmächtigten Ministern beider Mächte, in Erwiederung auf ihre Noten vom 30. Juni und 18. Juli, in angemessener Weise erkläre: daß der Deutsche Bund sich gegen die in jenen Zuschriften aufgestellten Theorien, als mit der Deutschen Bundesacte im directen Widerspruche, feierlich verwahre, – daß derselbe den Unterzeichnern der Congreßacte in Bundesangelegenheiten niemals Rechte zugestehen werde, welche, nach dem Wortlaute des Bundesvertrags, ausdrücklich nur den Gliedern des Deutschen Bundes und dessen Gesammtheit zustehen, – daß der wahre Schutz und Schirm der einzelnen Bundesstaaten gegen Verletzung ihrer Unabhängigkeit in der ausschliessend nur von den Bundesgliedern gegenseitig übernommenen Garantie ihrer im Bunde begriffenen Besitzungen liege, und daß der Bund in der ruhigen und consequenten Entwickelung und Ausbildung seiner Gesetzgebung und in der gewissenhaften und treuen Anwendung der im Bundesvertrage festgesetzen Grundsätze sich durch keinen Versuch irgend einer Einmischung stören lassen werde.

Präsidium trägt sonach darauf an, daß eine Erwiederung in diesem Sinne an die beiden Gesandtschaften von Frankreich und Großbritannien gerichtet werde, und da bei der bereits in der vorigen Sitzung statt gefundenen vertraulichen Berathung die Ansicht geäussert wurde, daß die Grundsätze für das von der Bundesversammlung bei künftigen ähnlichen fremden Einmischungen zu beobachtende Benehmen durch einen Bundesbeschluß festzustellen seyen und daß letzterer den oben gedachten beiden Gesandtschaften mitgetheilt werde; so will Präsidium den aus dieser Berathung hervorgegangenen Beschlußentwurf hoher Bundesversammlung nunmehr zur Genehmigung vorlegen. […]

Hierauf wurde *einhellig*

beschlossen:

In Erwägung, daß der Deutsche Bund ausschliessend nur von den souverainen Fürsten und freien Städten Deutschlands errichtet worden ist (Art. 1 der Bundesacte), –

daß durch die Einverleibung des Bundesvertrags in die Congreßacte den fremden Mächten, welche die Congreßacte mit unterzeichnet haben, weder ein Recht, die Aufrechterhaltung der in der Deutschen Bundesacte sanctionirten Grundsätze zu beaufsichtigen, eingeräumt, noch eine Verpflichtung, die Unabhängigkeit der einzelnen Glieder des Deutschen Bundes zu beschützen, übertragen worden, –

daß vielmehr daraus für gedachte Mächte die Verbindlichkeit, sich vermöge der vertragsmäßigen Grundverfassung des Bundes jeder Einmischung in dessen innere Angelegenheiten zu enthalten, hervorgegangen ist, –

daß es dagegen der eigentliche Zweck des Deutschen Bundes ist, die innere und äussere Sicherheit Deutschlands, und die Unabhängigkeit und Unverletzbarkeit der einzelnen Deutschen Staaten selbst zu erhalten (Art. 2. der Bundesacte); […][1]

in Erwägung endlich,

daß Deutschland mittelst der Bundesverfassung ein eigener, durch sich selbst entstandener, für innere und äussere Zwecke so vollständig gebildeter und so fest begründeter politischer Körper geworden ist, daß es als ein Hauptbestandtheil des Europäischen Staatengebäudes alle Mittel besitzt, um ohne fremde Beihülfe seine innere Ruhe eben so, als die unverbrüchliche Sicherheit und Selbstständigkeit der im Bunde vereinten souverainen Fürsten und freien Städte, zu verbürgen; –

in Erwägung aller dieser Verhältnisse, kann der Deutsche Bund in dem Inhalte der Note des Königlich-Französischen bevollmächtigten Ministers vom 30. Juni, und jener des Königlich-Großbritannischen bevollmächtigten Ministers vom 18. Juli d. J. nur eine fremde Einmischung in seine inneren Angelegenheiten, und eine Anforderung von Rechten und Befugnissen erkennen, welche, wenn sie, dem Bundesvertrage und der Congreßacte zuwider, zugestanden würden, das ganze Verhältniß des Bundes verrücken, seine Selbstständigkeit gefährden, und dem Bunde eine den Absichten und Zwekken seiner Stifter widerstrebende Abhängigkeit gegen das Ausland geben würden.

[1] Einzelne bereits in der allgemeinen Erörterung genannte Punkte finden sich hier noch einmal aufgelistet.

Diesemnach beschließt die Bundesversammlung:

1) daß der Deutsche Bund sich gegen die in den Noten des Königlich-Französischen und des Königlich-Großbritannischen Ministers vom 30. Juni und vom 18. Juli d. J. aufgestellten Theorien, als mit der Deutschen Bundesacte im directen Widerspruch stehend, feierlich verwahre; daß derselbe den fremden Mächten, als Mitunterzeichnern der Congreßacte, in Bundesangelegenheiten niemals Rechte zugestehen werde, welche, nach dem Wortlaute des Bundesvertrages und eben so nach dem Inhalte der Congreßacte, ausdrücklich nur den Gliedern des Deutschen Bundes und dessen Gesammtheit zustehen; daß der wahre Schutz und Schirm der einzelnen Bundesstaaten gegen Verletzung ihrer Unabhängigkeit in der ausschliessend nur von den Bundesgliedern gegenseitig übernommenen Garantie ihrer im Bunde begriffenen Besitzungen liege, und daß der Bund in der ruhigen und consequenten Entwicklung und Ausbildung seiner Gesetzgebung nach Maaßgabe der Bundeszwekke, und in der gewissenhaften und treuen Anwendung der im Bundesvertrage zwischen den Gliedern des Deutschen Bundes festgesetzten Grundsätze, sich durch keinen Versuch irgend einer Einmischung stören lassen werde.

2) Der Bundesversammlung und besonders dem Präsidium dient gegenwärtiger Beschluß zur Richtschnur für die Fälle, wenn wider Vermuthen von Seiten fremder Mächte sich ähnliche Einschreitungen in die inneren Angelegenheiten des Bundes, oder eine Bestreitung der Competenz der Bundesversammlung erneuern sollten; und es werden sonach Noten solchen Inhalts diesen Grundsätzen gemäß behandelt werden, ohne sich in weitere Erklärungen einzulassen.

3) In der durch das Präsidium zu bewirkenden Mittheilung von Abschriften dieses Beschlusses an die Gesandtschaften von Frankreich und Großbritannien, werden die bevollmächtigten Minister genannter Höfe die Beantwortung ihrer Noten vom 30. Juni und vom 18. Juli d. J. finden.

63. Bundesbeschluß das Wandern der Handwerker betreffend

Wanderverbot an Orte, in denen Assoziationen bestehen, die die Ruhe im Bund gefährden; Rückrufung von Handwerkern aus solchen Orten; besondere Aufsicht über wandernde Handwerker.

PDB, 3. Sitzung, 15. Januar 1835, § 36, S. 56.

Frankfurt am Main, 15. Januar 1835

[...]

Beschluß:

Da es im Interesse des Deutschen Bundes liegt, daß die deutschen Handwerksgesellen an keinen Associationen und Versammlungen Theil nehmen, wodurch die öffentliche Ruhe im In- oder Auslande bedroht oder gestört werden könnte, so soll

1) das Wandern der den Deutschen Bundesstaaten angehörigen Handwerksgesellen nach denjenigen Ländern und Orten, in welchen offenkundig dergleichen Associationen und Versammlungen geduldet werden, so lange diese Duldung notorisch besteht, verboten seyn.

2) In Absicht auf die Zurückberufung der gegenwärtig in solchen Ländern, worin Associationen und Versammlungen der obgedachten Art geduldet werden, befindlichen Handwerksgesellen und deren Beaufsichtigung bei ihrer Rückkehr nach der Heimath, werden von den höchsten und hohen Regierungen dem Zwecke entsprechende Verfügungen getroffen werden.

3) Ueber die in Deutschland wandernden Handwerksgesellen wird strenge polizeiliche Aufsicht, insbesondere rücksichtlich der Verbindungen, in welche sie sich einlassen könnten, geführt werden.

4) Die Bundesregierungen werden sich durch ihre Bundestagsgesandtschaften in fortwährender Kenntniß erhalten, nach welchen Ländern und Orten sie wegen darin notorisch statt findender Associationen und Versammlungen der oben erwähnten Art das Wandern der Handwerksgesellen verboten haben.

64. Badische Verordnung zum Verbot des Wanderns von Handwerkern in der Schweiz

Wanderverbot für badische Gesellen wird auf die gesamte Schweiz ausgedehnt; für keinen Gesellen Einreise in die Schweiz von Baden aus; besondere Kontrolle von Handwerkern, die in der Schweiz waren oder gewesen sein könnten.

PDB, 9. Sitzung, 26. Februar 1835, Beilage zu § 104, S. 233–235.

Karlsruhe, 14. Februar 1835

Durch die höchste Verordnung vom 9. October v. J., die Versammlungen deutscher Handwerksgesellen in dem Canton Bern und das Verbot des Wanderns Badischer Handwerksgesellen und des Aufenthalts in demselben betreffend, ist die diesseitige Stelle zugleich ermächtigt worden, diese Verordnung auch auf andere Cantone auszudehnen, in welchen derartige Versammlungen künftig würden geduldet werden.

Nach eingekommenen vollkommen glaubwürdigen Nachrichten hat seit dieser Zeit das in der obgedachten Verordnung geschilderte Unwesen auf eine ganz zügellose Weise in einem großen Theil der Schweiz überhand genommen; die Versammlungen deutscher Handwerker haben sich nicht nur über mehrere Cantone ausgebreitet, sondern es werden in letztern die gröbsten Schmähschriften gegen die deutschen Fürsten und Regierungen gedruckt, und in den verabredeten und geduldeten Zusammenkünften vorgelesen, auch durch abgesendete Handwerksgesellen in den deutschen Nachbarländern heimlich verbreitet.

Ausser diesem stehen diese Versammlungen unter sich in Verbindung; es werden unter ihnen gewaltthätige Unternehmungen gegen Deutschland verabredet, die, wenn sie auch nicht zur Ausführung kommen, doch den Geist der Zügellosigkeit und der Revolte in diesen Handwerkern auf eine für alle Zukunft verderbliche Weise wecken und unterhalten, und wenn sie zur Ausführung kommen sollten, zwar überall keinen wesentlichen Erfolg haben, sondern nur zum Verderben derer ausschlagen, die solche begonnen haben, indessen aber doch auf einzelne Bewohner des Großherzogthums durch Raub, Plünderung und auf andere Weise unsägliches Unheil häufen würden.

Aus diesen und aus den in der mehrerwähnten höchsten Verordnung enthaltenen Gründen sehen wir uns verpflichtet, von der uns auf diesen Fall ertheilten höchsten Ermächtigung Gebrauch zu machen, und weiter zu verfügen, wie folgt:

1. Alle in der gesammten Schweiz befindlichen Badischen Handwerksgesellen haben innerhalb vier Wochen von Verkündung dieses an, dieses Land zu verlassen und in ihre Heimath zurückzukehren.

2. Das Verbot des Wanderns Badischer Handwerksgesellen in den Canton Bern wird auf die gesammte Schweiz ausgedehnt.

Wer diesen Bestimmungen unter 1 und 2 entgegen handelt, ist nach Art. 3 der obengedachten höchsten Verordnung vom 9. October v. J. zu behandeln.

3. Allen Handwerksgesellen ohne Unterschied ihres Geburtslandes wird der Eintritt in die Schweiz längs der Badischen Grenze, also von der Gegend von Basel an bis nach Immenstadt am Bodensee, untersagt.

Die an den Grenzstationen, in der Absicht nach der Schweiz zu reisen, ankommenden Handwerksgesellen sind zurückzuweisen, und es ist in ihre Wanderbücher oder Pässe, wenn es noch nicht geschehen, die Bemerkung einzutragen, daß der Eintritt in die Schweiz untersagt, und sie aus diesem Grunde zurückgewiesen worden seyen.

4. Den aus der Schweiz unmittelbar einwandernden Handwerksgesellen, die nicht Angehörige des Großherzogthums sind, wird der Aufenthalt nicht gestattet, sondern sie haben sich auf dem *nächsten* Weg nach ihrem Vaterland zu begeben.

Auf der Eintrittsstation ist ihnen der Weg, den sie zu nehmen haben, in ihrem Wanderbuch oder Paß vorzuschreiben.

Als Eintrittsstationen werden bezeichnet: *Constanz, Jestetten, Kleinlaufenburg, Säckingen, Warmbach, Eimeldingen.*

5. Auf gleiche Weise sind zu behandeln alle Handwerksgesellen, die zwar nicht unmittelbar aus der Schweiz, sondern aus anderen, aber an die Schweiz angrenzenden Staaten, in den See- oder den Oberrhein-Kreis einwandern, *wenn sie nicht aus ihren Wanderbüchern oder anderen Urkunden auf eine glaubhafte Weise darthun können, daß sie seit dem 1. November v. J. sich nicht in der Schweiz aufgehalten haben.*

6. Diejenigen Handwerksgesellen, welche die ihnen vorgezeichnete Marschroute verlassen, oder ihren Aufenthalt im Lande über die Zeit, die erforderlich ist, solches in gewöhnlichen Tagereisen zu durchwandern, verlängern, sind auf Betreten zu arretiren und an die nächste Polizeibehörde abzuliefern, welche dieselben nach Befund, und wenn ihnen sonst kein Vergehen zur Last fällt, mit einem oder zwei Tagen Arrest bei schmaler Kost zu bestrafen und durch Gendarmen über die Grenze transportiren zu lassen haben. Diejenigen aber, die auf anderen, als den im Art. 4 bezeichneten *Grenzstationen* in das Großherzogthum einwandern, sind auf Betreten an die nächste Polizeibehörde einzuliefern, welche ihnen die Marschroute in ihren Reiseurkunden vorzuschreiben hat.

7. Alle aus der Schweiz und dessen Nachbarstaaten in den See- und Oberrhein-Kreis einwandernden Handwerksgesellen sind bei den Eintrittsstationen genau zu visitiren, ob sie keine aufrührischen Schriften bei sich tragen, und die geschehene Visitation ist ebenfalls in dem Wanderbuch oder in dem Paß zu bemerken.

Diese Schriften sind ihnen abzunehmen, versiegelt aufzubewahren und von Zeit zu Zeit an die diesseitige Stelle einzusenden. Die Träger solcher Schriften, wo sie auch entdeckt werden mögen, sind an die nächste Polizeibehörde abzuliefern, welche dieselben in Untersuchung zu nehmen und nach den bestehenden Gesetzen zu behandeln hat.

8. Die auswärtigen diesseitigen Gesandten werden veranlaßt, und den sämmtlichen Polizeibehörden wird aufgetragen, bei Visirung alter, und bei Ausstellung neuer Wanderbücher und Pässe jedesmal in solchen, wenn es noch nicht geschehen, zu bemerken, daß das Wandern in die Schweiz durch das diesseitige Land untersagt sey.

9. Diese Verfügung ist nicht nur in alle öffentlichen Blätter des Landes aufzunehmen, sondern auch in allen Gemeinden nach der in jeder derselben in solchen Fällen bestehenden Weise zu verkünden.

Die Kreisregierungen werden mit dem Vollzug beauftragt, und sie haben dafür zu sorgen, daß sie von sämmtlichen Polizeistellen gehörig beobachtet werden.

Carlsruhe den 14. Februar 1835.

Ministerium des Innern.

Winter.

[…]

65. Vortrag des Bundesgesandten der freien Städte über die polizeilichen Verhältnisse in Frankfurt am Main

Frankfurt strebt wie andere Staaten nach Ruhe und Ordnung; Betonung der strengen Kontrolle über Reisende und Fremde; ein Aufruhr kann jedoch nirgends ausgeschlossen werden; Kosten für die in Frankfurt anwesenden Truppen sind Bundessache.

PDB, 14. Sitzung, 7. Mai 1835, § 180, S. 343–344.

Frankfurt am Main, 7. Mai 1835

Die freien Städte für Frankfurt. Der Gesandte ist angewiesen, in Folge des Beschlusses der 13. dießjährigen Sitzung, §. 161,[1] Folgendes zu erklären: Der Senat hat seither alles nur Mögliche gethan, um die polizeilichen Zwecke der öffentlichen Ruhe und Sicherheit zu erreichen, und es ist ihm mittelst großer Anstrengungen und Geldopfer gelungen, solche Maaßregeln zu treffen, welche unstreitig für genügend angesehen werden können.

Durch ein stark vermehrtes Polizeipersonal und verschiedene neue Einrichtungen, ist in letzter Zeit, sowohl hinsichtlich des Innern der Stadt und ihres Gebiets, als der zahlreichen hier durchreisenden Fremden aus allen Ländern, so viel geleistet worden, daß wohl in keinem Bundesstaate eine strengere Aufsicht geübt werden möchte, auch ohne Rücksicht, ob den Fremden dadurch die Durchreise und der Aufenthalt erschwert werde oder nicht; wobei anstatt nähern Nachweises eine Berufung auf die allgemeine Notorietät und auf die den Bevollmächtigten des Bundes fortwährend beiwohnende Kenntniß hinreichen wird; während das Besondere der Anstalten, wo nicht gleichgültig, doch jedenfalls als Sache der Localbehörden zu betrachten ist, und zwar um so mehr, als die Zweckmäßigkeit sich nur nach der jedesmaligen Erfahrung beurtheilen läßt, und in deren Folge stets momentane Abänderungen erforderlich werden können. Eine Bürgschaft dafür, daß nie irgend eine Unordnung im öffentlichen Leben, daß kein Aufruhr,

[1] In dem Beschluß (PDB, 13. Sitzung, 9. April 1835, § 161, S. 308) heißt es unter anderem: Bei der *freien Stadt Frankfurt* wird das durch Beschluß vom 12. Juni 1834, §. 297, an dieselbe gelangte Ansinnen: „in kürzester Frist nachzuweisen, daß und welche genügende Einrichtungen und Anordnungen dahier getroffen seyen, um die vollständige Erreichung der polizeilichen Zwecke zu verbürgen“, in Erinnerung gebracht und derselben zu erkennen gegeben, wie die Bundesversammlung – durchdrungen von dem Wunsche, die sämmtlichen Truppen der Mainzer Garnison ihrer dortigen Bestimmung wieder gegeben zu sehen – sich von den föderativen Gesinnungen der freien Stadt eine bereitwillige und befriedigende Lösung dieser Aufgabe für die Stadt und deren Gebiet um so gewisser verspreche, als die Bundesversammlung sich bei der Fortdauer des bisherigen unbefriedigenden Zustandes nicht länger beruhigen, noch die Verbindlichkeit zur Bestreitung der dadurch veranlaßten bedeutenden Kosten für den Bund anerkennen könnte.

keine Empörung, statt finden werde, würde selbst der mächtigste Staat nicht, und am wenigsten unter jetzigen Zeitumständen, zu übernehmen im Stande seyn.

Der thatsächliche Beweis dafür liegt in den offenkundigen Ereignissen, die sich in den Residenzen deutscher und ausländischer Potentaten begeben haben, und deren Wiederholung noch stets für möglich gehalten werden darf. Zum Sitze hoher Bundesversammlung erwählt, hat hiesige Stadt niemals versäumt, dieser hohen Versammlung den erforderlichen Schutz zu gewähren, und glaubt solches Bestreben selbst unter den Stürmen der verwichenen Jahre angelegentlichst bethätigt zu haben. Da aber hohe Bundesversammlung wegen der ausserordentlichen Vorfälle, die hiesigen Ort hauptsächlich darum trafen, weil hier die Repräsentanten der Regierungen Deutschlands als Organ der öffentlichen Ordnung des Bundes vereinigt sind, eine stärkere militärische Schutzwehr gegen revolutionäre Angriffe für nöthig erachtete: so konnten die Kosten dieser Anordnung und können auch ferner, so lange sie dauern wird, hiesige Stadt nur in so weit angehen, als sie selbst Mitglied des Deutschen Bundes ist, und zu dessen Exigenz nach dem Matrikularanschlage beizutragen hat. Sind nun selbst während der Anwesenheit der Truppen von der Mainzer Garnison (gleichwie auch anderwärts) kleinere oder größere Excesse dahier vorgefallen, und ohne wirkliches Zuthun jenes Sicherheitscorps bloß durch die städtischen Polizei- und Militärkräfte augenblicklich gedämpft worden, so ergibt sich daraus einmal die Unmöglichkeit ihrer absoluten Verhütung, und sodann die bereitwilligste Leistung dessen, was von hiesiger Stadt und ihren Behörden je erwartet werden kann, und zwar unter Umständen, welche früherhin nicht zu vermuthen waren, und die zu den schwierigsten für die größten Mächte von Europa gehören. Nur in diesen Umständen selbst, und nicht in den Bemühungen und Anstalten des Senats, könnte daher etwas Unbefriedigendes für den öffentlichen Zustand zu suchen seyn, welcher, die natürliche Verschiedenheit der Localverhältnisse abgerechnet, gegenwärtig fast in allen Staaten gleich ist; und der Senat ist sich bewußt, in seinen föderativen Gesinnungen niemals hinter denen der größeren deutschen Bundesregierungen zurückgeblieben zu seyn, deren energischen Vorgang in Lösung der großen Zeitaufgabe er stets zu ehren und mitfolgend ihm zu entsprechen sich beeifern wird. […]

(Es folgt die Bitte, die beabsichtigte Konzentration von Bundestruppen in der Stadt noch einmal zu prüfen, mit der der Senat nicht einverstanden ist.)

66. Vortrag in der Bundesversammlung über politische Flüchtlinge und deren Erfassung

Genaue Erfassung der deutschen politischen Flüchtlinge im Ausland, deren Aufenthaltsorte und Vorgehen gegen sie, falls sie im Bundesgebiet aufgegriffen werden.

PDB, 17. Sitzung, 21. Juli 1835, § 275, S. 556–559.

Frankfurt am Main, 21. Juli 1835

Der Großherzoglich-Badische Herr Gesandte trägt Namens des in Folge Art. 28 der Wiener Schlußacte gewählten Ausschusses vor:

Die durch Bundesbeschluß vom 20. Juni 1833 niedergesetzte Centralbehörde des Bundes hat unterm 9. Juli d. J. nachstehenden Bericht erstattet:

„In Folge eines auf den Antrag der Kurhessischen hohen Bundestagsgesandtschaft in der 43. Sitzung vom 11. December v. J. gefaßten Beschlusses der hohen Bundesversammlung ist uns aufgetragen worden, das von uns unter dem 25. Juni v. J. vorgelegte Verzeichniß der deutschen politischen Flüchtlinge noch durch Angabe

1) des Gerichtes, bei welchem die Untersuchung anhängig,
2) des Tages, an welchem der Steckbrief oder das Ersuchen an die – auch auswärtigen – Behörden um Verhaftung erlassen worden, und
3) der Behörde, an welche der Verhaftete zunächst abzuliefern wäre,

zu vervollständigen. [...]

Nachdem uns nun die erforderten Notizen endlich zugekommen, beehren wir uns, einem Hohen Bundestags-Ausschusse ein auf den 1. Juli 1835 richtig gestelltes, in der gewünschten Weise ergänztes Verzeichniß der deutschen politischen Flüchtlinge und anderer im Auslande befindlicher Verdächtigten gehorsamst vorzulegen.[1]

Dasselbe zerfällt in zwei Abtheilungen, deren erste diejenigen Flüchtlinge namhaft macht, welche wegen politischer Verbrechen bereits verurtheilt oder wenigstens in den Stand der Anschuldigung versetzt und beinahe sämmtlich mit Steckbriefen verfolgt sind, während die zweite Abtheilung

[1] Das Verzeichnis ist als Beilage dem Protokoll beigefügt. Es verzeichnet Eintragungen in den Rubriken: Nummer; Name und Heimaths-Ort des Flüchtigen; Stand desselben; Grund der Anschuldigung; Zeitpunct der Entweichung; Muthmaßlicher jetziger Aufenthalt; Signalement [also den Steckbrief]; Gericht, bei welchem die Untersuchung anhängig, und an welches der Flüchtling im Fall seiner Verhaftung abzuliefern wäre; Tag, am welchem der Steckbrief oder die öffentliche Vorladung erlassen worden – für die Flüchtlinge der ersten Abteilung. Für die Flüchtlinge der zweiten Abteilung wurde vermerkt: Nummer; Name und Heimaths-Ort des Verdächtigen; Stand desselben; Verbrechen, dessen der Abwesende verdächtig; Zeitpunct der Entfernung und muthmaßlicher jetziger Aufenthalt.

solche Individuen begreift, welche, ohne daß schon förmlich gegen sie eingeschritten wäre, der Theilnahme an revolutionären Umtrieben verdächtig erscheinen.

Die Flüchtlinge der ersten Abtheilung sollten, wo sie sich irgend in einem deutschen Bundesstaate betreten lassen, sogleich verhaftet und an die betreffenden, in unserem Verzeichnisse bemerkten Untersuchungsbehörden ausgeliefert werden; die der zweiten Abtheilung aber möchten in dem vorerwähnten Falle in ihre Heimath zu verweisen und daselbst wegen des auf ihnen ruhenden Verdachts in Untersuchung zu ziehen, oder, so fern es hierzu an genügenden Anzeigen fehlen sollte, wenigstens unter strenge polizeiliche Aufsicht zu stellen seyn.

Die erste Abtheilung enthält die Namen von 161 Flüchtlingen, […] wozu noch die in der zweiten Abtheilung aufgeführten 26 Individuen kommen.

Die Mehrzahl sämmtlicher Flüchtlinge hält sich fortwährend in der Schweiz und in Frankreich auf, wo sie sich großen Theils mit Abfassung und Verbreitung revolutionärer, für Deutschland berechneter Schriften und mit Bearbeitung deutscher Handwerksgesellen für ihre hochverrätherischen Zwecke beschäftigen. […] Ueberhaupt aber haben ihren muthmaßlichen Aufenthalt in der *Schweiz* 73 […][2] und in *Frankreich* 61 […] deutsche politische Flüchtlinge.

Nach *Amerika* haben sich, so viel bekannt, dreißig […] geflüchtet, während sich in *England* vier […], in *Belgien* drei […], in *Deutschland* zwei […], dann in *Holland* und *Dänemark* je einer […] aufhalten sollen. Von zehn Flüchtlingen […] ist ganz unbekannt, wohin sie sich gewendet haben.

Indem wir hiemit dem uns ertheilten hohen Auftrage Genüge geleistet zu haben glauben, […] erlauben wir uns schließlich die Bitte, daß es einem hohen Bundestags-Ausschusse gefällig seyn möchte, uns, so fern auch unser neues Flüchtlingsverzeichniß gedruckt werden sollte, zum Gebrauche für uns und unsere Canzlei seiner Zeit dreißig Exemplare desselben hochgeneigtest zukommen lassen zu wollen. […][3]

[2] An dieser Stelle und den folgenden Auslassungen wird im Protokoll auf die einzelnen Nummern des Verzeichnisses verwiesen.

[3] Es folgt der Beschluß, das Verzeichnis drucken zu lassen und an alle Regierungen einzusenden.

67. Erörterung und Bundesbeschluß zu den Schriften des „Jungen Deutschland"

Erläuterung der Schädlichkeit der Schriften des „Jungen Deutschland" wegen deren Unchristlichkeit, Unsittlichkeit und Massenwirksamkeit durch den österreichischen Gesandten sowie Bundesbeschluß zum Verbot der entsprechenden Schriften.

PDB, 31. Sitzung, 10. Dezember 1835, § 515, S. 1168–1172.

Frankfurt am Main, 10. Dezember 1835

Der Kaiserlich-Königlich-Oesterreichische Präsidirende Herr Gesandte trägt vor:

Die Initiative, welche die Kaiserlich-Königliche Präsidialgesandtschaft in der 26. dießjährigen Sitzung vom 29. October l. J. in Betreff des seit einiger Zeit hervorgetretenen Strebens der unter dem Namen des „jungen Deutschlands" sich ankündigenden literarischen Schule genommen hat, wird dieser hohen Versammlung keinen Zweifel über die Ansicht gelassen haben, welche der Kaiserlich-Königliche Hof über diese höchst bedauerliche Erscheinung der neuesten Zeit, und über die Wichtigkeit derselben für das gesammte Deutschland aufgefaßt hat.

Nachdem es den Regierungen Deutschlands durch gemeinsam verabredete energische Maaßregeln gelungen ist, den Wirkungen der schlechten Presse auf dem politischen Felde ein Ziel zu setzen, wird die Aufmerksamkeit und die Vorkehrung jeder gewissenhaften Obrigkeit auf diese neue literarische Richtung in Anspruch genommen, die in ihren Absichten noch böslicher, in ihren zur Anwendung gebrachten Mitteln bei weitem gefährlicher und in ihren zerstörenden Wirkungen, wenn ihr nicht bald *allenthalben* Einhalt gethan wird, unendlich tiefer eingreifend seyn müßte, als es die bloß auf dem politischen Felde sich bewegende Presse der jüngsten Zeit gewesen ist.

Die schlechte Literatur, die hier gemeint ist, läßt sich wesentlich als antichristlich, gotteslästerlich, und alle Sitte, Scham und Ehrbarkeit absichtlich mit den Füssen tretend bezeichnen.

An der Spitze derselben steht *H. Heine* in Paris, welcher diesen Ton bald nach der Julirevolution unter den Deutschen zuerst angeklungen hat. Aus einer genauen Prüfung der neuesten Schriften, welche von ihm und seinen Genossen herrühren, erhellet, daß ein tiefer, lange verhaltener Groll gegen das Christenthum das eigentliche Hauptmotiv dieses literarischen Treibens ist. Die Schmähungen gegen die Religion, welche versteckt oder offen das stets variirte Thema ihrer Arbeiten bilden, sind keineswegs neu oder originell. Neu dagegen, wenigstens in Deutschland, ist das Hinüberziehen dieser Materien auf das belletristische Gebiet, wo das, was früher höchstens einem engern Kreise wissenschaftlicher Leser bekannt war, jetzt vor das Forum jener unermeßlichen Menge gebracht wird, die in Deutschland zur Unterhaltung liest; neu ist daran die halb witzige, halb poetische Einkleidung und die gewählte verführerische Form des Romans, des Gedichts, der Novelle und der politischen Briefe; neu ist ferner, die, besonders von Heine zur Anwendung gebrachte, eigends auf die Verführung der Jugend berechnete, innige Verbindung der Blasphemie mit der Aufregung der Sinnlichkeit, so wie die eigenthümliche Einflechtung St. simonistischer und pantheistischer Ideen, und die, besonders von dem letztgenannten Schriftsteller ausgehende, eigenthümliche Verarbeitung aller dieser Elemente zu einem vollständigen Systeme der Gottesläugnung und Unsittlichkeit, welches Heine im zweiten Bande seines Salons sich nicht scheut, als neue Weltreligion zu proclamiren. In dieser Schrift ist bereits offen und unverholen die Abolition des Glaubens an Gott und die gänzliche Emancipation der Sinnlichkeit von allen Schranken der Moral und der Sitte als das Eine, was Noth thut, und als das Ziel gepriesen, dem das jetzige Geschlecht unaufhaltsam entgegenstreben müsse.

Diese Producte haben, ausser zahlreichen Lesern, die sie in allen Ständen fanden, Adepte und Apostel der neuen Religion erweckt, welche seit einigen Monaten auf deutschem Boden eine Reihe von Druckschriften ergehen lassen, in denen sie nicht bloß jene Ideen wiederholen, commentiren, amplificiren und sie, so viel an ihnen ist, durch noch größere Keckheit und Schlüpfrigkeit zu überbieten suchen, – sondern sich auch offen vor aller Welt als Missionäre des neuen Glaubens bekennen, und eingestehen, daß sie planmäßig für dessen Verbreitung zu wirken suchen würden. Sie haben sich zu diesem Ende als eigene literarische Coterie unter dem Namen des *„jungen Deutschlands"* constituirt, und stillschweigend und ausdrücklich den Willen ausgesprochen, fortan der neuen Richtung die gesammte Productivität ihres Geistes zu widmen.

Um den letztern zu charakterisiren, möge hier vorläufig unter den zahlreichen Erscheinungen derselben Art nur auf den Roman von Carl *Gutzkow*: „Wally oder die Zweiflerin", auf die ästhetischen Feldzüge von *Wienbarg*, und auf die Vorrede zu Schleiermacher's Briefen über Schlegel's Lucinde, ebenfalls von Gutzkow, aufmerksam gemacht werden. […]

Es kann den deutschen Regierungen nicht entgehen, daß alles, was bisher vom Bunde gemeinsam gegen die schlechte Presse in Deutschland geschehen ist, rein verloren wäre, wenn dieses bei weitem gefährlichere Unwesen geduldet werden wollte. Es bedroht nämlich diese schlechte Richtung des Geistes nicht minder, wie das offene Predigen des Aufruhrs, die Obrigkeit und die öffentliche Ordnung in ihren Fundamenten. Die Ehre aller deutschen Regierungen fordert es, diesem Uebelstande, welcher bereits die laute Indignation aller Bessern erregt hat, nicht länger zuzusehen: denn es müßten die Regierungen bei dem zucht- und ehrliebenden deutschen Volke nothwendig an Achtung und Vertrauen verlieren, wenn sie Bedenken trügen, durch kräftige und ausreichende Maaßregeln dem Uebel entgegenzutreten, bevor es gelungen ist, im Wege des Romans und der leichten, allen Classen zugänglichen Literatur auf die Menge verderblich zu wirken, in ihr jeden positiven Glauben, insbesondere an das Christenthum, zu untergraben, die rohe Sinnenlust allein als oberste Aufgabe des Menschengeschlechts zu predigen, und sohin, nach vollbrachter Auflösung aller religiösen und moralischen Bande, das, dergestalt jeder Grundlage beraubte, alte Staatsgebäude von selbst einsinken zu machen.

Der Unwille, den das Hervortreten dieser Literatur erzeugt hat, ist als befriedigender Gefühlmesser der öffentlichen Meinung eine doppelte Aufforderung an die Regierungen, zu thun, was die höher stehende Regierungspflicht von ihnen erheischt. Zwar ist von einzelnen Regierungen schon Ersprießliches in dieser Beziehung geschehen. Die Censurgesetze, wie sie in Oesterreich bestehen und gehandhabt werden, geben allen Bundesgenossen die Bürgschaft, daß die Verbreitung dieser, die besten Gesinnungen verderbenden und in den Meinungen und Gefühlen eines ganzen Volkes Umkehr zu bewirken geeigneten Literatur, im ganzen Gebiete des Oesterreichischen Kaiserstaats ausgiebig verhindert ist. Die Königlich-Preussische Regierung hat mit der Weisheit, die sie charakterisirt, die Gefahr erkannt, und sie nach der am 3. dieses in der 30. Sitzung vertraulich gemachten Anzeige innerhalb ihres Bereichs zu bewältigen gestrebt.

Die Großherzoglich-Badische Regierung hat endlich gleichfalls – indem sie den Buchhändler *Löwenthal* zu Mannheim wegen der Herausgabe des Romans „Wally“ zur Strafe gezogen, und demselben die weitere Führung der Verlagshandlung untersagt hat – Maaßregeln ergriffen, deren correctes Princip nur den Beifall der übrigen Regierungen hervorrufen kann.

Vorkehrungen *einzelner* deutschen Regierungen können aber nach der Natur des deutschen Buchhandels, schlechterdings nicht zum Ziele führen, wenn sie nicht durch gleichförmige Maaßregeln aller übrigen gemeinsam gemacht werden, weil, wenn irgendwo die schlechte Presse einen Schlupfwinkel fände, von dort aus, wie bisher, ganz Deutschland bedroht wäre.

Der Antrag des Kaiserlich-Königlichen Hofes ist daher dahin gerichtet: daß – bevor noch von Seiten des in der 26. Sitzung (§. 414) vom 29. October laufenden Jahrs zur Berichterstattung über die gesammten Erzeugnisse der jungen deutschen Literatur aufgeforderten Bundestags-Ausschusses, dieser hohen Versammlung umfassende Vorschläge gemacht werden, welches sich bei dem Umfange des Geschäfts noch verzögern wird – hinsichtlich der notorisch bekannten Leiter und Vorsprecher dieser gefährlichen literarischen Schule, sofort von der Gesammtheit der Bundesglieder mindestens solche Maaßregeln getroffen werden, welche demjenigen entsprechen, was bereits von Einzelnen geschehen ist. [...][1]

[1] Vorschlag entsprechend des gefaßten Beschlusses folgt an dieser Stelle.

Nachdem *die Bundesversammlung* den Präsidialvortrag ausführlich erörtert, und sich die darin entwickelten Ansichten und Anträge angeeignet hatte, erfolgte hierauf der nachstehende

Beschluß:

Nachdem sich in Deutschland in neuerer Zeit, und zuletzt unter der Benennung „*das junge Deutschland*" oder „*die junge Literatur*", eine literarische Schule gebildet hat, deren Bemühungen unverholen dahin gehen, in belletristischen, für alle Classen von Lesern zugänglichen Schriften die christliche Religion auf die frechste Weise anzugreifen, die bestehenden socialen Verhältnisse herabzuwürdigen und alle Zucht und Sittlichkeit zu zerstören: so hat die deutsche Bundesversammlung – in Erwägung, daß es dringend nothwendig sey, diesen verderblichen, die Grundpfeiler aller gesetzlichen Ordnung untergrabenden Bestrebungen durch Zusammenwirken aller Bundesregierungen sofort Einhalt zu thun, und unbeschadet weiterer vom Bunde oder von den einzelnen Regierungen zur Erreichung des Zweckes nach Umständen zu ergreifenden Maaßregeln – sich zu nachstehenden Bestimmungen vereiniget:

1) Sämmtliche deutschen Regierungen übernehmen die Verpflichtung, gegen die Verfasser, Verleger, Drucker und Verbreiter der Schriften aus der unter der Bezeichnung „das junge Deutschland" oder „die junge Literatur" bekannten literarischen Schule, zu welcher namentlich Heinr. *Heine*, Carl *Gutzkow*, Heinr. *Laube*, Ludolph *Wienbarg* und Theodor *Mundt* gehören, die Straf- und Polizei-Gesetze ihres Landes, so wie die gegen den Mißbrauch der Presse bestehenden Vorschriften, nach ihrer vollen Strenge in Anwendung zu bringen, auch die Verbreitung dieser Schriften, sey es durch den Buchhandel, durch Leihbibliotheken oder auf sonstige Weise, mit allen ihnen gesetzlich zu Gebot stehenden Mitteln zu verhindern.

2) Die Buchhändler werden hinsichtlich des Verlags und Vertriebs der oben erwähnten Schriften durch die Regierungen in angemessener Weise verwarnt und es wird ihnen gegenwärtig gehalten werden, wie sehr es in ihrem wohlverstandenen eigenen Interesse liege, die Maaßregeln der Regierungen gegen die zerstörende Tendenz jener literarischen Erzeugnisse auch ihrer Seits, mit Rücksicht auf den von ihnen in Anspruch genommenen Schutz des Bundes, wirksam zu unterstützen.

3) Die Regierung der freien Stadt Hamburg wird aufgefordert, in dieser Beziehung insbesondere der Hoffmann- und Campe'schen Buchhandlung zu Hamburg, welche vorzugsweise Schriften obiger Art in Verlag und Vertrieb hat, die geeignete Verwarnung zugehen zu lassen.

68. Aufhebung des Staatsgrundgesetzes durch ein Patent König Ernst Augusts von Hannover

Staatsgrundgesetz sei nicht bindend, weil es auf ungesetzliche Weise zustande gekommen sei; Aufhebung der Verfassung.

Jäger/Moldenhauer, S. 173–176.

Hannover, 1. November 1837

Ernst August, von Gottes Gnaden König von Hannover, Königlicher Prinz von Großbritannien und Irland, Herzog von Cumberland, Herzog zu Braunschweig und Lüneburg u. s. w.

Wir haben durch unser Regierungs-Antritts-Patent vom 5. Juli d. J. Unsern getreuen Unterthanen Unsern Königlichen Willen dahin zu erkennen gegeben, daß Wir der Frage: ob und inwiefern Abänderungen des Staats-Grundgesetzes vom 26. September 1833 würden eintreten müssen, oder ob die Verfassung auf die *vor* dem gedachten Jahre bestandene zurückzuführen sey? die sorgfältigste Untersuchung und Prüfung würden widmen lassen.

Unsere getreuen Unterthanen können sich davon überzeugt halten, daß Wir die Erfüllung einer heiligen, Unserm landesväterlichen Herzen teuern, Pflicht darin gesucht haben, bei dieser Prüfung alle in Betracht zu ziehenden Verhältnisse auf das sorgfältigste zu berücksichtigen, und daß Unsere Wünsche dabei stets auf das Glück und die Zufriedenheit Unsers treuen Volkes gerichtet gewesen sind.

Nach Vollendung jener Prüfung beeilen Wir uns, Unsern getreuen Unterthanen Unsere Entschließungen zu eröffnen.

Das Staats-Grundgesetz vom 26. September 1833 können Wir als ein Uns verbindendes Gesetz *nicht* betrachten, da es auf eine völlig ungültige Weise errichtet worden ist.

Die allgemeine, durch das Patent vom 7. Dezember 1819 entstandene, Stände-Versammlung sprach, wie sie in ihrem Schreiben vom 30. April 1831 an das Kabinetts-Ministerium die Errichtung eines Staats-Grundgesetzes beantragte, den Grundsatz aus: daß ein solches hochwichtiges Werk *nur durch einhelliges Zusammenwirken des Königs und der Stände zu stande gebracht werden könne.*

Die Regierung nahm diesen Grundsatz an, und mithin war nicht von einer, dem Lande *vom Könige zu gebenden*, sondern von einer, *vertragsmäßig* zwischen dem Regenten und seinen Ständen zu errichtenden, Verfassung die Rede.

Allein, der Grundsatz der vertragsmäßigen Errichtung ist auf mehrfache Weise verletzt worden. Denn, mehrere der von der allgemeinen Stände-Versammlung in Beziehung auf das neue Staats-Grundgesetz gemachten Anträge erhielten nicht die Genehmigung der Königlichen Regierung, sondern es wurde dasselbe mit den, von dieser für notwendig oder nützlich gehaltenen Abänderungen am 26. September 1833 vom Könige verkündigt, ohne daß diese zuvor den allgemeinen Ständen mitgeteilt und von ihnen wären genehmigt worden.

Offenbar fehlt es also an dem *einhelligen* Zusammenwirken des Regenten und seiner Stände in Hinsicht der, in dem Staats-Grundgesetze enthaltenen, Bestimmungen, wodurch *die, bis dahin in anerkannter Wirksamkeit gestandene Verfassung vom Jahre 1819,* aufgehoben werden sollte.

Offenbar enthält diese Errichtungsart des Staats-Grundgesetzes eine wirkliche Verletzung der bestimmten Vorschrift des Artikels 56 der Wiener Schlußakte vom Jahre 1820.

Allein, nicht nur ungültig und folglich für Uns unverbindlich ist *überhaupt* das Staats-Grundgesetz, wenn man dessen Entstehung betrachtet, sondern es enthält dasselbe auch mehrere Vorschriften und Bestimmungen, welche sich als vollkommen ungültig und für Uns unverbindlich aus dem Grunde darstellen, weil sie Unsere *agnatischen Rechte* tief kränken und selbst Unsere *Regierungsrechte* wesentlich verletzen.

Der dem Staats-Grundgesetz anklebende Fehler der Ungültigkeit ist aber auch durch eine, von Unserer Seite erfolgte, Anerkennung nicht gehoben worden.

Denn, Wir haben offen Unsern Widerspruch wider das Staats-Grundgesetz zu erkennen gegeben und Unsere Unterschrift zu wiederholten Malen verweigert.

Da Wir nun das Staats-Grundgesetz als gültig und für Uns verbindlich *nicht* betrachten, so können Wir auch mit den, durch dieses Gesetz hervorgerufenen, Ständen über eine, *von neuem* zu errichtende *Verfassungs-Urkunde* auf keine Weise unterhandeln.

Unter diesen Umständen haben Wir Uns am 30. Oktober d. J. verpflichtet gehalten:

die von Uns unterm 29. Juni d. J. vertagte allgemeine Stände-Versammlung *aufzulösen*, und erklären nunmehr hiermit:

daß die verbindliche Kraft des Staats-Grundgesetzes vom 26. September 1833 von jetzt an erloschen sei.

Von dem Aufhören des gedachten Staats-Grundgesetzes ist eine natürliche Folge, daß die, bis zu dessen Verkündigung gegoltene, *Landes- und landständische Verfassung* wieder in Wirksamkeit trete.

Um indessen alle, daraus auf irgend eine Weise entstehenden, nachteiligen Folgen vorzubeugen, finden Wir Uns, aus Liebe zu Unsern getreuen Unterthanen bewogen, hiermit zu erklären:

daß die Aufhebung des Staats-Grundgesetzes ohne allen Einfluß auf die *Rechtsbeständigkeit* der, seit dessen Publikation verkündigten, Gesetze und erlassenen Verordnungen sein soll, *daß vielmehr diese Gesetze und Verord-*

nungen bis dahin, daß deren Aufhebung auf gesetzlichem Wege erfolgen möchte, in voller Kraft und Gültigkeit verbleiben.

Nicht weniger soll der bisherige *Gang der Landes-Verwaltung* bis dahin völlig unverändert bleiben, daß Wir darin Abänderungen für notwendig oder zweckmäßig erachten werden.

Ist nun das bisherige Staatsgrundgesetz von Uns für aufgehoben erklärt, so ergiebt sich daraus von selbst, daß die sämtlichen königlichen Diener, von welchen Wir übrigens die pünktliche Befolgung Unserer Befehle mit völliger Zuversicht erwarten, ihrer, auf das Staats-Grundgesetz ausgedehnten, eidlichen Verpflichtung vollkommen enthoben sind.

Gleichwohl erklären Wir noch ausdrücklich, daß Wir dieselben von diesem Teile ihres geleisteten Diensteides hiermit *entbunden* haben wollen.

Wenngleich Wir nun das Staats-Grundgesetz vom Jahre 1833 nicht anerkennen können, so sind Wir doch gern geneigt, durch neue Bestimmungen die, bis zum Jahre 1833 bestehende, Verfassung in verschiedenen Punkten zu ergänzen und genauer festzustellen.

Um aber diesen wichtigen, Unserm Herzen so teuern, Zweck auf eine *gültige* Weise zu erreichen, haben Wir beschlossen:

die, in dem Königlichen Patente vom 7. Dezember 1819 angeordneten, allgemeinen Stände, welche bis zur Entstehung des, von Uns jetzt aufgehobenen Staats-Grundgesetzes in voller Wirksamkeit waren, *unverzüglich zusammen zu berufen und ihnen Unsere Anträge mitteilen zu lassen.*

Von dem lebhaften Wunsche beseelt, so viele als möglich alle Zweifel schon gegenwärtig zu beseitigen, welche desfalls entstehen könnten, wollen Wir Unsern getreuen Unterthanen nur einige Züge aus diesen, den allgemeinen Ständen von 1819 unmittelbar nach ihrer Zusammenberufung zur Beratung und Annahme vorzulegenden, Anträgen mitteilen[1]:

1. Aus den Einkünften Unserer Domänen, deren rechtliches Verhältnis durch Hausgesetze und Herkommen *fest* begründet ist, wollen Wir nach den, demnächst zu treffenden, Anordnungen solche Zuschüsse zu den *Staats-Bedürfnissen* leisten, welche Unserm getreuen Volke die Überzeugung gewähren sollen, daß Wir, wie dieses ohnehin der von Uns beabsichtigte *Steuer-Erlaß* auf die unzweideutigste Weise bekundet, nicht gemeint sind, die Lasten Unserer geliebten Unterthanen zu vermehren.

Wir werden Unsere weiteren desfallsigen Entschließungen Unsern zu berufenden getreuen Ständen eröffnen.

2. Um die *jährlichen*, durch die Länge ihrer Dauer die Regierung in der That lähmenden Versammlungen der allgemeinen Stände zu vermeiden, werden Wir darauf antragen, daß sie nur *alle drei Jahre* zusammen berufen werden, und daß alsdann deren Sitzungen, der Regel nach, nicht über *drei Monate* dauern.

[1] Bei Moldenhauer/Jäger steht „mitteieilen“.

Indes hängt es von Unserm Ermessen ab, auch während des dreijährigen Zeitraumes eine außerordentliche Zusammenberufung der allgemeinen Stände anzuordnen.

3. Den *Provinzial-Ständen* sollen, nach Unserer jedesmaligen Bestimmung, die geeigneten Gegenstände in *größerer* Masse, als dieses bisher der Fall war, vorgelegt werden.

Indes gehören Gesetze, welche *Steuern* und *Abgaben* des Königreichs, oder solche Gegenstände betreffen, die, in Gemäßheit Unserer Entscheidung, allgemeiner gesetzlichen Bestimmungen bedürfen und der provinziellen Gesetzgebung nicht überlassen werden können, zum Wirkungskreise der allgemeinen Stände-Versammlung.

Dieses wird zur Abkürzung der Sitzungen der allgemeinen Stände gleichfalls wesentlich beitragen und dadurch das wahre Wohl Unserer getreuen Unterthanen befördert werden.

Wir überlassen Uns der Hoffnung, daß Unsere getreuen Unterthanen schon in diesen wenigen ausgehobenen Grundzügen der künftigen Staats-Verfassung Unser ernstliches Bestreben entdecken werden, alle Hemmungen möglichst zu entfernen, welche durch das Staats-Grundgesetz vom 26. September 1833 für die Regierung und Verwaltung entstanden sind und notwendig entstehen mußten.

Werden in der *neuen Verfassung* die Rechte des Königs und der Stände auf eine angenehme Weise festgesetzt, und wird auf diese Art die Grundlage der ächten deutschen monarchischen Verfassung befestigt, so muß dadurch die Wohlfahrt Unserer getreuen Unterthanen notwendig befördert werden.

Da unserm väterlichen Herzen nichts so wohl thut, als die Lasten Unserer geliebten Unterthanen möglichst zu vermindern, so gewähret es Uns eine ganz besondere Freude, daß der Zustand der Finanzen des Königreichs es gestatten will, schon mit dem nächsten Jahre eine Verminderung der Steuerlast eintreten zu lassen.

Wir eröffnen daher Unseren getreuen Unterthanen, daß Wir beschlossen haben:

ihnen, vom 1. Juli 1838 an zu rechnen, jährlich die Summe von Hunderttausend Thalern an der Personen- und Gewerbe-Steuer zu erlassen.

Das weitere werden Wir darüber Unsern getreuen Ständen mitteilen.

Da Wir auf die Liebe, das Vertrauen und die Ergebenheit Unserer geliebten Unterthanen einen sehr hohen Wert legen, so haben die vielfachen Beweise, welche Wir davon seit Unserer Thronbesteigung erhielten, Uns mit lebhafter Freude erfüllt, und Wir bezeugen gern dafür Unserm treuen Volke Unsern vollen Dank.

In allen Teilen Unsers Königreichs, die Wir bisher zu berühren Gelegenheit hatten, erhielten Wir Beweise von Biedersinn und Zuneigung und fanden diejenige Unterthanentreue, welche seit unvordenklicher Zeit die Hannoveraner ihren Regenten erhalten und die sie, während der französischen Okkupation, in so hohem Grade bewährt haben.

Dieses hat auf Unser Gemüt einen tiefen Eindruck gemacht, der nie daraus verschwinden wird, und Unsere treuen Unterthanen mögen dagegen versichert sein, daß Unsere Gefühle für sie die eines Vaters für seine Kinder sind, und daß Wir den unwandelbaren Entschluß gefaßt haben, Alles zu thun, was die Landes-Verfassung auf eine solche Art begründen kann, daß das ursprüngliche Zutrauen zwischen dem Regenten und seinem Volke bewahrt und immer mehr befestigt werde, welches Übelgesinnte in den letzteren Jahren versucht haben, zu vernichten: aber Wir haben, Dank dem Allmächtigen, aus den Gesinnungen, die Uns seit Unserm Regierungs-Antritte dargelegt worden, die Überzeugung gewonnen, daß Wir das Zutrauen Unserer Unterthanen besitzen, welche glücklich zu machen, Unser stetes und eifrigstes Bestreben sein wird. Hoffentlich werden Übelgesinnte, welche nur selbstsüchtige Zwecke verfolgen, ohne das wahre Beste des Volkes zu berücksichtigen, durch ihre Handlungen Uns nie in die traurige Notwendigkeit setzen, die ganze Strenge der Gesetze wider sie zur Anwendung bringen zu lassen.

Gegeben in Unserer Residenzstadt Hannover, den Ersten November des Achtzehnhundert Sieben und Dreißigsten Jahres, Unseres Reiches im Ersten.

Ernst August.

Gesehen: G. von Schele.

69. Protestation der „Göttinger Sieben"

Ablehnung des Königlichen Patents vom 1. November 1837, mit dem die Verfassung aufgehoben wurde; der auf die Verfassung geleistete Eid sei weiterhin bindend.

Pöls, S. 144–146.

Göttingen, 18. November 1837

An Hohes Königliches Universitäts-Kuratorium [...]

Untertänigste Vorstellung einiger Mitglieder der Landes-Universität, das Königliche Patent vom 1. Nov. d. J. betreffend.

Die untertänigst Unterzeichneten fühlen sich in ihrem Gewissen gedrungen, über den Inhalt des Königl. Patents vom 1. d. M. ihre ehrerbietige Erklärung vor dem hohen Universitäts-Kuratorium niederzulegen.

Die Unterzeichneten können sich bei aller schuldigen Ehrfurcht vor dem Königlichen Wort in ihrem Gewissen nicht davon überzeugen, daß das Staatsgrundgesetz um deshalb rechtswidrig errichtet, mithin ungültig sei, weil der Höchstselige König nicht den ganzen Inhalt desselben auf Vertrag gegründet, sondern bei seiner Verkündigung einige Anträge der allgemeinen

Ständeversammlung ungenehmigt gelassen und einige Abänderungen hinzugefügt hat, ohne daß diese zuvor den allgemeinen Ständen mitgeteilt und von ihnen genehmigt wären. Denn dieser Vorwurf der Ungültigkeit würde nach der anerkannten Rechtsregel, daß das Gültige nicht durch das Ungültige vernichtet wird, denn doch immer nur diese einzelnen Punkte, die nach ihrem Inhalte durchaus nicht das Ganze bedingen, treffen keineswegs das ganze Staatsgrundgesetz. Derselbe Fall aber würde eintreten, wenn im Staatsgrundgesetz Rechte der Agnaten verletzt wären; denn der Grundsatz, daß eine jede Veränderung in der Staatsverfassung der agnatischen Einwilligung unterworfen sei, würde nicht ohne die größte Gefährdung der Königlichen Rechte aufgestellt werden können. Was endlich die dem Staatsgrundgesetze zur Last gelegte Verletzung wesentlicher Rechte angeht, so bleibt den untertänigst Unterzeichneten in bezug auf diese schwerste, aber gänzlich unentwickelt gebliebene Anklage nichts anderes übrig, als daran zu erinnern, daß das Königliche Publikationspatent vom 26. September 1833 sich gerade die Sicherstellung der landesherrlichen Rechte ausdrücklich zum Ziele nimmt, daß die deutsche Bundesversammlung, welche gleichzeitig mit den ständischen Verhandlungen über das Staatsgrundgesetz eine Kommission gerade zu demselben Ziele aufstellte, keine Rüge der Art jemals ausgesprochen hat, daß vielmehr das Staatsgrundgesetz dieses Königsreichs in ganz Deutschland das Lob weiser Mäßigung und Umsicht gefunden hat. Wenn daher die untertänigst Unterzeichneten sich nach ernster Erwägung der Wichtigkeit des Falles nicht anders überzeugen können, als daß das Staatsgrundgesetz seiner Errichtung und seinem Inhalte nach gültig sei, so können sie auch, ohne ihr Gewissen zu verletzen, es nicht stillschweigend geschehen lassen, daß dasselbe ohne weitere Untersuchung und Verteidigung von seiten der Berechtigten, allein auf dem Wege der Macht zugrunde gehe. Ihre unabweisliche Pflicht vielmehr bleibt, wie sie hiermit tun, offen zu erklären, daß sie sich durch ihren auf das Staatsgrundgesetz geleisteten Eid fortwährend verpflichtet halten müssen und daher weder an der Wahl eines Deputierten zu einer auf andern Grundlagen als denen des Staatsgrundgesetzes berufenen allgemeinen Ständeversammlung teilnehmen, noch die Wahl annehmen, noch endlich eine Ständeversammlung, die im Widerspruch mit den Bestimmungen des Staatsgrundgesetzes zusammentritt, als rechtmäßig bestehend anerkennen dürfen.

Wenn die ehrerbietigst unterzeichneten Mitglieder der Landesuniversität hier als Einzelne auftreten, so geschieht es nicht, weil sie an der Gleichmäßigkeit der Überzeugung ihrer Kollegen zweifeln, sondern weil sie so früh als möglich sich vor den Konflikten sicherzustellen wünschen, welche jede nächste Stunde bringen kann. Sie sind sich bewußt, bei treuer Wahrung ihres amtlichen Berufs die studierende Jugend stets vor politischen Extremen gewarnt und, so viel an ihnen lag, in der Anhänglichkeit an ihre Landesregierung befestigt zu haben. Allein das ganze Gelingen ihrer Wirksamkeit beruht nicht sicherer auf dem wissenschaftlichen Werte ihrer Lehren als auf ihrer persönlichen Unbescholtenheit. Sobald sie vor der studierenden Jugend als Männer erscheinen, die mit ihren Eiden ein leichtfertiges Spiel treiben, ebensobald ist der Segen ihrer Wirksamkeit dahin. Und was würde Sr. Majestät dem Könige der Eid unserer Treue und Huldigung bedeuten, wenn er von solchen ausginge, die eben erst ihre eidliche Versicherung freventlich verletzt haben?

C. Dahlmann. E. Albrecht. Jacob Grimm. Wilhelm Grimm.
G. Gervinus. H. Ewald. Wilhelm Weber.

70. Schreiben König Ernst Augusts von Hannover an Minister Schele

Die Verbreitung der Protestation der „Göttinger Sieben“ muß unterbunden werden; die Professoren müssen bestraft werden.

Pöls, S. 149–150

Rothenkirchen, 28. November 1837

Soeben habe ich Ihren Brief erhalten; es scheint mir durchaus erforderlich, ohne allen Zeitverlust die nötigen Maßregeln zu ergreifen, um teils der Verbreitung der Eingabe der Göttinger Professoren entgegenzuwirken, teils dieser Verbreitung auf die Spur zu kommen: Es wird überhaupt schleunigst eingeschritten werden müssen, um diesem Unwesen Einhalt zu thun: Ich sende daher eine Estafette nach Hannover und erwarte mit der nächsten Post, oder falls diese nicht gleich nach Empfang dieses abgehen sollte, mit einer Estafette weitere briefliche Anzeige. Gegenwärtig habe ich zuerst Kenntnis von der Eingabe der Professoren erhalten, welche mir früher nicht zu Gesicht gekommen war. Aus ihrem Inhalte habe ich entnommen, namentlich aus der Stelle, wo sich die Professoren nach erfolgter Aufhebung des Staatsgrundgesetzes dasselbe gewissermaßen noch als gültig zu betrachten und aufrechtzuerhalten herausnehmen und die auf verfassungsmäßigem Wege von mir und den Ständen des Jahres 1819 etwa zu vereinbarende Verfassung nicht anerkennen wollen, daneben auch von freventlicher Verletzung ihres Eides sprechen – daß die Professoren augenfällig eine revolutionäre, hochverräterische Tendenz verfolgen, welche sie persönlich verantwortlich macht: sie scheinen daher der Macht des peinlichen Richters verfallen, und zweifle ich nicht, daß von allen beteiligten Behörden alles werde getan werden, um diesem verbrecherischen Beginnen nicht allein zu steuern, sondern auch die Schuldigen zur Verantwortung und Strafe zu ziehen. Es wird rasch gehandelt werden müssen, um Eindruck zu machen. Hier habe ich die erfreuliche Nachricht eingezogen, daß die Göttinger Bürger die verbrecherischen Handlungen der Professoren verabscheuen: Sie beabsichtigen, mir eine Deputation zu schicken, um mich einzuladen, nach Göttingen zu kommen: Ich halte dafür, daß diesem Wunsche besonders aus dem Grunde zu willfahren sein werde, um den Professoren und der ganzen Stadt Göttingen zu zeigen, daß ich keine Scheu trage, ihnen mich jetzt zu zeigen: Inzwischen wünsche ich unverzüglich Ihre Ansicht über die Rätlichkeit dieses Schrittes zu vernehmen. Ich würde nicht säumen, sofort nach Hannover zurückzukehren, wenn ich nicht fürchtete, daß dies der Sache ein nachteiliges Ansehen gäbe, was gewiß tunlichst zu vermeiden sein wird. Finden Sie es angemessen oder der Sache förderlich, so kommen Sie unverzüglich hierher. Wo nicht, so werde ich Sie durch Ihren Sohn fortwährend von allem, was ich von Göttingen erfahre, in genaue Kenntnis setzen lassen.

Ich verbleibe
Ihr ergebenster
Ernst August

71. Entlassungs-Reskript für die „Göttinger Sieben"

Entlassungsschreiben des Königs für Fr. C. Dahlmann wegen der Protestation.

Pöls, S. 154–155.

Hannover, 11. Dezember 1837

Ernst August,

von Gottes Gnaden König von Hannover, Königlicher Prinz von Großbritannien und Irland, Herzog von Cumberland, Herzog zu Braunschweig und Lüneburg usw.

Die bei dem Curatorio der Unserm Herzen so teuern Universität Göttingen von sieben bei derselben angestellten Professoren, Dahlmann, Albrecht, Jacob Grimm, Wilhelm Grimm, Gervinus, Ewald und Weber, gegen das von Uns unterm 1. November d. J. erlassene Patent eingereichten Protestationsschrift vom 18. November ist Uns vorgelegt worden.

Wenn nun gleich die außerordentlich schnelle Verbreitung dieser Schrift in allen Teilen Unseres Königreichs sowohl als im Auslande Uns mit Recht veranlassen könnte, deshalb eine gerichtliche Untersuchung anstellen zu lassen, um die Urheber der Veröffentlichung in völlig rechtliche Gewißheit zu setzen und sie sodann die auf Handlungen dieser Art in den Gesetzen angeordnete Strafe erleiden zu lassen, so wollen Wir dennoch davon vorerst abstehen.

Allein die Grundsätze, welche die genannten Verfasser der Protestationsschrift in derselben offen ausgesprochen haben, sind leider von der Beschaffenheit, daß Uns dadurch die heilige Verpflichtung aufgelegt wird, gegen die Verfasser der Schrift unverzüglich nachdrückliche Maßregeln zu ergreifen, um ferneren höchst schädlichen und nachteiligen Folgen vorzubeugen.

Die Verfasser der Protestationsschrift haben in derselben den Uns als ihrem rechtmäßigen Landes- und Dienstherrn schuldigen Gehorsam aufgekündigt, da sie in dem Wahne stehen, die Untertanentreue nur in dem Falle Uns eidlich angeloben zu können, wenn das von Uns in Unserm Patente vom 1. November d. J. aufgehobene Staatsgrundgesetz vom 26. September 1833 fortdauernd Gültigkeit und verbindliche Kraft hätte.

Die Verfasser der Protestationsschrift haben darin erklärt, daß sie ihr Lehramt auf der Universität Göttingen nur alsdann mit wahrem Nutzen für die studierende Jugend ferner würden zu verwalten imstande sein, wenn sie ihrem früheren auf das Staatsgrundgesetz von 1833 geleisteten Eid getreu blieben, da ihre Wirksamkeit als öffentliche Lehrer notwendig ohne allen Segen sein müsse, wenn sie in den Augen der studierenden Jugend als Männer erschienen, die mit ihrem Eide ein leichtsinniges Spiel trieben.

Die gedachten Professoren haben durch Erklärungen solcher Art, bei denen sie gänzlich verkannt zu haben scheinen, daß Wir ihr alleiniger Dienstherr sind, daß auch der Diensteid einzig und allein Uns geleistet werde, somit auch Wir nur allein das Recht haben, denselben ganz oder zum Teil zu erlassen – das Dienstverhältnis, worin sie bisher gegen Uns standen, völlig aufgelöst, wovon dann deren Entlassung von dem ihnen anvertrauten öffentlichen Lehramte auf der Universität Göttingen nur als eine notwendige Folge betrachtet werden kann.

Nach den heiligen von der göttlichen Vorsehung Uns aufgelegten Pflichten können Wir Männer, welche von solchen Grundsätzen beseelt sind, die Verwaltung des ihnen verliehenen höchst einflußreichen Lehramtes unmöglich länger gestatten, indem Wir sonst mit Recht besorgen müßten, daß dadurch die Grundlagen der Staaten nach und nach gänzlich untergraben würden, und die künftige Dienerschaft nicht nur in Unserm Königreiche, sondern auch in andern Länder[!] eine solche Bildung erhielte, wodurch sie für Staat und Kirche auf gleiche Weise nachteilig werden müßte.

Aus allen diesen Gründen befinden Wir Uns in der höchst traurigen Notwendigkeit, den Hofrat und Professor Dr. ph. Fr. C. Dahlmann von dem ihm in der philosophischen Fakultät Unserer Universität Göttingen verliehenen öffentlichen Lehramte hiermit zu entlassen.

Hannover, den 11. Dezember 1837

Ernst August G. v. Schele

72. Proklamation König Ernst Augusts von Hannover zur Verfassungsfrage

Ernst August gibt die Entscheidung der Bundesversammlung bekannt, daß ein Einschreiten des Bundes wegen der Aufhebung der Verfassung nicht gerechtfertigt sei; die Verfassung von 1833 bleibt aufgehoben.

Hannoversche[r] Verfassungskonflikt, S. 94–96.

Hannover, 10. September 1839

Ernst August, von Gottes Gnaden König von Hannover, Königlicher Prinz von Großbritannien und Irland, Herzog von Cumberland, Herzog zu Braunschweig und Lüneburg etc. etc.

In der fünften Sitzung der deutschen Bundesversammlung vom 26. April d. J. sind einige Anträge dahin gestellt worden: „daß die Bundesversammlung der Königlich Hannöverschen Regierung erkläre, wie sie, abgesehen von den materiellen Rechtsverhältnissen, in dem Verfahren bei Aufhebung des Staatsgrundgesetzes vom 26. September 1833 die Beobachtung des Artikel 56 der Wiener Schlußacte, dessen Handhabung die Mitglieder des Bundes sich wechselseitig zugesichert haben, vermisse, und in den Angriffsmitteln, welche aus fortdauernden formellen Rechtsirrungen in Hannover den Gegnern des monarchischen Prinzips bereitet werden, einen um so dringenderen Beweggrund erblicke, dermal der Königlich Hannöverschen Regierung die Aufrechthaltung des formellen Rechtszustandes, sowie die Herbeiführung etwa für nöthig erachteter Abänderungen ausschließlich auf dem diesem Rechtszustande entsprechenden Wege angelegenst zu empfehlen." Die Bundesversammlung hat darauf in ihrer neunzehnten diesjährigen Sitzung des laufenden Monats den nachstehenden Beschluß gefaßt: „Daß den in der fünften Sitzung vom 26. April d. J. auf das Einschreiten des Bundes in der Hannöverschen Verfassungsfrage gestellten Anträgen keine Folge gegeben werden könne, da bei obwaltender Sachlage eine *bundesgesetzlich begründete Veranlassung zur Einschreitung in diese innere Landesangelegenheit nicht vorliegt*. Dagegen hege die Bundesversammlung die vertrauensvolle Erwartung, daß Se. Majestät der König von Hannover, Allerhöchstihren ausgesprochenen landesväterlichen Absichten gemäß, geneigt seyn werde, baldmöglichst mit den *dermaligen* Ständen über das Verfassungswerk eine den Rechten der Krone und der Stände entsprechende Vereinbarung zu treffen.

Wir finden Uns in Gnaden bewogen, solches ohne Verzug zur Kenntnis Unserer getreuen Unterthanen zu bringen. Der deutsche Bund hat diesem zufolge die Verfassungssache Unseres Königreichs für *eine innere Landesangelegenheit erklärt* und ausgesprochen, daß keine bundesgesetzliche Veranlassung zu einer Einschreitung in dieselbe vorhanden sey. Zugleich ist darin eine Vereinbarung über das Verfassungswerk, welche den Rechten Unserer Krone und der Stände entspreche, als erwünscht bezeichnet, und zwar eine Vereinbarung mit den *dermaligen Ständen Unseres Königreichs*. Es hat hiemit diejenige Grundlage des in Unserem Königreiche bestehenden öffentlichen Rechts eine Anerkennung gefunden, welche von Uns stets für die allein gültige erklärt worden ist. Zugleich sehen Wir Uns zu erklären bewogen, daß Wir in der von der Bundesversammlung ausgesprochenen vertrauensvollen Erwartung nur Unsere lebhaftesten, stets von Uns gehegten Wünsche berührt finden. Wir haben diese Wünsche schon im vorigen Jahre durch die Vorlegung des Entwurfs einer Verfassungsurkunde bethätigt und eine vertragsmäßige Übereinkunft mit Unserer getreuen allgemeinen Ständeversammlung erwartet. Wir forderten wiederholt zur Beschleunigung der damaligen landständischen Verhandlungen auf; die Gründe, welche deren Unterbrechung nochmals veranlaßt haben, sind bekannt. Unsere Wünsche blieben jedoch unverändert; die Hoffnung, sie erreicht zu sehen, ist durch die neueren Anträge Unserer allgemeinen Ständeversammlung bedeutend gestärkt worden. Sie hat Uns bewogen, eine Commission anzuordnen, welche sich mit den nöthigen desfallsigen Vorarbeiten beschäftigt. Wir werden die Prüfung dieser Vorarbeiten thunlichst beschleunigen, und sodann diejenigen Anträge an Unsere getreuen allgemeinen Stände unverweilt gelangen lassen, welche geeignet erscheinen können, das Wohl Unseres geliebten Volks dauernd zu begründen. Wir rechnen zur Erreichung Unserer landesväterlichen Absichten gern auf eine pflichtmäßige, ernstliche und wohlwollende Mitwirkung derjenigen Unserer Unterthanen, welche dazu berufen sind. Unser aufrichtigstes Bestreben wird stets auf das wahre Beste Unserer getreuen Unterthanen gerichtet seyn, und Wir können nichts so lebhaft wünschen, als daß die Stände Unseres Königreichs diesem Unserem Bestreben mit gleicher Bereitwilligkeit entgegen kommen mögen. Damit jedoch bei Unsern getreuen Unterthanen über dasjenige, was bis zu einer Vereinbarung mit der allgemeinen Ständeversammlung, oder wenn eine solche – wider Verhoffen – nicht zu erreichen seyn sollte, in den öffentlichen Verhältnissen Unseres Königreichs Rechtens sey, kein Zweifel obwalte, so erklären Wir wiederholt hiemit diejenige Verfassung, welche bis zur Erlassung des von Uns für erloschen erklärten Staatsgrundgesetzes bestanden, und in so weit sie die allgemeinen Stände betrifft, auf den Grund des Patents vom 7. December 1819 sich herausgebildet hat, für die gültige Grundlage des öffentlichen Rechts in Unseren Landen. Wie Wir hiebei zuversichtlich vertrauen, daß die aus mangelhafter Auffassung der Rechtsverhältnisse hervorgegangenen irrthümlichen Ansichten über die Verfassungsangelegenheit nunmehr hinlänglich berichtigt seyn werden, und wie Wir geneigt seyn werden, solchen Handlungen, welche durch die erwähnte mangelhafte Auffassung bis jetzt erzeugt wurden, eine vielfältig von Uns bereits bethätigte Nachsicht in den geeigneten Fällen angedeihen zu lassen, so hoffen Wir von nun an auch, daß die

Sorge für Unser Königreich Uns nicht in die unangenehme Nothwendigkeit versetzen werde, gegen verfassungs- und ordnungswidrige Bestrebungen, insbesondere gegen die vielfältig vorgekommenen Umtriebe mit aller Strenge einzuschreiten.

Gegeben Hannover, den 10. September 1839

Ernst August.

G. Frhr. v. Schele.

73. Vertrag zwischen England, Rußland, Österreich und Preußen sowie dem Osmanischen Reich

Vertrag zur Unterstützung des Sultans gegen den Pascha von Ägypten. Sicherung des Bosporus, der Dardanellen und Konstantinopels mit Schiffen sowie Kontrolle der Landverbindung zwischen Ägypten und Syrien zugesagt.

PDB, 25. Sitzung, 12. November 1840, Beilage 1 zu § 292, S. 499–501.

London, 15. Juli 1840

Convention,

conclue entre les Cours de la Grande-Bretagne, d'Autriche, de Prusse et de Russie, d'une part, et la Sublime Porte Ottomane, de l'autre, pour la pacification du Levant, signeé à Londres, le 15 Juillet 1840.

Au nom de Dieu très-miséricordieux.

Sa Hautesse le Sultan ayant eu recours à Leurs Majestés la Reine du royaume uni de la Grande-Bretagne et d'Irland, L'Empereur d'Autriche, Roi de Hongrie et de Bohême, le Roi de Prusse et l'Empereur de toutes les Russies, pour réclamer Leur appui et Leur assistance au milieu des difficultés dans lesquelles il se trouve placé par suite de la conduite hostile de Méhémet-Ali, Pacha d'Egypte, – difficultés qui menacent de porter atteinte à l'intégrité de l'Empire Ottoman et à l'indépendance du trône du Sultan, Leurs dites Majestés, unies par le sentiment d'amitié sincère qui subsiste entre Elles et le Sultan, animées du désir de veiller au maintien de l'intégrité et de l'indépendance de l'Empire Ottoman, dans l'intérêt de l'affermissement de la paix de l'Europe; fidèles à l'engagement qu'Elles ont contracté par la Note collective, remise à la Porte par Leurs Représentans à Constantinople le 27 Juillet 1839; et désirant de plus prévenir l'effusion de sang qu'occasionnerait la continuation des hostilités qui ont récemment éclaté en Syrie entre les autorités du Pacha d'Egypte et les sujets de Sa Hautesse;

Leurs dites Majestés et Sa Hautesse le Sultan ont résolu, dans le but susdit, de conclure entre Elles une Convention, et ont nommé à cet effet pour Leurs Plénipotentiaires, savoir:

S. M. la Reine du royaume uni de la Grande-Bretagne et d'Irlande, le trèshonorable Henry Jean Vicomte *Palmerston* etc. etc. etc.

S. M. l'Empereur d'Autriche, Roi de Hongrie et du Bohême, le Sieur Philippe Baron de *Neumann* etc. etc. etc.

S. M. le Roi de Prusse, le Sieur Henry Guillaume Baron de *Bulow* etc. etc. etc.

S. M. l'Empereur de toutes les Russies, le Sieur Philippe Baron de *Brunow* etc. etc. etc.

et S. M. le très-majestueux, très-puissant et très-magnifique Sultan Abdul Medjid, Empereur des Ottomans, *Chekib Efendi* etc. etc. etc.

Lesquels, s'étant réciproquement communiqué leurs pleins pouvoirs, trouvés en bonne et due forme, ont arrêté et signé les articles suivans:

Article I. S. H. le Sultan s'étant entendu avec Leurs Majestés la Reine du royaume uni de la Grande-Bretagne et d'Irlande, L'Empereur d'Autriche, Roi des Hongrie et de Bohême, le Roi de Prusse et l'Empereur de toutes les Russies, sur les conditions de l'arrangement qu'il est de l'intention de S. H. d'accorder à Méhémet-Ali – conditions lesquelles se trouvent specifiées dans l'acte séparé et annexé – Leurs Majestés s'engagent à agir dans un parfait accord, et d'unir Leurs efforts pour déterminer Méhémet-Ali à se conformer à cet arrangement, chacune des hautes parties contractantes se réservant de coopérer à ce but selon les moyens d'action dont chacune d'Elles peut disposer.

Article II. Si le Pacha d'Egypte refusait d'adhérer au susdit arrangement, qui lui sera communiqué par le Sultan avec le concours de Leurs dites Majestés, Celles-ci s'engagent à prendre, à la réquisition du Sultan, des mesures concertées et arrêtées entre Elles, afin de mettre cet arrangement à exécution. Dans l'intervalle, le Sultan ayant invité ses alliés à se joindre à Lui pour l'aider à interrompre la communication par mer entre l'Egypte et la Syrie, et à empêcher l'expédition de troupes, chevaux, armes, munitions et approvisionnemens de guerre de tout genre, d'une de ces provinces à l'autre: Leurs Majestés la Reine du royaume uni de la Grande-Bretagne et d'Irlande, et l'Empereur d'Autriche, Roi des Hongrie et de Bohême, s'engagent à donner immédiatement à cet effet les ordres nécessaires aux commandans de Leurs forces navales dans la Méditerranée; Leurs dites Majestés promettent en outre, que les commandans de Leurs escadres, selon les moyens dont ils disposent, donneront, au nom de l'alliance, tout l'appui et toute l'assistance en leur pouvoir à ceux des sujets du Sultan qui manifesteront leur fidélité et leur obéissance à leur Souverain.

Article III. Si Méhémet-Ali, après s'être refusé de se soumettre aux conditions de l'arrangement mentionné ci-dessus, dirigeait ses forces de terre ou de mer vers Constantinople, les hautes parties contractantes, sur la réquisition expresse qui en serait faite par le Sultan à Leurs Représentans à

Constantinople, sont convenues, le cas echéant, de se rendre à l'invitation de ce Souverain, et de pourvoir à la défense de son trône, au moyen d'une coopération concertée en commun, dans le but de mettre les deux détroits du Bosphore et des Dardanelles, ainsi que la Capitale de l'Empire Ottoman à l'abri de toute agression.

Il est en outre convenu, que les forces qui, en vertu d'une pareille entente, recevront la destination indiquée ci-dessus, y resteront employées aussi long-tems que leur présence sera requise par le Sultan, et lorsque S. H. jugera que leur présence aura cessé d'être nécessaire, les dites forces se retireront simultanément et rentreront respectivement dans la Mer Noire et dans la Méditerranée.

Article IV. Il est toutefois expressément entendu, que la coopération mentionnée dans l'article précédent, et destinée à placer temporairement les détroits des Dardanelles et du Bosphore et la Capitale Ottomane sous la sauve-garde des hautes parties contractantes contre toutes agression de Méhémet-Ali, ne sera considérée que comme une mesure exceptionelle, adoptée à la demande expresse du Sultan, et uniquement pour sa défense dans le cas seul indiqué ci-dessus. Mais il est convenu, que cette mesure ne dérogera en rien à l'ancienne règle de l'Empire Ottoman, en vertu de laquelle a été de tout tems défendu aux bâtimens de guerre des Puissances étrangères d'entrer dans les détroits des Dardanelles et du Bosphore. Et le Sultan, d'une part, déclare par le présent acte, qu'à l'exception de l'éventualité ci-dessus mentionnée, il a la ferme résolution de maintenir à l'avenir ce principe invariablement établi comme ancienne règle de son Empire, et, tant que la Porte se trouve en paix, de n'admettre aucun bâtiment de guerre étranger dans les détroits du Bosphore et des Dardanelles; – d'autre part, Leurs Majestés la Reine du royaume uni de la Grande-Bretagne et d'Irlande, l'Empereur d'Autriche, Roi de Hongrie et de Bohême, le Roi de Prusse et l'Empereur de toutes les Russies s'engagent à respecter cette détermination du Sultan et à se conformer au principe ci-dessus énoncé.

Article V. La présente convention sera ratifiée et les ratifications en seront échangées à Londres dans l'espace de deux mois, ou plutôt si faire se peut.

En foi de quoi les Plénipotentiaires respectifs l'ont signée et y ont apposé les sceaux de leurs armes.

Fait à Londres le quinze Juillet, l'an de grâce mil-huit-cent-quarante.

(L. S.) Palmerston *(L. S.) Chekib.*
(L. S.) Neumann.
(L. S.) Bulow.
(L. S.) Brunow.

74. Präsidialantrag bei der Bundesversammlung und Bundesbeschluß zu den militärischen Rüstungen in Frankreich und der Bereitschaft des Bundesheeres

Preußen und Österreich sollen im Sinne des Deutschen Bundes auf Frankreich einwirken; Gutachten der Militärkommission über Maßnahmen, wie das Bundesheer ggf. möglichst schnell in Kriegsbereitschaft versetzt werden kann, wird angefordert.

PDB, Separat-Protokoll, 6. Sitzung, 13. März 1841, § 1, S. 150a–150h.

Frankfurt am Main, 13. März 1841

Der Kaiserlich-Königlich-Oesterreichische Präsidirende Gesandte, Herr Graf von Münch-Bellinghausen, trägt vor:

Aus den Mittheilungen, welche der hohen Bundesversammlung am 12. November v. J. gemacht worden sind, ist bekannt, daß die Höfe von Wien, Berlin, London und St. Petersburg, als sie mit der Ottomanischen Pforte den Vertrag vom 15. Juli v. J. abschlossen, keinen andern Zweck im Auge hatten, als [...] durch Erhaltung der Unabhängigkeit und Integrität des Ottomanischen Reichs dem allgemeinen Frieden eine neue Bürgschaft seiner Dauer zu geben. [...]

Von diesen Gesinnungen und Grundsätzen geleitet, hatten die vier Höfe während der Verhandlungen, welche dem Abschlusse des Vertrags vorangegangen, nichts versäumt, um in Beziehung auf die Mittel und Wege, die zur Erreichung des vorgesetzten Zieles im Oriente anzuwenden waren, mit Frankreich dasjenige Einverständniß herbeizuführen, welches [...] durch die bekannte Collectivnote vom 27. Juli 1839 förmlich ausgesprochen war.

Ihre Bemühungen waren aber fruchtlos; Frankreich zog sich von den gemeinsamen Verhandlungen zurück, schritt zur Bewaffnung, und gab dieser Bewaffnung eine Richtung, welche denjenigen politischen Körper, der mit der obschwebenden Frage in gar keiner Art von Beziehung gestanden hatte, vorzüglich zu bedrohen schien. Der Deutsche Bund, welcher den Verhandlungen in der Türkisch-Aegyptischen Frage fremd geblieben war, weil das Bundesgebiet durch seine geographische Lage von dem Schauplatze der Handlung durch weite Räume getrennt ist, – der Deutsche Bund, dessen hoher Beruf, in der Mitte des europäischen Staatensystems einen unerschütterlichen Schwerpunct des allgemeinen Friedens zu bilden, es nicht zulässig macht, daß er in Zerwürfnisse thätig eingreife, die sich fern von seinem moralischen und materiellen Gesichtskreise zutragen, – der Deutsche Bund erschien plötzlich von einem Nachbar bedroht, mit welchem er seit fünf und zwanzig Jahren im friedlichen Verkehre lebt, und mit welchem die freundschaftlichen Beziehungen zu erhalten und zu erweitern, derselbe inmitten der politischen Stürme stets bedacht und bestrebt war.

Der Kaiser von Oesterreich und der König von Preussen waren, als Theilnehmer an dem Vertrage vom 15. Juli, Ihren Genossen im Bunde, Sie waren es Sich selbst und dem Wohle der Ihnen von der Vorsehung anvertrauten Völker schuldig, diesen Stand der Dinge, so bald er sich kund gab, fest und ruhig in das Auge zu fassen, und reiflich zu erwägen, zu welchen Entschliessungen diese neue Gestaltung der französischen Politik den Rath der Fürsten veranlassen könne.

Daß von Seiten des Deutschen Bundes der französischen Regierung auch nicht der Schein einer rechtsgültigen Veranlassung zu einer gegen Deutschland gerichteten Kriegsrüstung geboten war, lag eben so klar am Tage, als die Ueberzeugung, daß auch nicht durch den Vertrag vom 15. Juli eine Ursache hierzu gegeben war.

Das Zurückziehen Frankreichs von der Reglung der Zerwürfnisse der Pforte und Mehemed Ali's, war ein selbstgewähltes, […] *ein freiwilliges Zurückziehen.*

Es blieb sonach keine andere Erklärung dieser bedauernswerthen Handlungsweise der französischen Regierung übrig, als jene der eigenthümlichen Lage, in welcher sie sich – den nach Umwälzung strebenden Parteien des eigenen Landes gegenüber – befand, – eine Lage, welche durch die zügellose Presse und durch unbedachte Aufregung der Gemüther von Tag zu Tag gefahrdrohender werden mußte.

Das Resultat der Erwägung der Höfe von Oesterreich und Preussen konnte bei diesen Verhältnissen nicht zweifelhaft seyn.

Der Deutsche Bund, als solcher, durch seinen Zweck und seine Verfassung, ein Bund des Friedens, dürfe nicht länger […] mit Gleichmuth im großen Nachbarreiche einen Zustand der Dinge sich entwickeln und begründen sehen, der als wahre Vorbereitung zum Kriege gelten konnte; er sey es vielmehr seiner Würde und der Sicherheit der deutschen Völker, über welche zu wachen sein Beruf ist, schuldig, und er sey durch seine Beziehungen und Verhältnisse zu Frankreich berechtigt, bei der französischen Regierung einen Schritt zu machen, welcher die gegenseitige Stellung Frankreichs und Deutschlands aufzuklären, und dessen Resultat ihm zur Richtschnur seiner weiteren Maaßnahmen zu dienen geeignet sey.

Bevor aber noch ein solcher Schritt von Seiten des Deutschen Bundes geschehe, schien es angemessen, und gewiß den friedliebenden Gesinnungen sämmtlicher deutschen Regierungen entsprechend, daß die beiden, zugleich europäischen und deutschen Höfe von Wien und Berlin, eine vertrauliche Eröffnung in Paris vorausgehen liessen, um die dortige Regierung auf die bedenkliche Lage aufmerksam zu machen, in welche Frankreich, dem Deutschen Bunde gegenüber, durch die Bewaffnung des Landes und dadurch gesteigerte Aufregung der Gemüther versetzt ist, und auf die Nothwendigkeit, hierin einen Abschnitt zu machen, – wolle sie es anders vermeiden, daß auch Deutschland seine materiellen Vertheidigungsmittel mit den Rüstungen Frankreichs in das Gleichgewicht setze.

Dieser vorläufige Schritt, welcher durch die Gesandten beider Höfe gleichzeitig zu geschehen hatte, ist von der Königlich-Französischen Regierung in demjenigen Sinne aufgenommen worden, von welchem derselbe ausging. Die Königlich-Französische Regierung ließ der Haltung, welche „der Deutsche Bund in diesem schwierigen Zeitabschnitte bewahrt hat, volle Gerechtigkeit widerfahren, und gab in Bezug auf die Rüstungen die Aufklärung, daß das von der frühern Administration, aus Anlaß der orientalischen Frage, aus Ueberzeugung selbst gewählte Isolirungssystem die Regierung genöthigt habe, die Land- und Seemacht zu vermehren, um für alle Eventualitäten bereit zu seyn, und daß die dermalige Französische Administration entschlossen sey, die Kriegsrüstungen bis zu dem Zeitpuncte beizubehalten, wo die Absonderung Frankreichs aufhören, und die orientalische Frage gänzlich beendet seyn werde; endlich so lange, als die Meinung der conservativen Partei in Frankreich die Aufrechthaltung des *bewaffneten Friedens* erfordern werde; daß aber übrigens diese Bewaffnung des Landes nichts Agressives, Drohendes oder Feindseliges, am wenigsten gegen Deutschland beziele, und daß, wenn dem ungeachtet Deutschland sich veranlaßt sehen sollte, auch seiner Seits zu rüsten, die französische Regierung darin nichts Befremdendes finden, keine Erklärungen darüber begehren und eben so wenig feindselige Gesinnungen gegen Frankreich darin erkennen werde."

Indem der Kaiserlich-Königliche Hof sich beehrt, der hohen Bundesversammlung von diesem Stande der Sache getreue Rechenschaft abzulegen, glaubt sich derselbe zugleich verpflichtet, seine Ansicht dahin auszusprechen, daß […] für eine von Seiten des Bundes an Frankreich zu stellende förmliche Anfrage der Zeitpunct nicht gekommen zu seyn scheine. Die Rüstungen sind zwar bedeutend, und gehen über einen geregelten Normalfriedensfuß hinaus; sie tragen jedoch nicht einen *unmittelbar agressiven Charakter*, und es fehlt in neuester Zeit nicht an Thatsachen, die den Willen, in denselben Rückschritte zu machen, zu beurkunden scheinen. Und es ist wirklich […] heute nicht zu glauben, daß Frankreich ohne alle Veranlassung und ohne irgend einen, auf völkerrechtlicher Basis beruhenden Grund, einen zum allgemeinen Krieg führenden Angriff gegen Deutschland unternehmen werde.

Die Staatsklugheit scheint unter diesen Umständen um so mehr zu fordern, daß nicht durch eine formelle Anfrage des Bundes zu Paris die Wechselbeziehungen zwischen den beiden benachbarten großen Staatskörpern vor der Zeit mit einem schroffen, die Erhaltung eines friedlichen Einverständnisses erschwerenden Charakter bekleidet werden, als kürzlich die Türkisch-Aegyptische Sache durch die Unterwerfung des Paschas von Aegypten, und die Annahme derselben von Seiten des Sultans beendigt worden, und sonach der von der französischen Regierung selbst bezeichnete

Zeitpunct eingetretreten[!] ist, in welchem die Absonderung Frankreichs ihr Ziel würde finden können. Es dürfte vielmehr von Seiten der Höfe von Wien und Berlin, dem französischen Ministerium gegenüber, auch ferner noch der Weg der vertraulichen Mittheilungen betreten, und in dieser Weise auch ein allmähliges Zurückführen der Waffenkraft in Frankreich auf das, einem wirklichen Friedensstande entsprechende Maaß hingewirkt werden.

[...] So friedfertig jedoch die Versicherungen der französischen Regierung auch sind, so ist gleichwohl die Thatsache, daß in Frankreich eine bedeutend größere Truppenzahl, als dieses in ruhigen Zeiten bis jetzt der Fall war, unter den Waffen steht, von zu ernster Art, als daß der Deutsche Bund die Möglichkeit, es könne das wohlgerüstete Heer nach Willkühr und Umständen ein für Deutschland alsbald gefährliches Werkzeug werden, ausser der Berechnung lassen könnte.

Dieser Gefahr des Tages, und selbst, sollte sie heute auch beseitigt werden, ihrer möglichen Erneuerung gegenüber, darf Deutschland nicht in dem Stande relativer Wehrlosigkeit verbleiben, in welchem es sich bei, an manchem Orte unter das Maaß des vollen Friedensstandes herabgedrückten Bereitschaftsgraden, inmitten einer langen Friedensperiode befunden hatte. [...]

Zu diesem Ende und in dem Vertrauen, daß sämmtliche Bundescontingente ohnehin entweder bereits in der bundesverfassungsmäßigen vollen Friedensbereitschaft sich befinden, oder sofort in solche werden versetzt werden, ist die Kaiserlich-Königliche Präsidialgesandtschaft beauftragt, den Antrag dahin zu richten, daß von der Bundes-Militärcommission sofort ein Gutachten darüber abverlangt werde, welche weiteren Maaßregeln nothwendig erscheinen, um eintretenden Falls den Uebergang von der vollen Friedensbereitschaft in die Kriegsbereitschaft mit der erforderlichen Beschleunigung bewirken zu können.

Dieses Gutachten wird zugleich die Mittel anzugeben haben, um für jetzt und für alle Zeiten sich die volle Sicherheit zu verschaffen, daß den gestellten Forderungen überall entsprochen werde. [...]

Beschluß:

1) In dankbarer Anerkennung der weisen Fürsorge, mit welcher der Kaiserlich-Königlich-Oesterreichische und der Königlich-Preussische Hof aus Anlaß der Kriegsrüstungen Frankreichs die Interessen der Gesammtheit des Deutschen Bundes zu Paris vertreten haben, und in gerechter Würdigung der Kraft und Klugheit, mit welcher Allerhöchstdieselben einen wahren Friedensstand zu sichern bestrebt sind, überläßt es der Deutsche Bund zur Zeit den Höfen von Oesterreich und Preussen, in dieser Beziehung Ihren Einfluß und Ihre Wirksamkeit wie bisher in vertraulicher Form geltend zu machen, und es hegt Derselbe die zuversichtliche Erwartung, es werden beide höchsten Höfe das Wohl des gemeinsamen Vaterlandes, dessen Ehre und Würde unverrückt im Auge behalten.

2) Da die Sicherheit des Bundes erheischt, daß die deutsche Heeresmacht in einem Zustande sey, welcher geeignet ist, den in dem Kaiserlich-Königlichen Präsidialvortrage entwickelten Verhältnissen zu entsprechen und allen Wechselfällen zu genügen, und da sämmtliche Bundescontingente ohnehin in der bundesverfassungsmäßigen vollen Friedensbereitschaft seyn müssen; so verordnet die Bundesversammlung, daß die Bundes-Militärcommission in der möglich kürzesten Frist ein Gutachten darüber erstatte, welche weiteren Maaßregeln nothwendig erscheinen, um eintretenden Falles den Uebergang von der vollen Friedensbereitschaft in die Kriegsbereitschaft mit der erforderlichen Beschleunigung bewirken zu können. Dieses Gutachten wird zugleich die Mittel anzugeben haben, um für jetzt und für alle Zeiten sich die volle Sicherheit zu verschaffen, daß den gestellten Forderungen überall entsprochen werde.

75. Vertrag zur Unterdrückung des Sklavenhandels[1]

Sklavenhandel soll verhindert werden; Schiffskontrollen sind möglich; detaillierte Verfahrensregeln werden festgelegt.

PDB, 3. Sitzung, 3. Februar 1843, Beilage 1, S. 99–106.

London, 20. Dezember 1841

Au nom de la très sainte et indivisible Trinité.

Leurs Majestés l'Empereur d'Autriche, Roi d'Hongrie et de Bohême, le Roi de Prusse, et l'Empereur de toutes les Russies, voulant donner un plein et entier effet aux principes déjà énoncés dans les Déclarations solennelles faites par l'Autriche, la Prusse, et la Russie, d'accord avec d'autres Puissances Européennes, au Congrès de Vienne, le 8 Février, 1815, et au Congrès de Vérone, le 28 Novembre, déclarations par lesquelles les dites Puissances ont annoncé qu'elles étaient prêtes à concourir à tout ce qui pourrait assurer et accélérer l'abolition complète et finale de la Traite des Nègres: et leurs Majestés ayant été invitées par Sa Majesté la Reine du Royaume Uni de la

[1] Die Bundesversammlung erklärte zu diesem Vertrag am 3. Februar 1843: „Sie [= die Bundesversammlung] ertheilt den Gesinnungen und Grundsätzen christlicher Menschenliebe, aus welchen dieser Vertrag und insbesondere die darin enthaltene Bestimmung hervorgegangen ist, wodurch der Negerhandel dem Verbrechen des Seeraubes gleichgeachtet wird, ihren vollsten Beifall, und sie hegt den lebhaften Wunsch, daß die Maaßregeln, zu welchen sich die contrahirenden Mächte vereinigt haben, das Ziel gänzlicher Ausrottung dieses schändlichen Handels recht bald erreichen mögen" (Protokolle der Deutschen Bundesversammlung 1843, 3. Sitzung vom 3. Februar 1843, § 47, S. 73–74, hier S. 74).

Grande Bretagne et d'Irlande, et par Sa Majesté le Roi des Français, à conclure un Traité pour la suppression plus efficace de la Traite, Leurs dites Majestés ont résolu de négocier et de conclure ensemble un Traité pour l'abolition finale de ce Trafic: et à cet effet elles ont nommé pour leurs Plénipotentiaires, savoir: –

Sa Majesté l'Empereur d'Autriche, Roi de Hongrie et de Bohême, le Sieur Auguste, Baron de Koller [...];

Sa Majesté le Roi des Français, le Sieur Louis de Beaupoil, Comte de St. Aulaire [...]

Sa Majesté la Reine du Royaume Uni de la Grande Bretagne et d'Irlande, le Très Honorable George, Comte de Aberdeen [...];

Sa Majesté le Roi de Prusse, le Sieur Alexandre Gustave Adolphe, Baron de Schleinitz [...];

Et Sa Majesté l'Empereur de toutes les Russies, le Sieur Philippe, Baron de Brunnow [...]: –

Lesquels, après s'être communiqué leurs Pleins-pouvoirs, trouvés en bonne et due forme, ont arrêté et signé les Articles suivans:

Article I. Leurs Majestés l'Empereur d'Autriche, Roi de Hongrie et de Bohême, le Roi de Prusse, et l'Empereur de toutes les Russies, s'engagent à prohiber toute Traite des Nègres, soit de la part de leurs sujets respectifs, soit sous leurs pavillons respectifs, soit au moyen de capitaux appartenant à leurs sujets respectifs; et à déclarer un tel Trafic crime de Piraterie. Leurs Majestés déclarent, en outre, que tout navire qui tenterait d'exercer la Traite des Nègres, perdra, par ce seul fait, tout droit à la protection de leur pavillon.

Article II. Afin d'atteindre plus complètement le but du présent Traité, les Hautes Parties Contractantes sont convenues d'un commun accord, que ceux de leurs bâtimens de guerre qui seront munis de Mandats et d'Ordres spéciaux dressés d'après les formules de l'Annexe A du présent Traité,[2] pourront visiter tout navire marchand appartenant à l'une ou l'autre des Hautes Parties Contractantes, qui, sur des présomptions fondées, sera soupçonné de se livrer à la Traite des Nègres, ou d'avoir été équipé à cette fin, ou de s'être livré à cette Traite pendant la traversée où il aura été rencontré par les dits croiseurs; et que ces croiseurs pourront arrêter, et envoyer ou emmener les dits navires, afin qu'ils puissent être mis en jugement d'après le mode convenu ci-après.

Toutefois le droit ci-dessus mentionné de visiter les navires marchands de l'une ou l'autre des Hautes Parties Contractantes, ne pourra être exercé que par des bâtimens de guerre dont les Commandans auront le grade de Capitaine, ou celui de Lieutenant dans la Marine Royale ou Impérial, à moins

[2] Die Formulare sind ebenfalls als Beilagen in den Bundesprotokollen abgedruckt, werden hier aber nicht wiedergegeben. In den Protokollen, ebd., S. 106–108.

que par suite de décès, ou autre cause, le commandement ne soit échu à un officier d'un rang inférieur. L'officier commandant un tel bâtiment de guerre sera muni de Mandats conformes à la formule annexée au présent Traité sub literâ A.

Le dit droit mutuel de visite ne sera pas exercé dans la Mer Méditerranée. De plus, l'espace dans lequel l'exercice du dit droit sera renfermé, aura pour limite, au nord, le 32me degré de latitude septentrionale; à l'ouest, la côte orientale de l'Amérique, à partir du point où le 32me degré de latitude septentrionale touche cette côte, jusqu'au 45me degré de latitude méridionale; au sud, le 45me degré de latitude méridionale, à partir du point où ce degré de latitude touche la côte orientale de l'Amérique, jusqu'au 80me degré de longitude orientale du méridien de Greenwich; et à l'est, ce même degré de longitude, à partir de son point d'intersection avec le 45me degré de latitude méridionale jusqu'à la côte des Indes Orientales.

Article III. Chacune des Hautes Parties Contractantes qui voudra armer des croiseurs pour la suppression de la Traite des Nègres, et exercer le droit mutuel de visite, se réserve de fixer, selon ses propres convenances, le nombre des bâtimens de guerre qui sera employé au service stipulé dans l'Article II. du présent Traité, ainsi que les stations où les dits bâtimens feront leurs croisière.

Les noms des bâtimens désignés à cet effet, et ceux de leurs Commandans, seront communiqués par chacune des Hautes Parties Contractantes aux autres; et elles se donneront réciproquement avis chaque fois qu'un croiseur sera placé à une station, ou qu'il en sera rappelé, afin que les Mandats nécessaires puissent être délivrés par les Gouvernemens qui autorisent la visite, et restitués à ces mêmes Gouvernemens par celui qui les a reçus, lorsque ces Mandats ne seront plus nécessaires à l'exécution du présent Traité.

Article IV. Immédiatement après que le Gouvernement qui emploie les croiseurs aura notifié au Gouvernement qui doit autoriser la visite, le nombre et les noms des croiseurs qu'il se propose d'employer, les Mandats autorisant la visite seront dressés d'après la formule annexée au présent Traité, sub literâ A, et seront délivrés par le Gouvernement qui autorise la visite à celui qui emploie le croiseur.

Dans aucun cas, le droit mutuel de visite ne pourra être exercé sur les bâtimens de guerre des Hautes Parties Contractantes.

Les Hautes Parties Contractantes conviendront d'un signal spécial, à l'usage exclusif de ceux des croiseurs qui seront investis du droit de visite.

Article V. Les croiseurs des Hautes Parties Contractantes, autorisés à exercer le droit de visite et d'arrestation, en exécution du présent Traité, se conformeront exactement aux Instructions annexées au dit Traité sub literâ B, en tout ce qui se rapporte aux formalités de la visite et de l'arrestation, ainsi qu'aux mesures à prendre pour que les bâtimens soupçonnés d'avoir été employés à la Traite, soient livrés aux Tribunaux compétens.

Les Hautes Parties Contractantes se réservent le droit d'apporter à ces Instructions, d'un commun accord, telles modifications que les circonstances pourraient rendre nécessaires.

Les croiseurs des Hautes Parties Contractantes se prêteront mutuellement assistance dans toutes les circonstances où il pourra être utile qu'ils agissent de concert.

Article VI. Toutes les fois qu'un bâtiment de commerce naviguant sous le pavillon de l'une des Hautes Parties Contractantes, aura été arrêté par un croiseur de l'autre, dûment autorisé à cet effet, conformément aux dispositions du présent Traité, ce bâtiment marchand, ainsi que le capitaine, l'équipage, la cargaison, et les Esclaves qui pourront se trouver à bord, seront conduits dans tel lieu que les Hautes Parties Contractantes auront respectivement désigné à cet effet; et la remise en sera faite aux autorités préposées dans ce but par le Gouvernement dans les possessions duquel ce lieu est situé, afin qu'il soit procédé à leur égard devant les Tribunaux compétens, de la manière ci-après spécifiée.

Lorsque le Commandant du croiseur ne croira pas devoir se charger lui-même de la conduite et de la remise du navire arrêté, il confiera ce soin à un officier du rang de Lieutenant dans la Marine Royale ou Impériale, ou pour le moins à l'officier qui sera actuellement le troisième en autorité à bord du bâtiment qui aura fait l'arrestation.

Article VII. Si le Commandant d'un croiseur de l'une des Hautes Parties Contractantes a lieu de soupçonner qu'un navire marchand naviguant sous le convoi ou en compagnie d'un bâtiment de guerre de l'une des autres Parties Contractantes, s'est livré à la Traite des Nègres, ou a été équipé pour ce Trafic, il devra communiquer ses soupçons au Commandant du bâtiment de guerre, lequel procédera seul à la visite du navire suspect; et dans le cas où le susdit Commandant reconnaîtrait que le soupçon est fondé, il fera conduire le navire ainsi que le capitaine, l'équipage, la cargaison, et les Esclaves qui pourront se trouver à bord, dans un port appartenant à la nation du bâtiment arrêté, pour qu'il y soit procédé devant les Tribunaux compétens, de la manière ci-après ordonnée.

Articles VIII. Dès qu'un bâtiment de commerce, arrêté, et renvoyé pour être jugé, arrivera dans le port où il devra être conduit conformément à l'Annexe B du présent Traité, le Commandant du croiseur qui l'aura arrêté, ou l'officier chargé de sa conduite, remettra aux autorités préposées à cet effet, une expédition signée par lui, de tous les inventaires, déclarations, et autres documens spécifiés dans les Instructions jointes au présent Traité, sub literâ B; et les dites autorités procéderont, en conséquence, à la visite du bâtiment arrêté et de sa cargaison, ainsi qu'à l'inspection de son équipage, et des Esclaves qui pourront se trouver à bord, après avoir préalablement donné avis du moment de cette visite et de cette inspection, au Commandant du croiseur, ou à l'officier qui aura amené le navire, afin qu'il puisse y assister, ou s'y faire représenter.

Il sera dressé par la duplicata, un procès-verbal de ces opérations lequel devra être signé par les personnes qui y auront procédé ou assisté; et l'un de ces documens sera délivré au Commandant du croiseur, ou à l'officier chargé par lui de la conduite du bâtiment arrêté.

Article IX. Tout bâtiment de commerce de l'une ou l'autre des Cinq Nations, visité et arrêté en vertu des dispositions du présent Traité, sera présumé, à moins de preuve contraire, s'être livré à la Traite des Nègres, ou avoir été équipé pour ce Trafic, si dans l'installation, dans l'armement, ou à bord du dit navire durant la traversée pendant laquelle il a été arrêté, il s'est trouvé l'un des objets ci-après spécifiés, savoir:

1) Des écoutilles en treillis, et non en planches entières comme les portent ordinairement les navires de commerce.

2) Un plus grand nombre de compartimens dans l'entrepont ou sur le tillac que ne l'exigent les besoins des bâtimens employés à un commerce licite.

3) Des planches de réserve préparées pour établir un double pont, ou un pont dit à Esclaves.

4) Des colliers de fer, des chevilles, ou des menottes.

5) Une plus grande provision d'eau, en bariques ou en réservoirs, que ne l'exigent les besoins de l'équipage de ce bâtiment marchand.

6) Une quantité extraordinaire de bariques à eau ou autres vaisseaux propres à contenir des liquides; à moins que le capitaine ne produise un certificat de la douane du lieu du départ, constatant que les armateurs du dit bâtiment ont donné des garanties suffisantes, que cette quantité extraordinaire de bariques ou de vaisseaux, est uniquement destinée à être remplie d'huile de palme, ou employée à un autre commerce licite.

7) Un plus grand nombre de gamelles ou de bidons que l'usage de l'équipage de ce bâtiment marchand n'en exige.

8) Une chaudière ou autre ustensile d'une dimension inusitée pour apprêter les provisions de bouche, et plus grande, ou propre à être rendue plus grande que ne l'exigent les besoins de l'équipage de ce bâtiment marchand; ou plus d'une chaudière, ou autre appareil de cuisine, de dimension ordinaire.

9) Une quantité extraordinaire de riz, de farine du manioc du Brésil, ou de cassade, appelée communément „farina," ou de maïs, ou de blé des Indes, ou de toute autre provision de bouche quelconque, au-delà des besoins probables de l'équipage; à moins que cette quantité de riz, de farina, de maïs, de blé des Indes, ou de toute autre provision de bouche, ne soit portée sur le manifeste, comme faisant partie du chargement commercial du navire.

10) Une quantité de nattes, en pièce ou en morceaux, plus considérable

que ne l'exigent les besoins de ce bâtiment marchand; à moins que ces nattes ne soient portées sur le manifeste, comme faisant partie de la cargaison.

S'il est constaté qu'un ou plusieurs des objets ci-dessus spécifiés se trouvent à bord, ou y ont été durant la traversée pendant laquelle le bâtiment a été capturé, ce fait sera considéré comme une preuve *primâ facie* que le bâtiment était employé à la Traite; en conséquence il sera condamné et déclaré de bonne prise; à moins que le capitaine ou les armateurs ne fournissent des preuves claires et irrécusables, constatant à la satisfaction du Tribunal, qu'au moment de son arrestation ou capture, le navire était employé à une entreprise licite, et que ceux des différens objets ci-dessus dénommés, trouvés à bord lors de l'arrestation, ou qui auraient été placés à bord pendant la traversée qu'il faisait lorsqu'il a été capturé, étaient indispensables pour accomplir l'objet licite de son voyage.

Article X. Il sera procédé immédiatement contre le bâtiment arrêté, ainsi qu'il est dit ci-dessus, son capitaine, son équipage, et sa cargaison, par devant les Tribunaux compétens du pays auquel il appartient, et ils seront jugés et adjugés suivant les formes établies et les lois en vigueur dans ce pays: et s'il résulte de la procédure, que le dit bâtiment a été employé à la Traite des Nègres, ou équipé pour ce Trafic, le navire, son équipement et sa cargaison de marchandise, seront confisqués; et il sera statué sur le sort du capitaine, de l'équipage, et de leurs complices, conformément aux lois d'après lesquelles ils auront été jugés.

En cas de confiscation, le produit de la vente du susdit bâtiment sera dans l'espace de six mois, à compter de la date de la vente, mis à la disposition du Gouvernement du pays auquel appartient le bâtiment qui a fait la prise, pour être employé conformément aux lois du pays.

Article XI. Si l'un des objets spécifiés dans l'Article IX. du présent Traité est trouvé à bord d'un bâtiment marchand, ou s'il est constaté qu'il y a été durant la traversée pendant laquelle il a été capturé, nulle compensation des pertes, dommages, ou dépenses résultant de l'arrestation de ce bâtiment, ne sera dans aucun cas accordé, soit au capitaine, soit à l'armateur, soit à toute autre personne intéressée dans l'armement ou dans le chargement, alors même qu'une sentence de condamnation n'aurait pas été prononcée contre le bâtiment, en suite de son arrestation.

Article XII. Toutes les fois qu'un bâtiment aura été arrêté conformément au présent Traité, comme ayant été employé à la Traite des Nègres, ou équipé pour ce Trafic, et qu'il aura été jugé et confisqué en conséquence, le Gouvernement du croiseur qui aura fait la prise, ou le Gouvernement dont le Tribunal aura condamné le bâtiment, pourra acheter le vaisseau condamné pour le service de Sa Marine Militaire, au prix fixé par une personne capable, choisie à cet effet par le dit Tribunal. Le Gouvernement dont le croiseur aura fait la capture aura un droit de préférence pour l'acquisition du bâtiment.

Mais si le vaisseau condamné n'a pas été acheté de la manière ci-dessus indiquée, il sera totalement démoli, immédiatement après la sentence de confiscation, et vendu par parties après avoir été démoli.

Article XIII. Lorsque par la sentence du Tribunal compétent, il aura été reconnu qu'un bâtiment de commerce arrêté en vertu du présent Traité, ne s'est point livré à la Traite des Nègres, et n'a point été équipé pour ce Trafic, il sera restitué à l'armateur, ou aux armateurs propriétaires légitimes. Et si dans le cours de la procédure il venait à être prouvé que le navire a été visité et arrêté illégalement, ou sans motif suffisant de suspicion; ou que la visite et l'arrestation ont été accompagnées d'abus ou de vexations, le Commandant du croiseur, ou l'officier qui aura abordé le dit navire, ou celui à qui la conduite en aura été confiée, et sous l'autorité duquel, selon la nature du cas, l'abus ou la vexation aura eu lieu, sera passible de dommages et intérêts envers le capitaine et les propriétaires du bâtiment et de la cargaison.

Ces dommages et intérêts pourront être prononcés par le Tribunal devant lequel aura été instruite la procédure contre le navire arrêté, son capitaine, son équipage, et sa cargaison; et le Gouvernement du pays auquel appartiendra l'officier qui aura donné lieu à cette condamnation, devra payer le montant des dits dommages et intérêts dans le délai de six mois à partir de la date du jugement, lorsque ce jugement aura été rendu par un Tribunal siégeant en Europe; et dans le délai d'une année lorsque la procédure judiciaire aura eu lieu hors de l'Europe.

Article XIV. Lorsque dans la visite ou l'arrestation d'un bâtiment de commerce, opérée en vertu du présent Traité, il aura été commis quelque abus ou vexation, et que le navire n'aura pas été livré à la juridiction de sa nation, le capitaine devra faire, sous serment, la déclaration des abus ou vexations dont il aura à se plaindre, ainsi que des dommages et intérêts auxquels il prétendra; et cette déclaration devra être faite par lui devant les autorités compétentes du premier port de son pays où il arrivera, ou devant l'Agent Consulaire de sa nation, dans un port étranger, si le navire aborde en premier lieu dans un port étranger où il existe un tel agent.

Cette déclaration devra être vérifiée au moyen de l'interrogatoire sous serment, des hommes principaux de l'équipage ou des passagers, qui auront été témoins de la visite ou de l'arrestation; et il sera dressé du tout un procès-verbal dont deux expéditions seront remises au capitaine, qui devra en faire parvenir une à son Gouvernement à l'appui de sa demande en dommages et intérêts.

Il est entendu, que si un cas de force majeure empêche le capitaine de faire sa déclaration, celle-ci pourra être faite par le propriétaire du navire, ou par toute autre personne intéressée dans l'armement ou dans le chargement du navire.

Sur la transmission officielle d'une expédition du procès-verbal ci-dessus mentionné, le Gouvernement du pays auquel appartiendra l'officier à qui des abus ou vexations seront imputés, fera immédiatement procéder à une enquête; et si la validité de la plainte est reconnue, ce Gouvernement fera payer au capitaine ou au propriétaire, ou à toute autre personne intéressée dans l'armement ou chargement du navire molesté, le montant des dommages et intérêts qui lui seront dûs.

Article XV. Les Hautes Parties Contractantes s'engagent à se communiquer réciproquement, sur une demande à cet effet et sans frais, copies des procédures intentées, et des jugemens prononcés, relativement à des bâtimens visités ou arrêtés en exécution des dispositions du présent Traité.

Article XVI. Les Hautes Parties Contractantes conviennent d'assurer la liberté immédiate de tous les Esclaves qui seront trouvés à bord des bâtimens arrêtés et condamnés en vertu des stipulations du présent Traité.

Article XVII. Les Hautes Parties Contractantes conviennent d'inviter les Puissances Maritimes de l'Europe qui n'ont pas encore conclu de Traités pour l'abolition de la Traite des Nègres, à accéder au présent Traité.

Article XVIII. Les Actes ou Instrumens annexés au présent Traité et qu'il est mutuellement convenu de considérer comme en faisant partie intégrante, sont les suivans: –

A. Formules des Mandats d'autorisation, et d'Ordres pour guider les croiseurs de chaque nation, dans les visites et arrestations à faire en vertu du présent Traité.

B. Instructions pour les croiseurs des Forces Navales employés en vertu du présent Traité pour la suppression de la Traite des Nègres.

Article XIX. Le présent Traité, consistant en Dix-Neuf Articles, sera ratifié, et les Ratifications en seront échangées à Londres, à l'expiration de deux mois, à compter de ce jour, ou plus tôt si faire se peut.

En foi de quoi, les Plénipotentiaires respectifs ont signé le présent Traité, en texte Anglais et Français, et y ont apposé le Sceau des leurs Armes.

Fait à Londres, le Vingt Décembre, l'an de Grâce mil huit cent quarante et un.

(L. S.) Koller.
(L. S.) Ste. Aulaire.
(L. S.) Aberdeen.
(L. S.) Schleinitz.
(L. S.) Brunnow.

76. Metternichs Votum zu einem Reskript Bülows zur Auflösung der Frankfurter Zentraluntersuchungskommission

Ablehnende Haltung, da der revolutionäre Geist noch tätig sei, da eine Vertagung der Behörde leichter als deren Auflösung eine Wiederbelebung ermögliche, die Opposition durch eine Beendigung der Untersuchungsbehörde geradezu zur Tätigkeit ermuntert würde; negative Beurteilung des preußischen Königs in dieser Hinsicht.

Wiener Haus-, Hof- und Staatsarchiv, Staatskanzlei, Deutsche Akten, Neue Serie, Kart. 35 (Fasz. 36).

[Juni/Juli 1842]

Die Grundfrage bey Beurtheilung des Antrages auf die Auflösung der Cent.[ral-]UntersuchungsCommißion ist die, *des Vortheils* oder des *Nachtheils* der Maßregel.

In Beziehung auf die Erstere dieser Fragen muß der *Zweck* und die *thatsächliche Wirkung in's Auge gefaßt werden.*

Der *Zweck* der gesammten Gestaltung ist bey dem Entstehen der Commißion aufgestellt worden und es wäre wohl nicht möglich nicht zu erkennen, daß dieselbe, wenn sie dem Zweck nicht in deßen ganzer Ausdehnung genüge leistete, sie dennoch dem gemeinsamen Vaterlande wesentliche Dienste leistete und wäre es auch nur durch die Erkenntniß des Bestehens großer Uebelstände welche bey manchen Regierungen Eingang fand; eine Erkenntiniß welche denselben früher als ihnen durch die Cent.[ral-]Unt.[ersuchungs-]Commission, die Beweiße geliefert wurden, gänzlich mangelte. Einen anderen unverkennbaren Dienst hat diese Behörde beinebst geleistet indem sie mehrere ‹...› *Justitz* Männer, mit dem *Regierungs* Feld vertrauter machte.

Nun stehts mit der C.[entral-]U.[ntersuchungs-]Commission wie es mit allen Behörden ergehen muß, welche zu einem *speziellen* Geschäfte gebildet, daßselbe beendet sieht, während die Veranlaßung zu ähnlichen Aufgaben nicht versiegt.

Daß hier *Abschnitte* nöthig sind, liegt in dem logischen Gang solcher Geschäfte. Dieß ist für mich sonach nicht die Frage; die Frage stellt sich in meinem Gesichtskreise dahin, *ob in Folge der Nothwendigkeit des Abschnittes jene der formellen Aufhebung der Commißion geboten oder wünschenswerth ist*?

Gegen *das Aufheben* der Commission spricht:

1°. Das unläugbare Fortbestehen der revolutionairen Umtriebe.

2°. Die Beschwernißе, welche eine neue Berufung der Commißion in gegebenen Fällen der Noth bieten könnte.

Es ist nämlich viel leichter eine *vertagte* Behörde in erneuete Thätigkeit zu setzen als eine *vernichtete Gestaltung* – unliebsamer Art, – wieder zu *errichten.*

3°. Die Rückwirkung der Aufhebung der Commißion auf den Geist der Facktionen und die Aufmunterung welcher demselben durch Ergreifung dieser Maaßregel, mit Fug oder Unrecht, geboten werden könnte.

Daß der K.[önig] v.[on] Preußen in der Frage vor Allen anderen Rücksichten, *den Ruf der Liberalität*, in's Auge faßt, liegt an dessen moralischen Gestaltung. Daß Opfer welche diesem Götzen, gebracht werden auf die, welche sie bringen, zurückschlagen, hat die Erfahrung bewiesen.

Wir sind nicht die Alleinigen Herrscher über Deutschland und können sonach nur unser Votum im Rathe der Fürsten abgeben; dasselbe müssen wir aber Gewißenhaft formuliren und mir scheint dasselbe dahin gestellt werden zu müssen:

Daß

1°. Die *früheren* Geschäfte als Geschloßen zu betrachten sind.

2°. Da keine augenblickliche Untersuchung im Gange ist die die C.[entral-]U.[ntersuchungs-]Com.[mission] bildenden Individuen sich in der Form *einer illimitirten Vertagung* zu trennen haben.

3°. Daß hingegen die Regierungen, welche Mitglieder zu der Behörde abzugeben hatten, stets ein von ihnen bezeichnet[e]s Individuum zur Absendung an die Cent.[ral-Untersuchungs-]Behörde am Kgr.[1] wo deren Zusammenberufung von Seite der Regierungen […][2] für nöthig erachtet werden sollte, benennen und bereit halten.

77. Rede des preußischen Königs Friedrich Wilhelm IV. zum Kölner Dombaufest

Der Bau am Kölner Dom wird als Zeichen deutscher Einigkeit und Kraft bewertet.

Jäger/Moldenhauer, S. 183–184.

Köln, 4. September 1842

Ich ergreife diesen Augenblick, um die vielen lieben Gäste herzlich willkommen zu heißen, die als Mitglieder der verschiedenen Dombau-Vereine aus unserem und dem ganzen deutschen Lande hier zusammengekommen sind, um diesen Tag zu verherrlichen. M. H. von Köln! Es begiebt sich Großes unter Ihnen. Dies ist, Sie fühlen es, kein gewöhnlicher Prachtbau. Er ist das Werk des Brudersinns aller Deutschen, aller Bekenntnisse. Wenn Ich dies bedenke, so füllen sich Meine Augen mit Wonnethränen und Ich danke Gott, diesen Tag zu erleben. Hier, wo der Grundstein liegt, dort mit jenen Türmen zugleich, sollen sich die schönsten Thore der Welt erheben. Deutschland baut sie – so mögen sie für Deutschland, durch Gottes Gnade,

[1] Eventuell Kürzel für: Königreich.

[2] Stelle nicht komplett leserlich: „im ‹Begriffe› der Bundes-Gesammtheit".

Thore einer neuen, großen, guten Zeit werden! Alles Arge, Unrechte, Unwahre und darum Undeutsche bleibe fern von ihnen. Nie finde diesen Weg der Ehre das ehrlose Untergraben der Einigkeit deutscher Fürsten und Völker, das Rütteln an dem Frieden der Konfessionen und Stände, nie ziehe jemals wieder der Geist hier ein, der einst den Bau dieses Gotteshauses, ja – den Bau des Vaterlandes hemmte! Der Geist, der diese Thore baut, ist derselbe, der vor 29 Jahren unsere Ketten brach, die Schmach des Vaterlandes, die Entfremdung dieses Ufers wandte, derselbe Geist, der, gleichsam befruchtet von dem Segen des scheidenden Vaters, des letzten der drei großen Fürsten, vor zwei Jahren der Welt zeigte, daß er in ungeschwächter Jugendkraft da sei. Es ist der Geist deutscher Einigkeit und Kraft. Ihm mögen die Kölner Dompforten Thore des herrlichsten Triumphes werden! Er baue! Er vollende! Und das große Werk verkünde den spätesten Geschlechtern von einem durch die Einigkeit seiner Fürsten und Völker großen, mächtigen, ja, den Frieden der Welt unblutig erzwingenden Deutschland! – von einem durch die Herrlichkeit des großen Vaterlandes und durch eigenes Gedeihen glücklichen Preußen, von dem Brudersinne verschiedener Bekenntnisse, der inne geworden ist, daß sie Eins sind in dem einigen, göttlichen Haupte! – Der Dom von Köln, – das bitte ich von Gott – rage über diese Stadt, rage über Deutschland, über Zeiten, reich an Menschenfrieden, reich an Gottesfrieden bis an das Ende der Tage! Meine Herren von Köln! – Ihre Stadt ist durch diesen Bau hoch bevorrechtet vor allen Städten Deutschlands, und sie selbst hat dies auf das würdigste erkannt. Heute gebührt ihr dies Selbstlob. Rufen Sie mit Mir – und unter diesem Rufe will Ich die Hammerschläge auf den Grundstein thun – rufen Sie mit Mir das tausendjährige Lob der Stadt: Alaaf Köln!

78. Protokoll zum Vertrag gegen den Sklavenhandel

Frankreich hat die Ratifizierung des Vertrags von 1841 abgelehnt; die anderen Vertragsmächte bekräftigen dessen Verbindlichkeit.

PDB, 3. Sitzung, 3. Februar 1843, Beilage 4, S. 112.

London, 9. November 1842

Les Principal secrétaire d'Etat de sa Majesté britannique pour les affaires étrangères a invité les Plénipotentiaires des Cours d'Autriche, de Prusse et de Russie à se réunir en conférence aujourd'hui, pour leur donner connaissance d'une communication qui lui a été adressée par Monsieur l'Ambassadeur de France. Elle a pour objet d'annoncer que le Gouvernement de sa Majesté le Roi des Français a jugé de son devoir de ne point ratifier le Traité conclu à Londres le 20 Décembre 1841, relatif à la suppression de la Traite des nègres d'Afrique.

Les Plénipotentiaires ont unanimément exprimé le regret que leur fait éprouver cette détermination du Gouvernement français. Mais en même temps ils ont jugé nécessaire de constater d'un commun accord, que nonobstant le changement survenu dans les intentions du Gouvernement français, les Cours d'Autriche, de la Grande Bretagne, de Prusse et de Russie n'en sont pas moins fermement décidées à mettre à exécution les engagemens qu'elles ont contractés par le susdit Traité qui, pour leur part, restera dans toute sa force et valeur.

En manifestant cette détermination au nom de leurs Cours, le Plénipotentiaires d'Autriche, de la Grande Bretagne, de Prusse et de Russie ont cru devoir la consigner formellement par écrit.

Finalement ils ont résolu de déclarer, que le Protocole, jusqu'ici resté ouvert pour la France, est clos.

(Signé:) Neumann. Aberdeen. Bunsen. Brunnow.

79. Schreiben Metternichs an Generalkonsul Laurin in Alexandria

Bau des Suezkanals ist von großer Bedeutung; die Interessen des Paschas könnten (zum Teil) berücksichtigt werden: eine Gebühr für passierende Schiffe und Waren würde von Österreich unterstützt, die Rechte am Kanal für Mehmed Alis Familie wären hingegen von der Regierungsnachfolge in Ägypten abhängig; direkte Verhandlungen zwischen Metternich und dem Pascha gewünscht; Geheimhaltung der österreichisch-ägyptischen Vorabsprachen beabsichtigt.

Chancellor Metternich, Vermerk 1529, Abschrift.

Wien, 25. April 1843

Wohlgeborner Herr!

Dero Bericht vom 1. Febar. lJ. ist mir mit den demselben beigeschlossenen, die Herstellung eines Canals zur Verbindung der zwei Meere durch den Isthmus von Suez betreffenden Plänen und Erläuterungen, richtig zugekommen. Ich habe aus demselben die Gewißheit entnommen, daß der Kanal nicht nur leicht und in kurzer Zeit, sondern auch mit einem Kostenaufwande ausgeführt werden kann, welcher von Mehemed Ali ohne Schwierigkeit aufgebracht zu werden vermag; daß sein Entschluß zwischen der Ausführung zweier Werke wanke, von welchen das eine, der Nildamm, auf spezielle egyptische Interessen beruht, das Andere hingegen, der erwähnte Canal, einem umfassenden Welt-Interesse angehört, und von demselben gefordert wird, und daß es gerade diese leztere Betrachtung, die hohe Wichtigkeit der Sache ist, welche Mehemed Aly zögern macht, zur Ausführung derselben zu schreiten, wenn ihm nicht Garantieen gegeben werden, welche seiner Familie *den Besitz des Kanals* und eine für den Bau und die Erhaltung desselben von den durchpassierenden Schiffen und Waaren *anzusprechende Entschädigung*, zu versichern geeignet wären.

Im Vertrauen auf die rückhaltslose und uneigennützige Rechtlichkeit Oesterreichs, hat Mehemed Aly seine Besorgnisse durch EW. dem kaiserlichen Kabinete eröffnet, und in der That konnte die so vielseitige Wichtigkeit des Gegenstandes ihm die Uiberzeugung geben, daß seine Anfrage in Wien mit eben so ernstem Interesse als mit wohlwollender Gesinnung und ohne bei der Erwägung des Gegenstandes, kleinliche und demselben fremdstehende Elemente beizuziehen, aufgenommen werden würde.

Mehemed Aly's Anfrage bezieht sich auf die Zusicherung *des Besitzes* und auf jene eines angemessenen *Fruchtgenußes* des Kanals. In dieser lezteren Beziehung nehme ich keinen Anstand, E. W. zu ermächtigen, Mehemed Aly zu erklären, daß die kk. Regierung der Abnahme einer im gegenseitigen Einverständnisse seiner Zeit für alle Nazionen gleichförmig festzusetzenden Gebühr von den transirenden Schiffen und Waaren, nicht nur nicht entgegen seyn, sondern deren Ausspruch, als auf deutlich vorliegenden Gesetzen der Billigkeit und des Nutzens für die Sache gegründet, zu unterstützen bereit sein werde.

Die Versicherung des Besitzes eröffnet eine Frage, deren Lösung mir in dem Thatbestande der der Deszendenz Mehemed Aly's gesicherten Succession im Paschalik von Egypten, zu liegen scheint, und welche nur durch Mißgriffe in der Art ihrer Auffassung oder ihrer Hinstellung, sich als eine complizirte Aufgabe erweisen könnte.

Je mehr ich die Wichtigkeit des Gegenstandes von welchem hier die Rede ist, erkenne [...], um so weniger nehme ich Anstand, E. W. aufzutragen, Mehemed Aly zu versichern, daß ich demselben meine ernstliche Sorge zu widmen bereit sein werde, sobald er mir von dem Pascha selbst an das Herz gelegt werden wird. Daß ich nicht zu denen gehöre, welche Ideen und Lagen nicht in der ihnen gebührenden Wahrheit aufzufassen wissen, sondern ein *Mann der Wahrheit* bin, hievon hat Mehemed Aly zu viele Proben bestanden, um an der Thatsache zu zweifeln. Er spreche sonach deutlich zu mir, und ich werde ihm stets gleich deutlich meine Ansicht über die Gegenstände zu eröffnen wissen. –

Den vorliegenden betrachte ich als einen der wichtigsten in der Zeit, wie für Mehemed Aly selbst, einverstanden mit ihm im Eingangspunkte, dürften wir uns über die Wahl der Mittel leicht verständigen. Vor allem aber erscheint mir eine strenge Geheimhaltung einer vorläufigen Verständigung zwischen Mehemed Aly und mir, als das Geschäft befördernd, indem mich selbe in die Lage setzen würde, im Interesse der Sache auf die Stimmung anderer Regierungen vom freien österreichischen Standpunkte aus, nützlich einzuwirken.

Durch eben diese Rücksicht und weil diese Frage gegenwärtig rein politischer Natur ist, finde ich mich auch bewogen E. W. zu ersuchen, über diesen speziellen Gegenstand Ihre Berichte *ausschließlich an mich* zu richten, und mir selbe stets im Wege der kk Internuntiatur zuzuleiten, ausgenommen wenn sich Ihnen bei dringenden Anläßen direkte Communications-Mittel mit Triest darbieten sollten.

80. Schreiben Metternichs an Freiherrn von Kübeck

Enorme Bedeutung des Suezkanals für den österreichischen Handel mit Indien und Ägypten; Österreich kann Handelsweltmacht werden.

Chancellor Metternich, Vermerk 1530, Abschrift.

Wien, 28. April 1843

Der mir mittelst geehrter Zuschrift vom 24 v. M. […] von E. E. mitgetheilte, und im Anschluße mit verbindlichstem Danke zurückfolgende Bericht des kk. General-Consuls in Alexandrien, war mir bereits auf direktem Wege zugekommen. […][1]

Bereits in meiner am 14. März l J. an E. E. gerichteten Note habe ich die Erbauung dieses Canals als eine unfehlbar zu gewärtigende Thatsache bezeichnet. Ich sehe dieselbe als ein Weltereigniß erster Größe an, – ich stelle sie in die Reihe jener Begebenheiten, welche Epochen großer Entwicklungen bezeichnen; ich hege die Uiberzeugung, daß selbe für Oesterreich eine Zukunft zu eröffnen geeignet sei, in welcher der Kaiserstaat in die Reihe der vorzüglichsten Handelsstaaten zu treten berufen ist, und je mehr ich die Wichtigkeit des Gegenstandes von welchem hier die Rede ist, erkenne, […] um so mehr fühle ich mich berufen, demselben meine ernstliche Sorge zu widmen.

Wenn die Wiedereröffnung dieser von den Staaten einer entfernten Vorzeit mit so großem Vortheile benützten Handelsstrasse in uns den Wunsch veranlaßt, von dieser Handelsbewegung den möglich grössten Theil nach unseren Häfen zu ziehen, so würde dieser Wunsch, selbst falls derselbe lediglich von uns ausginge, den Werth eines mit dem Gange der Ereignisse im Einklange stehenden politischen Gedankens haben, welcher die Anstrengungen rechtfertigen würde, die wir diesfalls zu machen hätten.

Die Umstände gestalten sich jedoch in einer für Oesterreich weit vortheilhaftern Weise, indem an von einander entfernten Punkten dieser neuen Handelslinie, man bereits selbst den Blick nach unsern Häfen richtet.

[1] Folgt die inhaltliche Zusammenfassung des Schreibens an Laurin, Quelle 79, jedoch ohne den Hinweis auf Geheimhaltung und direkte Verhandlungen mit Metternich.

Die hier im Auszug anverwahrten von dem kk Generalkonsul Laurin unterm 15. Oktober v. J. einberichteten, von Mehemed Ali bei Anlaß des Projektes der Leitung der englisch-ostindischen Post über Triest, gesprochenen Worte hatten bereits bewiesen, daß der Pacha die Wichtigkeit der direkten Theilnahme der österreichischen Seehäfen am indischen Handel, vollkommen erkennt, und möglichst zu befördern gesonnen ist.

Mittelst des gegen gefällige Rückerstattung hier angelegenen Berichtes vom 30. März l. J. meldet GeneralConsul Laurin, daß in dem Handelsstande von Calcutta und von Cairo, die Idee eines direkten Verkehrs zwischen Oesterreich und Indien, so wie die Uiberzeugung, daß ein solcher Austausch leicht zu beiderseitigem Vortheile bewerkstelliget werden könnte, stets mehr und mehr Platz greifen, und daß, während ihm von hier der Auftrag zuging, die von dem Vice Consul Koster verfaßten Artikel in der Bombay Times einrücken zu lassen, die Redaktion dieser Zeitung sich selbst um Notitzen über jene Produkte der österreichischen Industrie, die zum Austausche für indische geeignet wären, an ihn gewendet hat.

Diese Evidenz von Thatsachen ist auf Feldern ‹hevor[ge]treten›, welche durch so große Distanzen getrennt sind, [was] beweiset, daß die Dinge in dem Gange ihrer eigenen naturgemäßen Entwicklung, einen Punkt der Reife erreicht haben, wo sie unserer Idee selbst entgegen kommen [...].

Ich werde daher von meinem Standpunkte aus, alles thun, was dahin wirken kann, den Pacha von Egypten zu vermögen, sich ohne Verzug und mit Beseitigung aller diesem wichtigen Gegenstande im Wege stehenden Unternehmungen, mit der Ausführung des Vereinigungskanals von Suez zu beschäftigen, so wie auch alles, was geeignet sein dürfte, ihn in Betreff der Bedenken die er hegt, zu beruhigen.

Hiezu hat mir die von E. E. in Anregung gebrachte, in Betreff eines Durchfahrtszolles zu machende Erklärung bereits einen Anlaß gewährt, für welchen ich denselben nur verbunden sein kann.

E. E. allein sind in der Lage zu ermessen, ob die von Triest zur Herstellung einer von der englisch ostindischen Post unabhängigen, direkten, regelmässigen, wöchentlichen Verbindung zwischen diesem Hafen und Alexandria ausgegangenen Vorschläge zur Ausführung geeignet sind, und ich beschränke mich daher darauf, die Ansicht auszusprechen, daß, wenn dies der Fall sein sollte, die in sichere Aussicht gestellte Eröffnung einer solchen geregelten direkten Verbindung ganz gewiß den Werth eines mächtigen Impulses in Betreff der Entschlüße des Pacha's sowohl als in Bezug auf die Stimmung des Handelsstandes in Egypten und in Indien, haben dürfte.

81. Bericht eines Geheimagenten nach Wien

Nachrichten wegen der Veröffentlichung der Geheimen Wiener Beschlüsse von 1834.

Glossy, Teil II, S. 148.

Leipzig, 6. Januar 1844

Jüngst teilte Blum[1] eine Broschüre unentgeltlich aus, die den Titel führt: „Die geheimen Beschlüsse der Wiener Konferenz vom 12. Juni 1834. Ein authentisches Aktenstück aus den Papieren eines jüngstverstorbenen Diplomaten. Deutschland 1844." Sie scheint aus Fröbels Werkstätte[2] zu kommen, soll in 10000 Exemplaren verteilt worden sein, und Blum will sie von Winter[3] in Heidelberg erhalten haben, was ich aber nicht glaube. Günther[4] sagt: man wolle in der badischen Kammer interpellieren. Dieses ist aber unmöglich, da weder Verfasser noch Verleger genannt sind, eine Interpellation also total lächerlich sein würde. Die Broschüre hat 26 Seiten und Günther behauptet, die Aktenstücke seien echt, entwendet aus einer diplomatischen Kanzlei. Das erste Kapitel enthält – „Bruchstücke aus der Eröffnungsrede des Fürsten Metternich", das zweite „Schlußprotokoll der Wiener Konferenz vom 12. Juni 1834", das dritte „Bruchstück aus der Schlußrede des Fürsten Metternich, gehalten am 12. Juni 1834". In der Vorrede heißt es: „Für die Echtheit der mitgeteilten Aktenstücke haftet übrigens ein deutscher Mann von Ehre" Der Inhalt umfaßt geheime Bestimmungen gegen die Übergriffe der Ständekammern, gegen die Ungebundenheit (das heißt den Mißbrauch) der Studenten und in der Presse.

[1] Robert Blum.

[2] Gemeint ist Fröbels Literarisches Comptoir in Winterthur.

[3] Christian Friedrich Winter, 1819/20 und 1831–1835 Mitglied des badischen Landtags, 1845–1849 Bürgermeister von Heidelberg, war nach Angaben Friedrich Heckers, die 1869 in der *Gartenlaube* abgedruckt wurden, an der Entdeckung der Geheimen Wiener Artikel beteiligt und hatte Hinweise zur Verschleierung des Drucks gegeben (vgl. Muhs).

[4] Vermutlich der Schwager Robert Blums.

82. Kommissionsvortrag und Beschluß der Bundesversammlung über den Debit im Ausland gedruckter deutschsprachiger Publikationen

Gefährliche Schriften in deutscher Sprache, die im Ausland gedruckt wurden, werden im Bund vertrieben; Klassifizierung und Beschreibung von einzelnen Verlagen und Druckorten in der Schweiz und Frankreich; Verpflichtung, den Bundesbeschluß vom 5. Juli 1832 sorgfältig zu befolgen.

PDB, 3. Sitzung, 18. Januar 1844, § 35, S. 57–62.

Frankfurt am Main, 18. Januar 1844

Der Königlich-Preussische Herr Bundestagsgesandte trägt Namens der Bundestags-Ausschüsse ad art. 28 der Wiener Schlußacte und in Preßangelegenheiten vor:

Bereits im vorigen Jahre ist auf vertrauliche Weise von Seiten einiger Bundestagsgesandtschaften die Frage wegen Beschränkung oder Verhinderung des Mißstandes angeregt worden, welcher daraus hervorgeht, daß in der Schweiz und Frankreich *in deutscher Sprache* gedruckte Schmähschriften, welche die Verhältnisse von ganz Deutschland, oder von einzelnen deutschen Staaten betreffen, am hiesigen Orte und in anderen Theilen des Bundesgebiets verbreitet werden.

Da indeß eine Berathung über diesen Gegenstand nicht förmlich beantragt wurde, so blieb es zunächst den einzelnen Bundesregierungen überlassen, auf den Grund der vorliegenden Bundesbeschlüsse und der besondern Landesgesetzgebung ihrer Seits geeignete Vorkehrungen gegen jenen Preßunfug zu treffen. [...]

Inzwischen haben jedoch die Schriften der fraglichen Art in bedeutendem Maaße zugenommen, und besonders in der letzten Zeit ist eine nicht geringe Zahl derselben durch hiesige Buchhändler debitirt worden, und solchergestalt auch zur Kenntniß der Mitglieder hoher Bundesversammlung gelangt.

Deßhalb sind die berichterstattenden Ausschüsse zu einer gutachtlichen Erwägung jener Frage veranlaßt worden.

Indem es ihnen nun zunächst oblag, sich von dem Sachverhältniß näher zu unterrichten, haben sie es sich um so weniger zur Aufgabe stellen können, die ganze Masse der in Rede stehenden Publicationen speciell zu prüfen, als ihnen zunächst der Antrag auf *besondere Verbotsmaaßregeln* gegen einzelne oder mehrere jener Schriften nicht räthlich erschien.

Es bedurfte auch nur der Durchsicht eines Theils der neuerlich, besonders in der Schweiz gedruckten und nach Deutschland versandten Schriften, um auf unzweifelhafte Weise in's Licht zu stellen, daß nicht wenige davon einen völlig verwerflichen, und mehrere von ihnen einen gefährlichen Charakter an sich tragen.

Theils behandeln dieselben die Zustände Deutschlands im Allgemeinen, oder einzelner deutscher Staaten auf böswillige, zur Unzufriedenheit gegen den Deutschen Bund und die Regierungen, und selbst zum Umsturze aufreizende Weise, – theils richten sie sich mit maaßloser Gehässigkeit gegen die allgemeinen Grundlagen des politischen und socialen Bestandes der Dinge. Obrigkeit und Kirche, Sitte und Religion werden darin gleicher Maaßen in Prosa und Versen angegriffen.

Es sind vornehmlich die Waffen des Spottes und Hohnes, so wie rücksichtsloser Entstellung und Verläumdung, welche hierbei gebraucht werden.

Von mehreren dieser Druckschriften ist nun allerdings eine gefährliche Wirkung in weiterm Kreise auch nur einigermaßen urtheilsfähiger Leser deßhalb nicht zu besorgen, weil sie so sehr das Gepräge der Gemeinheit und Schlechtigkeit an sich tragen, daß sie gegen sich selbst warnen. Allein die Publicationen dieser Gattung sind zum Theil von solcher Beschaffenheit, daß in Ländern, wo überhaupt eine präventive Beaufsichtigung der Presse besteht, die Verbreitung derselben, wenn auch nicht als gefährlich, doch als der öffentlichen Zucht und Sitte zuwiderlaufend, als ein gestatteter Scandal betrachtet werden muß.

Andere dagegen verrathen ein bedeutenderes Talent ihrer Verfasser, und sie entbehren nicht den Reiz des Neuen und Picanten, wodurch ihnen in verschiedenen Leserkreisen Eingang verschafft wird, oder sie haben eine auf die unteren Volksclassen geschickt berechnete populäre Form, und finden deßhalb leicht eine große Zahl von Lesern.

Am zahlreichsten unter diesen Schriften und am meisten verbreitet sind die aus dem Verlage des literarischen Comptoirs in *Zürich* und *Winterthur* hervorgegangenen [...].[1]

Diese Publicationen, von denen besonders die über den Tod des Pfarrers Weidig eine große Aufmerksamkeit erregt hat,[2] und ihrem Hauptinhalte nach durch eine kürzere Flugschrift allgemein bekannt geworden ist, sind – der Mehrzahl nach – besonders für die gebildeten Stände bestimmt, einige davon aber nur zu sehr geeignet, auch die unteren Volksclassen zu vergiften.

Die Verlagsartikel von

Jenni, Sohn, in *Bern*,

richten sich vorzugsweise an das Volk. Sie schmähen besonders *die katholische Kirche* und deren Institutionen [...]. Andere sind gegen *die christliche Kirche und das Christenthum überhaupt* gerichtet [...]. Noch andere endlich suchen die Sache der *Communisten* zu vertreten [...].

Der Verlag von

Hollinger (in *Waldshut*, dann *Großlaufenburg)*

[1] Folgt eine Auswahl an Titeln aus dem Verlag.

[2] Genannt wurde der Titel „Der Tod des Pfarrers Dr. F. L. Weidig“ (15 Bogen).

beschäftigt sich besonders mit den Verhältnissen des Großherzogthums Baden […].

Einen ähnlichen Charakter, als die genannten, tragen verschiedene andere Pamphlets und Zeitschriften, welche in *Bern, Zürich, Belle-Vue bei Constanz, Schaffhausen* und anderen, besonders der Grenze nahe gelegenen Orten publicirt worden sind.

Auch von *Straßburg* aus sind noch neuerlich, dort in deutscher Sprache gedruckte Druckschriften gehässigen und gefährlichen Inhalts nach Deutschland eingeschleppt worden.

Möglich ist, daß an demselben Orte ebenfalls der in der zweiten dießjährigen Bundestagssitzung *vertraulich* zur Sprache gebrachte, mit der Bezeichnung *„Deutschland"* (ohne Angabe des Druckorts und Verlegers) versehene Abdruck des geheimen Schlußprotokolls der Wiener Ministerialconferenzen von 1834 ausgeführt worden ist, wenigstens würde es eine unvollständige Beaufsichtigung der Presse verrathen, wenn derselbe in der Druckerei eines deutschen Bundesstaats erschienen wäre.

Von den nach dem Titel in *Paris* in deutscher Sprache publicirten Schriften hat, um nur ein Beispiel zu erwähnen, zuletzt die von Bern aus in größerer Zahl nach Deutschland gelangte Broschüre:

„Wahrheit mit und ohne Schleier. Von einem deutschen Verbannten."

zu vertraulichen Communicationen an mehrere Bundestagsgesandtschaften Anlaß gegeben, und die öffentlichen Blätter verkündigen jetzt die Absicht der in Paris sich aufhaltenden Haupttheilnehmer an den im Königreiche Sachsen unterdrückten und von hoher Bundesversammlung durch den Beschluß vom 4. Mai v. J. […] gleichfalls reprobirten *deutschen Jahrbüchern*, von der Hauptstadt Frankreichs aus durch eine Zeitschrift und andere Drucksachen in gleich verderblichem Geiste auf Deutschland zu wirken.

Gutachten.

Nachdem die Ausschüsse, wie vorsteht, die Sachlage kurz bezeichnet haben, liegt ihnen die unmaßgebliche Beantwortung der Frage ob:

wie solchen Uebelständen am Besten zu begegnen seyn dürfte?

Ihr Blick richtet sich hierbei sogleich auf den Bundesbeschluß vom 5. Juli 1832 […], durch welchen ad 1 festgesetzt worden ist:

„Keine in einem nicht zum Deutschen Bunde gehörigen Staate in deutscher Sprache im Druck erscheinende Zeit- oder nicht über zwanzig Bogen betragende sonstige Druckschrift politischen Inhalts darf in einem Bundesstaate, ohne vorgängige Genehmigung der Regierung desselben, zugelassen oder ausgegeben werden; gegen die Uebertreter dieses Verbots ist eben so, wie gegen die Verbreiter verbotener Druckschriften zu verfahren."

Durch die zweckmäßige und kräftige Handhabung dieses Beschlusses dürfte dem fraglichen Bedürfnisse im Wesentlichen entsprochen werden.

Allerdings hat sich die hohe Bundesversammlung seit dem 5. Juli 1832 gegen einzelne, im Auslande in deutscher Sprache gedruckte Schriften besonders gefährlichen oder verwerflichen Inhalts, so wie gegen den ganzen Verlag von ausländischen Buchhandlungen, welche sich vornehmlich mit der Publication von Schriften jener Art abgaben, eine Reihe von besonderen Beschlüssen gefaßt; allein es ist dadurch weder der Beschluß vom 5. Juli 1832, dessen Anwendbarkeit auf die jetzigen Zeitumstände aus den oben dargelegten Bemühungen der schlechten Presse deutlich hervorgeht, aufgehoben worden, noch würden Verbotsmaaßregeln gegen die eine oder die andere der angeführten Schriften zum Ziele fuhren [!].

Im Allgemeinen scheint überhaupt, so lange die präventive Beaufsichtigung der Presse besteht, eine Maaßregel, wie die durch jenen Beschluß angeordnete, vor einzelnen Verboten schon um deßwillen den Vorzug zu verdienen, weil das einzelne Verbot, selbst wenn es nicht (wie doch meist der Fall ist) zu spät kommt, offenbar das Verlangen nach der verbotenen Schrift steigert, und deßhalb die Verbreitung und das Lesen der in das Publicum gekommenen Exemplare vielfach vermehrt.

Wird dagegen die Bestimmung des Bundesbeschlusses vom 5. Juli 1832 wirklich ausgeführt, so kann die Verbreitung im Auslande gedruckter, gefährlicher Schriften der dort bezeichneten Kategorie nicht statt finden. Die Buchhändler müssen die ihnen zugekommenen Exemplare derjenigen Schriften, *deren Debit nicht genehmigt worden*, unverweilt nach dem Auslande zurück senden, und sich hierüber auf Erfordern ausweisen. Die bessere Mehrzahl derselben wird hierzu bereitwillig die Hand bieten, und die wenigen von minder zuverlässiger Gesinnung werden leicht zu controlliren seyn.

In einigen deutschen Staaten ist durch die innere Gesetzgebung jener Beschluß auf die ausserhalb des deutschen Bundesgebiets in deutscher Sprache erscheinenden Schriften überhaupt, oder doch auf alle solche Schriften, wenn sie weniger als zwanzig Bogen stark sind, ausgedehnt worden.

Solche Ausdehnung steht im Einklange mit der übrigen Preßgesetzgebung der betreffenden Bundesstaaten, und in so weit dabei von Schriften unter zwanzig Bogen die Rede ist, stellt sie nur die ausserhalb des Bundesgebiets in deutscher Sprache gedruckten Schriften in gleiche Linie mit den in Deutschland selbst publicirten, welche den Bestimmungen des Bundes-Preßgesetzes unterliegen. Es wird hierdurch die in der mindern Beaufsichtigung ausländischer Schriften liegende Unbilligkeit gegen die inländischen Buchhändler beseitigt, und zugleich das einfachste Mittel, das Bundes-Preßgesetz, namentlich in Grenzgegenden, unwirksam zu machen, abgeschnitten.

Schon aus diesem Grunde wird bei der Handhabung des Beschlusses vom 5. Juli 1832 eine *buchstäbliche* Beschränkung auf die darin genannten Schriften

politischen Inhalts

sich nicht empfehlen, und die Ausschüsse konnten eine solche mit dem Zwecke jenes Beschlusses auch um so weniger vereinbar finden, als die einzige, seit dem Jahre 1832 in der hierher gehörigen Literatur eingetretene, wesentliche Veränderung gerade darin besteht, daß das politisch Gefährliche sich minder ausschließlich in die Form eigentlicher Erörterung politischer Gegenstände kleidet, sondern sehr häufig von anderen Lebensgebieten aus die Basis auch der politischen Existenz der Staaten zu erschüttern sucht.

Auf Schriften, welche mehr als zwanzig Bogen stark sind, bezieht sich weder der Bundesbeschluß vom 5. Juli 1832 noch das Bundes-Preßgesetz von 1819. Dennoch werden namentlich Beispiele, wie das der Schmähschrift:

„*Ein und zwanzig Bogen aus der Schweiz,*“

wo, bloß um das Erforderniß einer vorgängigen Debitserlaubniß zu beseitigen, der weitläufige Druck auf etwas mehr als zwanzig Bogen ausgedehnt, und dieß selbst durch den Titel ausdrücklich verkündigt wurde, ohne allen Zweifel hinreichen, um den hohen Regierungen das Bedürfniß darzulegen, daß ihre Beachtung der im Auslande in deutscher Sprache gedruckten Schriften *nicht unbedingt* auf jene mechanische Grenze zu beschränken sey.

Auf den Grund dieser Erwägungen glauben die Ausschüsse ihren Antrag dahin richten zu sollen:

> daß den hohen Bundesregierungen die sorgfältige Handhabung des Bundesbeschlusses vom 5. Juli 1832, in Betreff des Erfordernisses einer *vorgängigen* Genehmigung für die ausserhalb des Bundesgebiets in deutscher Sprache gedruckten Schriften politischen Inhalts von weniger als zwanzig Druckbogen, angelegentlichst empfohlen und denselben überhaupt die geeignete Beachtung der ausserhalb Deutschlands in deutscher Sprache erscheinenden Schriften anheimgestellt werden möge.

Unter *Zustimmung sämmtlicher Gesandtschaften* zu dem Antrage, erfolgte hierauf der

Beschluß [...] (entsprechend dem Antrag).

83. Instruktion für die Zensoren im Königreich Sachsen

Detaillierte Richtlinien für die Zensoren; unter anderem Anweisungen zur Zensur von Texten mit revolutionärer, unchristlicher/konfessionskritischer oder sexuell-erotischer Zielrichtung; Empfehlung besonderer Aufmerksamkeit gegenüber Schriften, die einen breiten Leserkreis ansprechen.

Gesetz- und Verordnungsblatt für das Königreich Sachsen, S. 16–21.

Dresden, 5. Februar 1844

Instruction der Censoren.

1. Die Censoren haben die Erlaubniß zum Abdrucke nur solchen Schriften zu versagen, deren Veröffentlichung der Staat, entweder vermöge seiner Bundespflichten, oder in Wahrnehmung seiner eigenen Rechte und Interes-

sen und der daraus entspringenden Pflichten, oder im Sinne des von ihm zu gewährenden Rechtsschutzes zu verhindern hat. Insoweit daher nicht eine dieser Rücksichten eintritt, darf die freie Entwickelung des wissenschaftlichen und öffentlichen Lebens von der Censur nicht beschränkt werden. Darin, daß der Censor eine Aeußerung für irrig oder ungereimt erkennt, liegt kein Grund zur Verweigerung der Druckerlaubniß.

Auch liegt es außer dem Bereiche der Censur, dem Nachdrucke und dem Plagiate entgegenzuwirken […].

2. Schriften und Aufsätze, in welchen die Königlich Sächsische Staatsverwaltung im Ganzen oder in einzelnen Zweigen gewürdigt, erlassene oder noch zu erlassende Gesetze geprüft, Fehler und Mißgriffe, Mißbräuche und Ungebührnisse in der Verwaltung aufgedeckt, Verbesserungen angedeutet oder in Vorschlag gebracht werden, sind um deswillen, weil sie in einem andern Sinne, als dem der Regierung oder einzelner Behörden geschrieben sind, nicht zu verwerfen. Aber ihre Fassung muß anständig und ihre Tendenz wohlmeinend sein. Insonderheit darf über das im Königreiche Sachsen und den deutschen Bundesstaaten gesetzlich bestehende Institut der Censur nicht in einem herabwürdigenden oder aufregenden Tone geschrieben werden.

3. Die Censoren haben überhaupt ihre Aufmerksamkeit nicht blos auf den Inhalt, sondern hauptsächlich auch auf Form und Ton der Behandlung zu richten. Nicht zu gestatten ist der Abdruck solcher Schriften, einzelner Aufsätze und Stellen, in welchen eine leidenschaftliche und unanständige Sprache herrscht.

4. Schriften von revolutionärer Tendenz dürfen nicht gedruckt werden. Nichts ist zum Abdrucke zu lassen, wodurch die Sicherheit und Würde des Königlichen Hauses, des Staats, des deutschen Bundes und seiner einzelnen Staaten, sowie anderer befreundeter Regierungen, besonders ihrer regierenden Häupter verletzt, oder die Erhaltung des Friedens und der innern Ruhe in Deutschland gefährdet wird.

5. Allen Schriften, Artikeln und Aufsätzen, welche einen andern Vereinigungspunct für die gesammte deutsche Nation bezwecken, als den in der Gründung des deutschen Bundes gegebenen, oder die auf eine democratische Umgestaltung der Bundesverhältnisse hinwirken, muß die Druckerlaubniß verweigert werden. Dasselbe gilt von Schriften, welche den Umsturz der Verfassung oder des öffentlichen Rechtszustandes bezielen.

6. Nach Vorschrift des Bundesbeschlusses vom 21sten October 1830 werden die Censoren angewiesen, bei Zulassung von Nachrichten über stattgefundene aufrührerische Bewegungen mit Vorsicht und Vergewisserung der Quellen, woraus sie geschöpft sind, zu Werke zu gehen, und nach Maaßgabe der Bundesbeschlüsse vom 19ten September 1833 und 6ten November 1834 haben sie keinerlei Nachrichten über noch anhängige Unter-

suchungen wegen revolutionärer Umtriebe und über die damit im Zusammenhange stehenden Verhaftungen zum Abdrucke zu lassen.

7. Nachrichten über die Verhandlungen des Bundestags und der von ihm abhängigen Commissionen sind nur insoweit zuzulassen, als sie auf amtlichen Mittheilungen beruhen, oder aus denjenigen Quellen entlehnt sind, welche den Censoren und den Redactionen der hierländischen politischen Zeitungen amtlich als zuverlässig bezeichnet worden sind.

Nachrichten über ständische Verhandlungen anderer deutscher Staaten sind in Zeitungen und periodischen Schriften nur insoweit zuzulassen, als sie aus den öffentlichen Blättern und zur Oeffentlichkeit bestimmten Acten des betreffenden Bundesstaates entlehnt sind, und die Quelle angegeben ist, aus welcher dergleichen Berichte und Nachrichten geschöpft sind.

8. Nichts darf gedruckt werden, was das kirchlich und religiös Heilige herabwürdigt, oder Spannung und gegenseitige Unduldsamkeit unter den verschiedenen Confessionen aufregt. Es ist daher

a) darauf zu sehen, daß in Druckschriften, welche sich über kirchliche Angelegenheiten verbreiten, von keiner christlichen Confession anders, als im Tone der Achtung gesprochen werde, welche der christlichen Religion um ihrer selbst willen gebührt, wie verschieden auch ihre äußeren Formen sein mögen, und daß Nichts zum Drucke gelassen werde, was den Stand der Diener und Würdenträger einer christlichen Kirche herabwürdigt.

b) Auch in Beleuchtungen von Mißbräuchen und Unvollkommenheiten kirchlicher Einrichtungen oder Glaubenslehren, mit welchen der Verfasser nicht übereinstimmt, ist nie zu gestatten, daß diese ins Lächerliche gezogen oder mit den Waffen des Spottes angegriffen werden.

c) Gestattet ist es, neuere Zeitereignisse auf dem Gebiete des kirchlichen Lebens und die Verhältnisse der katholischen Kirche gegen den Staat und andere christliche Confessionen in Druckschriften zu erwähnen und aus dem Standpuncte des Protestantismus zu beleuchten und zu beurtheilen. Allein es darf nicht in einer Art geschehen, durch welche die christliche Eintracht und Duldung und die achtungsvolle Rücksicht gefährdet wird, welche dem Oberhaupte der katholischen Kirche, als oberstem Vertreter eines auch in hiesigen Landen vollständig anerkannten Glaubensbekenntnisses, gebührt. Eben so wenig sind beleidigende Angriffe gegen die evangelische Kirche zu gestatten.

d) Auch der Abdruck kirchlicher Partheischriften aus früherer Zeit oder einzelner Aufsätze und Auszüge aus denselben ist nicht unbedingt, sondern nur unter Beobachtung obiger Grundsätze zulässig.

9. Die Censoren haben, wie im Allgemeinen, so auch besonders auf kirchlichem Gebiete, zu berücksichtigen, daß eine mißbilligende Ansicht über Handlungen Einzelner oder von Einzelnen aufgestellte Grundsätze nicht zu Beschuldigungen und Angriffen gegen ganze Classen von Perso-

nen, ganze Stände oder gegen alle Mitglieder einer Religionsgesellschaft berechtigt, und daher bei der Prüfung derartiger Aeußerungen ganz besonders die Bestimmungen § 2 in Obacht zu nehmen.

10. Es darf nichts zum Drucke gelassen werden, was gegen Zucht, Sitte und äußern Anstand ist. Wissenschaftliche und selbst populäre Belehrungen über die sexuellen Verhältnisse und sie sich darauf beziehenden Krankheiten sind an sich zulässig, dagegen aber Erzeugnisse der erotischen Literatur mit obscöner, lasciver, die Sinnlichkeit anregender und überhaupt unsittlicher Behandlung der geschlechtlichen Verhältnisse zurückzuweisen.

11. Mit der Beobachtung vorstehender Vorschriften ist es um so genauer zu nehmen, je größer und gemischter das Publicum ist, für welches eine zu censirende Schrift ihrer Sprache und Form, sowie ihrem Tone nach bestimmt ist.

12. Eine besonders vorsichtige Behandlung ist anzuwenden bei Zeitungen, Zeit- und Flugschriften, insonderheit politischen Inhalts, ingleichen bei Volks- und Jugendschriften. Am wenigsten ist dagegen die Schreibefreiheit bei eigentlich gelehrten und wissenschaftlichen Werken zu beschränken, besonders bei denen, welche in einer nur den Gelehrten und höher Gebildeten verständlichen Sprache geschrieben sind, sowie bei Schriften, welche sich blos in dem Gebiete wissenschaftlicher Forschung und ruhiger Erörterung halten.

Dagegen gehören unter die Gattungen von Schriften, bei deren Prüfung die Censoren ganz besondere Vorsicht anzuwenden haben, auch alle Erzeugnisse der sogenannten Unterhaltungsliteratur, Romane, Novellen, Erzählungen, Schauspiele u. s. w.

13. Die Censoren haben, besonders auch in periodischen Blättern, den Abdruck aller solcher Aeußerungen zu hindern, in welchen für sie erkennbare Injurien enthalten sind, und worin Angriffe auf die Persönlichkeit und das Privatleben der Einzelnen vorkommen. Aber auch Urtheile über irgend eine Art von öffentlicher Wirksamkeit dürfen nur dann gedruckt werden, wenn sie ohne Gehässigkeit, Leidenschaftlichkeit und Verletzung des Anstandes geschrieben sind.

Diese Bestimmungen leiden namentlich auch auf Beurtheilungen der Wirksamkeit der Kammermitglieder Anwendung. Aeußerungen über dieselben dürfen nicht über eine bescheidene Würdigung ihres öffentlichen Wirkens hinausgehend, gegen ihre Personen gerichtet sein.

Oeffentlichen Schuldmahnungen, es möge nun die Person des Schuldners mehr oder minder deutlich bezeichnet sein, sowie überhaupt allen solchen Schriften, Artikeln und einzelnen Stellen, in welchen Privat- und persönliche Angelegenheiten auf eine verletzende und kränkende Weise zur Sprache gebracht werden, ist die Druckgenehmigung zu versagen.

14. Insofern es bei der Beurtheilung der Zulässigkeit einzelner Aeußerungen auf Bekanntschaft mit solchen thatsächlichen Verhältnissen an-

kommt, welche ihrer Natur nach den Gerichts-, Polizei- und andern Behörden bekannt sein müssen, haben die Censoren diese um Mittheilungen darüber anzugehen.

Auch sollen den Censoren von Zeit zu Zeit diejenigen Vorgänge im öffentlichen Leben und der Verwaltung mitgetheilt werden, welche einer Berücksichtigung bei der Censur bedürfen.

Ist zur Beurtheilung der Zulässigkeit eine dem Censor abgehende besondere Fachkenntniß erforderlich, so hat er sich deshalb Auskunft und Rath eines zuverlässigen Sachverständigen zu erbitten.

15. Die Censoren haben Uebersetzungen nach denselben Grundsätzen wie Originale zu prüfen. Auch dürfen sie sich in ihrem Urtheile nicht dadurch bestimmen lassen, daß zu einer Schrift, welche ihnen ganz oder in einzelnen Stellen zur Censur vorgelegt wird, von einem andern Censor die Druckerlaubniß ertheilt worden ist. Nur haben sie dann die ihnen etwa beigehenden Bedenken gegen die Ertheilung der Druckgenehmigung desto gründlicher zu erwägen. Auch haben sie auf die jedesmaligen Zeitverhältnisse, vermöge deren dieselben Schriften und einzelnen Aeußerungen einer verschiedenen Beurtheilung ihrer Zulässigkeit unterliegen können, Rücksicht zu nehmen.

16. Dedicationen an den König und andere Mitglieder des königlichen Hauses sind nur nach Vorlegung einer schriftlichen Erlaubniß dazu zum Abdrucke zu lassen. Diese Bestimmung ist aber auf Zueignungen an andere fürstliche Personen nicht anzuwenden.

17. Aufrufe zur Mildthätigkeit [...] dürfen nicht ohne beigebrachte Genehmigung der Amtshauptmannschaft, in deren Bezirk sich die zur Unterstützung empfohlenen Personen befinden, (in Dresden und Leipzig der betreffenden städtischen Behörden) abgedruckt werden. In Fällen, wo das Publicum zur Wohlthätigkeit gegen *ausländische* Hülfsbedürftige aufgefordert werden soll, ist der Abdruck von der beizubringenden Genehmigung der Kreisdirection abhängig zu machen.

18. Zu Ausbietungen von Loosen zu unerlaubten in- und ausländischen Lotterien, wozu insonderheit auch die sogenannten Promessenscheine gehören, ist die Druckerlaubniß gar nicht, und zur Feilbietung von Heilmitteln nur dann zu geben, wenn die Genehmigung einer Medicinalpolizeibehörde dazu beigebracht wird.

19. Zum Abdrucke von Catalogen der Leihbibliotheken hat der Censor die Genehmigung nur dann zu ertheilen, wenn beigebracht wird, daß sie der Kreisdirection vorgelegen haben. Findet er in einem Bücherauctionscataloge oder dem Cataloge eines Antiquars die Titel verbotener oder anstößiger Schriften, so hat er diese zu streichen, und bei der Ortsobrigkeit auf die nöthige Verfügung anzutragen, daß dergleichen Schriften hinweggenommen, jedenfalls aber von dem Vertriebe ausgeschlossen werden.

20. Der Censor hat, so oft er es zur Verantwortlichkeit für Thatsachen erforderlich findet, um die Druckgenehmigung ertheilen zu können, auf der Angabe des Verfassers einer Schrift oder des Einsenders eines für ein periodisches Blatt bestimmten Artikels zu bestehen.

21. Wenn dem Censor Manuscripte oder, in selbigen, Stellen von auffallend böswilliger oder revolutionärer Tendenz vorkommen, so hat er nicht nur den Abdruck zu verhindern, sondern auch, insofern die öffentliche Ruhe und Ordnung dadurch gefährdet scheint, der Kreisdirection davon Anzeige zu machen.

22. Die Censoren haben die Genehmigung zum Drucke einer neuen Zeitschrift zu versagen, zu welcher eine Concession nöthig, aber noch nicht beigebracht ist. Ihnen beigehende Zweifel, ob es der Concession bedürfe, haben sie der Kreisdirection zur Entscheidung vorzutragen.

23. Die Censoren haben darauf zu sehen, daß auf den ihnen vorgelegten Manuscripten oder Satzbogen am Schlusse einer Schrift oder eines zur einzelnen Ausgabe bestimmten Bandes oder Heftes der Druckort und der Name des Druckers, und hierüber auf jedem Hefte einer Zeitschrift und, wenn selbige in einzelnen Nummern erscheint, auf jeder derselben, der Name des verantwortlichen Redacteurs angegeben sei.

24. Unter die von den Censoren nach § 35 der Verordnung vom 5ten Februar 1844 nicht zuzulassenden Erwähnungen verbotener Schriften gehören auch Beurtheilungen und Auszüge derselben mit mehr oder minder deutlicher Bezeichnung der Quelle. Ist diese aber nicht angedeutet, so tritt lediglich eine selbstständige Prüfung solcher Stellen ein, wenn auch dem Censor bekannt ist, daß sie aus einer verbotenen Schrift entlehnt seien. Nur wird sich der Censor dadurch zu desto größerer Vorsicht aufgefordert sehen.

Uebrigens haben die Censoren die Genehmigung zum Abdrucke solcher Ankündigungen neuer Schriften zu versagen, welche den Bestimmungen der angezogenen Verordnung § 34 entgegen sind.

25. Die Censoren haben sich bei Prüfung der ihnen im Manuscripte oder Satzbogen vorgelegten Schriften streng auf den Standpunct der Censur zu beschränken und mit Erinnerungen vom wissenschaftlichen, stilistischen oder typographischen Standpuncte aus sich nicht zu befassen.

26. Sie haben übrigens jedesmal zu erwägen, ob einer ganzen zur Censur vorgelegten Schrift oder nur einzelnen Theilen und Stellen derselben, die Druckerlaubniß zu versagen, und eine Sichtung des Unzulässigen vom Zulässigen möglich sei. Letztern Falles sind die unzulässig befundenen Stellen genau anzugeben. Die dadurch bedingten Abänderungen sind aber den Verfassern und deren Stellvertretern in der Regel selbst zu überlassen; doch bleibt es Sache freier Vereinigung derselben mit dem Censor, ob und inwiefern letzterer selbst Veränderungen vornehmen soll.

Nur die Censoren periodischer Blätter dürfen dem von den Redacteuren an sie gelangenden Wunsche, kleine Veränderungen zur Ermöglichung der Druckerlaubniß, der Kürze halber, selbst vorzunehmen, sich nicht entziehen.

Der Censor ist jedenfalls befugt, *leserliche* Manuscripte oder Abschriften davon zu verlangen. Es ist aber freier Vereinigung überlassen, ob Manuscripte oder, nach schon bewirktem Satze, Probeabdrücke davon (gedruckte Satzbogen), dem Censor vorgelegt werden sollen. Nur wird solchenfalls die Beobachtung des Verbots der Censurlücken, sowie aller andern Arten der Andeutung, daß die Censur Abänderungen veranlaßt habe, vorausgesetzt. Auch müssen es sich Drucker und Verleger gefallen lassen, wenn in Folge des gewährten Verlangens der Satz ganzer Bogen unbrauchbar wird.

27. Die Druckerlaubniß hat der Censor, jedenfalls in solcher Weise ausgedrückt, daß über deren Umfang kein Zweifel bleiben kann, mit Tinte zu schreiben und mit seinem Namen zu unterzeichnen.

Es ist dieselbe erst dann aufzutragen, wenn dem Censor die Stellen, an welchen er Abänderungen nöthig befunden, aber nicht selbst vorgenommen hat, in ihrer neuen Fassung vorgelegt worden sind.

Uebrigens haben sich die Censoren der Vergleichung der ihnen zu dem Ende zugehenden Abdrücke mit dem censirten Manuscripte oder Satzbogen zu unterziehen. (Vergl. §§ 14 und 15 der Verordnung vom 5ten Februar 1844.)

28. Die Censoren haben die Gründe ihrer Verweigerung der Druckerlaubniß nur der vorgesetzten Behörde anzugeben und sind lediglich dieser dafür verantwortlich. Sie dürfen sich in dieser ihrer öffentlichen Stellung weder mündliche, noch schriftliche unanständige oder unbescheidene Aeußerungen von den Verfassern und Redacteuren oder deren Stellvertretern gefallen lassen. Vielmehr sind sie verpflichtet, davon sofort Anzeige bei der Kreisdirection zu machen, welcher obliegt, die polizeirechtliche oder strafrechtliche Ahndung zu veranlassen.

29. Die Censoren haben die von ihnen zu ertheilenden Resolutionen möglichst zu beschleunigen, alle unnöthigen Schwierigkeiten und jede Peinlichkeit im Geschäfte zu vermeiden, und sind dafür den vorgesetzten Behörden verantwortlich. Censoren, die durch Säumigkeit in Verwaltung der Geschäfte oder durch unbegründete Strenge oder durch Zulassung des Unzulässigen ihren Obliegenheiten nicht genügen, werden deshalb nachdrücklich zurechtgewiesen, nach Befinden der fernern Verwaltung der Censur enthoben, und bei groben Pflichtwidrigkeiten hierüber zur Strafe gezogen werden.

30. Sämmtliche Centralcensoren haben über ihre Geschäftsführung nach Anleitung des nachstehenden Schema's[1] eine Registrande zu führen, in wel-

[1] Folgt im Verordnungsblatt auf der nächsten Doppelseite.

che eine kurze Bezeichnung der censirten Schriften und der Tag der Ertheilung oder Verweigerung der Druckerlaubniß, ingleichen die Zeit der Beobachtung der Vorschriften §§ 14 und 15 der mehrangezogenen Verordnung wegen jeder einzelnen Schrift einzutragen ist. Die Localcensoren haben über die von ihnen ertheilten Druckgenehmigungen ein Tagebuch zu führen. Central- und Localcensoren haben, ohne daß es deshalb eines Eintrags in die Registranden und Tagebücher bedarf, blos ein Verzeichniß der von ihnen censirten Zeitschriften am Schlusse jeden Jahres bei der Kreisdirection einzureichen, übrigens aber über die an sie ergehenden schriftlichen Verfügungen und die von ihnen erstatteten Anzeigen Acten zu halten, welche ihren Nachfolgern auszuantworten sind.

84. Württembergischer Antrag zur Aufhebung der Lotterien und Spielbanken im Deutschen Bund

Lotterien und Spielbanken haben schlechte Auswirkungen auf weite Kreise der Bevölkerung auch über die Landesgrenzen hinweg; Wahl einer Kommission, die sich mit Antrag Württembergs befassen soll.

PDB, 12. Sitzung, 18. April 1844, § 114, S. 232–233.

Frankfurt am Main, 18. April 1844

Würtemberg. Die nachtheiligen Wirkungen, welche das Bestehen öffentlicher Spielbanken, Classenlotterieen und des Lottos auf den Nationalwohlstand und die Sittlichkeit im Allgemeinen ausüben, werden wohl von Niemanden in Abrede gezogen werden. Beschränkungen, welchen man diese Glücksspiele hier und da unterworfen hat, mögen zwar ihre Schädlichkeit in etwas mindern; allein nur die gänzliche Aufhebung der Spielbanken, der Classenlotterieen und des Lottos vermögen den Versuchungen ein Ende zu machen, welche nur allzu oft den Leichtsinnigen zum Verbrechen führen und in schuldlosen Familien Verzweiflung verbreiten.

Da aber der verderbliche Einfluß der genannten Glücksspiele nicht nur auf die nächsten Umgebungen der Orte, an welchen sie bestehen, sondern auch auf weitere Umkreise sich erstreckt, so genügt es für die einzelnen deutschen Regierungen nicht, sie im eignen Lande zu verbieten, und diese Betrachtung veranlaßt Seine Königliche Majestät, wie andurch geschieht, an die höchsten und hohen Mitglieder des Deutschen Bundes den Antrag zu richten: sämmtliche, innerhalb des deutschen Bundesgebiets bestehenden öffentlichen Spielbanken, Classenlotterieen und Lottos aufzuheben.

Sollten jedoch einer derartigen Vereinbarung für jetzt noch unübersteigliche Hindernisse entgegenstehen, so beglaubigen Sich Seine Königliche Majestät, daß es jedenfalls an der Zeit wäre, wenigstens die öffentlichen Spielbanken im ganzen Bundesgebiet sofort aufzuheben.

Präsidium bemerkte hierauf: In so weit der eben vernommene Antrag der Königlich-Würtembergischen Regierung sich auf die Beseitigung des großen Uebelstandes der in verschiedenen Theilen Deutschlands bestehenden *öffentlichen Spielbanken* beziehe, seyen über diesen Gegenstand, auf Veranlassung der Königlich-Preussischen Regierung, schon vor einiger Zeit vertrauliche Berathungen zwischen den allerhöchsten Höfen von *Oesterreich* und *Preussen* angeknüpft worden, um demnächst, unter zuversichtlicher Voraussetzung des Einverständnisses ihrer hohen Verbündeten, eine Erwägung der am Besten zum Ziele führenden Mittel bei der deutschen Bundesversammlung gemeinschaftlich in Vorschlag zu bringen. Präsidium nehme deßhalb um so weniger Anstand, hoher Bundesversammlung jetzt die Wahl einer Commission von drei Mitgliedern und einem Stellvertreter zur Begutachtung des Antrags der Königlich-Würtembergischen Regierung ergebenst vorzuschlagen.

Nachdem dieser *Präsidialvorschlag* erörtert und durch *allerseitige Zustimmung* genehmigt worden war, wurde zur Wahl der Commissionsmitglieder geschritten, welche auf die Herren Gesandten von

Preussen,
Königreich Sachsen, und
den Sächsischen Häusern

fiel, und da nach diesen die Herren Gesandten von *Hannover* und *Würtemberg* die meisten und zwar gleichviele Stimmen erhalten hatten, so vereinigten sich beide dahin, daß letzterer Stellvertreter seyn solle. [...]

85. Stellungnahme Metternichs über das Vereinswesen

Votum für ein strenges Vorgehen gegen Vereine, die der bestehenden Gesellschaft feindlich seien; Ausschöpfen und Vervollkommnen der rechtlichen Mittel – dazu Gründung einer Kommission. Nützliche Vereine sollen weiterhin bestehen.

Metternich, VII, S. 137–140.

1845

Zu den wichtigsten und zugleich dringendsten Aufgaben des Tages rechne ich die richtige Auffassung *des aller Orten lebendigen Vereinswesens.*

In seiner Wesenheit aufgefaßt, liegt demselben der Begriff der *verstärkten Kraft* durch *vereinte Mittel* zu Grunde.

Daß das *Mittel* ein gut gewähltes sei, ist einleuchtend. In demselben Maße als dies der Fall ist, stellt sich die Beachtung der Zwecke, auf welche die Mittel gerichtet sind, in Aussicht.

In unserer in allen Richtungen so bewegten Zeit tritt der eigenthümliche Fall ein, daß Zwecke und Mittel häufig in Widerspruch unter sich gerathen. Dies ist in Anbetracht des Vereinswesens eine durch die tägliche Erfahrung erprobte Thatsache.

Vereine, und sonach der Trieb nach denselben, liegen in den Grundbedingungen der Menschheit. Dieser Trieb dient der Gesellschaft zur Grundlage; er bildet jene des Staatenlebens in seinen verschiedensten Abstufungen. Was sind denn Staaten anderes als Associationen zu vereinten Zwecken durch vereinte Kräfte?

Die letzteren fordern aber Regeln, ohne deren Beihilfe und Schutz der Zweck irgend einer Association nicht erreichbar wäre. Den Schutz benöthigt die Association nicht allein gegen äußere Bedrängnisse, sie bedarf seiner noch mehr zu ihrem Zusammenhalten. Wenn die bürgerliche Gesellschaft sich sonach dem dem Menschen angeborenen Triebe nach Vereinigung seit ihrem Entstehen hingab und sich zu ihrem Leben und Wohle das Princip der Association in den verschiedensten Formen und Richtungen gewissermaßen aus sich selbst herausbildete, so war es unserer Zeitperiode vorbehalten, das *schaffende* Princip in ein *lähmendes* umzuwandeln.

Man fasse die wie Unkraut hervorschießenden Vereine in's Auge und unterwerfe sie einer ruhigen und unparteiischen Prüfung, und man wird sich ohne Mühe überzeugen, daß *ihre Zwecke meist dem Leben der Staatsgesellschaft feindlich entgegenstehen und daß sie von nützlichen Verbindungen nur die Form tragen.*

Kann, darf dem Uebel die Hand geboten werden?

Welches sind die Mittel und Wege es zu bekämpfen?

Auf die erste dieser Fragen kann nur durch eine Negation geantwortet werden. Bei der Prüfung der zweiten bezeichnet die gemeinste Klugheit das Mittel zur Abhilfe. Es liegt in der Aufrechthaltung und Ausübung des der Obrigkeit zustehenden *obervormundschaftlichen Rechts.* Ich bediene mich *dieses* Rechtsbegriffes, weil er zugleich den den *nützlichen* Vereinen gebührenden Schutz nach Innen und nach Außen umfaßt und den schwindelnden, sich und anderen schädlichen, eine Schranke setzt.

Die Belebung des Vereinswesens bietet heute der Gesellschaft einen gesteigerten Grad von Wohlleben, von leicht erreichbaren Genüssen, welche deren Steigerung auf eine Höhe treiben, die dem ruhigen Beobachter Rückfälle in Aussicht stellt. Gegen Vereine, deren Zwecke nützlich sind, das Einschreiten der Regierung evociren wollen, fällt mir nicht ein; das, was denselben zu empfehlen ist, ist die Rücksichtnahme auf Ziel und Maß, und zwar im Hinblick für das allgemeine wie auf das Wohl der Theilnehmer an den Vereinen selbst. Nur gegen Vereine zu schlechten Zwekken erhebe ich die Stimme, und zu denselben zähle ich alle, welche auf die Grundlagen der Gesellschaft lösend wirken, oder welche in Folge von

Privatspeculationen das moralische oder das materielle Gut der Theilnehmer gefährden.

Damit die Regierung in ihrer schirmenden Pflicht amthandeln könne, muß sie die entstehenden Vereine in ihrer Wesenheit kennen. Deren Grundidee und die zu deren Beförderung in Aussicht gestellten Mittel und Wege müssen der obersten Behörde sonach, bevor der Verein in's Leben tritt, zur Kenntniß gebracht werden, und nur in Folge der Bewilligung der Regierung dürfen Vereine in's wirkliche Leben treten.

Daß ich durch die Aufstellung dieser Sätze nichts Neues zu sagen im Sinn habe, dies bedarf keiner Erwähnung. Auch hat die gemeinste Staats- und selbst die einfache Lebensklugheit aller Zeiten das Vereinswesen unter gesetzliche und administrative Bedingungen und obrigkeitliche Aufsicht gestellt. Heute sind dieselben nur *zu kurz* in ihrer Anwendung auf die Vervielfachung, die Ausdehnung und die verschiedenen Richtungen des Vereinswesens.

Diesem Uebelstande muß abgeholfen werden, und da es einer Regierung nicht einfallen kann, nützlichen, durch die Zeit und Umstände begünstigten Fortschritten im Leben des Staates in den Weg zu treten, so tritt für dieselbe die Nothwendigkeit der Fürsorge ein, die schirmenden Gewalten gleichen Schritt mit den Ergebnissen, auf welche sie zu wirken haben, halten zu lassen.

Es bestehen bei uns gesetzliche und administrative Verfügungen in Betreff des Vereinswesens. Sind sie den Bedürfnissen des Tages angemessen? Ich bin vom Gegentheil überzeugt und selbst nicht verwundert, daß Lücken bestehen. Die Monarchie hat sich länger als kein anderer europäischer Staat außerhalb der *socialen* Bewegung, welche die Geschichte des letzten halben Jahrhunderts bildet, zu halten gewußt. Hiezu haben die auf Recht und Klugheit gefußte lange Regierung des Kaisers Franz, der treue Sinn des Volkes, die feste Grundlage gediegener Gesetze und einer geregelten Administration und selbst der mehr als zwanzigjährige Kriegszustand die Mittel geboten; der letztere, weil die Völker nicht gern dem, was der laut erwiesene Feind will, sich hingeben.

Wie verschieden steht aber nicht nur die Lage des österreichischen Reiches, sondern die aller europäischen Staaten in Folge des dreißigjährigen politischen Friedens! In dieser Epoche haben die Segnungen und die Gefahren der Ruhe einen Aufschwung genommen, welcher in der Geschichte ohne Beispiel ist. Der Geist und die Capitalien stehen in einer fieberhaften Aufregung; Kräfte neuer Art haben sich entwickelt und suchen sich allenthalben Luft zu machen. Das *Vereinswesen* als ein lebendiges, ein leuchtendes und bequemes Mittel zur Erreichung der guten wir der schlechten Zwecke hat sich in den verschiedensten Richtungen Bahnen eröffnet.

Stehen unsere Gesetze, Vorschriften und Regeln auf der Höhe des Bedürfnisses? Sicher nicht. Sie müssen sonach vervollständigt, den Bedürfnissen des Tages in allen Richtungen angepaßt werden, und damit dies möglich sei, müssen die bereits bestehenden in's Auge gefaßt, beleuchtet und vervollständigt werden. Dies kann nicht die Aufgabe der Regierung in ihrem Gesammtbegriffe und ebenso wenig die eines Mannes sein; es gehört zur Erreichung des dringend nöthigen Zweckes eine mit der Aufgabe zu vertrauende Commission.

Auf deren Errichtung erlaube ich mir den Antrag zu stellen.

Ich habe im Eingang der gegenwärtigen Vorlage bemerkt, daß der *schaffende* Begriff, welcher dem Vereine zur Grundlage dienen sollte, heute häufig durch den *lösenden* und *zerstörenden* ersetzt wird. Um sich hievon zu überzeugen, genügt es eines Blickes auf das in allen Richtungen so schwunghafte Vereinswesen. Auf den moralischen wie auf den materiellen Gebieten entstehen Vereine in Unzahl; in der dem Begriff zusagenden Form bilden sich sogenannte *Kirchen*, scientifische, technische, sociale, nützliche, des Schutzes werthe oder der eigennützigen Geldspeculation ihrer Unternehmer gewidmete und sonach verwerfliche industrielle Vereine.

Das Recht für die Ueberwachung und Regelung solcher Unternehmen von ihrem ersten Ausgangspunkte der Idee an bis zu deren Verwirklichung ist ein für die Regierungen nicht allein unläugbares Recht, sondern hier tritt für dieselben die Pflicht ein, dafür Sorge zu tragen, daß das Nützliche und wahrhaft Gute gepflegt, daß die Form der Association aber anderseits nicht zum Ruin der Staaten und der Theilnehmer an den Vereinen erwachse.

86. Welckers Rede in der Zweiten Badischen Kammer zu den 60 Geheimen Wiener Artikeln vom Juni 1834

Die Wiener Beschlüsse und ihre Anwendung auf das Großherzogtum werden als verfassungswidrig erklärt.

Abt, S. 242–243.

Karlsruhe, 15. Februar 1845

[...] In Erwägung, daß das früher geheime, jetzt durch Privatabdrücke verbreitete angebliche Schlußprotokoll der Wiener Conferenz vom 12. Juni 1834 auch von zwei Bevollmächtigten der badischen Regierung unterzeichnet ist,

in Erwägung, daß diese Urkunde Vertragsbestimmungen der einzelnen souverainen Fürsten und freien Städte Deutschlands enthält, welche ohne Bundesbeschlüsse zu sein, doch die Kraft derselben haben sollen, und welche die Regierungen in Beziehung auf viele einzelne und ganze Inbegriffe der inneren staatsrechtlichen Verhältnisse, mit Verpflichtungen und Staatsservituten belasten, und dieselben in der selbstständigen Ausübung der souverainen Regierungsgewalt je nach ihrer alleinigen oder mit den Landständen vereinbarten Ueberzeugung von den besonderen Landesbedürfnissen so wesentlich beschränken, daß sie die verfassungsmäßige Unabhängigkeit der Regierung und des Landes im höchsten Grad beeinträchtigen und dieselbe möglichen beliebigen Auslegungen, Mehrheitsbeschlüssen und Zwangsmaßregeln vieler zum Theil übermächtiger Regierungen preisgeben,

in fernerer Erwägung, daß, abgesehen von dieser allgemeinen Verletzung und Gefährdung des verfassungsmäßigen Rechtszustandes des Großherzogthums, die in jenem Schlußprotokoll für die Regierung eingegangenen einzelnen Verpflichtungen gegen Auswärtige in Widerspruch mit ihren verfassungsmäßigen Verpflichtungen gegen das Land stehen,

in Erwägung, daß der unter diesem Schlußprotokoll unterzeichnete verantwortliche Staatsminister durch seine Ausscheidung aus dem Staatsdienste derjenigen ministeriellen Verantwortlichkeit, welche nach unsern Gesetzen die Landstände geltend machen könnten, entzogen wurde,

in Erwägung endlich, daß die gegenwärtigen verantwortlichen Mitglieder der höchsten Staatsbehörde die Beantwortung der an sie gestellten Fragen über die Aechtheit jenes Schlußprotokolls und über die Verantwortlichkeit für dasselbe ablehnten und nur erklärten: „sie würden die ganze Landesverfassung stets unverletzt bewahren, sich zu deren Verletzung auch durch jene angeblichen Conferenzbeschlüsse niemals bestimmen lassen," –

sieht sich die zweite Kammer genöthigt, zur Wahrung des verfassungsmäßigen Rechtszustandes des Großherzogthums, in ihre Protokolle die feierliche Erklärung niederzulegen:

daß sie die angeblichen geheimen Wiener Conferenzbeschlüsse, ihre Aechtheit vorausgesetzt, sowie jede etwaige Anwendung derselben auf die staatsrechtlichen Verhältnisse des Großherzogthums, als der Souverainität von Thron und Staat und anderen Verfassungsrechten widersprechend erklären müsse.

[...] *(Begründung Welckers und Kammerdiskussion folgen; der Antrag Welckers wurde in gekürzter Form*[1] *gegen drei Stimmen angenommen).*

[1] Der Beschlußtext (Abt, Deutsche Zeitung, S. 244) lautete: Die zweite Kammer sieht sich in Folge der von den Ministern in der Sitzung vom 24. v. M. über die angeblichen geheimen Beschlüsse der Wiener Conferenz vom 12. Juni 1834 abgegebenen Erklärung veranlaßt, ihrerseits zur Wahrung des verfassungsmäßigen Rechtszustandes des Großherzogthums feierlich auszusprechen: „daß sie jene Beschlüsse, für den Fall der Aechtheit des darüber verbreiteten Privatabdrucks, in so fern dieselben alsdann die Regierung hinsichtlich der inneren staatsrechtlichen Verhältnisse mit Verpflichtungen und Staatsservituten belasten – als der Souverainität von Thron und Staat widersprechend erklären müsse."

87. Bundesbeschluß zur Unterdrückung des Sklavenhandels

In allen Staaten des Deutschen Bundes wird der Sklavenhandel verboten und entsprechend dem Seeraub bzw. dem Menschenhandel bestraft werden.

PDB, 21. Sitzung, 19. Juni 1845, § 227, S. 537–538.

Frankfurt am Main, 19. Juni 1845

[...] In voller und gerechter Anerkennung der Gesinnungen und Grundsätze christlicher Menschenliebe, welche die Höfe von Großbritannien, Oesterreich, Preussen und Rußland zu dem wegen Unterdrückung des Negerhandels (traite des nègres) am 20. December 1841 geschlossenen Uebereinkommen veranlaßt haben, und von dem Wunsche beseelt, so viel von ihnen abhängt, auch ihrer Seits zur gänzlichen Ausrottung dieses verbrecherischen Handels mitzuwirken, haben sich sämmtliche deutsche Regierungen dahin vereinbart, daß von denselben der Negerhandel allgemein verboten werde. Demgemäß soll, wo dießfalls durch bestehende Strafgesetze nicht bereits Fürsorge getroffen ist, der Negerhandel gleich dem Seeraube bestraft, in denjenigen Bundesstaaten aber, deren Gesetzgebung des Seeraubes nicht besonders erwähnt, mit der Strafe des Menschenraubes oder mit einer ähnlichen schweren Strafe belegt werden.

Auf *Präsidialvorschlag* wurde zugleich verabredet, den bei dem Deutschen Bunde accreditirten auswärtigen Gesandtschaften mittelst Präsidialnote eine Abschrift des Beschlusses mitzutheilen, so wie auch denselben durch die hiesigen Zeitungen veröffentlichen zu lassen.

88. Kundmachung des galizischen General-Gouverneurs Ferdinand von Österreich-Este

Warnung vor ausländischen Emissären, die einen Aufstand in Galizien auslösen und (vorgeblich) Polen wiederherstellen und Belastungen der Bauern aufheben wollen. Regierung wird den Aufstand verhindern; jede Teilnahme wird als Hochverrat geahndet werden.

Sala, S. 363–365.

Lemberg, 18. Februar 1846

Seit einiger Zeit sind Emissäre oder Abgesandte von Gesellschaften aus dem Auslande, welche zum Zwecke haben, Unruhe und Auflehnung gegen die gesetzmäßigen Autoritäten in Galizien zu veranlassen, und auch andere Uebelgesinnte im Lande umhergezogen, welche durch die Vorspiegelung, daß ein allgemeiner Aufstand nahe bevorstehe, Unruhe und Besorgniß verbreiten und sich zum Geschäfte machen, Unerfahrene und Leichtgläubige zu bethören, und Anhänger für ihre ruchlosen Pläne zu gewinnen. Während derlei Unruhestifter als Zweck des angeblichen Aufstandes nach Verschiedenheit der Personen und Umstände die Wiederherstellung Polens im Wege einer socialen Revolution, die Aufhebung des Unterschieds der Stände, eine gleiche Vertheilung des Vermögens, den Bauern aber insbesondere Steuerfreiheit und Auflassung der auf ihrem Grundbesitze haftenden Inventarial-Lasten in Aussicht stellen, und wo diese Mittel nicht ausreichen, selbst durch Drohungen einer blutigen Rache schwache Gemüther einzuschüchtern suchen, ist ihre eigentliche Absicht nur auf den Umsturz der durch Religion und Gesetze festbegründeten gesellschaftlichen Ordnung gerichtet, den wohl die Meisten von ihnen nur aus dem Grunde wünschen, weil sie, des Gefühls ihrer Pflicht entäußert, meist ohne Eigenthum und Einfluß in der Gesellschaft bei einer Umwälzung wenig oder nichts zu verlieren haben, und dagegen für den Fall des Gelingens ihres verbrecherischen Vorhabens manche materielle Vortheile zu erringen hoffen.

Die Regierung hat und wird auch fortwährend ernste und kräftige Maßregeln eintreten lassen, um diesen Umtrieben Ziel zu setzen, sie hält es gleichwohl für Pflicht, die Bewohner dieses Landes über das eigentliche Wesen der dermaligen Umtriebe zu belehren, denselben die schuldige Treue gegen Allerhöchst Seine Majestät unsern allergnädigsten Kaiser und König in Erinnerung zu bringen, und sie zugleich vor einer wie immer gearteten Theilnahme an den Machinationen der Bösgesinnten, sei es aus Leichtsinn oder aus Furcht vor ihren eitlen Drohungen, mit Hinweisung auf die bestehenden Gesetze nachdrücklich zu warnen.

Der § 52 des I. Theils des Strafgesetzbuches setzt fest, daß jeder das Verbrechen des Hochverrathes begeht, der etwas unternimmt, was auf eine gewaltsame Veränderung der Staatsverfassung, auf Zuziehung[1] oder Vergrößerung einer Gefahr von Außen gegen den Staat angelegt wäre, es geschehe öffentlich oder im Verborgenen, von einzelnen Personen oder in Verbindungen, durch Anspinnung, Rath oder eigene That, mit oder ohne Ergreifung der Waffen, durch mitgetheilte, zu solchem Zwecke leitende Geheimnisse oder Anschläge, durch Aufwieglung, Anwerbung, Ausspähung, Unterstützung, oder durch was sonst immer für eine dahin abzielende Handlung. Auf dieses Verbrechen, wäre es auch ohne allen Erfolg nur bei dem Versuch geblieben, verhängt der § 53 die Todesstrafe.

Aus dem in den Provinzial-Zeitungsblättern vom 21. und 22. Jänner 1845 eingerückten Artikel konnte Jedermann entnehmen, daß das hier erwähnte Verbrechen des Hochverraths hierlandes vor wenigen Jahren von mehreren Personen begangen worden sei, daß dieselben hierfür auf Grundlage der bei dem betreffenden Criminalgerichte durchgeführten Untersuchung zur To-

[1] Bei Sala: „Zuziehnng“.

desstrafe verurtheilt, und daß diese Urtheile dann auch durch die zwei hohen Gerichts-Instanzen bestätigt worden sind. Nur die unbegrenzte Milde und Gnade Allerhöchst Sr. Majestät hat damals allen Verurtheilten die Todesstrafe, und mehreren derselben auch die zeitliche Strafe nachzusehen geruht.

Indem ich die Bewohner dieses Landes an diesen Gnadenact Sr. Majestät des Kaisers erinnere, kann ich nicht umhin, Jedermann darauf aufmerksam zu machen, daß bei Wiederholungen des schweren Verbrechens des Hochverraths auf eine ähnliche außerordentliche Gnade des Monarchen nicht immer gezählt werden könne.

So möge denn Jedermann, der aus was immer für einem Grunde den erwähnten Unruhestiftern Unterstand, Gehör und Unterstützung zu gewähren versucht wird, wohl bedenken, was er zu thun beabsichtige.

Die Regierung hat, dies wird jeder Verständige einsehen, die Kraft und den festen Vorsatz, die eben so ruchlosen als tollkühnen Unternehmungen der Bösgesinnten zu vereiteln, und die treuen Unterthanen Sr. Majestät vor frecher Gewaltthat zu schützen; möge sich daher in dieser Ueberzeugung niemand unzeitigen Besorgnissen hingeben, sondern vielmehr durch ein streng pflichtmäßiges Benehmen sich jenes Schutzes der Regierung würdig zu machen suchen. [...]

Ferdinand, Erzherzog von Oesterreich-Este,
Civil- und Militär-General-Gouverneur.

89. Kundmachung des galizischen General-Gouverneurs Ferdinand von Österreich-Este

Anerkennung der Treue zum Kaiserhaus, die die Galizier während des Aufstandes gezeigt haben. Aufforderung, sich friedlichen Aufgaben zuzuwenden und sich weiter als treue Untertanen zu beweisen.

Sala, S. 384–385.

Tarnow, 16. März 1846

Allerhöchst Seine k. k. Majestät, durch die aus Galizien Allerhöchstdemselben unterlegten Berichte von Allem in Kenntniß gesetzt, was in der jüngsten Zeit sich hierlandes zugetragen hat, geruhten mit Allerhöchster Weisung vom 12. d. M. folgendes kundzumachen mir Allergnädigst anzuordnen:

An Meine treuen Galizier!

Schwere Prüfungen sind an uns in den letztverflossenen Wochen vorübergegangen. Eine im Auslande geschmiedete, lange vorbereitete Verschwörung der Feinde der Ordnung und Gesittung hat sich in Mein Königreich Galizien eingeschlichen.

Es ist ihr gelungen, Theilnehmer zu gewinnen, welche die thörichte Hoffnung hegten, euch insgesammt in ihre verbrecherischen Pläne einzubeziehen. Alle Künste der Verführung, alle Arten der Verheißungen wurden zu diesen Zwecken angewendet; zum schändlichsten Mißbrauche wurden selbst die heiligsten Gefühle angeregt.

Euere treue Brust und euer gesunder Sinn blieben verschlossen gegen die Versucher. Als die Verschwörung sich dennoch im blinden Wahne erhob, und als in toller Kühnheit die blutige Fahne der Umwälzung geschwungen ward, scheiterte das verbrecherische Unternehmen an dem festen Widerstande, der demselben allüberall entgegentrat.

Es ist Meinem Herzen Bedürfniß, Meinen geliebten Galiziern die Anerkennung ihres Biedersinnes und ihrer unerschütterlichen Treue für ihren Landesherrn feierlich zu verkünden.

Da ihr Getreuen euch nur für Ordnung und Recht erhoben habt, so werdet ihr nun, nachdem die Pläne der Feinde jeder gesetzlichen Ordnung zu Schanden gemacht worden sind, euch wieder den friedlichen Beschäftigungen weihen, und durch genaue Erfüllung euerer Unterthans-Pflichten auch ferner beweisen, daß ihr für die Aufrechthaltung der Gesetze zu kämpfen, aber ebenso durch Gehorsam und Unterwerfung unter dieselben, sie zu befestigen versteht. [...]

Ferdinand, Erzherzog von Oesterreich-Este,
Civil- und Militär-General-Gouverneur.

90. Schreiben Astons an den preußischen Innenminister von Bodelschwingh

Versuch Louise Astons, ihre Ausweisung aus Berlin zu verhindern.

Goetzinger, S. 67–68.

Berlin, 23. März 1846

Hochwohlgeborener Herr!
Hochgebietender Herr Staatsminister!

Seit dem August vorigen Jahres halte ich mich an hiesigem Orte auf und bin am 5. März d. J., bei dem Polizeipräsidium um das Niederlassungsrecht für die Residenzstadt Berlin eingekommen, worauf mir am 21. dieses Monats auf dem hiesigen Präsidium eröffnet worden ist, daß das Niederlassungsrecht mir nicht bewilligt werden könne, daß ich vielmehr binnen acht Tagen den Berliner Polizeidistrikt zu meiden habe, *weil ich Ansichten geäußert und ins Leben rufen wolle, welche für die bürgerliche Ruhe und Ordnung gefährlich seien.*

Gegen die Ausführung dieser Verfügung, welche für mich höchst traurig sein würde, da ich eben im Begriff stehe, durch Herausgabe einer von mir gedichteten Liedersammlung eine literarische Laufbahn zu beginnen, welche meine und meiner Tochter Lage bedeutend zu verbessern verspricht, erlaube ich mir Ew. Exzellenz hohen Schutz untertänigst anzuflehen. Als Grund meiner Ausweisung werden die Ansichten angeführt, welche ich zu Anfang dieses Monats in einem Gespräch mit dem Deputierten Stahlschmidt über Religion und Ehe geäußert, wobei freilich von meiner Seite in keiner Art Vorsicht oder Rückhalt beobachtet wurde, da ich das Gespräch für ein durchaus privates und konsequenzloses zu halten berechtigt war; nicht aber für ein Examen, dem man meinen Glauben und meine Überzeugung unterwerfen wollte. Dieser Glauben und diese Ansichten sind mein eigenster Besitz; sie sind eine natürliche Folge der unglückseligen Verhältnisse, die ich durchlebt, der schmachvollen Behandlung, die ich erduldet habe; und ich kann nicht glauben, daß man bei der Gewissensfreiheit, die in Preußen jedem Untertanen gestattet wird und welche der Stolz der Nation ist, mir aus meinen Ansichten einen Vorwurf machen kann, ehe es nicht gewiß oder wenigstens wahrscheinlich geworden, daß diese Ansichten mich dahin führen, etwas gegen die Gesetze des Landes Verstoßendes oder für die Ruhe Gefährliches zu unternehmen. Zu dieser Annahme aber liegen gegen mich keine Gründe vor; es sind keine Tatsachen, keine von mir begangenen Handlungen bekannt, welche, dies zu beweisen, geltend gemacht werden könnten.

Nach den Verhandlungen, welchen ich auf dem hiesigen Präsidium beiwohnen mußte, scheint es mir, daß besonders zwei Umstände zu dem für mich so harten Beschluß geführt haben könnten; nämlich *erstens*: die an mich gerichtete Widmung zweier von Herrn *R. Gottschall* verfaßter Gedichte *Madonna und Magdalena*[1] und *zweitens*: ein in der *Deutschen Allgemeinen Zeitung* abgedruckter Korrespondenzartikel, welcher auf mich gedeutet wird: sowie einige verleumderische anonyme Briefe, welche über mich an das Polizeipräsidium geschickt sind.

Was jene Widmung betrifft, so kann man unmöglich daraus die Folgerung ziehen, daß ich die in jenen Gedichten enthaltenen Ansichten zu vertreten habe. Hinsichtlich der anonymen Briefe aber habe ich bereits einem Hochlöblichen Polizeipräsidium die sehr trübe Quelle angegeben, aus welcher dieselben wahrscheinlich stammen.

Meine genügenden Existenzmittel habe ich nachgewiesen, so daß von dieser Seite kein Grund zu meiner Verweisung genommen werden kann.

[1] Der Dichter Rudolf Gottschall war ein Liebhaber Louise Astons. 1845 gab er „Madonna und Magdalena. Zwei Liebesdithyramben" heraus, die Louise Aston gewidmet waren. In dieser Veröffentlichung plädierte er für freie Liebe und sorgte damit für einen Skandal.

Als geborene Preußin, als Tochter eines hohen Geistlichen,[2] im Bewußtsein meiner Schuldlosigkeit, und im Vertrauen zu Ew. Exzellenz Weisheit und Humanität wende ich mich an Ew. Exzellenz mit der ehrfurchtsvollen Bitte: *meinen fernern Aufenthalt in Berlin hochgeneigtest gestatten zu wollen.*
In tiefster Verehrung verharre ich Ew. Exzellenz;
gehorsamste
Louise Aston, geb. Hoche

91. Verfügung des preußischen Innenministeriums an Aston

Die Niederlassungserlaubnis Astons wird abgelehnt und der weitere Aufenthalt in Berlin untersagt.[1]

Goetzinger, S. 68.

Berlin, 24. April 1846

Auf die Vorstellung vom 23. v. M., wird Ihnen eröffnet, daß das Ministerium die Verfügung des hiesigen Königlichen Polizeipräsidii, wonach Ihnen die Erlaubnis zur Niederlassung in Berlin und zur Fortsetzung Ihres Aufenthaltes hierselbst versagt worden ist, für gerechtfertigt erachten muß, und daß es daher bei dieser Verfügung sein Bewenden behält.
Berlin, den 24. April 1846
Ministerium des Innern. Zweite Abteilung:
von Manteuffel [...]

92. Offener Brief des dänischen Königs Christian VIII.

In Schleswig und Lauenburg gilt das gleiche Erbrecht wie im Königreich.

PDB, 28. Sitzung, 17. September 1846, Beilage 2. zu § 264, S. 735–736.

Schloß Sorgenfrei, 8. Juli 1846

Wir Christian der Achte, von Gottes Gnaden König zu Dänemark, der Wenden und Gothen, Herzog zu Schleswig, Holstein, Stormarn, der Dithmarschen und zu Lauenburg, wie auch zu Oldenburg, etc. etc.

Thun kund hiemit:

Durch vielfache Thatsachen ist es zu Unserer Kenntniß gelangt, daß bei Manchen Unserer Unterthanen unklare und irrige Vorstellungen über die Successionsverhältnisse in der Monarchie herrschen, und daß diese Vorstel-

[2] Der Vater Louise Astons war Superintendent und Konsistorialrat.

[1] Auch eine weitere Eingabe Louise Astons beim König blieb ohne den gewünschten Erfolg.

lungen dazu benutzt werden, um Unruhe und Bekümmerniß über die Zukunft des gemeinsamen Vaterlandes für den Fall hervorzurufen, daß einst nach dem Rathschluß der Vorsehung Unsers Königlichen Hauses Mannsstamm erlöschen sollte, wodurch zugleich eine bittere Stimmung unter den Bewohnern in den verschiedenen Landestheilen erzeugt und genährt wird. Wir haben es daher für Unsere landesväterliche Pflicht erkannt, durch eine zu dem Ende von Uns allerhöchst ernannte Commission alle diese Erbverhältnisse betreffenden Acten und Documente, so weit dieselben haben zu Wege gebracht werden können, prüfen und zugleich eine genaue und gründliche Untersuchung aller darauf bezüglichen Verhältnisse vornehmen zu lassen.

Nachdem das Ergebniß dieser Untersuchung Uns in Unserm Geheimen-Staatsrath allerunterthänigst vorgetragen und von Uns erwogen worden ist, haben Wir darin die volle Bekräftigung gefunden, daß gleicherweise wie über die Erbfolge in Unserm der Krone Dänemark durch Verträge erworbenen Herzogthum Lauenburg kein Zweifel obwaltet, so auch die gleiche Erbfolge des Königsgesetzes im Herzogthum Schleswig in Gemäßheit des Patents vom 22. August 1721 und der darauf geleisteten Erbhuldigung, so wie endlich in Folge der von England und Frankreich ausgestellten Garantieacte vom 14. Junius und 23. Julius 1721 und der mit Rußland geschlossenen Verträge vom 22. April 1767 und vom 1. Junius 1773 in voller Kraft und Gültigkeit besteht.

In der festen Ueberzeugung, daß dieß auf Recht und Wahrheit begründet ist, und in der Ueberzeugung ferner, daß Wir es nicht länger hinaussetzen dürfen, den schädlichen Folgen entgegen zu wirken, welche die fortwährend selbst innerhalb der Grenzen der Monarchie verbreiteten irrigen und falschen Ansichten über diese Verhältnisse hervorbringen, haben Wir Uns allerhöchst bewogen gefunden, durch diesen Unsern offnen Brief Unsern sämmtlichen getreuen Unterthanen gegenüber die Ueberzeugung von dem allen Unsern Königlichen Erbsuccessoren zuständigen Erbfolgerecht in das Herzogthum Schleswig auszusprechen, ein Recht, welches Wir und Unsere Nachfolger auf dem Dänischen Thron aufrecht zu erhalten für Unsere Pflicht und Unsern Beruf erachten werden.

Dagegen hat die angestellte Untersuchung ergeben, daß mit Rücksicht auf einzelne Theile des Herzogthums Holstein Verhältnisse obwalten, welche Uns verhindern, Uns mit gleicher Bestimmtheit über das Erbrecht Unserer sämmtlichen Königlichen Erbsuccessoren an diesem Herzogthum auszusprechen. Während Wir indessen allen Unsern getreuen Unterthanen und namentlich denen im Herzogthum Holstein die allergnädigste Versicherung ertheilen, daß Unsere unablässigen Bestrebungen auch fernerhin darauf gerichtet seyn werden, die zur Zeit vorhandenen Hindernisse zu beseitigen und die vollständige Anerkennung der Integrität des Dänischen Gesammtstaats zu Wege zu bringen, so daß die unter Unserm Scepter vereinigten Landestheile niemals von einander getrennt werden, vielmehr für immer in ihren gegenwärtigen Verhältnissen und mit den einem jeden von ihnen zuständigen Rechten zusammen bleiben, so wollen Wir namentlich Unsern getreuen Unterthanen im Herzogthum Schleswig hiedurch eröffnet haben, daß es nicht von Uns beabsichtigt wird, durch diesen Unsern offnen Brief der Selbstständigkeit dieses Herzogthums, wie dieselbe bisher von Uns anerkannt worden ist, in irgend einer Weise zu nahe zu treten, oder irgend eine Veränderung in den sonstigen Verhältnissen vorzunehmen, welche gegenwärtig dasselbe mit dem Herzogthum Holstein verbinden; und wollen Wir vielmehr Unsere Zusage hiemit ausdrücklich wiederholen, daß Wir Unser Herzogthum Schleswig wie bisher, so auch ferner im Besitz der ihm als einem zwar mit Unserer Monarchie unzertrennlich verbundenen, aber zugleich selbstständigen Landestheile zuständigen Rechte schützen werden.

Urkundlich unter Unserm Königlichen Handzeichen und vorgedruckten Insiegel.

Gegeben in Unserm Geheimen-Staatsrathe auf Unserm Schlosse Sorgenfrei [...]

Christian R.
(L. S.)

93. Präsidialvortrag und Beschlußfassung am Deutschen Bund zu den kommunistischen Vereinen

Das Verbot politischer Vereine vom Juli 1832 wird ausdrücklich auf kommunistische Vereine ausgedehnt.

PDB, 23. Sitzung, 6. August 1846, § 210, S. 536–538.

Frankfurt am Main, 6. August 1846

Präsidium. Es haben sich in neuerer Zeit – wie allgemein bekannt – in Deutschland Spuren von communistischen Vereinen, die den Umsturz der bestehenden Ordnung der Dinge offenbar bezwecken, gezeigt, und es liegt gewiß in der heiligsten Pflicht der Regierungen, derlei Associationen, welches auch immer der Deckmantel sey, unter welchem sie ihre verbrecherischen Pläne verfolgen, nicht zu dulden.

Gedacht ihrer Pflicht, werden die Bundesregierungen am einfachsten entsprechen, wenn sie der zweiten der am 5. Juli 1832 beschlossenen Maaßregeln zur Aufrechthaltung der gesetzlichen Ordnung und Ruhe im Deutschen Bunde ihre durchgängige Anwendung sichern, und den erwähnten Paragraphen, besagend:

„Alle Vereine, welche politische Zwecke haben, oder unter anderm Namen zu politischen Zwecken benutzt werden, sind in sämmtlichen

Bundesstaaten zu verbieten, und ist gegen deren Urheber und die Theilnehmer an denselben mit angemessener Strafe vorzuschreiten", in vollem Maaße erfüllen.

Nicht zweifelnd, daß sämmtliche verehrten Bundesglieder jene Ansicht theilen, hat der Kaiserlich-Königliche Hof die Präsidialgesandtschaft angewiesen, eine Erklärung dieser hohen Versammlung zu bevorworten, des Sinnes:

„daß communistische Vereine als unter die Bestimmungen des §. 2 der Beschlüsse vom 5. Juli 1832 ausdrücklich zu subsumiren angesehen werden, wobei sich von selbst verstehe, daß die Urheber, Häupter und Theilnehmer solcher Vereine, so weit dieselben hochverrätherische Zwecke verfolgen, in allen Bundesstaaten die Strafe des Hochverraths, nach Maaßgabe der bestehenden Landesgesetze, zu gewärtigen haben sollen."

[...] *(Es folgt eine Aussprache und der Beschluß des Präsidialantrags).*

94. Beschluß der Bundesversammlung zu den Nachfolgeverhältnissen in Schleswig und Holstein

Der dänische König soll die Rechte der Deutschen in den Herzogtümern berücksichtigen; die deutschen Regierungen werden aufgefordert, die patriotischen Gesinnungen ihrer Untertanen in Schranken zu halten.

PDB, 28. Sitzung, 17. September 1846, § 264, S. 710–711.

Frankfurt am Main, 17. September 1846

[...]

Beschluß:

1) Nachdem Seine Majestät der König von Dänemark, Herzog von Holstein und Lauenburg, in Allerhöchstihrer Erklärung vom 7. September d. J. auf die Eingabe der Provinzial-Ständeversammlung des Herzogthums Holstein vom 3. August l. J. geäussert haben, daß es Ihnen niemals in den Sinn gekommen ist, die Selbstständigkeit des Herzogthums Holstein, dessen Verfassung und sonstige auf Gesetz und Herkommen beruhende Beziehungen zu beeinträchtigen, oder willkürlichen Veränderungen zu unterwerfen, und die Versicherung hinzugefügt haben, daß Allerhöchstdieselben bei Ihren Bestrebungen, die Successionsverhältnisse des gedachten Herzogthums zu ordnen, nicht Willens sind, wohlbegründeten Rechten der Agnaten zu nahe zu treten, eben so auch die Absicht an den Tag gelegt haben, das verfassungsmäßige Petitionsrecht der Stände ungeschmälert aufrecht zu erhalten; so findet die Bundesversammlung sich in ihrer vertrauensvollen Erwartung bestärkt, daß Seine Majestät, bei endlicher Feststellung der in dem offenen Briefe vom 8. Juli d. J. besprochenen Verhältnisse, die Rechte Aller und Je-

der, insbesondere aber die des Deutschen Bundes, erbberechtigter Agnaten und der gesetzmäßigen Landesvertretung Holsteins, beachten werden.

Indem die Bundesversammlung, als Organ des Deutschen Bundes, sich die Geltendmachung ihrer verfassungsmäßigen Competenz in vorkommenden Fällen vorbehält, spricht sie sich dahin aus, daß sie in den Ständen des Herzogthums Holstein dem Bunde gegenüber nicht die gesetzlichen Vertreter dieses *Bundesstaats*, sondern nur die Vertreter ihrer verfassungsmäßigen Rechte erkennt, und eben so wenig eine Beschwerde der Ständeversammlung über verfassungswidrige Abänderung der landständischen Verfassung Holsteins für begründet erachtet; dagegen aber den an den Königlichen Commissär bei der Ständeversammlung erlassenen Befehl Seiner Majestät des Königs von Dänemark vom 8. Juli 1846, wonach keine weiteren Petitionen oder Vorstellungen in der Erbfolgesache entgegengenommen werden sollen, in dieser Allgemeinheit mit dem Wortlaute des Gesetzes vom 28. Mai 1831 nicht im Einklang findet.

2) Die Bundesversammlung zollt den patriotischen Gesinnungen, die sich bei diesem Anlasse in den deutschen Bundesstaaten kund gegeben, bereitwillig ihre Anerkennung, beklagt aber die gehässigen Anschuldigungen und Aufreizungen, die dabei statt gefunden, und hegt die zuversichtliche Erwartung, daß die höchsten und hohen Bundesregierungen bedacht seyn werden, solchen Ausbrüchen der Leidenschaft gehörige Schranken zu setzen. Auch zweifelt sie nicht, daß Seine Majestät der König von Dänemark gern geneigt seyn werden, in dieser Beziehung die vollste Reciprocität eintreten zu lassen.

3) Der Königlich-Dänische Herzoglich-Holstein-Lauenburgische Herr Bundestagsgesandte wird ersucht, diesen Beschluß zur Kenntniß seines allerhöchsten Hofes zu bringen.

95. Erklärung Österreichs und Preußens zu ihrem Vorgehen gegenüber Krakau

Der Freistaat Krakau kann nicht weiter bestehenbleiben. Die Verhältnisse von 1809 werden wiederhergestellt. Dieses Vorgehen ist zum Erhalt von Ruhe und Ordnung in Europa notwendig.

PDB, 17. Sitzung, 17. Juni 1847, § 1, S. 488–492; Auszug: S. 488–489.

Frankfurt am Main, 17. Juni 1847

[...] Ihre Majestäten der Kaiser von Oesterreich und der König von Preussen haben im Einverständnisse mit Allerhöchstihrem Verbündeten, Seiner Majestät dem Kaiser von Rußland, Sich zu dem Beschlusse bewogen gefunden:

„daß – nachdem Allerhöchstihre Vorgänger, ruhmreichen Angedenkens, durch den unter Ihnen am 3. Mai/21. April 1815 geschlossenen Vertrag den Freistaat Krakau unter Bedingungen, welche auf dessen Wohl und Erhaltung nicht minder, als auf die Sicherung der Ruhe in Ihren eigenen Reichen berechnet und zur Erfüllung dieser Zwecke unerläßlich waren, in's Leben riefen, und nachdem dieser Freistaat, unter Ausserachtlassung jener Bedingungen, durch eine lange Reihe von Jahren sich endlich im Februar des vorigen Jahrs in Anarchie selbst aufgelöst und sich in eine Lage versetzt hat, in welcher die ihm gewährten Ansprüche auf eine bedingte Unabhängigkeit ohne Gefährdung des Schutzes, welchen die drei Monarchen ihren eigenen Unterthanen schuldig sind, nicht würden haben neuerdings berücksichtigt werden können, – dieser Staat nicht wieder herzustellen, sondern die Stadt und das Gebiet von Krakau in die Verhältnisse zurückzuführen seyen, in denen beide vor dem Jahre 1809 gestanden haben."

Die drei Monarchen haben diesen Beschluß gefaßt und ausgeführt in der wohlerwogenen Ueberzeugung von ihrem Rechte, im Bewußtseyn ihrer Pflichten gegen die Völker, welche die Vorsehung ihrer Obhut anvertraut hat, und in Folge von allbekannten für die inneren Verhältnisse ihrer Staaten bedeutsamen Ereignissen.

Wenn dennoch dieser Act als eine Verletzung der bestehenden Verträge angesehen, und versucht worden ist, an diese Auslegung willkührliche und die Absichten der drei Monarchen verdächtigende Deutungen anzuknüpfen; so nehmen Ihre Majestäten daraus Veranlassung, Allerhöchstihren Bundesgenossen, und insbesondere dem Durchlauchtigsten Deutschen Bunde in seiner Gesammtheit, eine Erklärung über die Grundsätze zu geben, die Allerhöchstdieselben als feste Richtschnur Ihres Verfahrens anerkennen.

Diese Grundsätze, die Ihre Majestäten als wahre Bürgschaft für die Erhaltung und Pflege des Friedens, der Ordnung und der Ruhe Europa's betrachten, sind folgende:

1) Jeder rechtsgültig geschlossene Vertrag hat den Werth gegenseitig gelobter Treue. Jedem Theilnehmer an einem Vertrage liegt die Pflicht ob, die übernommenen Bedingungen gewissenhaft und pünctlich zu erfüllen; es steht ihm gleicherweise das Recht zu, die Erfüllung eingegangener Verpflichtungen zu fordern.

2) Ihre Majestäten können jedoch keineswegs einräumen, daß ein Vertrag bestehen könne, ohne jene Verknüpfung gegenseitiger Rechte und Verbindlichkeiten, noch daß die Grenzen dieser Rechte und Verpflichtungen willkührlich über den Bereich der Betheiligten hinaus erweitert oder durch Einmischung Nichtbetheiligter beschränkt oder verschoben werden dürfen.

Gestützt auf diese unumstößlichen Grundsätze des Staats- und Völker-Rechts, welche den drei in der Krakauer Angelegenheit betheiligten Mächten bei dieser Gelegenheit zur unverbrüchlichen Regel ihrer Handlungsweise gedient haben, werden Ihre Majestäten die Ihren Händen anvertraute Macht niemals zur Unterdrückung wohlerworbenen Rechts, sondern überall und immer, so weit Ihre Mitwirkung statt findet, zu dessen Schutz und zur Abwehr gegen Unternehmungen verwenden, die darauf ausgehen, das Recht, die Ordnung und den Frieden zu brechen.

Um diese Gesinnung, die bei Gelegenheit des Krakauer Aufruhrs in ein falsches Licht gestellt, verkannt und mißdeutet worden ist, öffentlich vor der Welt und zunächst vor dem gesammten Deutschland auszusprechen, haben Ihre Majestäten in voller Uebereinstimmung befohlen, diese Erklärung dem Durchlauchtigsten Deutschen Bunde zu übergeben, so wie auch allen Regierungen, mit denen Allerhöchstdieselben in Verbindung stehen, davon Mittheilung zu machen. [...]

96. Schreiben Metternichs an Apponyi betreffend Italien

Auf der italienischen Halbinsel machen sich nationale Bewegungen bemerkbar; für Österreich ist Italien jedoch ein rein geographischer Begriff. Frankreich soll sich zur Garantie der Rechte der Herrscher in Italien äußern.

Jäger/Moldenhauer, S. 200.

6. August 1847

Der gegenwärtige Stand der Staaten, welche den Mittelpunkt der italienischen Halbinsel bilden, lenkt ohne Zweifel die Aufmerksamkeit des Pariser Hofes auf sich. Diese Staaten werden augenblicklich bewegt durch einen Geist des Umsturzes, dessen Folgen unschwer vorauszusehen sind. Die geographische Lage unseres eigenen Reiches legt uns die Pflicht auf, mit verdoppelter Aufmerksamkeit den Lauf der kommenden Ereignisse ins Auge zu fassen. Der Kaiser hält es für notwendig, Sich gegenüber dem Pariser Hofe offen und klar, wie es Seine Gewohnheit ist, auszusprechen und durch Seine Mitteilungen bezüglich Seiner Gesinnungen die Ansichten der französischen Regierung darüber in Erfahrung zu bringen, was Er als Grundlage zu betrachten haben wird für Sein Verhalten gegenüber den zukünftigen Ereignissen. *Italien ist ein geographischer Begriff.* Die italienische Halbinsel besteht aus untereinander unabhängigen Staaten. Die Existenz und territoriale Begrenzung dieser Staaten sind begründet durch die Grundsätze des allgemeinen Völkerrechts und bekräftigt durch unbestrittene politische Verträge. Der Kaiser für Seinen Teil ist entschlossen, diese Verträge zu achten und soweit es in seiner Macht steht dieselben unverändert aufrecht zu erhalten.

Sie werden gut thun, Herr Graf, von gegenwärtiger Depesche den Herrn Guizot Einsicht nehmen zu lassen und ihn zu bitten, sich darüber auszusprechen, welchen Wert die französische Regierung darauf legt, auch bezüglich der Garantieen, unter welchen der Besitzstand der Souveräne, welche die italienische Halbinsel regieren, bestehen soll. Indem Sie sich dieses Auftrages entledigen, seien Sie gleichzeitig besorgt, Herr Graf, die Versicherung hinzuzufügen, daß Se. Majestät der Kaiser keinen Augenblick Sich im Zweifel befinde, daß hierüber vollständiges Einverständnis walte zwischen Ihm und Sr. Majestät dem König Louis Philipp.

97. Schreiben Metternichs an Menßhengen

Die Entwicklung in der Schweiz macht Maßregeln des Bundes erforderlich; Wien und Berlin wollen alles tun, um den Weltfrieden zu sichern.

Hauptstaatsarchiv Wiesbaden, Abt. 210, Nr. 11341; Abschrift.[1]

Wien, 5. Dezember 1847

Hochwohlgeborner Freiherr!

Der beklagenswerthe Zustand der Dinge in der Schweiz wird, wir sind es überzeugt, unsere deutschen Bundesgenossen nicht nur mit Bekümmerniß erfüllt, sondern auch in Bezug auf die Rückwirkung dieser Ereignisse auf die deutschen Gränznachbarn ihre Aufmerksamkeit vielfach in Anspruch genommen haben.

So lange man noch der Hoffnung Raum geben konnte, daß Gründe der Vernunft und der Staatsweisheit die Machthaber in der Schweiz abhalten würden, von der so ungerechten als vertragswidrigen Unternehmung, ihre mindermächtigen Eidgenossen mit Feuer und Schwert zu überziehen, und deren garantirte Unabhängigkeit und Souveränität zu vernichten, so lange man sich noch der Erwartung hingeben konnte, die in Aussicht gestellte freundschaftliche Vermittelung der Mächte würde dem Bürgerkriege Einhalt thun, so lange konnten die von den einzelnen deutschen Regierungen, deren Staaten die Schweiz begränzen, getroffenen Maßregeln als ausreichend betrachtet werden, und die Höfe von Wien und Berlin konnten Anstand nehmen, den deutschen Bund in seiner Eigenschaft als Gesammtmacht aufzurufen und ihn aufzufordern, die Maßregeln, welche die Zeitereignisse erheischen, in Ueberlegung zu nehmen.

Seit aber die niederschlagende Thatsache offenkundig ist, daß die im Jahre 1815 von den Mächten garantirte Schweizer Eidgenossenschaft in ihren

[1] Anstreichungen von dritter Hand werden nicht kursiv wiedergegeben; sie entfallen.

Grundpfeilern – der Souveräne[!]tät der einzelnen Cantone – vernichtet ist, seit es am Tage liegt, daß Recht und Gerechtigkeit untergegangen sind in den radicalen Bestrebungen und in dem Mißbrauch der Gewalt der Stärkeren, seitdem würden die Höfe von Wien und Berlin die Pflichten gegen die übrigen im Bunde vereinten Fürsten und die freien Städte zu verletzen glauben, wenn sie nicht die Bundesversammlung aufforderten, den Zustand der Dinge in der Schweiz in ernste Ueberlegung zu nehmen, und zu erwägen, welche Maßregeln der deutsche Bund in seiner Eigenschaft als Gesammtmacht im Angesicht von Ereignissen, welche durch ihre materiellen und moralischen Einwirkungen nicht blos seine Interessen, sondern selbst die Bedingungen seiner politischen Existenz gefährden, zu nehmen habe.

Darauf, daß dieses geschehe, wird unverzüglich an den Bund der Antrag der Höfe von Wien und Berlin gerichtet werden. Es werden sich dieselben ihrerseits enthalten, dieser Versammlung die dießfälligen durch Zeit und Umstände gebotenen Maßregeln in Vorschlag zu bringen, sie erwarten im Gegentheil, daß dieselben aus der Mitte des Bundestags in Antrag gebracht werden, und sichern demselben im Voraus zu, daß sie ihrerseits alle [...] Mittel aufbieten werden, in Verein mit ihren übrigen Bundesgenossen der Welt den Frieden zu sichern, der durch wahnsinnige und ungerechte Unternehmungen an einzelnen Puncten gestört, nach der übereinstimmenden Absicht der Mächte jedoch nimmer dauernd unterbrochen werden kann.

Wenn ich auch Euer Hochwohlgeboren vorerst in Erwartung der demnächst am Bundestage zu geschehen habenden Eröffnung, in Bezug auf selbe *einen speziellen Auftrag nicht zu geben habe*, so habe ich demungeachtet geglaubt, Sie von deren Inhalt zu dem Ende benachrichtigen zu sollen, *damit Sie vorkommenden Falles Ihre Sprache unseren Instructionen gemäs einzurichten in der Lage seyen.* [...]

gez. von Metternich

98. Schreiben von Canitz' an den preußischen Gesandten von Bockelberg

Ein internationaler Kongreß wegen des Sonderbundskrieges muß stattfinden; die vermittelnden Mächte und der Deutsche Bund müssen das Unheil, das von der Schweiz aus die Nachbarstaaten bedroht, eindämmen; Darlegung der Bedeutung der Schweizer Ereignisse.

Hauptstaatsarchiv Wiesbaden, Abt. 210, Nr. 11341; Copia copiae.[1]

Berlin, 6. Dezember 1847

Die Bestrebungen des Königlichen Cabinettes waren schon seit langer Zeit, wie Euer Hochwohlgeboren bekannt ist, im Verein mit den thätigen

[1] Anstreichungen von dritter Hand werden nicht kursiv wiedergegeben; sie entfallen.

Bemühungen der ihm verbündeten Großmächte, dem Ziele zugewendet, dem unheildrohenden Fortgange der politischen Verwirrungen in der Schweizerischen Eidgenossenschaft Grenzen zu setzen und durch eine freundschaftliche Dazwischenkunft dem unglücklichen Ausgange vorzubeugen, welchen wir jetzt zu beklagen haben. Nachdem die Mittel freundlichen und wohlmeinenden Einflusses, welche die diplomatischen Beziehungen zu der Eidgenossenschaft einzelnen Mächten an die Hand geben konnten, erschöpft und ohne Wirkung auf die Führer der Partheien geblieben waren, welche absichtlich und planmäßig das Land dem Bürgerkriege entgegenführten, mußten die am Nächsten betheiligten Mächte darauf bedacht sein, durch gemeinschaftliches Handeln, ihrer Dazwischenkunft mehr Nachdruck zu geben. Dahin wurden alsbald die Bestrebungen gerichtet, und wir müssen es anerkennend erwähnen, daß das Französische Cabinet in dem Augenblick, wo man in der Schweiz zu den Waffen griff, in jenem Sinne die Initiative genommen und Vorschläge zu einer gemeinsamen Erklärung gemacht hat, welche darauf gerichtet war, die streitenden Cantone zur Niederlegung der Waffen und zur Annahme der Vermittelung der Mächte aufzufordern. Dieser Vorschlag wurde unverweilt Gegenstand der Berathung der Mächte, an der das Cabinet des Königs unseres allergnädigsten Herrn, den lebhaftesten Antheil genommen und, über alle Bedenken von secundärer Natur hinweggehend, sein ganzes Bestreben auf die Hauptsache, nämlich dahin gerichtet hat, die ersten Grundlagen eines einverständlichen Handelns ohne Zeitverlust feststellen zu helfen. Wenn gleichwohl der Gang der diplomatischen Verhandlungen der unerwartet raschen Entwickelung der Thatsachen nicht hat folgen können, so ist dies dem unvermeidlichen Zeitverlust zuzuschreiben, mit welchem, bei dem Mangel eines Centrums der Berathungen, der Austausch der Ansichten zwischen entfernten Cabinetten und über einen Gegenstand von solchem Belange verbunden sein mußte.

Doch habe ich heute die Genugthuung Euer Hochwohlgeboren melden zu können, daß die Cabinette nunmehr zu einem Einverständniß über jenen ersten Schritt gelangt sind, und daß derselbe in einer Erklärung bestehen wird, welcher in Form einer identischen Note durch die Gesandten der fünf Mächte an die Tagsatzung abgegeben werden soll. Der Inhalt dieser Note, welche bereits an die resp. Vertreter der fünf Mächte bei der Eidgenossenschaft expedirt worden ist, fordert die streitenden Theile auf, die Waffen niederzulegen und den Austrag der Streitpuncte der Mediation der Mächte anheim zu geben, zu diesem Ende aber einen Congreß zu beschicken, welcher durch Bevollmächtigte der vermittelnden Cabinette sofort eröffnet werden soll. Die Mehrzahl der betheiligten Cabinette ist bereits darüber einverstanden, Neuenburg, als den einzigen Punct in der Schweiz selbst, den man zur Zeit als ein neutrales Terrain ansehen kann, zum Sitz des Congresses zu wählen.

Inzwischen sind, wie bereits erwähnt, die Thatsachen der Thätigkeit der Conferenz vorangeeilt. Die Voraussetzungen auf denen die Erklärungen der Mächte in jener Note beruht, sind wesentlich verändert. Doch ist die Aufgabe nur dadurch modificirt, der eigentliche Gegenstand keineswegs entrückt oder vernichtet.

Wird die Mediation auch vielleicht keine kämpfenden Partheien mehr vorfinden, wird es sich also nicht mehr darum handeln, zwischen denselben zu vermitteln, einem brudermörderischen Kriege Einhalt zu thun, werden auch die Fragen, die sich bisher in den Vordergrund drängten, die der Jesuiten, die des Sonderbundes, factisch vom Schauplatz verschwunden seyn, so findet die Thätigkeit der Mächte doch alle die wichtigen politischen Fragen noch ungelöst vor, welche die Grundursachen des Übels sind, und an deren befriedigender Lösung die Zukunft der Eidgenossenschaft und, in ihren weiteren Wirkungen, die politische Sicherheit eines großen Theils von Europa abhängt. Vor Kurzem würde es sich zunächst darum gehandelt haben, kommenden Übeln vorzubeugen; jetzt ist die Hauptaufgabe, den Fortschritt der bereits vorhandenen aufzuhalten, die Nachbaarstaaten[!] vor den Einwirkungen derselben zu schützen und Garantieen für Stabilität und Ordnung im Inneren eines Landes zu schaffen, welches im Herzen Europas gelegen, der Anarchie und der Herrschaft der schlechtesten Prinzipien nicht ohne gemeine Gefahr preisgegeben werden kann.

Dies ist die wichtigste Mission, welche den Mächten, unserer Ansicht nach, obliegt. Die Regierung des Königs unsers allergnädigsten Herrn, nimmt an der Erfüllung derselben den lebhaftesten Antheil, & sie ist von der Überzeugung durchdrungen, daß dieselbe allen deutschen Regierungen in gleichem Maaße wie [uns am] Herzen liegen müsse, Sie ist aber ferner auch zu der Überzeugung gelangt, daß vor Allem das gemeinsame Organ aller jener Regierungen, der deutsche Bund, bei dem dermaligen Stande der Dinge, dringend berufen sei, der Lösung der obgedachten Fragen nicht allein sein volles Interesse, sondern auch eine thätige Theilnahme zuzuwenden. [...]

Die Ereignisse, welche in diesem Augenblick in das politische Leben der Schweiz so unheilvoll eingreifen, und eine gänzliche Auflösung desselben herbeizuführen drohen, diese Ereignisse müssen nothwendig Consequenzen entwickeln, welche theils die innere, theils die äußere Sicherheit der Nachbar-Staaten ernstlich zu affiziren drohen. Die Frage ist daher eine der äußern sowohl als der innern Politik jener Staaten, und die sociale Bedeutung der Frage ist mindestens von eben so großer Wichtigkeit als jene politische.

Was die rein politische Bedeutung der Sache betrifft, so muß hier an die Voraussetzungen erinnert werden, unter denen die Verträge von 1815 der Schweiz eine ganz exceptionelle Stellung unter den Europäischen Staaten eingeräumt haben. Indem die Mächte der Schweiz eine beständige Neutralität und Unverletzlichkeit ihres Territoriums zugestanden,[1] basirten sie dieses wichtige politische Privilegium auf die damals zugleich vereinbarte politische Constitution des Landes, als eines Bundes souveräner, unter sich unabhängiger Staaten, welcher, stark genug, um seine neutrale Stellung zu behaupten und eine Barrière zwischen den großen Mächten des Continents zu bilden, doch durch seine Zusammensetzung selbst und den wesentlich friedlichen Charakter des Bundes hinreichende Gewähr dafür leisten sollte, daß er niemals eine nach Außen gerichtete aggressive Thätigkeit entwickeln werde. Die Cantonal-Souverainetät ist die einzige Garantie der Fortdauer dieser Stellung, und für die ihr versagte Macht-Entwickelung findet die Eidgenossenschaft eine volle Compensation in der ihr verbürgten Unverletzlichkeit. Es ist aber ferner evident, daß jene Neutralität nicht blos Rechte, sondern auch Pflichten für die Eidgenossenschaft in sich schließt und daß die erste derselben dahin geht, die Neutralität *wahrhaft* zu üben, daher auch dafür zu sorgen, daß das innere Staatsleben des Bundes nicht in eine fortgesetzte offene oder latente Aggression gegen die politische und sociale Ordnung der Nachbar-Staaten übergehe. In beiden vorgedachten Beziehungen hat die Schweiz sich immer mehr von der Linie entfernt, welche ihre politische Stellung ihr vorzeichnen mußte; sie hat sich in eine Laufbahn geworfen, die sie im Interesse von ganz Europa, nicht weiter verfolgen darf. [...] Ich erinnere nur daran, wie seit 1830 die Cantonal-Verfassungen gewaltsam umgestürzt, der Bundes-Vertrag umgangen, wo nicht offen verletzt worden (in der Angelegenheit von Basel), wie die Schweiz der Sammelplatz des politischen Auswurfs von ganz Europa geworden, wie von diesem Hauptquartier der ultra-demokratischen Tendenzen aus, politische und sociale Theorien in Praxis gesetzt worden sind, welche entschieden ein weiter hinaus liegendes Ziel verfolgten, als das der Radicalisirung einiger Cantonal-Regierungen, wie endlich von dort aus bereits Versuche zu revolutionären Unternehmungen gegen benachbarte und befreundete Mächte organisirt worden sind. Die Schweiz ist seit jener Epoche ununterbrochen der traurige Schauplatz innerer Revolutionen gewesen; sie ist durch alle Formen derselben, vom gemäßigten Liberalismus bis zum zügellosesten Radicalismus hindurch getrieben worden. Die Ereignisse der letzten Tage sind nichts Anderes, als der gewaltsamste Umsturz der Cantonal-Souveränität. Der Gang, den die fernere Entwickelung derselben nehmen wird, und muß, ist damit

[1] Die „Anerkennungs- und Gewährleistungs-Urkunde der immerwährenden Neutralität der Schweiz" vom 20. November 1815 ist abgedruckt bei: Alfred Kölz (Hrsg.): Quellenbuch zur neueren schweizerischen Verfassungsgeschichte. Vom Ende der Alten Eidgenossenschaft bis 1848. Bern 1992, S. 203–204; ebd., S. 193–203 auch der „Bundesvertrag zwischen den XXII Kantonen der Schweiz" vom 7. August 1815.

deutlich genug bezeichnet: er kann, in ungestörtem Fortgange nur zu einer ultra-demokratischen Tyrannei in der Form einer unitarischen Republik führen. Die ganze Richtung der Bewegung in der Schweiz geht also darauf hin, die Basis, auf welcher die jetzige politische Stellung derselben in dem Europäischen Staaten-System beruht, gewaltsam zu vernichten, ihre Existenz als neutraler Staat illusorisch zu machen. Bei einer solchen Wendung der Dinge können die Mächte, welche das politische Werk von 1815 haben gründen helfen, und bei dessen Fortbestande so wesentlich interessirt sind, eben so wenig passive Zuschauer bleiben, als die Nachbar-Staaten, deren Ruhe und Sicherheit unmittelbar bedroht wird. Am wenigsten aber können die betheiligten Regierungen es ruhig geschehen lassen, daß im Herzen des civilisirten Europa ein Focus des ‹wildesten› Radicalismus bestehe, von dem aus, unter dem Deckmantel einer mißbrauchten Neutralität eine Propaganda der verwerflichsten politischen Prinzipien, gestützt auf anti-sociale und anti-christliche Theorien, ungestraft gegen die staatliche und gesellschaftliche Existenz der Nachbarländer operiren dürfte. Es fehlt nicht an Indicien darüber, daß der Radicalismus Absichten im Schilde führt, welche sich weit über die Schweiz hinaus erstrecken, und einmal dort in seiner Stellung befestigt, wird man ihn bald seine agressorische Thätigkeit entwikkeln sehen.

Diesen Uebeln zu begegnen, ist die Aufgabe, deren Lösung den Mächten, unserer Ueberzeugung nach, als gebieterische Pflicht obliegt. Die obgedachte identische Note, welches auch ihr nächster Erfolg unter den jetzigen veränderten Umständen sein möge, wird immerhin als der erste einverständliche Schritt ihren Werth behalten und der Ausgangspunkt des fernern gemeinsamen Handelns werden. Zu welchen Eventualitäten letzteres auch führen möge, immer werden Sr Majestät der König, unser Allergnädigster Herr bestrebt sein, an Ihrem Theile zur befriedigenden Durchführung kräftigst mitzuwirken.

Sr Majestät sind aber nicht minder, wie ich Ew. Hochwohlgeborn bereits oben angedeutet habe, von der Ueberzeugung durchdrungen, daß der deutsche Bund, um die Würde der Stellung zu behaupten, und die Mission zu erfüllen, welche ihm geworden ist, sich seiner thätigen Mitwirkung an dieser allgemein Europäischen Angelegenheit nicht entziehen dürfe. Der Bund ist zu einer solchen thätigen Theilnahme, nach der Ansicht des Königlichen Cabinets, nicht allein berufen und berechtigt, – denn es handelt sich um eine gemeinsame Gefahr Deutschlands, – sondern sie ist auch politisch nothwendig, weil bei möglichen Eventualitäten eine active Theilnahme des Bundes nach der Natur der Dinge erforderlich werden könnte. Von dieser Ueberzeugung belebt, ist das Königliche Cabinet mit dem Kaiserlich Oesterreichischen Hofe in Berathung getreten, um sich mit demselben über einen Schritt zu verständigen, welcher die Theilnahme des Bundes an dem bevor-

stehenden Congreß einzuleiten bestimmt ist. Wir haben die Genugthuung gehabt, bei dem Kaiserlichen Cabinet einer vollen Uebereinstimmung mit unserer Ansicht zu begegnen, und wir sind mit demselben über eine gemeinschaftlich an die Bundesversammlung zu richtende Eröffnung übereingekommen, welche den Zweck hat, den Bund zu jener Theilnahme aufzufordern. Diese Eröffnung ist bereits nach Frankfurt abgegangen und Ew. Hochwohlgeborn werden von dem Inhalt derselben in Kurzem Kenntnis erhalten. Indem ich nun Ew. Hochwohlgeboren ersuche, diese Mittheilung der Regierung, bei welcher Sie accreditirt sind, zu machen, bleibt mir noch übrig, Sie zu bitten, es Sich gefälligst angelegen sein lassen zu wollen, die Theilnahme des dortigen Gouvernements für diese hochwichtige Angelegenheit zu gewinnen, und uns baldigst Nachricht darüber zukommen zu lassen, welche Beurtheilung unser und des Kaiserlich Oesterreichischen Cabinets gemeinsamer Vorschlag dort gefunden hat.
Berlin den 6. Dezember 1847.

/:gez:/ Canitz

99. Bundesbeschluß zur Presse

Jedem deutschen Staat wird freigestellt, die Pressefreiheit einzuführen; der Bund und andere Staaten dürfen jedoch nicht dadurch beeinträchtigt werden.

PDB, 12. Sitzung, 3. März 1848, § 119, S. 201–203.

Frankfurt am Main, 3. März 1848

Der Bundestags-Ausschuß in Preßangelegenheiten erstattet nachstehenden Vortrag:

Hoher Bundesversammlung sind die eifrigen und angestrengten Bemühungen bekannt, die von vielen Bundesregierungen, insbesondere denen von Preussen, Königreich Sachsen, Würtemberg, Baden und Großherzogthum Hessen, im Verlaufe des vorigen Jahrs angewendet worden sind, um die von ihnen als unumgänglich nothwendig erkannte förmliche Aufhebung der bestehenden provisorischen Preßgesetzgebung des Bundes und die definitive Vollziehung des Art. 18 d der Bundesacte auf der Grundlage der Repression herbeizuführen. Diese Bemühungen hatten endlich die Erstattung des in der Bundestags-Sitzung vom 9. September v. J. (Prot. §. 268) vorgelegten Ausschußvortrags zur Folge.

Hiernach gelang es zwar nicht, die Stellung von Anträgen über das Nähere des vom Bunde zu erlassenden neuen Preßgesetzes zu bewirken, dennoch aber wurde die Stellung einiger Vorfragen erzielt, deren Beantwortung von anderen Bundesregierungen für nothwendig erachtet worden war, dahin lautend:

„1) Soll das Bundes-Preßgesetz vom 20. September 1819 im Sinne der zur Erzielung einer gleichförmigen Anwendung desselben gegebenen Andeutungen ergänzt und vervollständigt werden?

2) Soll an die Stelle des erwähnten Gesetzes, zur Lösung der durch den Art. 18 der Bundesacte der Bundesversammlung vorbehaltenen Aufgabe, das neue Preßgesetz dem Präventiv- oder dem Repressiv-Systeme angehören, oder soll das künftige Preßgesetz des Bundes durch eine zweckmäßige Verbindung und gegenseitige Ergänzung von Präventiv- und Repressiv-Maaßregeln gebildet werden?

3) Sollen die von Preussen und Sachsen gemachten Vorschläge, und insbesondere der §. 1 des von Preussen vorgelegten Beschlußentwurfs, zur Grundlage der weitern Regulirung der Bundes-Preßgesetzgebung gemacht werden?“

Im Verlaufe dieses Jahrs wurde hierüber von Preussen, Bayern, Würtemberg, Baden, Großherzogthum Hessen und Mecklenburg abgestimmt, ohne daß es bis jetzt noch weitere Abstimmungen zu Protokoll gekommen sind [!]. Inzwischen sind die Verhältnisse immer dringender geworden, und es haben sich bereits die Regierungen von Würtemberg und Baden, wie sie es in ihren Abstimmungen zum Voraus angekündigt hatten, genöthigt gesehen, provisorische Anordungen über die Regulirung der Preßangelegenheiten in ihren Staaten, unter Vorbehalt des zu gewärtigenden Bundes-Preßgesetzes, zu erlassen.

Es läßt sich mit Bestimmtheit vorhersehen, das auch noch andere Bundesstaaten genöthigt seyn werden, diesem Beispiele zu folgen.

Es muß daher die Frage entstehen, was unter solchen Umständen zu thun sey, um die Einheit der Preßgesetzgebung des Bundes möglichst aufrecht zu erhalten. – Der Ausschuß erblickt hierzu kein anderes Mittel, als, nach Num. 3 der vorgedachten Vorfragen, die §§. 1 und 2 des von Preussen vorgelegten Entwurfs eines Bundes-Preßgesetzes, für deren Annahme sich ohnedieß schon mehrere Bundesglieder ausgesprochen haben, sofort zum Bundesbeschluß zu erheben und öffentlich zu verkündigen, die nähere Bezeichnung und Feststellung der dem Bunde zu gewährenden Garantieen aber einer spätern Zeit vorzubehalten.

Ueber die deßhalb zu treffenden Einleitungen wird der Ausschuß den ihm bereits aufgetragenen Vortrag mit aller Beschleunigung erstatten.

Der Ausschuß stellt demnach den

Antrag:

Hohe Bundesversammlung wolle beschließen:

1) Jedem deutschen Bundesstaate wird freigestellt, die Censur aufzuheben und Preßfreiheit einzuführen.

2) Dieß darf jedoch nur unter Garantieen geschehen, welche die anderen deutschen Bundesstaaten und den ganzen Bund gegen den Mißbrauch der Preßfreiheit möglichst sicherstellen;

3) Vorstehende Bestimmungen sind sofort öffentlich zu verkündigen.

Bei der hierauf gehaltenen

Umfrage

erklärten sich – mit Ausnahme der Stimmen von *Oesterreich*, *Hannover* und *Kurhessen*, wobei *der Königlich-Hannöverische Herr Gesandte* insbesondere bemerkte, daß er, noch zur Zeit ohne Instruction, sich ausser Stand sehe, abzustimmen und, im Hinblick auf den Artikel 65 der Wiener Schlußacte vom 15. Mai 1820, zu dem Beschlusse mitzuwirken, vielmehr seiner allerhöchsten Regierung Erklärung vorbehalte – *sämmtliche übrigen Stimmen* mit dem beantragten Beschlusse einverstanden, wobei jedoch allgemein die Voraussetzung ausgesprochen wurde, daß die Competenz des Bundes hinsichtlich der Festsetzung der Garantieen ausdrücklich vorbehalten bleibe.

Beschluß

[...] *(Beschlußfassung der obigen drei Paragraphen).*

PERSONEN- UND ORTSREGISTER

Das vorliegende Register umfaßt Personen und Orte bzw. geographische Bezeichnungen, die in den Quellen oder in den Regesten, in Überschriften bzw. im Einleitungstext genannt sind. Die normal gedruckten Seitenzahlen verweisen auf die Quellentexte, kursiv gedruckte Zahlen beziehen sich dagegen auf alle sonstigen Texte (Regesten, Überschriften etc.). Nicht aufgenommen sind die Ausstellungsorte der einzelnen Quellen, die zusammen mit dem Ausstellungsdatum zu Beginn jeder Quelle angegeben sind. Indirekte Nennungen von Personen, wie zum Beispiel „bevollmächtigte Minister", „König von England", „bayerischer Gesandter" oder ähnliches wurden, sofern sich die Person eindeutig ermitteln ließ, aufgelöst und sind den Personennamen zugeordnet. Hinter den Namen stehen in runden Klammern die Lebensdaten oder nähere Angaben zur Person. Bei Regenten ist zusätzlich hinter der Herrschaftsbezeichnung in runden Klammern die Regierungszeit vermerkt.